PEKIN EN POCHE

Les Meilleures Adresses de la Capitale Chinoise

口袋里的北京 (旅游指南)

Edition 2008

Coédité par Stéphanie Ollivier
et les Editions You-Feng

PEKIN EN POCHE, EDITION 2008

Rédaction : Stéphanie Ollivier
Lecture-correction : Hélène Gronier, Nathalie Lebrun
Photographies : Julien Bachelet, Jean-Lionel Dias,
Pierre Haski, Alain Le Bacquer, Anaïs Martane,
Bertrand Meunier, Stéphanie Ollivier, Ian Teh, Wang Wei,
Yang Linqing et Tendance Floue
Conception graphique : Studio Linqing
Cartographie : Zhang Li, avec Zheng Diwei
Communication : Monique Ollivier

Pour nous contacter :
Editions You-Feng, 45 rue Monsieur le Prince, 75006 Paris
Tel : +33 (0)1 43 25 89 98
Fax : +33 (0)1 43 54 76 92
www.you-feng.com
E-mail : pekinenpoche@yahoo.fr

Imprimé à Pékin, Chine
Dépôt légal : 4e trimestre 2007
ISBN : 978-2-84279-343-2

XIEXIE !
Un immense merci pour leur confiance à Jin Jinghong, Pierre Haski
et Sun Tao, ainsi qu'aux correctrices et à tous les photographes.

Merci aussi pour leur actif soutien à Chris Barden, Charlie Buffet,
Caroline Chanavas, Chen Xiaodong, Duncan Clark, Wendy
et Bruno Gensburger, Fan Junyi, Myrto Grecos, Alain Julienne,
Anne Lugand, Yvon Ollivier et Zhang Yuqing.

EDITO

Si fière de ses traditions millénaires, et tout aussi avide de modernité, cité caméléon à la fois majestueuse et clinquante, rectiligne et tortueuse, étourdissante et sereine, Pékin laisse parfois groggy mais jamais indifférents les voyageurs qui la traversent. Ici, les façades vermillon des temples taoïstes alternent avec les fast-foods américains, les briques grises de maisons traditionnelles rivalisent avec les néons criards des karaokés, le neuf n'en finit plus de télescoper le vieux. A toute allure, sans laisser à ses habitants le temps de se laisser aller à la confortable nonchalance qui fut, des siècles durant, le lot de la capitale de l'empire du Milieu.

Dans cette ville conçue et si longtemps vécue à l'horizontale, les tours d'acier projettent déjà une ombre menaçante sur les toits aux tuiles vernissées de la Cité interdite, pendant que les pelleteuses continuent d'engloutir les vieux quartiers par pâtés de maisons entiers, pour laisser la place à des centres commerciaux toujours plus massifs et à des périphériques toujours plus larges. Le Pékin du XXIe siècle a déjà un goût un peu fortement bitumé. Mais la mutation en cours de la capitale d'une Chine désormais moderne, conquérante et si fière d'accueillir bientôt les premiers Jeux Olympiques de son histoire, semble irréversible. Mieux vaut donc faire confiance à l'esprit notoirement créatif des Pékinois pour réinventer l'étonnante et attachante cité qui est la leur, en lui donnant une géométrie nouvelle aux couleurs de la modernité, sans lui faire perdre son âme.

Ce petit guide, qui souffle avec cette édition 2008 sa quatrième bougie, se veut avant tout un outil pratique pour les voyageurs francophones de passage à Pékin. Il n'a pas pour objet de se substituer à un recueil sur l'histoire de la ville, et encore moins à une carte bilingue détaillée, mais propose un carnet à jour des meilleures adresses et les informations pratiques les plus utiles pour se repérer facilement et profiter au maximum – de jour comme de nuit – d'un séjour à Pékin. Pékin, ma ville d'adoption depuis de nombreuses années, et dont je souhaite simplement dévoiler quelques-unes des hétéroclites facettes.

Stéphanie Ollivier

REPERES

Adresses

Elles sont indiquées en mandarin avec la transcription phonétique *pinyin* et parfois une partie en anglais... plus utile ici que le français.

Classement des infos

Afin de permettre de les retrouver rapidement dans cet ouvrage, les lieux indiqués dans chaque rubrique sont généralement classés par ordre alphabétique, et non par ordre d'importance. Vous pouvez aussi vous référer à l'index.

Etages

Ils sont indiqués, sauf mention particulière, à la chinoise. C'est-à-dire que le 1er étage correspond au rez-de-chaussée européen. Le 2e étage chinois est donc un 1er étage européen, le 3e étage chinois un 2e étage européen, et ainsi de suite.

Métro

Les stations sont indiquées uniquement pour les lignes en service en 2007 et lorsque le lieu de destination est situé à moins de 15 minutes à pied.

Monnaie

Sauf mention contraire, la référence monétaire utilisée dans cet ouvrage est le yuan. Pour info, au cours de l'été 2007, un euro valait environ 10 yuans.

Noms de lieu

Nous avons omis le *pinyin* pour ne pas alourdir, et les avons traduit en français dans la mesure du possible. Ils figurent toutefois en anglais lorsque c'est la référence à Pékin, ce qui vous facilitera la tâche pour demander votre chemin.

Numéros de rue

Ils vont normalement croissant du nord au sud, et d'est en ouest. Mais ils ne se suivent pas toujours et ne sont de toute façon pas souvent indiqués. Ne focalisez donc pas sur un numéro, mais plutôt sur le nom du lieu et celui de la rue dans laquelle il se trouve.

Repérage

Difficile d'indiquer avec précision sur nos modestes plans tous les lieux présentés dans ce guide. Mais pour vous repérer, commencez par regarder le district dans lequel se trouve le lieu recherché, puis la zone du plan correspondante, et enfin suivez les indications données (en fonction des points cardinaux) sur le quartier, les stations de métro, les repères bien connus ou la couleur des enseignes.

Restaurants

Les prix indiqués sont une moyenne par personne et par repas, boissons comprises (hors vin, très cher en Chine).

Visites

Sauf indication contraire, les sites mentionnés sont ouverts tous les jours. Mais les guichets de la grande majorité des temples, musées ou parcs de Pékin stoppent la vente des billets une demi-heure à une heure avant la fermeture du site lui-même. Pensez à arriver suffisamment tôt.

La sélection des informations (bien sûr non rémunérées) et des lieux présentés dans ce guide n'engage que son auteur.

AVERTISSEMENTS

ATTENTION,
VILLE MANDARINE ET MOUVANTE !

Jeux Olympiques ou pas, dès qu'on s'éloigne des sentiers battus touristiques, il est encore peu fréquent de trouver des indications en anglais ou des employés anglophones dans les musées, restaurants ou magasins de Pékin. Mieux vaut donc être psychologiquement préparé à devoir souvent palabrer par gestes et sourires interposés.

Pour vous faciliter les choses, les noms des lieux mentionnés dans ce guide, ainsi que leur adresse, sont indiqués en mandarin. Vous pourrez ainsi, au besoin, les montrer aux chauffeurs de taxis ou aux passants lorsque vous ne vous y retrouvez vraiment pas. De même, les numéros de téléphone indiqués doivent vous permettre de pouvoir appeler et demander - ou faire demander - plus de détails sur l'itinéraire à suivre.

Les coordonnées, horaires et tarifs indiqués dans ce guide ont été vérifiés au cours de l'été 2007. Néanmoins, les adresses à Pékin tournent aussi vite que les chantiers avancent. Ou simplement suivant les élans d'inspiration des entrepreneurs locaux, capables de transformer un restaurant sichuanais en magasin de meubles scandinaves (et vice-versa) d'une semaine sur l'autre. Sachez-le donc : certaines des informations indiquées ici risquent malheureusement de ne plus être valides lors de votre arrivée à Pékin.

PEKIN EN COUP DE VENT…

Pour faciliter le choix des voyageurs qui ne passent que très peu de temps dans la ville, nous avons sélectionné dans chaque chapitre quelques adresses incontournables, représentatives ou originales. Elles sont indiquées par l'icône ci-dessus, placée à droite du nom du lieu.

MISES À JOUR

Pour vous aider à mieux suivre la valse des adresses pékinoises, à partir du printemps 2008, Pékin en Poche vous donne rendez-vous au début de chaque mois sur le site **www.aujourdhuilachine.com** Pour nous aider à ne rien oublier, n'hésitez pas à nous faire part de toute nouvelle information, commentaire ou coup de cœur en écrivant à **pekinenpoche@yahoo.fr**

TENDANCE FLOUE A PEKIN

Les photographes du collectif Tendance Floue ont posé leur regard sur la capitale chinoise au printemps 2007. Suivez-les au fil des chapitres de ce guide… et retrouvez-les dans *Mad in China*, la décoiffante revue née de leurs pérégrinations pékinoises (**www.tendancefloue.net**).

Mat Jacob > Pouvoir > *Mad in China*, Tendance Floue

INTRODUCTION

CHRONOLOGIE PEKINOISE

Environ 500 000 av. J.-C. - Premières traces de vie humaine retrouvées dans le village de Zhoukoudian (au sud du Pékin actuel).

Environ 1 000 av. J.-C. - Création d'une première agglomération urbaine appelée Ji.

475 av. J.-C. - Au temps des Royaumes combattants, l'Etat de Yan conquiert la région, fait de Ji son siège.

221 av. J.C. - La Chine est pour la première fois unifiée par Qin Shihuangdi. Ji devient alors un comptoir militaire et commercial. Mais sa dynastie tombe 15 ans plus tard. Au cours du turbulent millénaire qui suivra, Ji changera régulièrement de maître… et de nom.

1153 apr. J.-C. - La dynastie Jin établit sa capitale à Yanjing, qu'elle rebaptise Zhongdu.

1215 - Au terme d'un siège de deux ans, l'armée mongole de Gengis Khan prend et rase la ville.

1279 - L'empereur mongol Qubilaï Khan achève la conquête de la Chine, crée la dynastie Yuan et fait bâtir la capitale de l'empire tout près de l'ancienne Zhongdu. Ainsi naît Khanbalik, plus connue en mandarin sous le nom de Dadu. La ville compte alors près de 500 000 habitants.

1368 - Les Ming prennent le pouvoir, mettent Dadu à sac, la rebaptise Beiping (qui a été francisé en Pékin), puis choisissent comme capitale Nanjing dans le sud.

1406 - L'empereur Yongle réinstalle la capitale à Beiping et fait réaménager la ville en version plus chinoise (avec notamment la construction de la Cité interdite). Elle sera alors renommée Beijing.

1553 - Pour contenir l'expansion des faubourgs sud, la construction d'une seconde enceinte est décidée. Elle délimitera bientôt la Ville chinoise, réservée aux marchands et au petit peuple, tandis que les remparts originaux encerclent la Ville tartare, où vivent essentiellement les nobles.

1644 - La dynastie Qing arrive au pouvoir et poursuit l'aménagement de la capitale. Ils bâtiront, entre autres, le somptueux palais d'Eté (Yuanmingyuan).

1860 - Au cours des guerres de l'Opium, les forces franco-britanniques envahissent Pékin et détruisent le palais d'Eté.

1912 - L'abdication du dernier empereur Pu Yi laisse la voie à l'ère républicaine de Sun Yat-sen, mais aussi à une longue guerre civile qui affaiblira la capitale.

1937 - Pékin est occupée par les forces japonaises.

1949 - Le 1er octobre, Mao Zedong proclame Pékin capitale de la nouvelle République populaire de Chine. Suivra une décennie de grands travaux de "modernisation", parmi lesquels la destruction des remparts et d'autres symboles impériaux.

1958 - Pékin devient une municipalité autonome et son territoire est élargi à 16 800 km², avec l'incorporation à la ville intra-muros et ses six arrondissements de banlieue de 9 districts ruraux du Hebei.

1978 - La métamorphose urbaine de la capitale s'accélère après le lancement des réformes économiques de Deng Xiaoping.

2001 - Le 13 juillet, Pékin se voit attribuer l'organisation des Jeux Olympiques de 2008. Pour relever le défi, de gigantesques travaux d'infrastructures sont lancés, sonnant le glas d'une grande partie des quartiers historiques.

BIBLIOGRAPHIE

HISTOIRE, CULTURE, ARCHITECTURE, BALADES...

Dans la Cité pourpre interdite, de Cyrille Javarry, Picquier, 2000.

Mémoires d'un eunuque dans la Cité interdite, de Dan Shi, Picquier Poche, 1995.

L'Opéra de Pékin, de Jacques Pimpaneau et Laurence Vidal, Actes Sud, 1999.

Pékin 1966, ouvrage collectif, L'Oeil Electrique, 2004.

Pékin au détour des rues et des ruelles, de Roger Darrobers, Bleu de Chine, 2000.

Pékin, Ultimes regards sur la vieille cité, de Charles Chauderlot, Editions du Rouergue, 2003.

Pékin en mouvement, de Frédéric Bobin, Autrement, 2005.

LITTERATURE

La Crêperie de Pékin, de Philippe Massonnet, Editions de l'Aube, 2003.

Les Derniers Jours de Pékin, de Pierre Loti, Kailash, 2000.

Feu et glace, de Wang Shuo, Philippe Picquier, 1995.

Les Gens de Pékin, de Lao She, Gallimard (Folio), 1982.

Le Goût de Pékin, coordonné par Anne-Marie Cousin, Mercure de France, 2004.

L'Homme de Pékin, de Zhang Xinxin et Sang Ye, Actes Sud, 1992.

Message Coface à Pékin, de Rémi Gédoie, Climats (Sombres Climats), 1997.

Un moment à Pékin (enfances chinoises), de Lin Yutang, Philippe Picquier, 2004.

Quatre générations sous un même toit, de Lao She, Mercure de France, 1999.

René Leys, de Victor Ségalen, Gallimard (Folio), 2000.

Le Sac du palais d'Eté, de Pierre-Jean Rémy, Gallimard, 1988.

ABECEDAIRE

Bertrand Meunier > Marge > *Mad in China*, Tendance Floue

-------------- **A** --------------

ARTS MARTIAUX

Du gracieux tai-chi à l'énergique kung-fu, les différents types de gymnastique traditionnelle chinoise (*qigong*) ont pour point commun d'être destinés à mieux maîtriser son souffle vital. Les Pékinois - souvent d'un certain âge - s'y adonnent généralement à l'aube dans les parcs de la ville, mais de manière plus discrète depuis que la secte Falungong (qui prône des séances quotidiennes de gymnastique respiratoire) a été déclarée hors-la-loi par les autorités. Serait-ce pour compenser depuis le trop-plein d'énergie de son troisième âge ? Ou simplement pour mieux préparer sa population aux J.O. de 2008 ? Quoi qu'il en soit, la municipalité a depuis quelques années placé un peu partout dans la ville de robustes appareils de gymnastique peints en couleurs vives, sur lesquels vous verrez sûrement des cohortes de petits vieux ramer, pédaler ou courir avec beaucoup d'entrain. Fou-rire garanti !

-------------- **B** --------------

BAGUETTES

Les Chinois les utilisent depuis plus de 1 500 ans et il va falloir vous y faire, à moins d'emporter avec vous un set de couteau-fourchette. Après quelques jours de pratique, l'usage des baguettes ne vous semblera probablement plus si complexe. Les amis de la terre préféreront les baguettes lavables et réutilisables (et de plus en plus souvent stérilisées), car la folie des baguettes jetables qu'a connue la Chine ces dernières années a déjà provoqué la disparition de millions d'hectares de forêts.

BEIJING (北京)

Au fil de ses 3 000 ans d'existence, la ville fut renommée plusieurs fois par ses conquérants successifs ou par les voyageurs qui y séjournèrent. Elle fut ainsi désignée sous les noms de Ji, Youzhou, Yanjing, Zhongdu, Dadu (appelé Khanbalik par ses maîtres mongols de l'époque, devenu Cambaluc sous la plume de Marco Polo), Beiping (qui a donné le Pékin français). Avant d'être officiellement rebaptisée Beijing (ou "capitale du Nord"). Les Anglo-Saxons ont depuis adopté cette appellation mais les Français continuent à préférer utiliser le nom de Pékin. C'est donc ce terme que nous avons choisi d'utiliser dans ce guide. Toutefois, si vous souhaitez vous faire comprendre des autochtones en désignant la capitale chinoise, utilisez plutôt Beijing, phonétiquement plus proche de la prononciation mandarine.

BSP

Ce sont les initiales utilisées pour désigner le Bureau de la sécurité publique (*Gonganju* en mandarin), en clair la police. Vous risquez d'avoir à passer chez eux, si jamais vous devez prolonger votre visa ou déclarer la perte de papiers d'identité. Ses fonctionnaires sont un peu moins puissants, un peu plus souples et un peu plus anglophones aujourd'hui qu'il y a quelques années. Ce qui n'empêche pas une règle d'or : ne vous énervez jamais avec les policiers chinois, et surtout pas pour leur expliquer que chez vous, tout marche mieux. Patience et sourires ne pourront que faciliter un dénouement heureux des situations les plus délicates !

-------------- **C** --------------

CERFS-VOLANTS

Depuis leur invention par un général chinois il y a plus de 2 000 ans, semblables à des hirondelles aux fines pattes de bambou et aux frêles ailes de soie, les cerfs-volants reviennent dès le printemps orner l'horizon pékinois. Une tradition hautement colorée à observer depuis la place Tiananmen ou le parc Chaoyang.

CHAI (拆)
Cet idéogramme qui signifie "détruire" est maudit par les amoureux du vieux Pékin. Une fois peint à la hâte et cerclé de blanc sur les façades grises des maisons traditionnelles, il annonce en effet une fin inexorable, et une expulsion imminente (parfois brutale) pour les occupants des lieux. Mais si les Occidentaux crient au massacre architectural et se lamentent en voyant ces quartiers historiques réduits en poussière sous l'assaut des pelleteuses, la plupart des Pékinois délogés (du moins lorsqu'ils sont correctement indemnisés par les promoteurs) sont, eux, plutôt satisfaits de pouvoir troquer leur maison humide et les toilettes communes du quartier contre un appartement chauffé et équipé d'une salle de bain. Histoire contre confort, Pékin a déjà tranché. Et certains préfèrent en rigoler en disant que "China" deviendra bientôt "Chai-na".

COMITES DE QUARTIER
Ils ont été créés dans les années 50 pour résoudre les disputes de voisinage et surtout pour relayer la politique du parti communiste au niveau des familles. Tout comme les *danwei* (unités de travail) qui contrôlaient la vie de leurs employés du berceau à la tombe, les comités de quartier ont perdu l'essentiel de leurs prérogatives au fil des réformes économiques et sociales des vingt dernières années, notamment dans les grands ensembles immobiliers. Cependant, ils restent encore actifs dans les quartiers traditionnels, où ils sont souvent animés par des retraités que vous reconnaîtrez à leur brassard rouge et à leur regard souvent inquisiteur. Cela dit, les comités de quartiers sont aussi responsables de la propreté des rues, de la collecte de vêtements destinés aux régions pauvres et de quelques autres actions d'utilité publique.

CRIMINALITE

Elle s'aggrave au fur et à mesure que l'écart se creuse entre les nantis et les laissés-pour-compte de l'ouverture économique, même si Pékin reste pour le moment une ville sûre, où il est rare de se faire agresser. Il faut dire qu'avec le nombre de policiers, de soldats ou de simples gardes de sécurité en poste dans la capitale, la marge de manœuvre des personnes mal intentionnées est assez réduite. Néanmoins, comme dans toutes les grandes villes de la planète, les touristes étrangers sont des cibles de choix des pickpockets. Restez donc toujours sur vos gardes, notamment dans les transports en commun ou sur les marchés.

-------------- **D** --------------

DANSE

Ne vous étonnez pas si vous entendez parfois dans la rue des sons de tambours ou un air de Strauss : qu'il s'agisse de *yangge* (danse traditionnelle du Nord-Est), de valse ou de tango, les Pékinois adorent danser dès qu'ils en ont l'occasion. Avant d'aller au bureau le matin, ou après dîner le soir, ils transforment souvent les parcs, les parkings ou même un bord de périphérique en piste de danse improvisée.

DISTANCES

La capitale chinoise s'étend sur près de 40 kilomètres du nord au sud et d'est en ouest (et ce seulement à l'intérieur du 4e périphérique). Aussi, les Pékinois sont-ils habitués à parcourir chaque jour des distances qui paraîtront énormes aux Européens. Ne vous fiez donc pas trop aux cartes, sur lesquelles les distances d'un point à un autre paraissent bien petites, vous risqueriez de marcher des heures. Si vous vous sentez en jambes, demandez tout de même le temps

approximatif nécessaire. Sinon, l'utilisation des taxis, des bus ou d'un vélo peuvent vous permettre de gagner un temps considérable.

DROGUE

Ce fléau éradiqué en Chine pendant l'ère Mao, a fait sa réapparition avec l'ouverture du pays dans les années 80. Il est aujourd'hui relativement facile à Pékin de se procurer des substances illicites, du moins dans certains quartiers ou certains lieux nocturnes. Evitez de vous laisser tenter : la réglementation anti-drogue est extrêmement stricte en Chine, même pour les usagers. Quant aux dealers, la seule sentence est la peine de mort.

-------------- **E** --------------

EMBOUTEILLAGES

Ils sont aussi incontournables qu'infernaux aux heures de pointe et très fréquents le reste du temps. Les choses ne devraient pas vraiment s'arranger dans les années qui viennent, car si les urbanistes font des périphériques et des voies express en plein centre-ville à tour de bras, les voitures se multiplient plus vite encore. Alors que 2 300 voitures seulement étaient recensées dans la capitale en 1949, on en comptait 500 000 en 1990... et plus de 3 millions aujourd'hui, dont la majorité sont des voitures particulières. Et ce n'est qu'un début, car avec la baisse des prix et l'enrichissement continu des classes moyennes, le parc des voitures pékinois continue à s'accroître de plus de 1 000 véhicules chaque jour.

ENFANT UNIQUE

Vous repérerez vite les vrais "petits empereurs" de la capitale chinoise. Fièrement chaussés de Nike (surtout pas des contrefaçons), gavés de friandises vitaminées et couvés du regard par des parents qui

Anaïs Martane

portent les cartables et leur laissent la seule place assise du métro, ils jettent un regard chargé d'assurance et teinté d'un brin d'arrogance sur le monde qui les entoure. Fruits de la politique de contrôle des naissances instaurée en 1980, ils ont en effet été habitués dès le berceau à être le centre d'attention de toute une famille. Avec un désavantage majeur : espoir unique de parents et grands-parents qui ont connu pendant des décennies la faim et les tumultes de la révolution, ils sont priés d'être premiers en classe dans toutes les matières et soumis à une écrasante pression dès l'école maternelle.

-------------- **F** --------------

FACE

On vous l'a sûrement déjà dit : garder la face en toutes circonstances est primordial dans la culture chinoise. Efforcez-vous donc de ne jamais la faire perdre à vos interlocuteurs, qu'il s'agisse des employés d'hôtels, des restaurants ou à la gare. Quels que soient les problèmes de communication, sachez être ferme mais poli et toujours laisser une porte de sortie à la personne avec qui vous argumentez (même si vous auriez plutôt envie de l'étrangler un bon coup !). Si vous lui faites perdre la face, surtout devant témoins, l'employé en question ne fera plus rien pour débloquer la situation. Alors, respirez profondément, et tentez votre sourire le plus charmeur. Vous verrez, cela provoque parfois des miracles...

FENGSHUI (风水)

Littéralement, le terme signifie "vent et eau". En français, on le traduit plus volontiers par "géomancie", l'art très chinois de savoir utiliser les bons matériaux et les bons emplacements dans un bâtiment ou un site afin qu'ils dégagent une énergie positive pour ses habitants. Stigmatisé comme étant une superstition féodale pendant l'ère maoïste, les préceptes des maîtres de *fengshui* sont revenus en force au cours des deux dernières décennies.

-------------- **G** --------------

GRANDE MURAILLE

Dragon de pierre écaillé de forteresses, elle serpente sur la crête des montagnes qui encerclent le nord de Pékin. Les premiers tronçons de ce rempart de 6 000 kilomètres érigé pour bloquer les barbares des steppes du Nord datent du VIIe siècle avant J.-C. Mais c'est l'empereur Qin Shihuangdi qui, après avoir unifié la Chine en 221 avant J.-C., les fera raccorder. Elle a par la suite été ponctuellement étendue et consolidée, notamment par les empereurs Ming, qui la renforcèrent avec des pierres de taille et la percèrent de centaines de tours gardées par un million de soldats. Si son utilité défensive fut plusieurs fois démentie, elle reste le symbole de l'incommensurable chinois… et l'une des plus grandes attractions touristiques de la planète. A une heure à peine du centre-ville, ce serait dommage de ne pas lui rendre visite vous aussi.

GRIS

C'est la couleur officieuse de Pékin que l'on retrouve sur les façades et les toits des maisons traditionnelles. Le gris est aussi la couleur du béton poussiéreux des sinistres HLM d'inspiration soviétique bâtis dans les années 60 et 70. Mais depuis la grande campagne destinée en 2001 à séduire le Comité international olympique pour obtenir les Jeux de 2008, la plupart des immeubles de la ville ont été ripolinés de toutes les couleurs de l'arc-en-ciel. Ce grand lifting a peut-être privé la ville d'une partie de son cachet, mais lui donne un air nettement plus pimpant.

-------------- **H** --------------

HUOGUO (火锅)

C'est l'un des plats favoris de la population locale. Il est d'ailleurs proposé - avec de nombreuses variantes - dans la majorité des restaurants de la ville. Le principe est simple : une marmite au milieu de la table remplie de bouillon et d'épices, et dans laquelle tout le monde plonge des ingrédients divers (fines lamelles de viande, légumes, tofu, vermicelles…) avant de tenter de les récupérer dès qu'ils sont suffisamment cuits. Les baguettes s'entrechoquent pour un repas convivial autour d'un plat particulièrement adapté aux rudes hivers pékinois

HUTONG (胡同)

Ces ruelles étroites, souvent tortueuses, et très spécifiques à la capitale chinoise ont été

Anaïs Martane

aménagées au cours des dynasties Ming et Qing, à partir du XVe siècle. D'une largeur de 70 centimètres à 4 mètres, et bordées des deux côtés de siheyuan (maisons traditionnelles à cour carrée), chacune a son histoire, son atmosphère et un nom chargé de souvenirs pour de nombreux Pékinois. On dénombra jusqu'à 6 000 *hutong*, qui abritaient une bonne moitié de la population pékinoise. Ils étaient encore plus de 3 000 dans les années 80, mais une bonne moitié de ces historiques venelles auraient disparu au cours de la dernière décennie, pour faire place à des avenues toujours plus larges et des immeubles toujours plus hauts. Et la disparition des derniers *hutong* pourrait s'accélérer encore dans les années à venir.

-------------- I --------------

IDÉOGRAMMES

Il va falloir faire avec. Car malgré un début de transcription phonétique en *pinyin* ou quelques louables (mais souvent expérimentales) tentatives de traduction en anglais, le nom des *hutong*, des petits hôtels, ou de l'enseigne des magasins de la ville reste pour le moment essentiellement indiqué par des idéogrammes. Pour limiter les déambulations et les crises de nerfs, munissez-vous sans faute d'une carte bilingue. Mieux : faites-vous marquer par les employés de votre hôtel ou vos amis chinois l'adresse en mandarin du lieu où vous souhaitez vous rendre.

-------------- J --------------

JIAOZI (饺子)

Ce sont les raviolis pékinois, bouillis, et non pas cuits à la vapeur comme les raviolis du sud du pays et que l'on retrouve dans les restaurants chinois de France. Frais ou

JEUX OLYMPIQUES 2008

Avec le battage médiatique mondial intensif qui ne faiblit pas depuis sa sélection en 2001, vous ne pouvez pas ignorer le fait que Pékin accueillera les Jeux Olympiques de 2008. Quelques informations sur cet événement qui, pour tout Chinois, marque une entrée symbolique de leur pays dans la cour des grandes puissances du XXIe siècle.

→ Les 29es Olympiades auront lieu du 8 au 24 août 2008.

→ Les épreuves commenceront le 8 août (8e mois de l'année) à 8h08 tandis que la cérémonie d'ouverture a été programmée pour 8 heures du soir, heure chinoise. Ces inhabituels horaires s'expliquent par le fait que le chiffre 8 se prononce en mandarin comme le verbe "s'enrichir" et est donc considéré comme de bon augure.

→ Environ 10 000 athlètes, 7 000 délégués et 20 000 journalistes venus de 203 pays doivent y participer.

→ La flamme olympique devrait parcourir 137 000 km sur cinq continents et à travers 135 villes entre le mois de mars et le 8 août 2008. Ce sera le plus long parcours jamais effectué par le plus grand nombre de relayeurs de l'histoire des Jeux.

→ Le budget consacré à l'amélioration des infrastructures et de l'environnement est de 42 milliards de dollars, qui s'ajouteront aux 2 milliards de dollars destinés aux frais opérationnels pendant les Jeux. Un autre record olympique.

→ 31 sites ont été spécialement bâtis ou rénovés à Pékin pour l'occasion.

→ Le Village Olympique s'étendra entre les 4e et 5e périphérique Nord, sur 660 000 m².

→ 303 médailles seront mises en jeu.

→ Un million de visiteurs chinois de province et 500 000 étrangers sont attendus pendant la durée de ces J.O., qui devraient être suivis par 40 milliards de téléspectateurs.

→ Six autres villes sont partenaires de l'événement : Qingdao (épreuves de voile), Hong Kong (épreuves équestres), tandis que Shanghai, Tianjin, Shenyang et Qinhuangdao accueilleront les éliminatoires de football.

→ Le slogan officiel est "Un seul monde, un seul rêve".

→ Pas moins de cinq mascottes chinoises : un poisson (Beibei), un panda (Jingjing), une flamme olympique (Huanhuan), une antilope tibétaine (Yingying) et une hirondelle (Nini). La combinaison de la première syllabe de leurs noms se prononce "Pékin vous souhaite la bienvenue" en mandarin.

→ La préparation des Jeux a provoqué de formidables travaux d'infrastructures urbaines (nouvelles routes, lignes de métro, un terminal d'aéroport, des usines de traitement des déchets et eaux usées...), un plan de réduction de la pollution atmosphérique et la multiplication des espaces verts. Elle a en revanche abouti à la destruction de nombreux quartiers historiques.

→ Parmi les sites sportifs les plus attendus : le stade national en "nid d'oiseau" (91 000 places), la piscine déjà surnommée "cube d'eau" et le parc-forêt olympique en forme de dragon stylisé.

→ 7 millions de billets doivent être mis en vente et coûteront entre 3 et 98 € pour les compétitions (et entre 196 et 490 € pour la cérémonie d'ouverture). En France, le distributeur officiel pour les voyageurs individuels est Voyageurs du Monde.

→ Les Olympiades seront suivis des 13e Jeux Paralympiques, organisés à Pékin du 6 au 17 septembre.

congelés, ils sont fourrés de farces diverses qui combinent viande, légumes, œufs ou champignons. C'est le plat que l'on prépare en famille pour déguster à minuit le soir du nouvel an chinois. Mais en fait, les Pékinois les mangent avec un plaisir toujours répété tout au long de l'année.

-------------- **K** --------------

KAOYA (烤鸭)

Comme son nom anglais de Beijing Roast Duck l'indique plus clairement, le *kaoya* (canard laqué) est la fierté culinaire numéro un des Pékinois. Impossible d'envisager un premier séjour dans la capitale chinoise sans déguster cette viande légèrement fumée, à la peau dorée et croustillante, que l'on trempe dans une sauce brune avant de la rouler dans des galettes de blé. Sa recette, inspirée des cochons de lait laqués et un peu sucrés typiquement cantonais, serait née au XIIIe siècle dans le quartier de Qianmen. Le *kaoya* est également proposé dans la plupart des restaurants de la ville, mais n'hésitez pas à aller dans un restaurant spécialisé.

Ceux qui veulent se tenir au courant de l'évolution des préparatifs peuvent consulter la version française du site du BOCOG, le comité d'organisation des Jeux : **http://fr.beijing2008.cn**, ainsi que le site francophone **www.jopekin2008.fr**

A partir du printemps 2008, *Pékin en Poche* vous donne également rendez-vous sur **www.aujourdhuilachine.com** pour des mises à jour olympiques mensuelles.

KARAOKE

Importé du Japon, le karaoké (il se prononce kala-OK en mandarin) est depuis près de 15 ans l'un des loisirs favoris des Chinois. On trouve des karaokés dans tous les hôtels de la ville, souvent indiqués par le sigle "KTV", et la plupart des restaurants sont équipés de l'appareil qui permet aux crooners improvisés d'interpréter les rengaines hongkongaises ou taiwanaises - dites *cantopop* - que les Pékinois affectionnent par-dessus tout. Certains établissements ont une salle commune, où vous pouvez profiter des vocalises des voisins. Tous proposent des petits salons privés, qui se prêtent parfaitement à une soirée d'anniversaire entre copains. Même si nombre d'hommes d'affaires chinois les considèrent surtout comme bien pratiques pour pouvoir inviter des clients à partager un moment d'intimité avec les *zuotai xiaojie*, ces hôtesses très particulières que fournissent de nombreuses maisons de karaoké.

KITSCH

Depuis quelques années, la municipalité semble s'être mis en tête de passer la ville entière au babyliss de la mondialisation. Après la disparition de l'énorme panda en simili carton-pâte qui trôna des lustres durant sur un rond-point du 4e périphérique Nord, c'est l'épicerie en forme de choppe de bière géante – longtemps le point de repère numéro un pour s'orienter dans le quartier nocturne de Sanlitun – qui fut sacrifiée. Parallèlement à cette élimination méthodique de ce qui faisait partie intégrante du charme pékinois dans l'esprit de nombreux résidents étrangers (non dénués, il est vrai, d'une pointe de condescendance), les autorités n'ont de cesse de dissuader les chauffeurs de taxis de manger et dormir dans leur véhicule (ce qui favorise l'odeur d'ail rance qui y flotte souvent) ou de faire redescendre sous le nombril les T-shirt traditionnellement roulés haut sur les bedaines masculines l'été. Des habitudes qui terniraient l'image de modernité stylée que les dirigeants veulent aujourd'hui donner de la capitale. Faisons toutefois confiance aux truculents Pékinois pour faire un peu de résistance et préserver la saveur locale de la ville !

-------------- **L** --------------

LAOWAI (老外)

Le terme, que vous entendrez certainement souvent, signifie "étranger" dans le langage familier (la version plus politiquement correcte pour désigner les long-nez étant *waiguoren*). Entre ceux qui sont enregistrés comme résidents permanents, ceux qui n'ont pas fait les formalités d'enregistrement, ceux qui passent plusieurs mois de l'année dans la ville pour affaires et les étudiants étrangers, les *laowai* de la capitale chinoise seraient aujourd'hui plusieurs centaines de milliers.

LINGLEI (另类)

Le terme peut se traduire par "alternatif", "underground", "marginal" ou "différent". Si Pékin est le siège d'un pouvoir communiste qui a toujours voulu dicter une norme de pensée unique, elle est aussi paradoxalement la plaque tournante du monde *linglei* chinois. Car derrière les pesanteurs de la bureaucratie, Pékin reste le cœur de la vie culturelle et intellectuelle de l'empire du Milieu et c'est ici que choisissent de s'installer et de travailler les peintres, musiciens, écrivains et cinéastes qui ne veulent pas se contenter de réciter par cœur les dogmes du PCC. Si vous avez envie d'en savoir un peu plus sur la vibrante scène alternative locale, consultez les city-magazines en anglais gratuits qui annoncent les concerts, expositions et festivals les plus intéressants.

LOGEMENT

Ils en rêvaient pendant les décennies de l'ère Mao qui ne les autorisaient qu'à occuper des logements appartenant officiellement à leur unité de travail. Depuis le début des réformes économiques, la grande majorité des Pékinois l'ont fait : ils ont acheté un appartement. Souvent à la périphérie car le prix du mètre carré en centre-ville a explosé (autour de 10 000 ¥ en moyenne en 2007). Souvent avec de lourds crédits. Et seulement les murs, car tout terrain en Chine ne peut appartenir qu'à l'Etat communiste. Peu importe pour ces nouveaux propriétaires, qui aménagent généralement avec une surenchère de parquet ou de mobilier importé ce petit nid qui est devenu le principal baromètre de statut social chinois.

-------------- **M** --------------

MAH-JONG

L'autre loisir indémodable en Chine, avec le karaoké. Mélange de stratégie et de chance, il se joue à quatre, en famille ou entre amis, de préférence le soir. L'été, les joueurs sortent les tables et s'installent directement dans la rue. Vous entendrez alors le cliquetis caractéristique des lourds dominos de corne ou de plastique que l'on abat sur la table. Ainsi que les grognements de dépit ou les exclamations de joie des gagnants qui empochent leurs billets (de 2 maos ou de 100 ¥). Les jeux d'argent ont beau être légalement interdits dans le pays, une partie de mah-jong sans enjeu financier paraîtrait à tout Pékinois étonnamment fade !

MANDARIN

Pour le moment, rares sont les Pékinois qui maîtrisent la langue de Shakespeare. Et bien plus rares encore sont ceux qui ont quelques notions de celle de Molière. Outre une carte bilingue, pensez à vous équiper d'un petit

Anaïs Martane

lexique français-chinois, qui vous permettra un minimum de communication avec les autochtones.

MAO

Plus que controversé en Occident, Mao Zedong reste le grand homme des Chinois, celui qui a fondé la République populaire de Chine et rendu sa fierté à son peuple. D'autant que les vingt dernières années de stabilité politique et de croissance économique ont contribué à estomper le souvenir des rudes années de famines du Grand Bond en avant ou les années d'hystérie collective de la Révolution culturelle, et à lui concéder un statut de demi-dieu. Vous pourrez le constater en voyant les interminables cohortes de provinciaux en visite à la capitale qui font la queue sur la place Tiananmen pour se recueillir devant sa dépouille.

MEDECINE CHINOISE

Même s'ils reconnaissent l'efficacité de la médecine occidentale pour la plupart des maladies graves, les Chinois continuent encore à largement recourir à la médecine et à la pharmacopée traditionnelle chinoise. Qu'il s'agisse de décoctions traditionnelles de racines, écorces, peaux de lézards séchées et autres ingrédients qui permettent au corps malade de retrouver son équilibre entre yin et yang. Ou de séances d'acupuncture, méthode millénaire qui consiste à insérer de minuscules aiguilles sur les lignes de force du corps pour rétablir l'énergie interne là où ça ne va pas. Dans les pharmacies et les hôpitaux, les deux types de médecines coexistent et se complètent ainsi harmonieusement.

MINGONG (民工)

Ce sont les "ouvriers paysans" venus des provinces pauvres pour chercher du travail dans la capitale. Les Pékinois de souche les appellent avec condescendance les *waidiren*, ceux "qui viennent de l'extérieur". Sans cette population flottante paysanne, les Pékinois n'auraient pourtant certainement pas pu faire éclore en si peu de temps les bouquets de gratte-ciel ou les rubans périphériques dont ils sont si fiers. Aussi nécessaires que méprisés, la plupart des *mingong* acceptent (pour le moment) sans trop broncher des travaux contraignants et des conditions de vie spartiates pour gagner de quoi subvenir aux besoins de leur famille, souvent restée au village. Vous reconnaîtrez probablement les nouveaux venus à leur look campagnard, leurs cheveux coiffés en pétard et leur regard encore incrédule lorsqu'ils voient passer des long-nez. Un petit avant-goût des personnages que vous risquez de croiser si vous partez explorer les provinces...

-------------- **N** --------------

NOMS DE FAMILLE

Le nom de famille des Chinois (qui ne dépasse généralement pas une syllabe et un idéogramme) est placé avant le prénom (qui lui peut comporter une ou deux syllabes). Il n'existe que quelques centaines de noms de famille chinois, et la grande majorité de la population porte l'un des patronymes les plus courants (comme Zhang, Wang, Li, Liu ou Zhou). Ce qui est évidemment un casse-tête pour les administrations chinoises, car avec si peu de choix, ils se retrouvent régulièrement avec des piles de dossiers de gens différents portant exactement les mêmes nom et prénom. Les noms occidentaux semblent en revanche effroyablement longs et imprononçables aux Chinois. Pour leur faciliter la tâche, quand ils vous demandent votre nom, ne donnez que votre prénom, ou même seulement une partie !

-------------- **O** --------------

OMC

Après quinze ans de négociations ardues, la Chine a intégré l'Organisation mondiale du commerce en 2001. Cette entrée a depuis occasionné des restructurations économiques diverses, qui se répercutent graduellement sur la société chinoise et ses rapports avec l'Occident. Dans le domaine du tourisme notamment, l'OMC devrait signifier une amélioration progressive dans les services : davantage de distributeurs automatiques, un effort sur l'apprentissage de l'anglais ou des produits importés moins chers. Patience, donc !

OPERA DE PEKIN

Avec ses riches costumes, ses savants maquillages, et un mélange de théâtre, mime, danse, combats d'arts martiaux et chants, l'opéra de Pékin est la quintessence des arts de la scène chinoise. La monumentale et cosmique bulle de titane imaginée par l'architecte français Paul Andreu et posée sur un plan d'eau à l'ouest du palais du Peuple est parfois aussi désignée sous ce nom, en dépit de son appellation officielle de Grand Théâtre National de Pékin.

-------------- **P** --------------

PARCS

Jadis jardins impériaux ou espaces de sacrifices rituels, aujourd'hui simples îlots de verdure permettant d'oublier le béton et le brouhaha des périphériques, les quelques dizaines de jardins publics ou parcs que compte la ville font partie intégrante du paysage pékinois. Ils sont aussi le refuge des personnes âgées qui viennent y faire leurs exercices et leurs vocalises d'opéra. Ne passez pas par Pékin sans en explorer un ou deux.

PERIPHERIQUES

Ce sont les rocades bâties en cercles concentri-ques autour de la Cité interdite pour faciliter la circulation dans la capitale (le premier est virtuel car il s'agit des remparts de l'ancienne Cité impériale). Les 2ᵉ (Erhuan, 33 km), 3ᵉ (Sanhuan, 48 km) et 4ᵉ (Sihuan, 65 km) périphériques sont en service depuis la fin des années 90. Plus récents, le 5ᵉ (Wuhuan, 96 km) périphérique permet de relier l'aéroport à la section de Badaling de la Grande Muraille en passant par le Village Olympique, tandis que le 6ᵉ périphérique (Liuhuan, 200 km) a été bouclé en 2006. Un 7ᵉ périphérique "régional" (car il dépasserait les limites de la municipalité de Pékin) serait même à l'étude. Folie de modernité ? Sûrement. Mais peut-être aussi la trace d'une constance à toute épreuve dans la pensée pékinoise, car sous les Ming déjà, la ville était organisée en carrés emboîtés les uns dans les autres : la Cité interdite, entourée de la Cité impériale, elle-même cernée par la Ville tartare, qui s'ouvrait sur la Ville chinoise.

PIGEONS

Les gens de Pékin en sont particulièrement amateurs. Tout comme les Parisiens ou les Vénitiens. A la différence près que certains ici ont l'habitude d'élever eux-mêmes leurs pigeons et de leur attacher à la queue des sifflets faits de bambou ou de courge qui produisent des sons différents. Un groupe de pigeons en vol est ainsi censé produire l'effet d'un orchestre et jouer, pour le plus grand plaisir des habitants, un concert céleste typiquement pékinois dont la mélopée retentit encore parfois dans l'azur des ciels d'hiver.

Jean-Lionel Dias

PINYIN (拼音)

C'est le système de transcription phonétique des idéogrammes chinois (calqué sur la prononciation des Pékinois) adopté en 1958. Si les plus de 50 ans ont toujours du mal à faire une corrélation entre les idéogrammes et les lettres de l'alphabet romain, la jeune génération le maîtrise assez bien car les règles du pinyin sont enseignées à l'école. Ce système est toutefois assez traître pour les Occidentaux car certaines syllabes ne suivent pas la prononciation romaine. Exemple : le *hao* du pinyin se prononce "rao" en français (le "h" étant ici fortement aspiré), tandis que *rao* en *pinyin* se prononce "jao" en français (pour plus de détails, voir l'encadré ci-dessus). Il n'empêche que ce système reste visuellement précieux pour les long-nez, notamment pour s'y retrouver sur les panneaux de signalisation.

PINYIN : LES PRINCIPAUX FAUX AMIS

Bu	se prononce "pou"
Chi	se prononce "tche"
Cui	se prononce "tsui"
Hao	se prononce "rao"
He	se prononce "re"
Jin	se prononce "tine"
Mou	se prononce "mo"
Rao	se prononce "jao"
Rou	se prononce "jo"
Qin	se prononce "tchin"
Si	se prononce "seu"
Xi	se prononce "si"
Zhou	se prononce "djo"

POLITIQUE

Le passe-temps favori des Pékinois ? Râler sur les nouvelles réglementations, disserter des heures entre copains sur les derniers ragots politiques et refaire le monde. Mais si le verbe des Pékinois est souvent haut, il se traduit plus rarement par des actes contestataires. Car même s'ils bénéficient de libertés de plus en plus importantes dans leur vie quotidienne et professionnelle, ils n'oublient pas qu'ils vivent dans la capitale d'un pays qui reste gouverné d'une main de fer par un parti unique (le Parti communiste chinois ou *Gongchandang*), qui s'est toujours montré sans pitié pour ceux qui déviaient trop ouvertement de "la ligne" politique.

POLITESSE

Mieux vaut le savoir : vous aurez du mal à retrouver dans le Pékin d'aujourd'hui le raffinement et la politesse extrême des mandarins des romans classiques. Certains critères marquant la prévenance en Chine d'aujourd'hui sont pourtant proches des nôtres : on ne passe pas à table sans s'être lavé les mains, on évite de se moucher à grand bruit pendant un repas ou de s'asseoir à même le sol, tout comme on n'arrive jamais chez une connaissance chinoise les mains vides (même si quelques fruits ou bouteilles de Coca font l'affaire). Avec quelques nuances locales sympathiques : on évite par exemple, en posant l'omniprésente théière sur la table, d'en orienter le nez vers une personne donnée, en signe de respect. En revanche, se racler bruyamment la gorge avant de cracher devant vos pieds ne choquera personne d'autre que vous ici. Pas plus que la mine rébarbative que vous fera la vendeuse dans un magasin d'Etat, ni la porte qu'on ne vous tiendra pas souvent ouverte pour vous laisser passer. Tout est une question d'habitude, vous vous y ferez très vite...

Jean-Lionel Dias

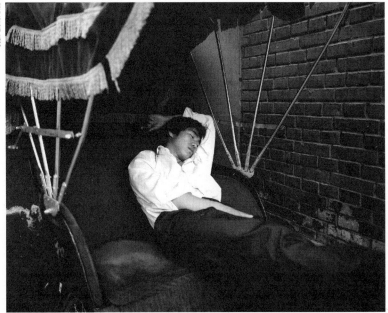

POLLUTION

Officiellement, la situation serait en voie d'amélioration. La préparation des J.O. aura en tous cas donné un coup de pouce, car l'électricité et le gaz naturel seront d'ici à 2008 les principales sources d'énergie dans une ville qui s'est longtemps appuyée sur le charbon. Les émissions de gaz des véhicules devraient également être réduites et les industries les plus polluantes déplacées dans la banlieue. En attendant que ces beaux projets se concrétisent, vous n'aurez pas de mal à vous rendre compte que Pékin reste l'une des métropoles les plus polluées de la planète.

POUSSE-POUSSE

Indémontable cliché chinois, cette voiture montée sur deux hautes roues et tirée à la force des bras et des jambes d'un homme fait partie de l'histoire et du folklore chinois. Ce métier de bête de somme humaine (immortalisé dans le roman de Lao She, *Le Tireur de pousse-pousse*) a heureusement disparu. Même si une version plus moderne et tout de même moins épuisante de "cyclo-pousse" est réapparue depuis quelques années dans les quartiers les plus touristiques de la capitale.

-------------- Q --------------

QIAN (钱)

C'est le terme mandarin signifiant "argent", le suprême sésame à Pékin, comme partout dans la Chine d'aujourd'hui. Les Chinois sont tellement obnubilés par cette course effrénée à la richesse qu'ils parlent d'argent tout le temps et de manière très directe. Ils n'hésiteront d'ailleurs pas à vous demander combien vous gagnez chaque mois, combien vous avez acheté votre montre ou combien coûte un billet d'avion pour Paris. A vous de voir si vous souhaitez répondre. Vous pourrez toujours vous en tirez en expliquant qu'en Europe, les usages veulent qu'on parle rarement de *qian*.

-------------- **R** --------------

"Rrrrr"

Les Pékinois roulent les "r" et en rajoutent même une louche à la fin des mots ou des phrases, un peu à la manière des titis des faubourgs parisiens. Là où le Chinois du Sud susurre un très doux *wan* ("s'amuser"), le Pékinois lâchera un guttural *wanr* (prononcer "ouarre"). Sans complexe, car savoir gargariser ses phrases de "rrrrr" est un indice qui ne trompe pas pour montrer à son entourage qu'on est pékinois de souche et non pas une pièce rapportée ou, pire, un vrai provincial qui ne se serait pas encore débarrassé de son accent campagnard.

-------------- **S** --------------

SANLITUN

C'est le nom de l'un des trois quartiers d'ambassades de la ville (avec ceux de Jianguomen et de Taiyuan) situé à l'intérieur du 3e périphérique Nord-Est. Sanlitun est surtout devenu en quelques années non plus seulement un quartier résidentiel et commerçant pour étrangers, mais surtout le pôle central de la vie nocturne pékinoise, avec une impressionnante concentration de restaurants, bars et boîtes de nuit.

SHACHENBAO (沙尘暴)

C'est le nom donné aux tempêtes de sable qui, vers mars-avril, enveloppent la ville d'un nuage de poussière sableuse orange

et étouffante. Elles s'étaient aggravées au cours des années 90, entre autres à cause de la déforestation au nord de la capitale. Face à cette dégradation environnementale, les autorités ont entrepris un vaste plan de reboisement : des espaces verts devraient ainsi couvrir 45 % du centre-ville d'ici à 2008, tandis que trois "ceintures vertes" forestières ont été plantées autour de la ville pour la dépoussiérer d'ici aux Jeux Olympiques. Mais certains experts occidentaux se disent sceptiques quant à l'efficacité de ces ambitieuses mesures...

SIHEYUAN (四合院)

Maison traditionnelle à cour carrée et sans étage, caractéristique de la Chine du Nord, et plus particulièrement de Pékin. Elle est bâtie en briques (peintes en gris) et en bois (laqué rouge), avec des pièces carrées qui s'organisent autour d'une ou plusieurs cours successives, d'une porte d'entrée orientée vers le nord, et de nombreuses autres règles architecturales. Depuis qu'ils sont rasés sans pitié pour faire place à des tours de verre permettant d'empiler plus d'occupants, les *siheyuan* ont connu un impressionnant retour en vogue auprès des intellectuels et des artistes. Ils font malheureusement difficilement le poids face aux promoteurs...

-------------- **T** --------------

TANGHULU (糖葫芦)

Des *shanzha*, sortes de pommes miniatures enrobées de caramel, parfois fourrées de pâte de datte et enfilées en brochette sur un fin bâtonnet : voici le *tanghulu*, l'une des friandises préférées des Pékinois de tous âges depuis des lustres. Ils sont le plus souvent vendus par des marchands ambulants qui les trimballent par buissons entiers sur le porte-bagages de leur bicyclette. Ou qui installent des stands de fortune à l'entrée des jardins publics ou des centres commerciaux. Pour un ou deux yuans pièce, il serait dommage de ne pas se laisser tenter !

TAXIS

Ils sont désormais bicolores (généralement en version ocre et violet), ils sont partout et ils ne sont pas très chers. Les quelque 70 000 taxis qui sillonnent Pékin de jour comme de nuit facilitent grandement la vie des Pékinois dans cette mégapole où le réseau de transports en commun est encore loin d'être à la hauteur.

TEMPLES

Alors que Pékin comptait sous la dynastie Qing une centaine de temples, ils n'étaient plus que quelques dizaines au début du XXe siècle, dont certains ont été réquisitionnés par le gouvernement communiste après 1949 pour être transformés en jardins d'enfants ou en écoles de police. De l'imposant temple des Lamas à l'intimiste temple Wutasi, seule une quinzaine de temples (essentiellement bouddhistes), de toutes tailles et de toutes les époques, restent donc aujourd'hui ouverts au public à Pékin. Ce qui toutefois suffit généralement à remplir un séjour culturel pékinois !

THE

Qu'il soit vert, au jasmin, ou oolong, le thé reste la boisson de base. Vous verser une tasse de thé sera toujours le geste de politesse préalable à toute conversation lorsque vous arrivez chez des amis chinois ou à toute commande au restaurant. Après quelques années de semi-infidélité – avec la tentation des sodas américains, voire du Nescafé allongé de lait –, les jeunes Pékinois sont d'ailleurs en train de redécouvrir les multiples vertus médicinales du breuvage aux feuilles vertes et la culture millénaire de la cérémonie du thé, comme en témoigne l'éclosion de maisons de thé à travers la ville.

TIANANMEN

Cœur et symbole de Pékin, tout comme l'est Chang'an Jie (avenue de la "Paix éternelle"), qui la traverse et la porte Qianmen qui la borde au sud. Lieu historique de tous les grands rassemblements de protestation (notamment le mouvement étudiant de 1989, et plus récemment les manifestations des adeptes de la secte interdite Falungong), c'est aussi le lieu où s'exprime la liesse populaire. De manière officielle et organisée, comme la proclamation par Mao de la fondation de la République populaire de Chine en 1949, ou la gigantesque parade organisée pour célébrer le cinquantenaire de la même république. Mais de plus en plus souvent pour des manifestations plus spontanées. En 2001, la foule pékinoise s'est ainsi appropriée la plus

Julien Bachelet

grande place du monde par deux fois pour fêter bruyamment l'attribution des J.O. de 2008 à leur ville, puis la qualification de la Chine pour la Coupe du monde de football en 2002.

TOURISME

L'Organisation mondiale du tourisme estime que la Chine sera la première destination touristique du monde d'ici à une dizaine d'années. Elle devrait alors détenir au moins 8% des parts du marché du tourisme mondial, ce qui rapporterait aux Chinois près de 300 milliards de dollars. Pékin profite particulièrement bien de la manne économique que représente l'essor du tourisme. Chaque année, plusieurs millions de touristes étrangers visitent la capitale chinoise (avec un pic en avril), plutôt en tours organisés qu'en solo, car l'état des infrastructures, les reliquats de la mentalité communiste et surtout la barrière de la langue rendent les choses pour le moment un peu moins faciles pour les voyageurs individuels que dans d'autres grandes villes d'Asie.

-------------- **V** --------------

VELOS

Certes, les véhicules motorisés gagnent chaque année du terrain et l'image d'une capitale chinoise sans voitures a clairement vécu. Mais Pékin compte encore au moins 8 millions de bicyclettes, et au moins autant de cyclistes. Et si vous en doutez encore, postez-vous sur le bord de n'importe quelle rue du centre-ville entre 16 et 17 heures, à l'heure de la sortie des écoles et de celle des bureaux.

VIEILLESSE

Dans un pays où le contrôle des naissances et l'allongement de l'espérance de vie accélèrent le vieillissement de la population,

Stéphanie Ollivier

vous croiserez certainement au fil de vos pérégrinations un grand nombre de personnes âgées. Des papis à visage de pomme ridée surmontée d'une casquette en toile bleue aux frêles mamies à chignon, dont la démarche chancelante trahit parfois encore celles qui autrefois eurent les pieds bandés, la plupart des petits vieux de Pékin ont des regards dans lesquels on peut lire près d'un siècle d'histoire à rebondissements et une vie entière de privations. Et pourtant, ce sont sûrement eux qui vous gratifieront des plus beaux et des plus authentiques sourires. N'hésitez pas à leur rendre.

-------------- **W** --------------

WANGFUJING

C'est l'un des quartiers commerçants les plus réputés de Pékin, et ce depuis plus de 700 ans. Il a connu une métamorphose complète tout au long de la dernière décennie :

aménagement d'une zone piétonne et d'un marché de nuit, transformation des enfilades de boutiques d'antan en ventrus et rutilants centres commerciaux géants, dégagement de l'église catholique auparavant cachée par des baraquements de brique et tôle. Le Wangfujing nouveau est donc aujourd'hui fin prêt à ne pas s'en laisser compter par les plus récents pôles de shopping de la ville que sont Jianguomen ou Xidan.

WANGJING

Ce fut la première ville satellite à sortir de terre à la périphérie nord-est de la capitale dans les années 90. Elle personnifie aujourd'hui ces nouveaux quartiers investis avec enthousiasme par les classes moyennes. Wangjing offre en effet tout le confort qu'apprécient les *xiaozi* (petits-bourgeois) locaux : de vastes appartements situés dans des tours sans âme mais bien chauffées, d'immenses parkings souterrains où garer leur flamboyant bolide, des centres commerciaux à l'américaine pour le ravitaillement du week-end et même une station de métro. Une excursion à Wangjing risque de faire voler en éclats tous les mythes tirés de *Tintin et le Lotus Bleu* que vous aviez peut-être encore en tête. Mais c'est l'occasion de juger sur pièce à quoi ressemble vraiment la Chine urbaine actuelle.

-------------- **X** --------------

XIAOMAIBU (小卖部)

Le nom se traduit littéralement par "petit département de vente". Ce sont les mini-épiceries familiales que vous croisez en moyenne tous les 20 mètres sur le bord des rues de la ville. Elles sont souvent ouvertes tard le soir et on y trouve l'essentiel, rarement plus, en terme de produits alimen-taires et d'hygiène. Ainsi que des cigarettes, des cartes de téléphone (cartes IP ou recharges de téléphones mobiles) et souvent un téléphone public.

-------------- **Z** --------------

ZHONGGUANCUN

C'est le nom du quartier qui abrite aujourd'hui le principal Parc des sciences et technologies de la capitale, et en fait du pays. Sur 100 km² en travaux permanents, Zhongguancun abrite la plus grosse concentration d'universités et de centres de recherche scientifiques ou high-tech en Chine. Sans compter plusieurs centres commerciaux dédiés à l'informatique et à l'électronique, et surtout près de 6 500 biotechs, start-ups ou fabricants informatiques divers, qui ont déjà été attirés par le régime fiscal préférentiel de cette Silicon Valley chinoise située au nord-ouest de la capitale. Certains y sont déjà devenus grands, comme Sina (www.sina.com), le principal portail Internet chinois. Et surtout Lenovo, le numéro un informatique du pays.

Magne > Fotografieren > Made in China, Teachers House

ADRESSES UTILES

AMBASSADE DE FRANCE

(法国大使馆)

3 Sanlitun Dongsanjie, Chaoyang District
[Plan E-13] 朝阳区三里屯东三街3号
☎ 8532-8080 (standard)
Fax : 8532-8109 (état civil)
E-mail : consulat@ambafrance-cn.org
www.ambafrance-cn.org
→ Située dans une rue perpendiculaire qui part vers l'est du milieu de la rue des bars de Sanlitun, à proximité du 3ᵉ périphérique Est. Horaire d'accueil téléphonique : du lundi au vendredi de 9h à 17h30. Ouvert au public du lundi au vendredi de 8h30 à 12h et sur rendez-vous de 14h à 17h.

AMBASSADE DE BELGIQUE

(比利时大使馆)

6 Sanlitun Lu, Chaoyang District
[Plan E-12] 朝阳区三里屯路6号
☎ 6532-1736 - Fax : 6532-5097
E-mail : beijing@diplobel.org
www.diplomatie.be/beijingfr
→ Dans le prolongement nord de la rue des bars de Sanlitun, juste après Dongzhimenwai Dajie, côté est de la rue. Accueil du lundi au vendredi, de 8h30 à 12h, et de 14h à 17h.

AMBASSADE DU CANADA

(加拿大大使馆)

19 Dongzhimenwai Dajie, Sanlitun, Chaoyang District
[Plan E-12] 朝阳区东直门外大街19号
☎ 6532-3536 - Fax : 6532-5544
E-mail : beijing.consular@international.gc.ca
www.beijing.gc.ca
→ Un bâtiment beige situé du côté nord de l'avenue Dongzhimenwai, environ 500 m au nord du City Hotel. Accueil du lundi au jeudi, de 9h à 11h et de 13h30 à15h, le vendredi de 9h à 12h.

AMBASSADE DE SUISSE

(瑞士大使馆)

3 Sanlitun Dongwujie, Sanlitun, Chaoyang District
[Plan E-13] 朝阳区三里屯东五街3号
☎ 6532-2736 (standard)
Fax : 6532-4353
E-mail : bei.vertretung@eda.admin.ch
www.eda.admin.ch/beijing
→ Dans une rue perpendiculaire (direction est) à Sanlitun Lu, juste au nord de l'avenue Dongzhimenwai. Accueil du lundi au vendredi, de 9h à 12h, et l'après-midi sur rendez-vous.

☎ NUMEROS UTILES

Centrale d'appels d'urgence	999	Mandarin
Médecin français	6532-3515	Français
Police	110	Mandarin, Anglais
Pompiers	119	Mandarin
Renseignements	114	Mandarin
Informations Transports	1608122	Mandarin (3 ¥ la minute)
PCV France	108330	Français
Météo	12121	Mandarin
Hotline Tourisme	6513-0828	Mandarin, Anglais (basique)

ALLIANCE FRANÇAISE

(北京法语培训中心)

Guangcai International Mansion, 18 Gongti Xilu, Chaoyang District

[Plan F-12] 朝阳区工体西路18号

☎ 6553-2678 - Fax : 6553-2718

E-mail : info.beijing@alliancefrancaise.org.cn

www.alliancefrançaise.org.cn

Métro Dongsishitiao. Au sein du Centre culturel français (voir ci-dessous).

CENTRE CULTUREL FRANÇAIS

(法国文化中心)

Guangcai International Mansion,

18 Gongti Xilu, Chaoyang District

[Plan F-12] 朝阳区工体西路18号

☎ 6553-2627

www.ccfpekin.org

Métro Dongsishitiao. Dans la rue qui sépare le Workers Stadium du Workers Gymnasium, du côté est de la rue.

→ Les luxueux locaux de ce premier et vaste "CCF" ouvert en terre chinoise comprennent une grande médiathèque, une librairie française, une salle de projections, des espaces d'expositions et le Café Lumières. Bref, un vrai petit coin de France niché au cœur de Pékin.

BANQUES & CHANGE

Monnaie locale

La monnaie chinoise est le renminbi, qui signifie littéralement "monnaie du peuple". Elle est plus couramment appelée yuan, son unité de base (pour lequel nous utilisons dans cet ouvrage le symbole ¥ et qui est désignée dans les banques par les initiales CNY). Un yuan valait au cours de l'été 2007 environ 0,10 euro (c'est-à-dire qu'un euro équivalait alors à près de 10 ¥). Attention, le cours du yuan est aligné sur celui du dollar américain,

mais il n'est pas encore convertible, sauf à Hong Kong. Evitez donc de vous retrouver avec des liasses de billets chinois à la fin de votre séjour. Vous ne pourrez les rechanger dans une banque en Chine ou à l'aéroport que si vous pouvez présenter votre bordereau de change. Hors des frontières chinoises, ils se transformeront (pour le moment) en billets de Monopoly.

Le yuan se divise en 10 jiaos (plus souvent dénommé maos par la population) et en 100 fens (c'est-à-dire qu'un mao équivaut à 10 fens). Il existe des billets de 1, 2, 5, 10, 20, 50 et de 100 yuans. Ainsi que des billets de 1, 2, et 5 maos, qui sont de taille plus réduite. Et enfin des billets beiges de 1 fen, encore plus petits (ces derniers ne vous permettront pas d'acheter grand-chose, mais peuvent toujours faire office de marque-page !). Les pièces de monnaie, qu'il s'agisse de fens, de maos ou de celles de 1 yuan, sont assez peu utilisées. Munissez-vous donc plutôt d'un portefeuille que d'un porte-monnaie, car vous risquez d'être encombré de billets pendant votre séjour.

Change

Les hôtels d'un certain standing peuvent changer des euros et des chèques de voyage sur présentation d'une pièce d'identité, mais certains exigeront que vous soyez client chez eux. Les grandes succursales de la Bank of China, de la Bank of Communications et de quelques autres banques chinoises ont également un service de change. Le plus simple est peut-être de changer de l'argent dès votre arrivée à l'aéroport, ou bien dans le bureau de change des grands magasins les plus touristiques (Friendship Store sur Jianguomen, Lufthansa Center sur Liangmaqiao, pharmacie Tongrentang sur

Yang Linqing

Dazhalan, etc). Evitez de changer au noir, le taux est à peine meilleur, et vous risquez de vous retrouver avec des faux billets.

Pour les chèques de voyage, prévoir des coupures de 100 dollars ou 100 euros maximum car la plupart des banques refusent de changer les chèques d'un montant supérieur.

SINOLINX CONVERTER

www.sinolinx.com/currencyconverter.htm
→ Génial pour avoir le taux du jour et convertir, en un clic, la plupart des monnaies en yuans.

Cartes de Crédit

Les principales cartes de crédits étrangères sont acceptées dans un nombre croissant d'hôtels, de restaurants, les grands magasins les plus touristiques de Pékin et la plupart des distributeurs de la ville, mais avec une commission d'environ 4 %. Prévoir suffisamment de liquide est donc souvent plus avantageux.

Votre carte de crédit vous permettra de retirer du liquide en yuans ou en devises dans plusieurs banques de la ville (dont les établissements indiqués ci-dessous), et en yuans uniquement dans les distributeurs automatiques. Attention, assurez-vous qu'un distributeur arbore bien le logo de votre carte de crédit avant d'y glisser votre carte, car tous les distributeurs ne sont pas encore reliés à un réseau international et certains risquent de l'avaler ! Le plafond des retraits par opération est de 2 500 ¥ dans les distributeurs de la Bank of China, de 2 000 ¥ dans les machines de la plupart des autres banques.

BANK OF CHINA YABAO LU

(中国银行总行)
8 Yabao Lu, Chaoyang District
[Plan G-12] 朝阳区雅宝路8号
☎ 6519-9988
Métro Jianguomen. L'entrée est à l'arrière de l'immeuble Asia-Pacific, situé au bord du 2e périphérique Est, 200 m au nord-est de la Poste internationale. Ouvert tous les jours, de 9h à 12h et de 13h à 17h (mais seulement du lundi au vendredi pour les opérations de change).
→ C'est le siège pékinois de la banque. Vous y trouverez l'éventail le plus important de services banquiers et financiers disponibles dans la ville.

BANK OF CHINA FUCHENGMEN

(中国银行)
Fuchengmennei Dajie, Xicheng District
[Plan F-7] 西城区阜成门内大街
☎ 6601-4014
Métro Fuchengmen. Dans un grand immeuble anthracite, situé au coin sud-est du pont Fuchengmenqiao, au bord du 2e périphérique Ouest. Ouvert tous les jours de 9h à 17h.
→ L'une des grosses succursales pékinoises de la banque, pour ceux qui sont à l'ouest de la ville.

CITIC JIANGUOMEN
(中信实业银行)
CITIC Building, 19 Jianguomenwai Dajie,
Chaoyang District
[Plan G-12] 朝阳区建国门外大街19号
(国际大厦1楼)
☎ 6512-5578
Métro Jianguomen. A gauche en entrant dans
le lobby de la grande tour brune mitoyenne
du Friendship Store. Ouvert de 9h à 17h30
(17h le week-end).
→ Banque très centrale et dont les employés
sont habitués depuis des années à voir défiler
les touristes étrangers.

HSBC
(汇丰银行北京分行)
Ground Floor, Block A, COFCO Plaza,
8 Jianguomennei Dajie, Chaoyang District
[Plan G-11] 北京建国门内大街8号
中粮广场A座首层
☎ 5999-8888
www.hsbc.com.cn
Métro Jianguomen. Situé dans le lobby du
COFCO Plaza, à gauche de l'entrée qui donne
sur Jianguomennei Dajie. Ouvert du lundi au
vendredi, de 9h à 17h.
→ C'est la principale succursale pékinoise de
la Hongkong & Shanghai Banking Corporation,
où les employés sont aussi souriants
qu'efficaces. C'est aussi la seule banque
qui ne vous prendra pas de commission
sur les retraits effectués avec une carte de
crédit dans leurs distributeurs… si vous
avez un compte chez eux. **Autres agences :**
China World (sur la façade est du West
Building ☎ 5866-9866) – Lufthansa Center
(dans la West Wing de la partie bureaux
☎ 8451-9500) – Zhongguancun (dans la
Cyber Tower ☎ 6215-9288) – Financial Street
(dans le Winland International Finance Centre
☎ 6655-5288).

AMERICAN EXPRESS
(美国运通公司北京代表处)
Room 2101, Tower 1, CWTC,
1 Jianguomenwai Dajie, Chaoyang District
[Plan G-13] 朝阳区建国门外大街1号
国贸大厦A座2101房间
☎ 6505-2888
Métro Guomao. Au 21e étage de la tour de
bureaux du China World Trade Center qui
est la plus proche de Jianguomenwai Dajie.
Ouvert de 9h à 17h.
→ C'est le bureau de représentation et de
service du groupe américain à Pékin.

VISA CUSTOMER SERVICE CENTER
En cas de perte ou vol de votre carte Visa, le
numéro à appeler depuis Pékin est le suivant :
☎ 108007440027

Transferts bancaires

A éviter dans la mesure du possible, surtout
si vous passez par une banque chinoise, car
les délais sont longs et les commissions
élevées. En cas d'urgence, vous pouvez
toutefois recourir aux services de spécialistes
en matière de transferts :

WESTERN UNION MONEY TRANSFERT
(西联汇款)
3 Gongti Beilu, Chaoyang District
[Plan F-12] 朝阳区工体北路3号 (邮局里)
☎ 6417-0073 ou 800-820-8668 (numéro
vert national)
Métro Dongsishitiao. Situé dans le bureau
de poste qui est du côté nord de l'avenue, au
niveau du Workers Stadium. Ouvert tous les
jours de 8h30 à 18h30.
www.westernunion.com
→ C'est l'un des plus centraux bureaux
pékinois de ce réseau américain, qui offre ses
services dans la plupart des gros bureaux de
poste de la ville (dans ceux-là, s'adresser au

guichet arborant l'enseigne jaune et noire de la société). Transferts bancaires électroniques dans les deux sens, mais en dollars uniquement. Attention : les frais de transfert, soit 15 dollars pour les sommes inférieures à 500 dollars et 20 dollars au-dessus, sont à régler eux aussi en devise américaine. Apporter son passeport.

CLIMAT

Le climat à Pékin est de type continental marqué. Les meilleures saisons pour apprécier la ville à la bonne température (autour de 20 degrés) et sous un ciel la plupart du temps clément sont normalement les saisons intermédiaires : mai-juin et surtout septembre-octobre. L'hiver pékinois s'étale de novembre à fin mars. Il est non seulement très rigoureux (le thermomètre peut plonger jusqu'à moins 15 degrés le soir en janvier et février) mais aussi extrêmement sec, car il ne pleut quasiment pas pendant près de six mois (électricité statique garantie !). Le tout

agrémenté de rafales de vent glacées qui ont au moins le mérite de balayer les nuages et de dégager un ciel qui se cale souvent en mode indigo au cœur de l'hiver. En outre, lacs gelés et *hutong* enneigés dotent le Pékin d'hiver d'un charme certain pour ceux qui sont bien emmitouflés. En mars et avril, la glace recule, mais la ville est alors souvent livrée à de violents vents de sable venus des déserts du Nord-Ouest et qui recouvrent tout d'une épaisse pellicule de poussière. Elle sera certes lavée, à partir de la fin mai par les pluies, qui s'accentueront en juillet et août. Une chaleur moite (avec des températures tournant autour de 35 degrés) et un ciel lourd et gris prennent alors généralement le relais jusqu'à septembre.

Ceci dit, depuis plusieurs années, le réchauffement de la planète et les pluies de plus en plus fréquemment provoquées artificiellement dès le début du printemps ont contribué à chambouler ces données. Pour ne pas avoir trop de surprises, n'hésitez pas à vous

Bertrand Meunier

renseigner sur la météo du moment avant de faire vos valises, par exemple en consultant la page météo du site Aujourd'hui la Chine, qui donne des prévisions sur cinq jours : www.aujourdhuilachine.com/meteo.asp

ELECTRICITE

Le voltage en Chine est le même qu'en Europe, 220 V. Plusieurs types de prises coexistent en Chine : celles à deux fiches comme celles à trois fiches, rondes (comme les prises européennes) et plates (comme les américaines). Les appareils européens se branchent en tout cas sans problème. Et si jamais les prises de votre hôtel ne sont pas équipées des fiches adéquates, vous trouverez facilement des petits adaptateurs en plastique coûtant quelques yuans dans les grands magasins et quincailleries de la ville.

FORMALITES ADMINISTRATIVES

Passeport

Attention, il doit être valable au moins six mois après la date prévue du retour. Pensez également à faire des photocopies de votre passeport avant de venir, elles vous seront utiles en cas de perte ou de vol. Et si jamais vous êtes confrontés à ce désagréable scénario, il vous faudra obtenir une attestation du Bureau de la sécurité publique chinois (BSP), puis vous rendre à votre ambassade pour faire refaire votre passeport, ou tout du moins obtenir un laissez-passer vous permettant de quitter le territoire chinois.

Visa

Vous devez obligatoirement obtenir un visa (portant la lettre "L" pour les touristes) pour entrer sur le territoire chinois. Il peut s'obtenir dans n'importe quel consulat chinois en remplissant un formulaire et en présentant une photo d'identité, et également auprès de la plupart des agences de voyage si vous vous trouvez à Hong Kong. Depuis la France, un visa une entrée coûte 35 euros et s'obtient généralement en 5 jours ouvrables, et plus vite en express si vous êtes prêts à payer un supplément de 20 à 30 euros. Ce visa doit être utilisé dans les 3 mois qui suivent sa date de délivrance. Il est valable 30 ou 60 jours, et peut être renouvelé une seule fois pour 30 jours à Pékin. Pour les autres types de visa (entrées multiples, visa étudiant...), le plus simple est de vous renseigner auprès du consulat. Attention, si vous restez en Chine après l'expiration de votre visa, vous risquez d'avoir à payer une amende de plusieurs centaines de yuans par jour de dépassement lorsque vous passerez l'immigration.

Obtenir un visa depuis la France

L'ambassade chinoise a depuis quelques années un site Web très bien fait qui permet de vérifier l'évolution des formalités nécessaires pour se rendre en Chine, ainsi que de télécharger les formulaires nécessaires à l'obtention des visas : www.amb-chine.fr

**SERVICE CONSULAIRE
& BUREAU DES VISAS, PARIS**
20, rue Washington, 75008 Paris
☎ 01 53 75 88 31
www.amb-chine.fr
→ Le service des visas est ouvert du lundi au vendredi, de 9h30 à12h.

CONSULAT GENERAL DE CHINE, MARSEILLE
20, boulevard Carmagnole, Marseille
☎ 04 91 32 00 01
→ Le service des visas est ouvert les mardis, mercredis et vendredis de 9h à 12h.

CONSULAT GENERAL DE CHINE, STRASBOURG

35, rue Bautain, Strasbourg
☎ 03 88 45 32 32
→ Le service des visas est ouvert les mardis, mercredis et jeudis, de 9h à 12h.

Obtenir un visa depuis Hong Kong

BUREAU DES VISAS DU MINISTERE DES AFFAIRES ETRANGERES

7/F, Lower Block, China Resource Building, 26 Harbour Road, Wanchai, Hong Kong
☎ +852-3413-2424
ou +852-3413-2300 (répondeur)
Fax: 852-34132312
E-mail: fmcovisa_hk@mfa.gov.cn
→ Ouvert du lundi au vendredi de 9h30 à 17h30, et le samedi de 9h à 12h30.

Nombre d'agences de voyages de la ville sont ouvertes tous les jours et pourront vous procurer tous types de visa dans des délais record (souvent dans la journée). Parmi les plus expérimentées :

CHINA TRAVEL SERVICE, HONG KONG BRANCH

1/F, Alpha House, 27-33 Nathan Road, Tsimshatsui, Kowloon, Hong Kong
☎ + 852-2315-7188 - Fax + 852-2315-7292
E-mail: ctsdmd@ctshk.com
www.ctshk.com

SHOE-STRING TRAVEL

Flat A, 4/F, Alpha House, 27-33 Nathan Road, Tsimshatsui, Kowloon, Hong Kong
☎ +852-2723-2306 - Fax +852-2721-2085
E-mail : shoetvl@hkstar.com

Faire proroger son visa à Pékin

SECTION DES VISAS DE LA SECURITE PUBLIQUE

(北京市公安局出入境管理处)
2 Andingmen Dongdajie, Dongcheng District
[Plan E-11] 东城区安定门东大街2号
☎ 8402-0101 (pour le service en anglais de ce répondeur, appuyer sur la touche "2")
Métro Andingmen ou Hepingli. Situé sur le 2e périphérique Nord, 500 m à l'est du temple des Lamas, du côté sud du périphérique. Ouvert du lundi au samedi, de 8h30 à 16h30.
→ Ce flamboyant bâtiment de marbre et carrelage rose a remplacé il y a quelques années le mythique et lilliputien local proche de la Cité interdite, qui géra longtemps le flot des voyageurs étrangers en panne de visa. Les policiers parlent ici mieux anglais qu'ailleurs et sont habitués à traiter avec des Occidentaux. La prorogation d'un visa pour 30 jours coûte 160 ¥ et prend cinq jours ouvrables (moins longtemps si vous payez un supplément). C'est également là que vous devrez vous rendre si vous avez besoin de déclarer perte ou vol de papiers, ou pour payer des amendes en cas d'expiration de

Jean-Lionel Dias

votre visa (l'amende théorique est alors de 500 ¥ par jour de dépassement).

Permis de conduire

Cela devrait changer un jour, mais ni le permis de conduire français, ni le permis de conduire international n'étaient encore reconnus en Chine en 2007 (sauf pour les étrangers qui ont le statut de résident permanent). Mieux vaut donc oublier vos projets de location de voiture sans chauffeur pour ce voyage-ci.

Carte d'étudiant

Les cartes internationales d'étudiants (ISIC) permettent assez rarement d'obtenir des réductions en Chine. Il n'est donc pas nécessaire de faire faire une carte spécialement en vue d'un voyage à Pékin. Mais si vous en avez une, prenez-la au cas où et tentez votre chance aux guichets des monuments et musées. La carte des auberges de jeunesse (Hostelling International) peut en revanche être utile, car un grand nombre d' auberges a ouvert ces dernières années dans la capitale.

HORAIRES & JOURS FERIES

Horaires

L'heure locale par rapport à la France est de + 6 heures en été, et de + 7 heures en hiver. Le soleil se lève vers 5h30 (7h l'hiver) et se couche vers 19h30 (18h l'hiver).

Les administrations sont généralement ouvertes du lundi au vendredi, de 8h30 à 17h (avec, pour beaucoup, une coupure d'environ une heure pour le déjeuner). Les banques et les bureaux de poste sont ouverts tous les jours, week-end compris. Tout comme la majorité des magasins, qui ouvrent généralement entre 9h et 19h. Les supermarchés, les grands magasins et les boutiques des quartiers touristiques restent, eux, souvent ouverts jusqu'à 22h environ.

Jours fériés

Pékin n'est jamais autant en effervescence que lors des quelques jours officiels de vacances que compte le calendrier chinois. Administrations et bureaux ferment alors leurs portes et leur personnel prend d'assaut les magasins, restaurants et tous lieux dévolus aux loisirs et à la consommation. Sans oublier les provinciaux qui montent (ou descendent) à la capitale pour l'occasion. Le tout provoque généralement une joyeuse pagaille dans les transports, sur les sites touristiques et dans les quartiers commerçants, mais ne manque pas à chaque fois de "booster" l'économie locale. Fort de cette analyse, le gouvernement chinois rajoute d'ailleurs régulièrement une nouvelle dose de vacances. Alors que jusqu'en 1995, les Chinois ne se reposaient que le dimanche et quelques jours pour le nouvel an, ils bénéficient aujourd'hui d'un vrai week-end, d'une semaine de congés payés à l'occasion du nouvel an chinois, et de deux autres au moment du 1er mai et autour de la fête nationale (1er octobre). Le tout pour la plus grande joie de la population, qui y a vite pris goût. Les touristes étrangers sont généralement moins emballés par les périodes de vacances officielles, car les billets d'avion ou de train sont alors introuvables, tandis que les prix dans les restaurants ou les magasins peuvent faire des bonds surprenants. Essayez donc d'éviter les vacances chinoises pour votre séjour, sauf si vous êtes amateur de bains de foule.

JOURS FERIES

Les jours officiellement non ouvrés sont les suivants :

1er janvier : nouvel an.
Nouvel an chinois, aussi appelé "Fête du printemps", tombe entre mi-janvier et mi-février, en fonction de la lune. Environ une semaine de congés officiels, mais des transports pris d'assaut pendant 2 à 3 semaines.
1er au 7 mai : Fête internationale du travail.
1er au 7 octobre : Fête nationale (anniversaire de la fondation de la République populaire de Chine).

Autres fêtes officiellement célébrées dans le pays, mais qui sont tout de même ouvrées pour la majorité de la population :

8 mars : Journée internationale des femmes.
4 mai : Fête de la jeunesse.
1er juin : Fête internationale des enfants.
1er juillet : Anniversaire de la fondation du Parti communiste chinois (et depuis 1997 de la rétrocession de Hong Kong à la Chine).
1er août : Anniversaire de l'Armée populaire de libération.

Pour les fêtes traditionnelles chinoises, voir page 246.

INFORMATION TOURISME & AGENCES DE VOYAGE

Information Tourisme

BEIJING TOURIST INFORMATION CENTER
(北京旅游信息咨询中心)
www.bjta.gov.cn
→ Le bureau du tourisme municipal a ouvert dans les principaux quartiers touristiques des centres d'informations et de réservations pour les visiteurs chinois comme étrangers. Vous trouverez dans la vingtaine de centres que comptait Pékin en 2007 des brochures en anglais et français, de bons plans bilingues gratuits (Beijing All-in-one Map of Tourism) et le sourire de jeunes employés, dont le niveau d'anglais est parfois hésitant mais devrait s'améliorer avec les années. Voici quelques-uns des centres utiles pour les voyageurs, généralement ouverts de 9h à 17h.

BTIC BEIHAI
1 Wenjing Street, Xicheng District
[Plan F-9] 西城区文津街1号
(北海公园南门)
☎ 6400-2378
A droite de la porte Sud du parc Beihai.

BTIC SANLITUN
11-2 Gongti Beilu, Chaoyang District
[Plan F-12] 朝阳区工体北路11-2号
☎ 6417-6627
Juste en face du City Hotel.

BTIC SHISHAHAI
[Plan F-9] 西城区地安门西大街49号
49 Dianmen Xidajie, Xicheng District
☎ 6403-6835
Environ 50 m à l'est de la pointe sud du lac Shishahai.

BTIC TIANTAN

3 Hufang Lu, Xuanwu District
[Plan I-9] 宣武区虎坊路 3号
☎ 6353-4583
Au sud-ouest du carrefour Hufangqiao, à côté du Huigang Guild Theater.

BTIC ZHONGGUANCUN

40 Zhongguancun Dajie, Haidian District
[Plan C-5] 海淀区中关村大街40号
☎ 8262-2895
Au milieu de la façade ouest du centre commercial Modern Plaza.

Agences de Voyage

BTG TRAVEL & TOURS

(神舟国旅集团散客旅游公司)
28 Jianguomenwai, Chaoyang District
[Plan H-11] 朝阳区建国门外大街28号
☎ 6515-8565 - Fax : 6515-8191
E-mail : megyz@163bj.com
ou yelin1958@vip.sina.com
Métro Jianguomen. Dans le Beijing Tourist Building, une tour de béton gris clair située en face de l'ancien Observatoire et juste au nord du Gloria Plaza Hotel, sur le coin sud-est du pont-échangeur qui fait la jonction entre le 2e périphérique Sud-Est et Jianguomenwai Dajie. Ouvert tous les jours de 8h30 à 19h.
→ C'est la filiale pékinoise du China International Travel Service (CITS). Le bureau central de cette vénérable et tentaculaire agence d'Etat peut vous permettre de récolter une carte et quelques prospectus sur les excursions organisées dans ou autour de Pékin. Le staff est anglophone et plutôt de bonne composition vis-à-vis des touristes aux longs nez. Ils offrent toute une gamme de services permettant d'explorer Pékin, ses environs ou le reste du pays : réservation d'hôtels, de billets d'avion et de train, organisation d'excursions diverses.

Leur service d'achat de billets de train est particulièrement efficace et bon marché, à condition de se vous y prendre trois ou quatre jours à l'avance (commission de 5 ¥ par billet pour la plupart des destinations, mais entre 30 à 50 ¥ sur les lignes les plus demandées). Vous pouvez aussi vous adresser à l'une des dizaines de succursales de BTG réparties autour de Pékin, mais on y parle plus rarement anglais.

CYCLE CHINA

12 Jingshan Dongjie, Dongcheng District
[Plan F-10] 东城区景山东街12号
(景山公园东门对面)
☎ 6402-5653 ou 139 -1188-6524
E-mail : reserve@cyclechina.com
www.cyclechina.com
L'agence est en face de la porte Est du parc des Collines de charbon. Ouvert de 9h à 18h.
→ Une jeune et très professionnelle agence spécialisée dans les circuits originaux et assez sportifs (à pied ou à vélo). Leur site Internet vous en dira plus.

JIN TAI VOYAGES (金台国际旅行社)

Room 911, Building 3, Sun City,
18 Xinzhong Jie, Dongcheng District
[Plan E-12] 东城区新中街18号
阳光都市3#楼911室
☎ 8447-2711 - Fax : 8447-2714
E-mail : jtvoyage@public3.bta.net.cn
www.jintaivoyage.com
Métro Dongsishitiao. La résidence Sun City se trouve dans une rue partant vers le nord de Gongti Beilu, en face du Asia Hotel. Le building 3 est le 1er immeuble à droite du portail d'entrée. Ouvert du lundi au vendredi de 9h à 19h.
→ Agence francophone, où l'accueil est toujours chaleureux et les services diligents. Jin Tai est d'ailleurs l'agence préférée d'une grande partie des expatriés français de Pékin...

et l'un des plus dynamiques partenaires du présent guide ! Outre les prestations habituelles de réservations d'avion, d'hôtels ou l'organisation de visites autour de la capitale, Jin Jinghong (directrice de Jin Tai) et son équipe proposent régulièrement des visites et excursions "hors des sentiers battus", ainsi que des conférences sur la culture et les traditions chinoises.

LA MAISON DE LA CHINE (法中之家)
Room 605, CITS Bldg, 1 Dongdan Beidajie, Dongcheng District
[Plan G-10] 东城区东单北大街1号, 国旅大厦605室
☎ 8522-7500 - Fax : 8511-6009
E-mail : info@fazhongzhijia.com
www.maisondelachine.fr
Métro Dengshikou. Au 6e étage de l'immeuble de verre qui fait le coin entre Dongdan Beidajie et Jinyu Hutong. Ouvert du lundi au vendredi, de 9h à 18h.
→ C'est le bureau pékinois de ce spécialiste français des voyages en Chine. Il sert de relais pour les groupes et individuels arrivés jusqu'à la capitale chinoise via les divers packages proposés par la maison mère parisienne, mais offre également aux voyageurs indépendants et aux expatriés les prestations touristiques nécessaires depuis Pékin (billets d'avion et de train, réservation d'hôtels, organisation d'excursions...).

WILD CHINA
Room 801, Oriental Place, 9 Dongfang Donglu, Dongsanhuan Beilu, Chaoyang District
[Plan D-13] 朝阳区东三环北路东方东路9号, 东方国际大厦801室
☎ 6465-6602 - Fax : 6465-1793
E-mail : info@wildchina.com
www.wildchina.com
Les bureaux sont dans un immeuble de bureaux situé derrière le Hilton Hotel, qui se trouve au nord du Lufthansa Center. Ouvert du lundi au vendredi, de 9h15 à 18h.
→ Tendance nature et culture pour cette agence anglophone spécialisée dans les circuits assez haut de gamme dans des régions reculées (du trek dans les monts Bogda au Xinjiang à la semaine découverte des pandas du Sichuan), en groupe ou sur mesure.

YAMEI TOURS (赛特国际旅行社)
Room 102, Jinxiuyuan Apts, Xingfucun Zhonglu, Chaoyang District
[Plan E-12] 朝阳区幸福村中路, 锦绣园公寓B坐102室
☎ 8453-3411 - Fax : 8453-3410
E-mail : info@yameitravel.com
www.yameitravel.com

SOS TOURISTE (CHINOIS ?)

La China National Tourism Administration a mis en place il y a des années une hotline destinée à renseigner les voyageurs, enregistrer leurs plaintes et tenter de circonscrire les escroqueries et autres indélicatesses que les professionnels locaux du tourisme (notamment les chauffeurs de taxis ou guides touristiques) pourraient commettre, nuisant ainsi à l'image resplendissante que la capitale chinoise veut donner d'elle-même. Malheureusement, à l'exception de certains opérateurs parlant un anglais hésitant dans la journée, ce service reste essentiellement assuré en mandarin. Il peut néanmoins s'avérer utile en cas de problème... si vous avez un ami interprète sous la main.
☎ 6513-0828, fonctionne 24h/24.

Situé dans le complexe résidentiel Jinxiuyuan, les immeubles roses du milieu (côté nord) de la rue Xingfucun, première rue parallèle au nord à Gongti Beilu, à proximité du City Hotel. Ouvert du lundi au vendredi de 9h à 17h30.

→ Cette agence anglophone est habituée à monter des itinéraires sur mesure pour touristes au budget serré, notamment pour les étudiants étrangers de Pékin. Le personnel y est très serviable et les prix généralement compétitifs.

INTERNET & CYBERCAFES

Ceux qui sont venus avec leur ordinateur portable peuvent normalement se connecter via le service sans abonnement de certains fournisseurs d'accès locaux, tel que le 95963. Mode d'emploi : dans vos paramètres de configuration, entrer ce numéro dans le champs "numéro de téléphone", puis entrer "263" comme "utilisateur" et comme "mot de passe". Les frais d'accès (environ 2 ¥ de l'heure) seront ajoutés à votre note de téléphone. Si ce numéro ne fonctionne pas, vous pouvez tenter le même processus avec le 16900 (comme numéro de téléphone) en entrant "169" comme "utilisateur" et "mot de passe" (tarif : environ 4 ¥ l'heure).

Pour aller relever vos e-mail et rester connecté à l'actualité mondiale, vous pouvez aussi aller prendre un thé avec votre portable dans l'un des nombreux cafés et bars de la ville qui disposent aujourd'hui d'un accès Wi-Fi gratuit pour leurs clients.

Pour les autres, la plupart des hôtels et des auberges de jeunesse offrent un accès Internet dans leur business center. Une dernière solution est de se mettre en quête d'un *wangba* (网吧), le cybercafé local. Ils sont innombrables, généralement très bien

équipés, souvent ouverts de jour comme de nuit et toujours bon marché : autour de 4 ¥ l'heure. Vous y trouverez toujours un choix plus ou moins fourni de boissons et de snacks.

CITY CENTRAL WANGBA

(北京城市青年酒店网吧)
2/F, 1 Beijingzhan Xijie, Dongcheng District
[Plan H-11] 东城区北京站西街1号二层
Métro Beijing Railway Station. Accès par l'escalier qui se trouve juste à droite de l'entrée du City Central Utel, en face du parvis de la gare de Pékin. Ouvert 24 h/24.

→ Il peut dépanner ceux qui attendent un train à la gare de Pékin. Tarifs : 5 ¥ l'heure.

DATING STAR NET BAR

(明星之约网吧)
Longfusi Jie, Dongcheng District
[Plan F-10] 东城区隆副寺步行街内
(靠近长虹电影院)
☎ 6405-0941
Au 2e étage du cinéma Changhong, au milieu de la rue semi piétonne de Longfusi, qui relie Meishuguan Dongjie et Dongsi Beidajie. Ouvert 24 h/24. Tarif : 4 ¥ l'heure.

→ Cybercafé au cadre verre et acier et de larges baies vitrées très agréables. Avec en bonus de confortables fauteuils.

FEIYU (飞宇网吧)

B27 Zhongguancun Nandajie, Haidian District
[Plan D-5] 海淀区中关村南大街甲27号
(民族大学南侧)
☎ 6893-7423
Situé dans le sous-sol du Zhongyang Building se trouvant à gauche de l'entrée principale de l'Université des minorités (Minzu Daxue). Ouvert 24 h/24. Tarif : 2,5 ¥ l'heure (forfait de 10 ¥ pour la nuit).

→ Pour ceux qui logent dans le quartier des universités. Immense café de plusieurs

Alain Le Bacquer

centaines de PC à connexion rapide, qui attirent chaque jour des cohortes d'étudiants assis en rang d'oignons, et qui restent accrochés à leur souris des heures d'affilée pour hanter les BBS ou les sites de jeux.

GUANGWU SHIJI (光物世纪)

2/F, Huxingtong Hotel,
1 Gongti Beilu, Chunxiu Lu
[Plan E-12] 朝阳区工体北路一号
(春秀路华通新饭店)
☎ 5190-9214

Au 2e étage d'un immeuble situé à l'arrière du Huatong Youth Hostel, près de Sanlitun. Arriver par le portail situé à droite du restaurant sichuanais Feitang Yuxiang. A gauche de la cour, un escalier extérieur mène au cybercafé. Ouvert 24 h/24. Tarif : 4 ¥ l'heure.

→ L'entrée est peu engageante mais la salle est grande et bien équipée. Son principal atout est sa proximité avec Gongti et Sanlitun.

HAILIN ZHIXING (海林之星)

62-1 Di'anmen Dongdajie, Dongcheng District
[Plan F-10] 东城区地安门东大街62-1
☎ 6401-6972

Sur l'avenue Ping'an, côté sud de l'avenue, juste au niveau du second feu rouge quand on va vers l'ouest à partir du carrefour Kuanjie. Guetter la grande enseigne rouge. Ouvert de 24 h/24. Tarif : 2 ¥ l'heure.

→ Plusieurs centaines d'ordinateurs sont répartis sur deux étages dans des salles ultramodernes, avec un agréable coin café à droite de l'entrée. Pratique pour ceux qui logent dans les *hutong* proches de Nanluoguxiang et de Gulou.

QIANYI INTERNET CAFE

(前艺网络咖啡屋)
3/F, Old Railway Station Shopping Mall,
Tiananmen Guangchang, Dongcheng District
[Plan H-10] 天安门广场,
东南角老车站商城三层
☎ 6705-1722

Métro Qianmen ou Tiananmen Dong. Au 3e étage de l'ancienne gare de Pékin (devenue un centre commercial), à l'extrémité sud-est

de la place Tiananmen. Ouvert de 9h30 à 22h.
→ A 10 ¥ la demi-heure, ce café Internet équipé d'une vingtaine de PC n'est clairement pas l'adresse la plus économique de la ville. Mais il a l'avantage de sa localisation en plein Tiananmen, et permet de faire un cyber-break dans un cadre agréable et de siroter un vrai café (20 ¥) entre la visite de la Cité interdite et celle du quartier populaire et commerçant de Qianmen.

LANGUES

Si vous avez décidé de sauter le pas et de vous mettre sérieusement au mandarin, sachez qu'en plus des universités chinoises qui proposent diverses formules de cours, vous trouverez pléthore d'écoles privées plus flexibles dans les annonces des city magazines en anglais. Parmi elles :

HUTONG SCHOOL (京巷学宫)
8 Shuangsi hutong, Jiugulou dajie,
Xicheng district
[Plan E-9] 北京市西城区旧鼓楼大街
双寺胡同8号
☎ 6403-8670 – Fax : 64020466
E-mail : info@hutongschool.com
www.hutongschool.com
Métro Gulou Dajie. Depuis la sortie B du métro, longer Jiugulou Dajie vers le sud sur environ 200 m, jusqu'à Dashiqiao Hutong qui sera sur votre droite. Suivre ensuite les panneaux indicateurs de l'école qui est 20 m plus loin.
→ Animée par une jeune et dynamique équipe dans une maison du vieux quartier. Sessions de mandarin intensif et programmes spéciaux pour ceux qui cherchent un stage en Chine.

Ceux qui ne sont pas très portés sur les langues étrangères préféreront peut-être opter pour le jeune et créatif service de traduction par téléphone :

ONE2CALL
☎ 400-811-0081
www.one2call.cn
→ Le principe est simple : vous achetez un temps de crédit pour votre téléphone mobile qui vous donne accès à un opérateur anglophone qui vous aidera à communiquer avec les chauffeurs de taxis, marchands ou nouveaux amis chinois. Il vous indiquera en prime les bonnes adresses dont vous avez besoin et vous expliquera comment y accéder. Le service fonctionne dans toute la Chine entre 8h et 22h. Consulter leur site Internet pour plus d'informations sur les modalités de paiement et les tarifs.

PLANS

Les modestes plans que vous trouverez au début de ce guide ne peuvent que vous indiquer la zone approximative dans laquelle se trouve un lieu donné. Sous peine d'errer des heures d'un point à l'autre de la ville, il est donc fortement recommandé de se munir d'un plan de Pékin bilingue (anglais et mandarin). Vous trouverez des plans assez simples et gratuits à la réception de la plupart des grands hôtels ou dans les agences du réseau Beijing Tourist Information Center (voir page 42). Mais n'hésitez pas à investir quelques yuans dans une carte récente et plus détaillée, comportant notamment le trajet des bus (compter autour de 10 ¥). On les trouve dans la plupart des boutiques des sites touristiques, à la Librairie des langues étrangères de Wangfujing ainsi que dans le coin librairie des grands magasins touristiques tels que le Friendship Store ou le Lufthansa Center. Le plan de Pékin édité par Lonely Planet (à acheter avant de partir) est également très bien fait.

POIDS, MESURES & TAILLES

Le système métrique est le plus couramment utilisé à Pékin. Mais certaines unités de mesures traditionnelles locales restent parfois utilisées par la population. Les principales sont les *liang* (两, 50 g), *jin* (斤, 500 g), *li* (厘, un peu plus de 500 m), *chi* (尺, 1/3 de mètre) ou encore *cun* (寸, 1/3 de décimètre).

POSTE

Les bureaux de poste sont ouverts tous les jours, généralement de 8h à 18h, et se repèrent à leur façade vert sapin (le même vert qui habille les boîtes aux lettres). Vous y passerez probablement au moins une fois au cours de votre séjour, car c'est là qu'on peut acheter les timbres (rarement préencollés, il faudra utiliser les petits pots de colle disposés sur le comptoir), les enveloppes au format standard chinois, les cartes postales, les cartes de téléphone ou encore certains journaux locaux en anglais. Sachez tout de même que la plupart des hôtels touristiques, des centres commerciaux ou des immeubles de bureaux possèdent leur propre mini-bureau de poste, où l'on évite généralement de faire la queue.

Tarifs d'affranchissement depuis Pékin au cours de l'été 2007 :

Destination Chine : 0,8 ¥ pour Pékin, 1,2 ¥ pour le reste du pays et 2,5 ¥ pour Hong Kong et Macao pour une lettre de moins de 20g. Pour l'international : 4,5 ¥ pour une carte postale et 6 ¥ pour une lettre de moins de 20g (qui mettra une petite semaine pour atteindre l'Europe).

Pour envoyer en Europe un paquet d'un kilo, compter 161 ¥ par avion (7-10 jours) et 139 ¥ par bateau (2-3 mois). La seconde formule est surtout intéressante pour les colis lourds, car le tarif est fortement dégressif après le premier kilo.

Vous trouverez des boîtes à la poste, et pouvez faire votre colis directement là-bas. Si vous avez déjà préparé votre paquet, ne le fermez pas, car les employés risquent de vous demander de voir le contenu avant de l'accepter. Pour la réception d'un colis à Pékin, vous recevrez un avis indiquant le bureau de poste où vous devez aller le chercher. Il s'agit le plus souvent de la poste internationale.

POSTE INTERNATIONALE (国际邮局)
Yabao Lu, Chaoyang District
[Plan G-11] 朝阳区雅宝路
☎ 6512-8132
Métro Jianguomen. Située juste au bord du 2e périphérique Est (côté est), 200 m au nord du pont-échangeur Jianguomenqiao. Ouvert de 8h à 18h.
→ Sa devise est fièrement placardée en lettres d'or sur la porte d'entrée : "The Post - Always and Everywhere". Cet immense bureau postal ouvert tous les jours vous offrira en tout cas tous les services postaux et télécoms dont vous pourrez avoir besoin au cours de votre séjour.

POSTE DE LA GARE DE PEKIN (北京站邮局)
Beijingzhan Guangchang Xinan Ce, Dongcheng District
[Plan H-11] 东城区北京站广场西南侧
Métro Beijing Railway Station. Située en face du parvis, de l'autre côté de la rue, côté sud-ouest.
→ Le principal interet de ce bureau est qu'il est ouvert 24h /24 pour les opérations postales.

POURBOIRES

Le pourboire n'est pas usuel en Chine. Ni dans les taxis, ni dans les restaurants (à l'exception de certains établissements de luxe, qui ajoutent déjà 10 ou 15 % de service à la note). Les porteurs des grands hôtels, les guides touristiques ou les chauffeurs des voitures louées à la journée attendent en revanche généralement un petit quelque chose.

PRESSE

Peu de choix pour la presse locale en anglais (et encore bien moins pour celle en français). Le quotidien *China Daily* vous permettra tout de même de suivre un peu l'actualité chinoise et étrangère, mais passée au travers du prisme du département de la propagande communiste. Les publications gratuites en anglais (souvent conçues par des étrangers installés à Pékin), que l'on trouve dans les grands hôtels ou dans la majorité des bars de Sanlitun, sont en revanche très utiles pour se tenir au courant de la vie culturelle. Notamment pour trouver des listings bilingues à jour sur tous les lieux utiles pour votre séjour dans la mouvante capitale chinoise.

Presse locale en anglais

BEIJING TALK
Mensuel gratuit, publié par la Beijing Tourism Administration, et que vous trouverez dans les hôtels et bars. Accent sur les infos touristiques, avec des suggestions de circuits. Plus un carnet d'adresses presque à jour !

BEIJING THIS MONTH
www.btmbeijing.com
Mensuel généraliste en anglais, gratuit et publié lui aussi par la Beijing Tourism Administration, avec un bon plan de Pékin.

Alain Le Bacquer

On le trouve essentiellement dans les grands hôtels de la ville.

CHINA DAILY
www.chinadaily.com.cn
Le seul quotidien (officiel) en langue anglaise de la capitale. Vous le trouverez en version papier à la poste (pour 1 ¥) ou gratuit à la réception de certains grands hôtels. *Beijing Week-End*, le supplément culture du quotidien, paraît le vendredi, avec de plus en plus d'articles et d'idées de sorties intéressantes.

CITY WEEKEND
www.cityweekend.com.cn
Bimensuel en anglais, gratuit. Nombreux articles et conseils d'excursion pour les voyageurs en Chine, ainsi qu'un très bon répertoire pour les sorties nocturnes.

THAT'S BEIJING
www.thatsbj.com
Mensuel en anglais, gratuit. L'une des

lectures préférées des long-nez installés dans la ville car il offre un vaste panorama et des articles pertinents sur la scène culturelle pékinoise, ainsi qu'un listing d'adresses très complet.

TIME OUT

C'est la version pékinoise et mensuelle du célèbre magazine britannique. On le trouve dans certains hôtels et bars dans le vent, mais un peu moins facilement que les autres. Bons articles de fond, critiques culinaires soignées et un répertoire de sorties pointu et pertinent.

Presse internationale

Les publications anglophones (*South China Morning Post*, *Time*, *Newsweek*....) sont relativement faciles à trouver dans les hôtels et grands magasins touristiques. Dénicher des titres français s'avère en revanche plus ardu. A moins de vous rendre jusqu'à la librairie L'Arbre du Voyageur (voir page 280), qui propose la plus vaste sélection d'hebdos et magazines français de la ville. Le Friendship Store, le kiosque à journaux du China World Hotel ou celui du Peninsula Palace offrent également une poignée d'hebdos francophones. Alternative moins coûteuse pour les accros de l'actualité "made in France" : la médiathèque du Centre culturel français (voir ci-dessous), où un grand nombre de titres sont en accès libre. Sans oublier que vous pourrez toujours lire vos journaux favoris sur Internet.

MEDIATHEQUE FRANÇAISE

(法国驻华使馆图书馆)
Guangcai International Mansion, 18 Gongti Xilu, Chaoyang District
[Plan F-12] 朝阳区工体西路18号
☎ 6553-2627, Ext. 110.

Située (tout comme la librairie française) au sein du Centre culturel français, à droite de la porte d'entrée.

→ Elle est ouverte de 10h30 à18h30 (20h30 le mercredi) et propose 20 000 documents en consultation et prêt (à condition de s'acquitter d'une cotisation annuelle de 220 ¥ pour ce dernier). Vous pouver consulter le catalogue sur http://cccl.agate-fr.

RELIGION

BEIJING INTERNATIONAL CHRISTIAN FELLOWSHIP

21st Century Theatre, 40 Liangmaqiao Lu, Chaoyang District
[Plan D-14] 亮马桥路,
中日二十一世纪中心地下一层
☎ 8454-3468

Au sous-sol du théâtre, qui est situé à environ 2 km à l'est du Lufthansa Center (côté nord de Liangmaqiao Lu).

→ Services protestants en anglais pour la communauté expatriée de Pékin le dimanche à 9h30 et à 11h30. Apporter son passeport.

KEHILLAT BEIJING

3/F, Ballroom, Capital Club Athletic Center, Capital Mansion, 6 Xinyuan Nanlu, Chaoyang District
[Plan E-12] 朝阳区新源南里6号,
京城大厦三层
☎ 6467-2225

Au 3e étage du centre sportif du Capital Club, situé à l'arrière de l'immense tour blanche Capital Mansion, environ 800 m à l'ouest du Lufthansa Center.

→ Le Shabbat est célébré (en anglais) pour la communauté juive le vendredi à partir de 19h et généralement suivi d'un dîner. Plus de renseignements sur www.sinogogue.org

Julien Bachelet

MOSQUEE DE NIUJIE (牛街清真寺)

88 Niujie, Xuanwu District
[Plan I-8] 宣武区牛街88号
☎ 6353-2564

La mosquée se trouve au milieu de la rue Niujie (du côté est), dans le sud-ouest.
→ Prière tous les vendredis à 13h30, ouverte à tous les musulmans.

SAINT-MICHAEL CHURCH

(圣弥厄尔教堂)
Dongjiaominxiang, Dongcheng District
[Plan H-10] 东城区东交民巷和台基厂大街路口的东北角

Métro Chongwenmen. L'église est située au coin nord-est du carrefour entre les rues Dongjiaominxiang et Taijichang.
→ Une paisible et gracieuse église méconnue, bâtie par les Français au cœur du quartier des anciennes légations (voir encadré page 112). Des messes en mandarin y ont lieu à 6h30 et à 7h en semaine, et à 7h, 8h et 18h le dimanche.

EGLISE DE WANGFUJING (东堂)

74 Wangfujing Dajie, Dongcheng District
[Plan G-10] 东城区王府井大街74号
☎ 6524-0634

Métro Wangfujing ou Dengshikou. Au fond du parvis situé 100 m au nord de la rue piétonne de Wangfujing, côté est de la rue.
→ Appelée aussi cathédrale de l'Est ou Church of Saint-Joseph. Messes en mandarin tous les jours à 7h, et le dimanche à 7h et 8h.

SANTE

Si vous n'êtes pas déjà couvert par votre carte de crédit ou votre police d'assurance, il est fortement conseillé de souscrire un abonnement d'assistance médicale et de rapatriement pendant la durée de votre séjour chinois. Les conditions sanitaires et les infrastructures hospitalières à Pékin sont aujourd'hui très correctes, mais en cas de gros pépin de santé, mieux vaut tout de même pouvoir être évacué rapidement.

Pas de vaccination obligatoire en Chine. Quant aux désagréments gastriques inhérents aux voyages, pour les limiter, il suffit de respecter quelques principes de bon sens : évitez l'eau du robinet (ne buvez que de l'eau qui a été bouillie ou de l'eau minérale), épluchez les fruits et abstenez-vous de manger dans les caboulots de rue qui vous semblent vraiment douteux.

Médecin français

SERVICE MEDICAL DES AMBASSADES DE FRANCE ET D'ALLEMAGNE
(法国使馆医疗中心)
German Embassy, 17 Dongzhimenwai Dajie, Chaoyang District
[Plan E-12] 朝阳区东直门外大街17号
(德国大使馆内)
☎ 6532-3515 - Fax : 6532-3529
Le cabinet est situé à l'intérieur de l'enceinte de l'ambassade d'Allemagne, dans le quartier de Sanlitun. Les consultations se font sur rendez-vous uniquement, du lundi au vendredi (de 8h20 à 12h) et le mercredi, de 14h à17h.

Hôpitaux

HOPITAL XIEHE (北京协和医院)
53 Dongdan Beidajie, Dongcheng District
[Plan G-10] 东城区东单北大街53号
☎ 6529-5269 (service étranger en journée) ou 6529-5284 (urgences).
Métro Dongdan. Un massif bâtiment blanc de six étages coiffé d'un toit chinois vert situé à un pâté de maison à l'est de Wangfujing et

100 m au nord de l'Oriental Plaza. Cartes de crédit acceptées.
→ Appelé en anglais Peking Union Medical College Hospital, c'est le plus ancien et le meilleur hôpital de la capitale, aussi bien en terme d'équipements que du niveau du personnel soignant. Le service pour étrangers (situé à l'extrémité sud de l'hôpital), fonctionne avec des médecins pour la plupart formés en Occident. Vous y trouverez aussi toujours au moins une infirmière de garde anglophone. Le prix des consultations varie s'il s'agit des horaires de journée (du lundi ou vendredi, entre 8h et 16h30), ou en "urgence" pour les autres créneaux horaires. Il dépend aussi de la qualification du médecin que vous choisissez de voir (compter 300 ¥ pour un spécialiste, 200 ¥ pour un professeur associé, 100 ¥ pour une consultation simple).

HOPITAL SINO-JAPONAIS
(中日友好医院)
Hepingli Beikou, Yinghua Dongjie, Chaoyang District
[Plan C-11] 朝阳区樱花东街, 和平里北口
☎ 6422-2952 (service pour étrangers, fonctionne 24 h/24)
Métro Hepingli. L'hôpital est situé environ 50 m au nord du pont Hepingliqiao, sur le 3e périphérique Nord. Cartes de crédit acceptées.
→ C'est l'autre grand hôpital de Pékin. Il dispose lui aussi d'un service spécial pour étrangers, où travaillent des médecins formés à l'étranger et un personnel infirmier anglophone, ainsi que d'un bon service dentaire. Le service pour étrangers fonctionne aux heures de bureau (lundi au vendredi, de 8h à 12h et de 13h à 17h). Le reste du temps, se rendre aux urgences de l'hôpital. Le prix des consultations va de 100 à 300 ¥ en fonction des titres et qualifications du médecin consulté.

Cliniques étrangères

Ces cliniques sont toutes très bien équipées, fonctionnent 24 h/24, sont situées dans les quartiers d'ambassades ou d'affaires (au nord-est de la ville), emploient essentiellement des médecins expatriés, ont une pharmacie très bien approvisionnée et un service dentaire. Toutes peuvent aussi organiser une évacuation sanitaire. Mais attention aux tarifs si vous n'êtes pas solidement assuré car ils sont proches des standards américains (consultations entre 50 et 80 dollars selon les cliniques, et beaucoup plus en dehors des heures de bureau, qui sont généralement du lundi au vendredi, de 9h à 18h).

BEIJING SOS (北京国际 SOS 诊所)
Building C, BITIC Jinyi Building, Sanlitun Xiwujie, Chaoyang District.
[Plan E-12] 北京市朝阳区三里屯西五街5号, 北信京谊大厦 C坐
☎ 6462-9112 (standard)
ou 6462-9100 (urgences)
www.internationalsos.com

BEIJING UNITED FAMILY HOSPITAL
(北京和睦家医院)
2 Jiangtai Lu, Chaoyang District.
[Plan C-14] 朝阳区将台路2号
☎ 6433-3960 (standard)
ou 6433-2345 (urgences)
www.unitedfamilyhospitals.com
→ Cet établissement-là est un véritable hôpital, doté du même type de services que l'on retrouve dans un établissement hospitalier occidental. Beijing United gère également une clinique située à l'intérieur du St. Regis Hotel, dans le quartier nettement plus central de Jianguomen [Plan G-12]. Coordonnées : B-1, The St. Regis Residence, 21 Jianguomenwai Dajie, Chaoyang District
☎ 8532-1221.

INTERNATIONAL MEDICAL CENTER
(北京国际医疗中心)
Room S106, Office Building, Lufthansa Center, 50 Liangmaqiao Lu, Chaoyang District.
[Plan E-13] 朝阳区亮马桥路50号
北京燕莎中心办公楼S106-S111
☎ 6465-1560
www.imcclinics.com

VISTA CLINIC (维世达诊所)
B29, Kerry Center Shopping Mall, 1 Guanghua Lu, Chaoyang District
[Plan G-12] 朝阳区光华路1号
北京嘉里中心B1层
☎ 8529-6618
www.vista-china.net
→ Les consultations simples et les soins dentaires sont ici un peu moins prohibitifs que dans les autres cliniques privées.

Dentistes

En dehors des services dentaires des cliniques étrangères (voir paragraphe précédent), en cas de rage de dent insupportable, les adresses suivantes devraient permettre de soulager la douleur sans faire un sort à votre portefeuille.

GUREE DENTAL (固瑞齿科)
Room FC 222, 21st Century Hotel, 40 Liangmaqiao Lu, Chaoyang District
[Plan D-13] 朝阳区亮马桥路40号
中日青年交流中心二十世纪饭店二层
☎ 6466-4814
www.sdmdental.com
Environ 2 km à l'est du Lufthansa Center, entre les 3e et 4e périphériques Est. La clinique est au 2e étage. Ouvert de 9h à 20h.
→ Clinique ouverte en partenariat avec des Chinois, Américains et Canadiens. Personnel accueillant, bon niveau de soins

et tarifs raisonnables (à partir de 150 ¥ la séance). **Autre adresse :** NB 210, B2 China World Shopping Mall, en face de l'entrée de la patinoire, dans la galerie commerciale ☎ 6505-9439 (ouvert de 9h à 20h).

INSTITUT DE STOMATOLOGIE
(北大口腔医学院外宾门诊)
22 Baishiqiao Lu, Weigongcun,
Haidian District
[Plan E-6] 海淀区魏公村白石桥路22号
☎ 6217-3403
Du côté est de l'avenue Baishiqiao, au niveau du carrefour de Weigongcun. Prendre à gauche après le portail d'entrée et aller jusqu'au bâtiment du fond. Le service pour étrangers (indiqué par le panneau "Special Dentistry") est au 3e étage. Ouvert de 8h à 12h et de 13h à 16h. Sur rendez-vous uniquement, à prendre si possible 2 ou 3 jours à l'avance.
→ Affilié au département de stomatologie de la célèbre université Beida, c'est l'un des meilleurs services dentaires de la ville. Médecins compétents, propreté impeccable et accueil souriant (en anglais si nécessaire). Compter environ 60 ¥ pour une consultation, plus en cas de soins compliqués.

Pharmacies

La plupart proposent, en plus de la pharmacopée traditionnelle, un grand choix de médicaments occidentaux (sans ordonnance), dont beaucoup sont fabriqués en joint-venture, et dont le nom ou l'emballage vous sera familier. On trouve des pharmacies partout dans toute la ville.

GOLDEN ELEPHANT (金象大药房)
139 Di'anmen Dajie, Xicheng District
[Plan F-9] 西城区地安门大街139号
☎ 6404-0621
Environ 50 m au nord du carrefour Di'anmen,

où se croisent Ping'an Dajie et la rue menant à la tour du Tambour, du côté ouest de l'avenue. Vous la reconnaîtrez aisément à sa façade blanche ornée d'un logo jaune et vert en forme d'éléphant tenant une sorte de courge dans sa trompe. Ouverte 24 h/24.
→ C'est la principale chaîne de pharmacies locale. Les quelque 300 officines que compte la capitale proposent un vaste choix de médicaments chinois et occidentaux en libre-service, dans des magasins extrêmement propres et clairs. Dans les plus importantes ou les plus centrales, une permanence est assurée la nuit. En cas d'urgence, on vous délivrera les médicaments dont vous avez besoin par l'entrebâillement de la porte.
Autres adresses : Xidan (14 Xidan Beidajie ☎ 6608-3793) – Xinjiekou (10 Xinjiekou Nandajie ☎ 6618-1338) – Xizhimen (145 Xizhimennei Dajie ☎ 6224-4906).

TONGRENTANG (同仁堂)
24 Dazhalan, Qianmen, Xuanwu District
[Plan H-9] 宣武区前门大栅栏34号
☎ 6303-1155
Métro Qianmen. Au milieu (côté sud) de la rue Dazhalan. Ouvert de 8h à 19h30.
→ La plus ancienne (plus de 300 ans d' histoire), la plus célèbre et la plus grande pharmacie de la capitale. Médicaments occidentaux et traditionnels de toutes sortes, sur trois étages. Une clinique de médecine traditionnelle réputée est attenante à la pharmacie (à partir de 20 ¥ la consultation). Tongrentang a également ouvert une quarantaine de pharmacies de taille plus modeste tout autour de la capitale.

WANGFUJING MEDECINE SHOP
(王府井医药器械公司)
267 Wangfujing Dajie, Dongcheng District
[Plan G-10] 东城区王府井大街267号
☎ 6524-9932

Métro Wangfujing. Au milieu de la rue piétonne, du côté ouest. Ouvert de 8h30 à 21h30.

→ L'une des pharmacies les mieux approvisionnées de la ville, et stratégiquement située en plein cœur du quartier commerçant de Wangfujing.

WATSONS (屈臣氏)

Room 101, Full Link Plaza,
18 Chaoyangmenwai Dajie, Chaoyang District
[Plan F-11] 朝阳区朝阳门外大街18号
丰联大厦101

☎ 6588-4944 (service client Pékin)
Métro Chaoyangmen. Dans le hall d'entrée de ce complexe de bureaux et commerces, situé à 100 m à l'est du métro. Ouvert de 10h30 à 21h30.

→ Une chaîne de drugstores à l'américaine, même si en l'occurrence il s'agit ici d'une enseigne hongkongaise, qui a déjà ouvert une vingtaine de magasins à travers la ville, le plus souvent au sein des principaux centres commerciaux. On y trouve un bon choix de produits importés d'hygiène et de beauté à des prix raisonnables, ainsi que quelques médicaments accessibles en libre-service. **Autres adresses :** Oriental Plaza (magasin CC17, au 1er sous-sol. Ouvert de 9h à 21h) - Sun Dong An Plaza (magasin B147, au 1er sous-sol, du côté de l'entrée Nord. Ouvert de 9h à 22h) – China World Shopping Center (magasin SB 127, niveau L-1. Ouvert de 9h30 à 21h30) – Xidan (au 1er sous-sol du 77th Street Shopping Mall, ouvert de 10h à 22h).

Voir également la rubrique massages à là page 239.

TELEPHONE

L'indicatif téléphonique pour appeler la Chine est le (86). L'indicatif pour Pékin est ensuite le (10), si vous appelez depuis l'étranger, mais le (010) si vous appelez d'une province chinoise.

Depuis Pékin, pour appeler l'étranger, il faut composer le 00 + l'indicatif du pays désiré.

Téléphone public

Le moyen le plus simple pour téléphoner dans la rue à Pékin reste de repérer le petit écriteau oblong rouge et blanc orné d'un pictogramme de téléphone qui surmonte la plupart des épiceries de rue ou des kiosques à jounaux, puis de dénicher le combiné, souvent coincé sur le comptoir entre les paquets de biscuits et ceux de cigarettes. Vous passez votre coup de fil, puis réglez directement au tenancier. Un coup de fil local coûte généralement 4 maos pour les trois premières minutes, puis 2 maos la minute. Les téléphones permettant d'appeler en province (DDD call) ou à l'étranger (IDD call) sont généralement équipés d'un compteur qui calcule automatiquement le prix de la communication et passent désormais souvent par une ligne Internet, ce qui évite de payer le plein tarif des communications pour l'Europe.

Modernisation oblige, les cabines téléphoniques fonctionnant avec des "IC Cards" se sont multipliées ces dernières années. On trouve ces cartes téléphoniques d'une valeur de 50 ou 100 ¥ un peu partout (bureaux de poste, kiosques à journaux, épiceries familiales...).

Cartes IP

Un moyen économique pour appeler l'étranger, ou même la province, est d'utiliser les cartes de téléphonie via Internet, ou "IP Card", commercialisées par différents opérateurs télécoms locaux (les cartes de Jitong et Unicom étant les plus avantageuses). Ces cartes, dont la valeur nominale va de 50 à 500 unités et que l'on peut acheter dans les mêmes lieux que les cartes de téléphone ordinaires, vous permettront d'abaisser la note d'au moins

50 % par rapport aux tarifs de China Telecom. Le principe d'utilisation est en outre très simple : vous appelez de n'importe quel poste téléphonique le numéro local indiqué sur la carte (généralement 17910, 17920, 17950...). Appuyez ensuite sur la touche 2 pour accéder aux instructions en anglais, qu'il ne vous restera plus qu'à suivre.

Remarque : une carte "17910" affichant le tarif de 100 ¥ se négocie généralement autour de 50 ¥ et permet de téléphoner en France pendant presque une demi-heure.

Téléphone mobile

Vous pouvez aujourd'hui utiliser votre téléphone mobile en Chine, en demandant une extension internationale à votre opérateur (elle est automatique chez certains). Mais préparez-vous à une facture salée au retour. Car en dépit des accords de *roaming* entre opérateurs français et chinois, vous payez une partie de la communication internationale, aussi bien pour appeler que pour vous faire appeler.

Si vous restez quelque temps à Pékin et souhaitez être facilement joignable, ou même si vous souhaitez juste pouvoir laisser votre chauffeur de taxi appeler l'endroit où vous souhaitez vous rendre pour demander son emplacement exact, une solution avantageuse et très simple est d'acheter une "carte SIM" locale, assortie d'un numéro de téléphone, vous permettant d'accéder au réseau mobile chinois. Plusieurs opérateurs chinois proposent des packages pratiques et sans formalités d'enregistrement comprenant la carte et un montant prépayé de communications. Avec la possibilité de recharger la carte une fois le crédit épuisé. Vous les trouverez dans les agences commerciales de ces opérateurs, ainsi que chez tous les revendeurs de téléphone portable (omniprésents tout autour de la ville), et même dans certains bureaux de poste. N'hésitez pas à demander aux vendeurs de mettre la carte dans votre portable et de s'occuper de vous connecter au réseau local. Attention : vérifiez tout de même avant votre voyage que votre combiné n'est pas verrouillé sur l'Europe. Demandez en ce cas à votre opérateur de le déverrouiller avant votre départ, sinon, vous ne pourrez pas utiliser la carte SIM chinoise.

Pour info, en 2007, China Mobile proposait un très commode package "Shenzhouxing" (神州行) à partir de 80 ¥, tarif comprenant une carte SIM et un crédit de communications de 50 ¥. Le tarif des communications est ensuite de 0,6 ¥ la minute pour une communication locale, en sachant que cet opérateur pratique encore une double tarification, c'est-à-dire que toute personne appelée sur son portable paye le prix d'une communication locale. Une fois votre crédit épuisé, vous trouverez facilement des recharges (神州行充电值钱卡) dans les épiceries de rue.

Attention : pour appeler un numéro fixe pékinois depuis votre portable, vous devrez composer l'indicatif "010" avant le numéro. Pas besoin d'indicatif pour appeler un autre portable.

TOILETTES

Les toilettes en Chine sont presque aussi mythiques que la Grande Muraille et procurent des sujets de conversations inépuisables aux touristes occidentaux. Mais outre le folklore, en attendant que le tout-à-l'égout soit généralisé chez tous les particuliers, quelque 4 000 toilettes publiques sont encore le lot commun de nombreux Pékinois, du moins ceux qui habitent les vieux quartiers. Disséminés un peu partout dans la ville, vous les reconnaîtrez à leur façade en carrelage, et parfois encore à l'odeur nauséabonde qui flotte tout autour. A l'intérieur, ils se sont longtemps composés d'une simple dalle de béton avec une rangée de trous séparés par des murets qui offrent un semblant d'intimité, mais sans portes et sans chasse d'eau. Conscients de l'image peu reluisante que ces lieux d'aisance offrent d'une capitale qui se veut la vitrine du modernisme chinois, la municipalité a consacré depuis 2002 environ 100 millions de yuans chaque année pour les retaper progressivement (en commençant par les quartiers les plus touristiques. Objectif officiel : que les voyageurs n'aient jamais à marcher plus de huit minutes avant de pouvoir se soulager). Les autorités ont même parlé à un moment d'attribuer des étoiles aux toilettes publiques de la ville en fonction de leur degré d'hygiène et de leurs équipements ! En attendant que toutes les toilettes de la capitale soit 5 étoiles vous pourrez toujours, en cas de besoin urgent au cours de vos balades, vous réfugier dans celles des fast-foods ou des grands hôtels. Et si vous êtes obligés de composer avec les toilettes publiques, quelques règles de base : assimilez la différence entre les idéogrammes 男 (hommes) et 女 (femmes), ce qui vous épargnera quelques situations embarrassantes. Pensez aussi toujours à avoir un paquet de Kleenex sur vous. Autre détail : dans les toilettes des hôtels bon marché, et de la plupart des restaurants, n'oubliez pas de jeter le papier dans la corbeille presque toujours posée à côté de la cuvette, sous peine de boucher toutes les canalisations du quartier !

PEKIN EN LIGNE

Sélection de sites en français, ou en anglais, qui peuvent être utiles pour un séjour à Pékin. En gardant en mémoire que les choses évoluent encore plus vite sur le Web que sur les chantiers pékinois. Et que l'accès depuis la Chine à des milliers de sites extrêmement divers continuent à être bloqué périodiquement, en fonction du climat politique ou de l'humeur des censeurs.

AMBASSADE DE CHINE EN FRANCE
www.amb-chine.fr
Site assez complet (et très utile pour connaître les formalités nécessaires pour obtenir un visa chinois), mais clairement officiel.

AMBASSADE DE FRANCE EN CHINE
www.ambafrance-cn.org
Ce portail franco-chinois bilingue permet d'accéder à des dépêches d'actualité ou au programme du ciné-club français à Pékin. Ainsi que des liens avec divers sites franco-phones officiels. Parmi eux, le site de la mission économique de l'ambassade (www.dree.org/chine) est particulièrement riche et régulièrement remis à jour.

AUJOURD'HUI LA CHINE
www.aujourdhuilachine.com
Site généraliste d'informations, fourni, curieux et à jour. C'est aussi notre vaillant partenaire Internet : à partir du printemps 2008, vous pourrez chaque mois y retrouver de nouvelles mises à jour de Pékin en Poche.

BEIJING INTERNATIONAL
www.ebeijing.gov.cn
Le site officiel de la municipalité pékinoise, en anglais et assez bien fait.

BEIJING PAGES
www.beijingpage.com
Tout plein de liens vers des sites et pages en anglais pertinents : météo, transports, loisirs, histoire, culture, sorties...

BEIJIING TOURIST ASSOCIATION
http://english.bjta.gov.cn

Bertrand Meunier

La version anglaise de ce portail lancé par la Beijing Municipal Tourism Association propose un certain nombre d'infos pratiques et devrait continuer à s'étoffer avec les années.

BLOGS EN CHINE

www.blogenchine.com

Un site qui "donne la parole aux Chinois" via la traduction de textes publiés sur des blogs locaux et qui abordent souvent d'intéressants sujets de société.

CHAMBRE DE COMMERCE FRANÇAISE

www.ccifc.org

Infos économiques à destination de la communauté d'affaires française de Chine. Avec une revue de presse mensuelle en accès libre.

CHENMEN

www.chenmen.com

Ce "portail de la Chine traditionnelle" en français est bien organisé et vous donnera une foule de renseignements et de contacts en matière de culture et de médecine traditionnelle chinoises.

CHINA NEWS

www.chine-informations.com/modules/news

Comme son nom ne l'indique pas, c'est un portail en français très complet et bien ficelé sur le monde chinois : articles, dossiers spéciaux, conseils linguistiques, liens vers des sites spécialisés, extraits radio…

CHINATOWN

www.lechinatown.com

Actif forum francophone dédié au monde chinois et organisé par rubriques assez variées (philosophie, *fengshui*, économie, pages jaunes…).

FRANCE-CHINE

http://france.chine.free.fr

L'un des sites de prédilection des sinophiles français. Informations classées par thèmes ou régions, ainsi qu'une très dynamique liste de diffusion.

QIANLONG NEWS

http://english.qianlong.com

Portail Web lancé par la municipalité pékinoise. La version anglaise présente un panaché assez étoffé d'articles sur l'actualité, la culture et les célébrités, le tout sélectionné dans la presse officielle locale.

LE QUOTIDIEN DU PEUPLE

http://french.peopledaily.com.cn/home.html

Le journal du parti communiste est réputé avant tout pour être l'un des principaux outils de propagande du régime chinois. Mais le site du *Renmin Ribao* (son nom mandarin), est néanmoins utile pour avoir un aperçu politique, économique et social du pays.

RADIO86

www.radio86.fr

Un portail multilingue très complet spécialisé sur la Chine. Sa rédaction française travaille en collaboration avec des radios telles que RFI ou BFM.

SOUTH CHINA MORNING POST

www.scmp.com

Le site du meilleur quotidien anglophone (basé à Hong Kong) consacré au monde chinois. Une masse d'articles de qualité, mais payants pour la majorité.

SINOLINX

www.sinolinx.com

Site en anglais proposant une foule d'infos pratiques : articles d'actualité, conseils de business, plans du métro, petites annonces, convertisseur de monnaie...

PEKIN DE CHIFFRE

Histoire : environ 3 000 ans (850 ans en tant que capitale)
Superficie de la municipalité : 16 800 km², à peu près la taille de la Belgique
Superficie de la ville (arrondissements urbains) : 80 km²

Altitude : 44 m
Température moyenne sur l'année : 13 degrés (- 3,9 en janvier / + 26,5 en juillet)
Précipitations moyennes annuelles : 626 mm

Population de la municipalité (2007) : 15,38 millions, dont 4 millions d'habitants dits "flottants"
Densité de population (2004) : 14 694 habitants / km² dans les districts urbains.
Composition de la population (2000) : 96,2 % de Han, 3,8 % de minorités ethniques

Espérance de vie (2004) : 79,6 ans
Croissance économique (en 2006) : 12 %
Revenu mensuel moyen par foyer (2006) : 1 822,26 ¥, le plus haut revenu du pays et près du double de la moyenne urbaine nationale

Prix moyen du m² résidentiel (2005) : 9 512 ¥
Tourisme (2004) : 4 millions de visiteurs par an
Nombre d'étudiants étrangers apprenant le mandarin (2006) : environ 50 000

Consommation annuelle d'eau (2004) : 4 milliards de m³
Consommation annuelle de gaz naturel (2003) : 1,8 milliard de m³

Nombre de chantiers (2005) : environ 8 000
Pollution (2004) : Pékin serait la 4e ville la plus polluée du monde
Nombre de jours de ciel bleu par an (2006) : 241

Nombre de voitures (2007) : plus de 3 millions
Nombre d'embouteillages (sur l'année 2002) : 16 789
Nombre de bus (prévisions 2010) : environ 20 000, dont 63 % seront conditionnés et une grande partie au normes d'émissions Euro III
Capacité de l'aéroport (prévisions 2007) : 55 millions de passagers

Volume des déchets (2007) : environ 11 000 tonnes par jour, traitées par 17 usines
Nombre de *hutong* encore debout (2006) : 1 500, dont seulement 600 au sein des zones protégées

Thierry Ardouin > Vide > *Mad in China*, Tendance Floue

ARRIVEE A PEKIN

L'aéroport de Pékin (Capital Airport), dont le 3ᵉ et immense terminal en forme de dragon stylisé doit être achevé d'ici à l'été 2008, est situé à 27 km au nord-est du centre-ville, et desservi par une voie express. Compter autour de 45 minutes pour aller de l'aéroport au centre-ville (et vice-versa), plus si vous tombez dans les embouteillages. Un projet de train rapide reliant l'aéroport à la ville devrait accélérer les choses d'ici aux J.O.

Bizarrement, cet aéroport ultramoderne ne dispose pas encore de service de renseignements téléphoniques sérieux. Mais pour connaître les horaires d'arrivée ou de départ des vols, vous pouvez jeter un œil à la version anglaise du site Internet de l'aéroport (www.bcia.com.cn/en/index.jsp). Elle n'était pas encore mise à jour régulièrement au cours de l'été 2007, mais ses grilles horaires pourraient, à terme, devenir fiables. Vous pouvez également tenter la hotline mise en place par l'administration locale des transports. Composer le ☎ 1608122, puis appuyer sur la touche 1 pour les informations sur les vols du jour (en mandarin uniquement, 3 ¥ la minute).

Arrivée en Taxi

Une règle d'or : dire "non" avec une fermeté absolue aux chauffeurs qui vous harponneront à la sortie de l'aéroport pour vous proposer de vous emmener à votre hôtel pour un forfait toujours faramineux. Les histoires de chauffeurs véreux voire violents envers les innocents touristes qu'ils ont cueillis à l'aéroport sont malheureusement devenues fréquentes. Faites donc plutôt la queue (elle avance toujours vite) et montez dans un taxi avec compteur, que le chauffeur est censé mettre en route dès le démarrage. Compter 80 ¥ en moyenne pour aller au centre-ville, supplément de 10 ¥ pour le péage compris.

Arrivée en Bus

AIRPORT SHUTTLE BUS (民航班车)
☎ 6459-4375
Un service de navettes décliné en cinq lignes

Vols directs

Paris → Pékin
Vol Air France : AF 128, départ à 15h55, arrivée le lendemain à 07h40.
Vol Air France & China Eastern : AF 126 / MU8616, départ à 18h55, arrivée le lendemain à 10h50.
Vol Air China : CA 934, départ à 19h30, arrivée le lendemain à 10h55.

Pékin → Paris
Vol Air France : AF 129, départ à 10h00, arrivée à 14h40.
Vol Air CHina : CA 933, départ à 12h35, arrivée à 17h20.
Vol Air France & China Eastern : AF 125 / MU8615, départ à 12h55, arrivée à 17h30.

entre l'aéroport et le centre de la ville, avec une série d'arrêts, qui correspondent souvent à des stations de métro (voir ci-dessous). Depuis l'aéroport, les cinq lignes de navettes partent du même terminus, situé au niveau des arrivées intérieures (viser les panneaux jaune citron). Les billets coûtent 16 ¥ pour un trajet et sont à acheter au guichet "Shuttle Bus" de l'aéroport et dans le bus quand vous partez du centre-ville ou montez à l'un des arrêts.

Ligne 1 : direction Fangzhuang
(3e périphérique Sud-Est).
民航班车1线 : 往方庄
Arrêts : Terminal 1 - Liangmaqiao - Hujialou - Dabeiyao (China World) - Panjiayuan - Shilihe (Jingrui Building) - Fangzhuang (Guiyou Building).
Départs centre-ville (城里出发点 : 方庄贵友大厦) : devant le Guiyou Building [Plan G-12 ; Métro Yonganli].
Horaires : toutes les 30 minutes entre 8h et 22h30 depuis l'aéroport et entre 6h et 19h30 depuis le centre-ville.

Ligne 2 : direction Xidan (centre-ouest).
民航班车2线 : 往西单
Arrêts : Terminal 1 - Sanyuanqiao - Dongzhimen - Dongsishitiao Qiao - Xidan (Aviation Building).
Départs centre-ville (城里出发点 : 民航大厦) : sur le parking de l'Aviation Building, situé sur l'avenue Chang'an, 150 m à l'ouest du carrefour Xidan [Plan G-8 ; Métro Xidan].
Horaires : toutes les 15 minutes entre 8h et l'heure d'arrivée du dernier avion depuis l'aéroport et entre 6h et 19h30 depuis le centre-ville.

Ligne 3 : direction Beijing Railway Station (attention, le terminus est parfois Yabaolu, à 15 minutes à pieds de la gare).
民航班车3线 : 往北京站口
Arrêts : Yuyang Hotel - Dongdaqiao - Chaoyangmen - Yabaolu - Beijingzhan kou.
Départs centre-ville (城里出发点 : 国际饭店, 西门) : devant la façade ouest de l'International Hotel, situé en face de la gare de Pékin [Plan G-11 ; Métro Beijing Railway Station].

Horaires : toutes les 15 minutes entre 8h et l'heure d'arrivée du dernier avion depuis l'aéroport et entre 6h et 19h30 depuis le centre-ville.

Ligne 4 : direction Gongzhufen (ouest), en passant par le 3e périphérique Nord.
民航班车4线: 往公主坟
Arrêts : China International Exhibition Center - Xibahe - Anzhenqiao - Madianqiao - Beitaipingzhuang - Jimenqiao - Friendship Hotel - Beijing TV Station - Zishuqiao - Hangtianqiao - Gongzhufen (Xinxing Hotel).

Départs centre-ville (城里出发点 : 新兴宾馆) : devant la porte d'entrée du Xinxing Hotel, sur le 3e périphérique Ouest [Plan G-4 ; Métro Gongzhufen].

Horaires : toutes les 30 minutes entre 8h et 23h depuis l'aéroport et entre 6h et 19h30 depuis le centre-ville.

Ligne 5 : direction Zhongguancun (nord-ouest), en passant par le 4e périphérique Nord.

民航班车5线: 往中关村 (城里出发点: 四桥)
Arrêts : Wangjing - Xiaoying - Asian Games Village - Xueyuanqiao - Zhongguancun.
Départs centre-ville (城里出发点 : 宝福寺桥) :
à Zhongguancun, sur le pont Baofusiqiao.
[Plan B-6].

Horaires : toutes les 30 minutes entre 8h30 et 21h30 depuis l'aéroport et entre 7h et 19h30 depuis le centre-ville.

CIRCULER DANS PEKIN

Circuler en taxi

C'est de loin le moyen de transport le plus pratique, surtout au cours d'un séjour court, et si vous ne souhaitez pas perdre trop de temps dans les transports en commun. D'autant qu'ils circulent de jour comme de nuit et, en dépit d'une modernisation de la flotte locale, restent bon marché (sauf quand vous êtes bloqués dans les embouteillages, ou si vous traversez tout Pékin en diagonale). Il faut compter 15-25 ¥ en moyenne pour

ON THE ROAD

Environ 90 milliards de yuans. C'est la somme officiellement mise sur la table par les autorités chinoises à Pékin entre 2002 et 2007, et la somme budgétée pour les trois années suivantes afin d'améliorer le réseau des transports dans une capitale qui s'est, il est vrai, longtemps contentée de circuler en vélo. Il était temps car les transports en commun ne peuvent pour le moment traiter qu'un petit tiers du flux du trafic alors que la ville ne cesse de s'étendre et sa population de gonfler. Ainsi, d'ici quelques années, si tout va bien, Pékin aura 8 nouvelles lignes de métro, soit un total de 300 km de voies souterraines ou aériennes (avec une capacité annuelle d'environ 2 millions de passagers), 650 lignes de bus (avec une capacité de 4,5 millions de passagers par an). Il y aura en outre 1,5 million de places de parking, permettant de garer les quelque 1 000 nouveaux véhicules qui déboulent chaque jour sur les routes pékinoises. Mais en attendant que les choses s'organisent, que ce soit sur les routes ou au-dessous, circuler dans Pékin peut s'avérer un casse-tête nerveusement épuisant. Mieux vaut être psychologiquement préparé… et toujours muni d'un bon polar afin de ne pas perdre le sourire quand vous êtes bloqué dans les embouteillages.

une course en centre-ville. Les chauffeurs parlent encore très rarement anglais et ne le lisent pas vraiment mieux. Pour simplifier la communication, et éviter que le chauffeur ne vous fasse faire trois fois le tour de la ville, essayez de montrer le nom en mandarin de l'endroit où vous souhaitez aller (sur un bout de papier, une carte, un guide...). Attention : les taxis ne peuvent normalement pas s'arrêter aux grands carrefours, ni n'importe où sur les principales avenues, sous peine d'amende. Ne paniquez pas, ils s'arrêteront quelques dizaines ou centaines de mètres plus loin. Evitez comme la peste les taxis dont les chauffeurs vous proposent une somme forfaitaire (arnaque en cours) et exigez toujours le compteur. Le pourboire n'est pas usuel dans les taxis, et le chauffeur vous donnera normalement un ticket à la fin de la course (ce qui est pratique pour retrouver le véhicule si jamais vous y avez oublié quelque chose). Tarif : 10 ¥ pour les deux premiers kilomètres, puis 2 ¥ par kilomètre, mais 2,4 ¥ à partir du quinzième kilomètre et après 23h.

YINJIAN TAXIS (银健叫车服务中心)
☎ 96103
Des super taxis avec positionnement GSM qui viennent vous chercher à l'heure et dans le lieu de votre choix pour un modeste supplément de 3 ¥. Pratique pour un départ très matinal pour l'aéroport. Cette centrale très fiable fonctionne 24 h/24, mais en mandarin uniquement. Réserver si possible quelques heures à l'avance. Attention : le chauffeur choisi par la centrale appelle généralement pour confirmer l'adresse de prise en charge et vous donner son numéro de plaque d'immatriculation, et une nouvelle fois peu de temps avant d'arriver. Si vous ne souhaitez pas être assailli de coups de fils en mandarin, pensez à le préciser au moment de la réservation.

Pour louer un véhicule à la journée, le plus simple reste de passer par une agence de voyage locale (voir page 43), ou bien de vous adresser à une société de location de voitures (voir page 74).

Circuler en métro

Le plan du métro pékinois se trouve à la fin de ce guide, page 302.

Si l'on considère l'immense surface du Pékin actuel, les 4 modestes lignes en circulation au cours de l'été 2007 (114 km de lignes et 70 stations) constituaient plus un embryon qu'un véritable réseau de métro. Mais avec les titanesques projets d'infrastructures en cours, d'ici à l'été 2008, la longueur totale du réseau devrait être fortement allongée et nombre de quartiers désenclavés grâce à l'addition de 5 lignes. Récapitulatif :

Ligne 1 : elle traverse la capitale d'est en ouest en suivant Chang'an Jie. Correspondance pour la ligne 8. Elle fonctionne de 5h à 23h.

Ligne 2 (également appelée Loop Line) : elle fait une boucle qui suit le 2e périphérique, avec des correspondances pour les lignes 1 et 13. Elle fonctionne de 5h à 23h.

Ligne 4 : une fois achevée, elle ira du sud-ouest au nord-ouest de la ville. Changements pour la ligne 1 à la station Xidan, pour la ligne 2 aux stations Xuanwumen et Xizhimen, pour la ligne 10 à la station Huangzhuang et pour la ligne 13 à la station Xizhimen.

Ligne 5 : une fois mise en service en septembre 2007, cette très stratégique ligne de métro doit relier le sud au nord de la ville. Changements pour la ligne 1 à la station Dongdan, pour la ligne 2 aux stations Beijing Railway Station et Yonghegong, pour la ligne 10 à la station Huanxinjie Nankou et pour la ligne 13 à la station Lishuiqiao.

Ligne 10 : elle doit permettre de relier le sud-est à l'ouest de la capitale, et sa première phase doit être achevée d'ici les J.O. Changements pour la ligne 1 à la station Guomao, pour la ligne 5 à la station Huanxinjie Nankou, pour la ligne 4 à la station Huangzhuang, pour la ligne 13 aux stations Shaoyaju et Zhichun Lu, pour la ligne de l'aéroport à la station Sanyuanqiao, et pour la ligne qui dessert le Parc Olympique à la station Xiongmao Huandao.

Ligne 13 : c'est en fait un métro aérien qui a permis de désenclaver la banlieue Nord de la ville, zone plus résidentielle que touristique.

Correspondance avec la Ligne 2 aux deux terminus Dongzhimen et Xizhimen. Attention, il faut alors sortir de la bouche du métro souterrain et marcher jusqu'à l'entrée du métro aérien. A Xizhimen, celle-ci se trouve à quelques dizaines de mètres à peine, mais à Dongzhimen, l'entrée de la ligne 13 est à plus de 200 mètres au nord de la sortie du métro souterrain. Cette ligne fonctionne de 6h à 22h30.

Batong Line : C'est la continuation de la ligne 1 vers l'est, jusqu'au comté de Tongxian. Elle fonctionne de 6h à environ 22h.

Airport Line : une ligne de 22 km et 4 stations au total qui assurera bientôt une liaison rapide entre l'aéroport et la station Dongzhimen.

Olympic Line : quatre stations qui desserviront les principaux sites du Village Olympique. Changement pour la ligne 10 à la station Xiongmao Huandao.

Les stations sont indiquées par un carré lumineux bleu turquoise orné du sigle "D" majuscule (pour *ditie*, transcription *pinyin* du mot qui désigne le métro en mandarin). Vous vous y retrouverez facilement, car le nom des stations est indiqué en *pinyin*, et chaque station est annoncée par un message enregistré en mandarin et en anglais. Tarifs en 2007 : 3 ¥ le billet par trajet quelle que soit la distance (mais 2 ¥ seulement sur la ligne 8), 5 ¥ pour pouvoir emprunter la ligne 13 en plus des lignes 1 et 2, et 4 ¥ pour pouvoir emprunter la ligne 8 en plus des lignes 1 et 2. Les horaires et tarifs des autres lignes n'étaient pas encore disponibles au moment du bouclage de ce guide.

TRANSPORTS

Quelques lignes d'autobus utiles

Ligne 1 .... longe l'avenue Chang'an (traverse donc la ville d'est en ouest).

Ligne 5 .... de Qianmen (sud de Tiananmen) à Deshengmen (2e périphérique Nord).

Ligne 44 ..... fait le tour du 2e périphérique.

Ligne 48 ..... de Beijing Xizhan (gare de l'Ouest) à Guanghua Lu Dongkou (3e périphérique Est).

Ligne 103 ... de Dongwuyuanu (Zoo) à Beijingzhan (gare de Pékin), en passant par Baitasi, Beihai et Gugong (Cité interdite).

Ligne 104 ... de Beijingzhan (Gare de Pékin) à Wuluju (4e périphérique Nord).

Ligne 107 ... de Dongzhimenwai (2e périphérique Nord-Est) à Baishiqiao (3e périphérique Ouest).

Ligne 113 ... de Dabeiyao (4e périphérique Est) à Minzuyuan Lu (4e périphérique Nord)), en passant par Sanlitun et Kuanjie.

Ligne 117 ... de Hongmiao (4e périphérique Est) à Wuluju (4e périphérique Nord), en passant par Sanlitun.

Ligne 118 ... de Hongmiao (3e périphérique Est) à Zizhuyuan (3e périphérique Ouest)

Ligne 120 ... de la porte sud de Tiantan (temple du Ciel) à Zuojiazhuang (au nord de Sanlitun)

Ligne 300 ... fait le tour du 3e périphérique.

Ligne 332 ... de Dongwuyuan (Zoo) à Yiheyuan (palais d'Eté).

Ligne 375 ... de Xixhimen (2e périphérique Nord-Ouest) à Yiheyuan (palais d'Eté).

Ligne 808 ... de Beijingzhan (Gare de Pékin) à Yiheyuan (palais d'Eté).

Ligne 812 ... de Gugong (Cité interdite) à Yonghegong (temple des Lamas).

Ligne 823 ... de Dongzhimen (2e périphérique Nord-Est) à Beijing Xizhan (gare de l'Ouest).

Circuler en bus

A 1 ¥ la course sur les lignes du centre-ville, difficile de trouver moins cher que le bus pour se déplacer dans Pékin... ni plus aléatoire pour ceux qui ne connaissent ni le mandarin ni la ville. Car à l'exception de la station de départ et du terminus, le nom des stations n'est pour le moment pas transcrit en *pinyin*. Sans compter que les bus pékinois méritent largement leur réputation de boîtes de conserves géantes aux heures de pointe. Si vous êtes en ville pour peu de temps, vous gagnerez donc un temps précieux en prenant des taxis. Néanmoins, si vous souhaitez tenter l'expérience bus (indéniablement plus *roots*), essayez de vous munir d'une carte bilingue qui comprend le parcours des nombreuses lignes que compte la ville. Et montrez sur la carte l'endroit où vous souhaitez descendre à la vendeuse de tickets. Vous avez ainsi une chance qu'elle vous fasse un signe lorsque vous approcherez de votre destination. Gare tout de même aux pickpockets, particulièrement actifs aux heures de grande affluence !

Infos Bus Pékin ☎ 96166

Ce numéro permet d'obtenir 24 h/24 des informations sur le trajet précis (station par station) et les horaires des lignes de bus de la ville. Si vous êtes sinophone, il suffit de suivre le menu du répondeur et d'entrer le numéro du bus recherché... ou d'appuyer sur la touche 0 pour être mis en relation avec un opérateur. Les autres obtiendront normalement un opérateur anglophone en appuyant sur la touche 3. Vous pouvez également vous connecter sur www.bjbus.com

Plus de 19 000 véhicules répartis sur 700 lignes sillonnent la municipalité de Pékin (environ 200 lignes de bus au centre-ville), pour la plupart entre 5h30 et 23h. Les bus des lignes portant un numéro allant 1 à 122 coûtent 1 ¥ le trajet, quelle que soit la distance. Les bus dont le numéro commence par 200 sont les bus de nuit (très peu nombreux). A partir du numéro 300, ce sont les lignes qui vont jusqu'en proche banlieue et le prix des billets y dépend de la distance. Les bus dont le numéro commence par 800 sont dotés d'air conditionné et sillonnent les principales artères commerçantes. A partir de 900, ce sont les bus qui desservent les villes de la banlieue éloignée. Tout comme les lignes "Y", mais celles-là ciblent les principaux sites touristiques de l'extérieur de la ville, notamment la Grande Muraille. Enfin les bus à deux étages sont essentiellement destinés aux touristes et suivent plusieurs itinéraires de *sightseeing* à l'intérieur de la ville. Les deux dernières catégories sont plus chères, mais pratiques et confortables.

Faire du vélo

Longtemps considéré comme le seul moyen de transport permettant de s'imprégner de l'atmosphère de Pékin, rejoindre le flot des millions de vélos qui circulent à Pékin a malheureusement commencé à perdre une partie de son charme. Car les travaux d'hercule urbains en cours sont en train de transformer la capitale chinoise en périphérique géant. Cela dit, lorsque la température est clémente, arpenter le centre-ville et les vieux quartiers sur un deux-roues reste très agréable.

Il est possible de trouver des vélos à la journée ou à la demi-journée dans la plupart des hôtels, ou chez les loueurs de vélos qui se sont multipliés dans les vieux quartiers de *hutong* (compter environ 30 ¥ par jour, avec une caution et parfois une pièce d'identité à laisser). En cas de crevaison, une chaîne qui lâche et autres petits imprévus techniques en cours de balade, inutile de paniquer. Regardez autour de vous, vous trouverez certainement un réparateur de vélo installé sur un trottoir dans un rayon de moins de 100 m. Ils vous régleront le problème en quelques coups de clé à molette et pour à peine quelques yuans (2 ¥ pour une crevaison). Pour garer votre vélo pendant les visites, pensez à le laisser (après avoir bien mis l'antivol) dans l'un des nombreux parkings à vélos que vous ne manquerez pas de croiser et qui sont généralement surveillés par des personnes âgées, dont c'est le principal gagne-pain. Il vous en coûtera 2 ou 3 maos, mais vous serez sûrs de retrouver votre engin... et vous aurez en plus fait une bonne action !

BEIJING BICYCLE RENTAL
(北京贝科蓝图自行车租赁)
Bei Erhuan, Gulou Dajie
[Plan E-9] 西城区北二环,
鼓楼大街地铁口(出口B)
☎ 8404-3537
Métro Gulou Dajie. Situé juste à la sortie B du métro. Ouvert de 8h à 22h.
→ C'est l'une des stations les plus stratégiques de cette jeune chaîne de location de vélos qui en dispose d'une quinzaine à travers Pékin (pour connaître le plus proche de vous, appeler le numéro vert ☎ 800-810-5917, opérateur anglophone). Tarifs : 5 ¥ l'heure, 10 ¥ les 4 heures et 20 ¥ la journée de 8 heures. Il est également possible de louer un vélo à la semaine pour le tarif imbattable de 70 ¥. Dans ce dernier cas , vous pourrez rendre le vélo dans n'importe quelle station de la ville. Mais dans tous les cas de figure, il vous sera demandé une caution de 500 ¥, sur

TRANSPORTS

Julien Bachelet

laquelle seront directement déduits les frais de location.

SHUANGREN HOUHAI RENTAL
(双人驿站)
Shishahai, Qianhai Xi An, Xicheng District
[Plan E-9] 西城区前海西沿, 什刹海
☎ 6405-9413

Sur la rive est du lac Houhai, derrière le Di'anmen Department Store et en face du Houhai Paradise bar. Ouvert 8h-24h.

→ Des vélos et tandems en location pour explorer les *hutong* des quartiers de Houhai et Gulou. Avantage : sept petites cabanes-stations sont dispatchées autour du lac et vous permettent d'y déposer votre monture, quelle que soit votre point de départ (à condition de prévenir un peu à l'avance la station choisie pour rendre votre vélo). Inconvénient : des tarifs assortis au quartier, soit 10 ¥ l'heure pour un vélo simple, 20 ¥ pour un tandem (avec une caution qui va de 200 à 400 ¥ en fonction de l'état du vélo).

Location de voiture

Les étrangers non-résidents à Pékin ne peuvent pour le moment louer de voiture qu'avec chauffeur, car les autorités chinoises ne reconnaissent pas le permis de conduire international. Les choses vont certainement changer à terme, mais en attendant, le plus simple est de passer par une agence de voyage (voir page 43). Pour la location avec chauffeur d'un véhicule raisonnablement puissant et confortable, compter autour de 500 ¥ la journée de 8 heures pour circuler dans la ville (à l'intérieur du 5ᵉ périphérique) et environ 600 ¥ pour faire un aller-retour à la Grande Muraille. Autre solution : passer par les loueurs de voiture. Attention, il aut alors mieux réserver un ou deux jours à l'avance et leurs employés ne parlent que mandarin.

AVIS (安飞士)
☎ 8406-3343
www.avischina.com
→ Les réservations sont à faire entre 8h30 et 17h, si possible un ou deux jours à l'avance. Tarifs pour une Santana avec chauffeur : 548 ¥ pour un forfait de 9 heures et de 150 km .

BCNC (今日新概念)
☎ 800-810-9001 (numéro vert)
www.bcnc.com.cn
→ Les réservations du service voitures avec chauffeur peuvent se faire du lundi au vendredi entre 8h30 et 18h. Tarifs pour une Red Flag : 550 ¥ la journée de 8 heures pour rester à l'intérieur du 5ᵉ périphérique (forfait de 100 km), 650 ¥ la journée de 9 heures (forfait 160 km , qui permet de pousser jusqu'à la Grande Muraille).

Location de side-car

BEIJING SIDECAR
(胯子摩托车租赁)
2 Binghelu, Andingmen Xiheyan
[Plan D-9] 东城区安定门西河沿滨河路2号
☎ 8412-1411
Métro Andingmen ou Gulou Dajie. Situé sur la rive nord du canal qui longe le 2ᵉ périphérique Nord, quelques centaines de mètres à l'ouest du rond-point Andingmen. Réservation à faire si possible deux jours à l'avance.
→ Ce club de mordus des side-cars permettra à ceux qui ont le sens de l'aventure et une âme de mécanicien de louer à la journée ou pour un week-end un side-car *vintage* pour une décoiffante excursion – au sens propre si vous oubliez votre casque ! – en ville ou dans la campagne environnante. Tarifs : 350 ¥ par jour (et votre passeport en caution) si vous conduisez vous-même et 400 ¥ avec un chauffeur, formule que les patrons conseillent

vivement pour les étrangers peu familiers avec la ville ou les panneaux de signalisation chinois. Le prix comprend une assurance pour le véhicule uniquement, et les frais d'essence seront à votre charge.

QUITTER PEKIN

Quitter Pékin en avion

Après des années de plein tarif obligatoire, les compagnies intérieures chinoises (toutes publiques) sont désormais autorisées à offrir des discounts parfois très conséquents sur la plupart des destinations. Demandez toujours quels sont les vols en promotion sur la destination de votre choix, quitte à attendre quelques heures de plus pour en profiter, si vous n'êtes pas trop pressés.

Pour réserver un billet sur l'un des innombrables vols intérieurs, vous pouvez vous adresser à n'importe quelle agence de voyage de la ville ou contacter directement les principales compagnies aériennes chinoises, notamment Air China (voir ci-dessous). Vous pouvez également faire appeler le ☎ 962580, la hotline de l'aéroport (informations et réservation par téléphone). Ce service fonctionne 24 h/24, mais en mandarin uniquement et est facturé 3 ¥ la minute.

La plupart des agences vous livreront les billets gratuitement (n'hésitez pas à le demander). Attention : une commission d'environ 4 % s'ajoute généralement au prix du billet pour tout paiement par carte de crédit.

L'aéroport comporte à l'heure actuelle deux terminaux, mais le premier dessert uniquement les vols intérieurs de China Southern et Xiamen Airlines. Un troisième et immense terminal, destiné à décongestionner les deux autres, est en cours de construction et est censé être achevé d'ici à fin 2007.

Les taxes d'aéroport ont été supprimées en 2004. Elles sont désormais incluses dans le prix du billet.

Pour les vols intérieurs, sachez que l'enregistrement des vols est impitoyablement stoppé 30 minutes avant l'heure prévue de décollage. Essayez donc de prendre un peu de marge, car les queues sont souvent longues. Pour les vols internationaux, il est prudent d'arriver à l'aéroport au moins deux heures avant l'heure de décollage.

Pour modifier ou confirmer votre billet de retour, voici les coordonnées pékinoises des principales compagnies aériennes assurant des liaisons avec l'Europe et le Canada. Leurs bureaux sont généralement ouverts du lundi au vendredi, de 9h à 17h environ (avec parfois une pause déjeuner entre 12h et 13h).

Pour les horaires des vols directs entre Pékin et Paris, voir page 66.

AIR CHINA (国航)
China Aviation Building,
15 Xichang'an Jie, Xicheng District
[Plan G-8] 西城区西长安街15号民航大厦
☎ 400-810-0999 (numéro vert)
www.airchina.com.cn
Métro Xidan. Au 1er étage de l'Aviation Building, situé à environ 150 m à l'est de la sortie du métro, du côté nord de Chang'an Jie. Les bureaux sont ouverts de 8h30 à 21h, mais le service téléphonique fonctionne 24 h/24. Après avoir composé le numéro, appuyer sur la touche 2 pour parler à un opérateur anglophone, ou sur la touche 4 pour envoyer un fax.

TRANSPORTS

AIR CANADA (意大利航空公司)
Room C201, Lufthansa Center,
50 Liangmaqiao Lu, Chaoyang District
[Plan E-13] 朝阳区亮马桥路50号，
燕莎写字楼C2101房间
☎ 6468-2001
www.aircanada.com
Dans le complexe du Lufthansa Center, au
bord du 3e périphérique Nord-Est.

AIR FRANCE (法航)
Office 1601, Building 1, Kuntai International
Mansion, A12 Chaoyangmenwai Dajie,
Chaoyang District
[Plan F-12] 朝阳区朝阳门外大街甲12号，
昆泰国际大厦1座1601室
☎ 4008-808-808
www.airfrance.com.cn
Métro Chaoyangmen. Dans le complexe
de bureaux et commerces Full Link, situé
à 100 m à l'est du métro. Ouvert du lundi
au vendredi de 9h à 17h et le samedi de 9h
à 12h (le service téléphonique fonctionne,
quant à lui, du lundi au samedi, de 8h à 19h).
Voir les horaires des vols page 66.

AUSTRIAN AIRLINES
(奥地利航空公司)
Unit C214, Kempinski Hotel Office Building,
50 Liangmaqiao Lu, Chaoyang District
[Plan E-13] 朝阳区亮马桥路50号，
凯宾斯基写字楼C214房间
☎ 6464-5999
www.aua.com
Au sein du complexe du Lufthansa Center, au
bord du 3e périphérique Nord-Est.

BRITISH AIRWAYS (英国航空公司)
Office 2112, Building 1, Kuntai International
Mansion, A12 Chaoyangmenwai Dajie,
Chaoyang District
[Plan F-12] 朝阳区朝阳门外大街甲12号，
昆泰国际大厦1座2112室

☎ 400-650-00-73
www.ba.com
Métro Chaoyangmen. Dans le complexe
de bureaux et commerces Full Link, situé
à 100 m à l'est du métro.

CHINA EASTERN (东方航空)
12 Xinyuan Xili Dongjie, Chaoyang District
[Plan E-12] 朝阳区新源西里东街18号
☎ 6468-1166
www.ce-air.com
Métro Dongzhimen. Environ 150 m au nord
du Yuyang Hotel (côté ouest de la rue), un
peu au nord de Dongzhimenwai Dajie. Ouvert
tous les jours de 8h30 à 17h.

EMIRATES (阿联酋航空)
Room 1003, Tower A, Eagle Run Plaza,
26 Xiaoyun Road, Chaoyang District
[Plan D-12] 朝阳区霄云路鹏润大厦
A座1003室
☎ 5108-8696
www.emirates.cn
Au niveau du pont Sanyuanqiao sur le
3e périphérique Nord-Est, prendre Xiaoyun
Lu qui va vers l'est et la longer sur environ
300 m. L'immeuble Eagle Run sera alors sur
votre droite.

FINNAIR (芬兰航空公司)
Room 204 SCITECH Tower,
22 Jianguomenwai Dajie, Chaoyang District
[Plan G-12] 朝阳区建国门外大街22号，
赛特大厦204房间
☎ 6512-7180
www.finnair.com.cn
Métro Jianguomen. Dans l'immeuble de
bureaux du complexe Scitech, un peu à l'est
du 2e périphérique Est.

KLM (荷兰航空公司)
Office 1609, Kuntai International Building,
B12 Chaoyangmenwai Dajie, Chaoyang District

Anaïs Martane

[Plan F-12] 朝阳区朝阳门外大街乙12号，昆泰国际大厦1609室
☎ 400-880-8282
www.klm.com.cn
Métro Guomao. Dans le complexe du China World, au bord du 3ᵉ périphérique Est.

LUFTHANSA (汉莎航空公司)
Room S101, Lufthansa Center Office Building,
50 Liangmaqiao Lu, Chaoyang District
[Plan E-13] 朝阳区亮马桥路50号，
燕莎写字楼S101房间
☎ 6468-8838
www.lufthansa-greaterchina.com
Dans le complexe du Lufthansa Center, au bord du 3ᵉ périphérique Nord-Est.

SAS (斯堪的纳维亚航空公司)
Suite 1830, Beijing Sunflower Tower,
37 Maizidian Jie, Chaoyang District
[Plan E-13] 朝阳区麦子店街37号
盛福大厦1830房间
☎ 8527-6100
www.scandinavian.net

Un peu au sud du Lufthansa Center, au bord du 3ᵉ périphérique Nord-Est.

TURKISH AIRLINES
(土耳其航空公司)
Room W103, Lufthansa Center,
50 Liangmaqiao Lu, Chaoyang District
[Plan E-13] 朝阳区亮马桥路50号
燕莎W103房间
☎ 6465-1867
www.turkishairlineschina.com
Dans le complexe du Lufthansa Center, au bord du 3ᵉ périphérique Nord-Est.

Enfin, si vous souhaitez vous rendre en province par les airs, les principales compagnies intérieures sont les suivantes :

AIR CHINA
Voir paragraphe précédent.

CHINA EASTERN
Voir paragraphe précédent.

CHINA SOUTHERN AIRLINES
(中国南方航空)

1/F, Nanhang Dajiudian,

2 Dongsanhuan Nanlu, Chaoyang District

[Plan G-13] 朝阳区东三环南路2号

南航大酒店一层

☎ 95539

www.cs-air.com

Métro Guomao. Dans le Southern Airlines Building, situé sur le 3ᵉ périphérique Est en face du China World Trade Center, au coin sud-est du carrefour. Ouvert tous les jours de 8h30 à 17h30.

→ Remarque : les vols intérieurs de China Southern partent du terminal 1 de l'aéroport.

HAINAN AIRLINES (海南航空)

1/F, China Aviation Building,

15 Xi Chang'an Jie, Xicheng District

[Plan G-8] 西城区西长安街15号航大厦1层

☎ 800-876-8999 (numéro vert)

www.hnair.com

Métro Xidan. Le bureau est au 1ᵉʳ étage (rez-de-chaussée occidental). Ouvert tous les jours de 8h30 à 17h.

Attention : pour le trajet de retour à l'aéroport, il arrive que le chauffeur réclame aux touristes non-sinophones une somme importante pour l'acquittement du péage. Sachez que le prix du péage pour aller du centre-ville à l'aéroport n'était au cours de l'été 2007 que de 10 ¥, pas un fen de plus !

Quitter Pékin en train

Pour prendre le train au départ de Pékin, les choses sont un peu plus sportives, même si avec l'informatisation progressive du réseau ferroviaire du pays, les choses se sont déjà grandement améliorées au cours des dernières années. Vous pouvez commencer par faire appeler le ☎ 9510-5105, service téléphonique de renseignements de la SNCF locale (en mandarin uniquement). Appuyer sur la touche 1 pour les départs de la gare de Pékin, 2 pour les départs de la gare de l'Ouest, afin d'être redirigé vers un opérateur). Mais pour acheter votre billet, vous devrez vous déplacer jusqu'à l'une de ces deux gares (celle de l'Ouest étant la plus excentrée). Là, il faudra repérer les guichets et révisez en vitesse votre vocabulaire mandarin de survie pendant que vous faits la queue. Quand votre tour arrivera, l'employé vous demandera généralement de préciser la destination voulue et la classe souhaitée (siège dur, siège mou, couchette dure ou couchette molle) avant de vous annoncer le prix... s'il reste des places. Remarques : au cours de l'été 2007, les billets pour la plupart des destinations n'étaient mis en vente au public que quatre jours avant le départ et, en fonction des destinations, il n'était pas toujours possible d'acheter un billet de retour.

Il est souvent beaucoup plus pratique, et plus sûr, de passer par une agence de voyage, en sachant qu'elle prendra une commission de plusieurs dizaines de yuans par billet (voir page 43).

Attention : une fois votre billet en poche, vérifiez bien de quelle gare votre train est censé partir. Au besoin, comme les destinations ne sont pour le moment inscrites qu'en mandarin, montrez-le à un employé de votre hôtel ou à votre chauffeur de taxi.

GARE DE L'OUEST (北京西站)

Lianhuachi Donglu, Xuanwu District

[Plan H-6] 宣武区莲花池东路

Métro Military Museum (mais il faut marcher 15 bonnes minutes vers le sud ou prendre un bus après). La gare est située à un bon km au sud du Millenium Monument, et 500 m à l'intérieur du 3ᵉ périphérique Ouest.

→ Appelée en mandarin Beijing Xizhan, cette tentaculaire et sinistre gare de béton a été bâtie au milieu des années 90. L'accès en taxi y est un casse-tête sans nom (embouteillages pour arriver devant la porte des départs, interminables files d'attente à l'arrivée et interdiction pour les véhicules de s'arrêter à proximité de la gare). Mais vous risquez d'avoir à y passer si vous comptez voyager dans l'ouest de la Chine, ou prendre le train pour Hong Kong ou le Vietnam. Les guichets se trouvent au niveau de la rue, à gauche de l'entrée et sont ouverts 24 h/24 (les employés des guichets 1 et 16 sont censés être anglophones). Entre 8h et 24h, les guichets cachés au fond d'un couloir qui part du côté gauche du hall de départ, juste avant la salle d'attente des couchettes molles, sont normalement réservés aux billets de groupes, mais vous servirez probablement sans rechigner. L'avantage est qu'on y fait peu la queue.

Les cinq services de consigne (Station Baggage Checkroom) répartis le long de la façade au niveau de la rue fonctionnent de 5h30 à 23h et demandent 5 ¥ pour garder un petit sac pendant 12 heures, et 10 ¥ pour un gros bagage. Les casiers automatiques du hall de départ sont accessibles aux mêmes horaires mais légèrement plus chers (à partir de 10 ¥ les 7 heures pour un petit sac, 15 ¥ pour un gros).

GARE DE PEKIN (北京站)
Beijingzhan, Chongwen district
[Plan G-12] 崇文区北京站
☎ 5101-9999 (informations par téléphone, en mandarin)
Métro Beijing Railway Station. Située au sud-ouest du pont Jianguomenqiao, et au sud du centre commercial Henderson Center.

→ Les guichets se trouvent à droite de l'entrée de la gare, quelques-uns à l'extérieur, la majorité dans la grande salle des guichets tout en marbre et lustres d'inspiration soviétique située tout à fait à droite et surmontée de trois idéogrammes rouges (售票处). Etonnamment, au cours de l'été 2007, il n'y avait quasiment

Anaïs Martane

pas d'indications en anglais dans cette gare). Les guichets fonctionnent de 6h à 24h. Pour changer ou se faire rembourser un billet, s'adresser aux guichets 25 et 26.

Si vous avez besoin de laisser vos bagages pendant quelques heures ou quelques jours, le plus simple est de recourir au service de consigne situé à droite de la salle des guichets (panneau en anglais : Storage for Small Luggage). Il est ouvert de 5h30 à 24h. Tarifs : de 5 ¥ par jour le petit sac, 20 ¥ le gros sac et 50 ¥ pour un ordinateur ou objet de valeur. La nuit, une consigne privée situe 30 m à droite fonctionne en continu et peut vous dépanner (tarifs : à partir de 10 ¥ par jour).

Les gares du Nord et du Sud desservent essentiellement des gares de la banlieue de Pékin ou des provinces voisines.

GARE DU NORD (北京北站)
Beijing Beizhan, Xibei Erhuan, Xizhimenqiao Xibeijiao, Xicheng District
[Plan E-7] 西城区西直门西北角
Métro Xizhimen. Prendre la première rue partant vers le nord, juste à l'ouest de l'échangeur de Xizhimen.
→ Elle est aussi appelée "gare de Xizhimen".

GARE DU SUD (北京南站)
Nan Erhuan, Yongdingmenqiao Xinanjiao, Chongwen District
[Plan J-8] 崇文区永定门桥西南角
Un peu au sud-ouest du pont Yongdingmen-qiao, juste à l'extérieur du 2e périphérique Sud. En travaux d'agrandissement en 2007.

Pour les voyageurs qui ont le temps et un penchant pour les périples en chemin de fer, le **Transsibérien K3** part de Pékin tous les mercredis à 7h45 et arrive à Moscou le lundi suivant à 14h19 (dans l'autre sens : départ

du K4 tous les mardis à 22h03 et arrivée à la gare de Pékin le lundi suivant à 14h30. Pour prendre ce train, vous devrez avoir des visas valides chinois, mongol et russe). Autre possibilité : le **Transmandchourien K19** part le samedi à 22h56 de la gare de Pékin et arrive à Moscou le vendredi suivant à 18h (depuis Moscou : départ du K20 le vendredi à 23h58 et arrivée à Pékin le vendredi suivant à 5h20). Pour ces trains, les billets sont à acheter à l'agence CITS située au 2e étage de l'International Hotel, en face de la gare de Pékin (☎ 6512-0507. Ouvert du lundi au vendredi, de 8h30 à 12h et de 13h30 à 17h, et le week-end de 9h à 12h et de 13h30 à 16h) et non à la gare elle-même. Il est conseillé de s'y prendre au moins un mois à l'avance.

Le train qui relie **Pékin à Hong Kong** part lui de la gare de l'Ouest tous les deux jours à 12h (train T97) et arrive à Kowloon le lendemain à 13h (dans l'autre sens : départ de Kowloon tous les deux jours à 15h16 par le train T98, et arrivée à la gare de l'Ouest de Pékin le lendemain à 15h40). Les billets pour ce train sont à acheter obligatoirement à la gare de l'Ouest. Il est désormais possible de faire les formalités de sortie du territoire chinois directement à la gare de Pékin (ce qui évite d'avoir à descendre du train à la frontière). Pensez à arriver un peu en avance, car l'embarquement est théoriquement arrêté 20 minutes avant l'heure de départ du train.

Il existe également une liaison **Pékin-Hanoi** : le T5 quitte Pékin les jeudis et dimanches. Il part de la gare de l'Ouest à 16h16 et arrive à Hanoi le surlendemain à 8h10. Il n'y a que des couchettes molles, le tarif est d'environ 1 000 ¥. Les billets pour ce train sont à acheter exclusivement à l'agence de voyage Jiedao Luxingshe, dont le bureau est situé juste à côté de l'entrée du Rui'erwei Hotel,

100 mètres à gauche de l'entrée principale de la gare (☎ 5182-6541). N'oubliez pas d'apporter votre passeport... et de vous y prendre quelques jours à l'avance.

Quitter Pékin en bus

Plusieurs gares routières d'importance inégale sont dispersées à la périphérie de Pékin, et desservent les villes de la banlieue ou des provinces (avec de nombreux bus à couchettes en partance le soir). Il est difficile d'y réserver des billets à l'avance, et les bus sont de toute façon très fréquents. Le plus simple est d'arriver tôt à la gare et d'acheter un billet pour le prochain bus de la destination qui vous intéresse, même si vous risquez d'attendre quelques heures avant le départ du bus. Vous pourrez en profiter pour réviser votre mandarin de base car l'anglais est encore peu pratiqué sur les routes de Chine profonde !

DONGZHIMEN BUS STATION
(东直门长途汽车站)
Dongzhimenwai Xiejie, Dongcheng District
[Plan E-11] 东城区东直门外斜街
Métro Dongzhimen. Située à environ 200 m au nord-est de la sortie Nord du métro.
→ Cette gare de 800 000 m² doit devenir la principale gare routière longue distance de la capitale des axes majeurs du désenclavement de la ville par les transports en commun. Elle accueillera également bientôt la liaison ferroviaire rapide vers l'aéroport. Mais elle était encore, au cours de l'été 2007, en plein travaux d'agrandissement.

LIULIQIAO BUS STATION
(六里桥长途汽车站)
A1, Liuliqiao Nanli, Fengtai District
[Plan I-5] 丰台区六里桥南里甲1号
Un bâtiment de verre situé environ 100 m au sud-ouest de l'échangeur Liuliqiao, sur le 3e périphérique Ouest. Ouverte de 5h à 21h30.
→ Très active gare routière. Point de départ notamment pour les provinces du Hebei (Chengde), Shanxi (Datong) et Henan.

LIZEQIAO BUS STATION
(丽泽桥长途汽车站)
Lizeqiao dongbeice, Xuanwu District
[Plan I-5] 西三环丽泽桥东北侧
Du côté nord-est de l'échangeur Lizeqiao, sur le 3e périphérique Sud-Ouest. Ouverte de 6h à 23h.
→ Destination Shanxi (Taiyuan), Henan, Fujian, Sichuan, Jiangsu.

SIHUI BUS STATION
(四惠站)
Sihuiqiao dongnan jiao, Chaoyang District
[Plan G-15] 朝阳区四惠桥东南角
Métro Sihui. Au niveau de l'échangeur Sihuiqiao, du côté sud-est, de l'autre côté du pont routier quand on sort de la station de métro (il faut ensuite marcher 50 m vers l'est, jusqu'au hangar en préfabriqué). Ouverte de 6h à 19h.
→ Essentiellement pour aller dans le Hebei et les provinces du Nord-Est.

ZHAOGONGKOU BUS STATION
(赵公口长途汽车站)
Zhaogongkouqiao, 34 Nansanhuan Zhonglu, Fengtai District
[Plan K-10] 丰台区34南三环中路 赵公口桥西南侧
Elle est un peu à l'extérieur du 3e périphérique Sud, un pâté de maisons à l'ouest du pont routier Zhaokongqiao. Ouvert de 5h30 à 19h30.
→ L'une des plus actives gares routières de la capitale. Départs pour Tianjin, le Hebei, le Shandong, le Zhejiang, Shanghai et quelques autres destinations du Sud.

TRANSPORTS

Patrick Tourneboeuf > Construire > *Mad in China*, Tendance Floue

YIJING

Parfois orthographié "I-Ching", c'est le nom de l'un des textes classiques à l'origine d'une partie importante de la pensée chinoise dans divers domaines. Notamment les théories architecturales et les complexes principes du *fengshui* (géomancie) qui ont régi la construction de la capitale chinoise. La localisation précise, la surface, la largeur, l'orientation de chaque rue, chaque bâtiment, chaque canal, étaient ainsi scientifiquement calculées en fonction des trigrammes divinatoires du *yijing* afin de respecter un équilibre "yin yang" physique comme mental et ainsi assurer que le ciel, la terre et les hommes puissent coexister en harmonie. Sans oublier la symbolique des chiffres dans le calcul des surfaces, le nombre d'arches d'un pont ou celui des colonnes d'un bâtiment. Ni le choix subtil des couleurs (jaune, noir, blanc, rouge, vert), respectivement associées aux cinq points cardinaux (centre, nord, ouest, sud, est) et aux cinq éléments (terre, eau, métal, feu, bois). Le tout saupoudré d'une bonne dose de superstition. Un exemple parmi les innombrables théories *yijing* appliquées a l'architecture pékinoise : le toit d'une bibliothèque devait y être noir, couleur correspondant à l'eau... afin de mieux repousser un éventuel feu dévastateur. Si ces principes paraissent un brin tarabiscotés aux esprits occidentaux, ils ont aussi fait que la capitale de l'empire du Milieu est restée, des siècles durant, l'une des cités les plus sophistiquées de la planète sur le plan architectural et urbain.

ORIENTATION

A Pékin, encore plus qu'ailleurs en Chine, oubliez la droite et la gauche. Car tout ici est organisé en fonction des cinq points cardinaux : le nord (Bei, 北), l'est (Dong, 东), le sud (Nan, 南), l'ouest (Xi, 西) et le centre (Zhong, 中). La ville est en outre disposée en damier, avec de grandes artères qui la traversent du nord au sud et d'est en ouest. La plus célèbre étant l'avenue de la "Paix éternelle" (Chang'an Jie). Longue de 40 kilomètres et large de 81 mètres, elle traverse la ville d'est en ouest (en changeant de nom en fonction des tronçons) et passe devant la Cité interdite et la place Tiananmen, le cœur de la capitale. Ping'an Dajie, qui est parallèle à Chang'an Jie un peu plus au nord (et change aussi de nom selon les troncons), est la seconde artère de référence dans le sens est-ouest. Depuis quelques années, les cercles concentriques, que sont les périphériques, sont devenus une nouvelle référence géographique pour les Pékinois.

Outre la référence aux points cardinaux, le plus simple pour s'orienter dans Pékin est de se repérer dans l'espace par rapport à Tiananmen, aux périphériques, aux stations de métro, aux carrefours de Xidan, Dongdan, Dongsi et Xisi (qui forment un rectangle autour de la Cité interdite), ainsi qu'aux monuments ou bâtiments que vous apprendrez très vite à connaître, tels que la tour du Tambour, le Friendship Store, le Lufthansa Center, le China World Trade Center, le Pacific Department Store, le Workers Stadium, l'Oriental Plaza, le Sun Dong An Plaza, l'église de Wangfujing etc. Fiez-vous ensuite aux panneaux se trouvant aux intersections des rues, et sur lesquels le nom est normalement transcrit phonétiquement en *pinyin*. En sachant, si vous êtes

Alain Le Bacquer

perdus ou que vous vous retrouvez face à un panneau couvert d'idéogrammes, que tout *hutong* finira par déboucher sur une rue plus importante qui comportera des panneaux en *pinyin*. Et que lorsqu'une rue est très longue, elle se décompose généralement en plusieurs tronçons nommés, très logiquement, en fonction des points cardinaux à partir du carrefour qui en marque le centre. Par exemple, la rue Dongsi Beidajie (rue Dongsi Nord) est celle qui part vers le nord du carrefour de Dongsi ; Dongsi Nandajie (rue Dongsi Sud) est la rue qui part vers le sud du même carrefour ; Dongsi Dongdajie (rue Dongsi Est) celle qui part vers l'est et enfin Dongsi Xidajie (rue Dongsi Ouest) celle qui part vers l'ouest, toujours à partir du carrefour. Il suffit donc de regarder les panneaux de rue, puis éventuellement de se reporter à sa carte pour avoir une idée de la zone dans laquelle on se trouve.

PRINCIPAUX QUARTIERS

Le nombre de quartiers intéressants, ou tout simplement agréables, pour les voyageurs se

fait malheureusement peau de chagrin au fur et à mesure que les pelleteuses élargissent des rues autrefois ombragées par des rangées d'arbres centenaires, et que les quartiers jadis colorés sont remplacés par d'immenses tours impersonnelles et des centres commerciaux sans grande saveur. Mais que les amateurs d'Histoire et d'exotisme se rassurent, la capitale chinoise recèle encore suffisamment de trésors et de recoins pour remplir un séjour de quelques jours, ou même de quelques semaines. En commençant par l'exploration des sites et monuments incontournables (Cité interdite, temple du Ciel, palais d'Eté...). Mais aussi en partant à la découverte de la vingtaine d'enclaves historiques déclarées protégées et en cours de réhabilitation. Pour vous familiariser avec la géographie pékinoise, voici une très rapide présentation des quartiers qui présentent un intérêt touristique ou commercial.

BEIJING XIZHAN & FUXINGMEN
(北京西站和复兴门)
Sud-Ouest, Haidian District.
Entre les 2e et 3e périphériques Ouest.

→ Quartier de la gare de l'Ouest, en plein lifting.

Repères : gare de l'Ouest (Beijing Xizhan), musée de la Capitale, monument du Millénium, musée Militaire, parc Yuyuantan, CCTV Tower.

XUANWUMEN (宣武门)

Sud-Ouest, Xuanwu District.

Entre les 2e et 3e périphériques Sud-Ouest.

→ Quartier populaire en cours de remodelage et destiné à devenir une zone résidentielle balisée de tours bétonnées.

Repères : Grand View Garden, temple des Nuages blancs, mosquée et quartier musulman de Niujie, temple Fayuansi, Sogo Department Store.

PANJIAYUAN (潘家园)

Sud-Ouest.

Aux alentours du 3e périphérique Sud-Ouest.

→ Quartier résidentiel tout neuf et assez populaire.

Repères : puces de Panjiayuan, Beijing Antique City, marché aux oiseaux Huasheng Tianqiao, Fenzhongsi Curio City.

TIANTAN & TIANQIAO (天坛和天桥)

Sud, Xuanwu District.

Entre les 2e et 3e périphériques Sud.

→ Ancien quartier populaire et commerçant. Il a été récemment "modernisé", ce qui lui a un peu fait perdre de son charme. Il reste néanmoins animé et truffé de sites méconnus ou surprenants.

Repères : temple du Ciel, Hongqiao Market, Red Theater, musée d'Architecture tradition-nelle, musée d'Histoire naturelle, Tianqiao Theater, Tianqiao Acrobatics Theater, porte de Yongdingmen.

QIANMEN & HEPINGMEN (前门与和平门)

Centre-Sud, Chongwen et Xuanwu District.

Au sud de la place Tiananmen.

→ La porte Qianmen, qui se trouve au sud de Tiananmen et des anciens remparts de la ville, marqua longtemps la limite entre Ville tartare de l'intérieur (où évoluait la cour impériale) et la Ville chinoise de l'extérieur (où vivait le petit peuple). Ex-quartier de commerce le jour et de débauche la nuit, ce quartier populaire est longtemps resté l'un des plus attachants de la capitale. Les gigantesques travaux de "réabilitation" lancés en 2006 risquent malheureusement de lui faire perdre une partie de son charme.

Repères : porte de Qianmen, Underground City, rue piétonne de Dazhalan, rue des antiquaires de Liulichang, Laoshe Teahouse.

TIANANMEN (天安门)

Centre-Centre, Dongcheng District. Le centre de la capitale, facile à repérer sur tous les plans !

→ Cœur historique et poumon politique pékinois.

Repères : Beijing Urban Planning Exhibition Center, Musée national, Grand Hall du Peuple, mausolée de Mao, Cité interdite, parc Sun Yat-sen, parc de la Culture du Peuple, Wanfung Art Gallery, parc Changpu.

CHONGWENMEN & BEIJINGZHAN (崇文门和北京站)

Centre-Sud-Est, Chongwen District.

Entre Tiananmen et le 2e périphérique Sud-Est.

→ Ce quartier est avant tout celui de la gare de Pékin.

Repères : anciens remparts, quartier des légations, musée de la Police, gare de Pékin (Beijingzhan), tour Dongbianmen, Red Gate Gallery.

WANGFUJING & BEIHEYAN (王府井和北河沿)

Centre-Est, Dongcheng District.

Au nord-est de Tiananmen.

LE TRISTE SORT ROUGE ET OR DE QIANMEN

La zone située au sud de la porte Qianmen et autour de la rue commerçante de Dazhalan fut probablement la première *Chinatown* de l'histoire : dès la dynastie mongole des Yuan (XIIIᵉ siècle), c'était le quartier dévolu par les conquérants venus des steppes aux marchands et au petit peuple chinois. Un regroupement ethnique institutionnalisé trois siècles plus tard sous l'appellation Ville chinoise par les empereurs mandchous de l'ère Qing, la Ville tartare plus au nord étant réservée à la cour et à leurs ressortissants. Les rues chinoises proches de Dazhalan formaient alors l'un des quartiers les plus animés et réputés de tout Pékin. A cause de sa forte concentration de commerces dans la journée, mais plus encore pour ses plaisirs nocturnes : la zone regorgeait en effet de restaurants, maisons de thé et théâtres… ainsi que de maisons closes, fumeries d'opium et autres tripots. Cette vocation de quartier rouge fut en partie stimulée par sa proximité avec la seule porte séparant la Ville chinoise et la Ville tartare, porte que les gardes entrebâillaient à minuit pour permettre un retour discret aux princes et aux mandarins venus s'encanailler hors des

remparts. Détruits lors de la répression des Boxers en 1900, les lieux de divertissement de Qianmen furent vite remis sur pied et en service. Mais en 1949, dès leur arrivée au pouvoir, les prudes communistes fermèrent tous les établissements sulfureux du quartier, plus tard reconvertis en magasins ou restaurants d'Etat. Dans les années 90, l'afflux dans ce quartier populaire de travailleurs migrants venus des provinces provoqua surpopulation et dégradation des maisons déjà mal entretenues bordant ses tortueuses ruelles. Avant que la préparation des Jeux Olympiques de 2008 n'offre aux autorités un solide prétexte pour "réhabiliter" ce mythique quartier : il a été en grande partie rasé en 2006 pour être reconstruit en îlot commercial et touristique piéton de luxe pris en tenaille par deux larges avenues, tandis que des milliers de familles pékinoises installées ici depuis des générations étaient chassées au-delà du 5ᵉ périphérique. Des expulsions souvent dominées par la colère et les larmes. Mais rien ne semble pour le moment dissuader les autorités assoiffées de modernité de réduire en gravats leur propre patrimoine culturel pour lui substituer une stérile version rouge et or. Comme dans les *Chinatown* du monde entier.

Bertrand Meunier

→ C'est depuis toujours à Pékin le paradis absolu du shopping, aujourd'hui en version marques occidentales.

Repères : Oriental Plaza, rue piétonne de Wangfujing, Sun Dong'An Plaza, église de Wangfujing, Capital Theater, marché de nuit de Donghuamen, promenades de Nanheyan et Beiheyan, résidence de Lao She, National Art Museum of China.

DONGDAN & DONGSI (东单和东四)
Centre-Est, Dongcheng District.
Un pâté de maison à l'est de Wangfujing.

→ Ce quartier est également une terre promise de lèche-vitrine, mais il subsiste aussi à la jonction entre Dongdan et Dongsi (le second étant le prolongement du premier vers le nord) quelques *hutong* populaires propices à de paisibles balades.

Repères : temple Zhihuasi, marché de Longfusi, hôpital Xiehe.

CHAOYANGMEN (朝阳门)
Centre-Est, Chaoyang District.
Juste à l'extérieur du 2e périphérique Est.

→ C'est essentiellement un quartier d'affaires et de shopping.

Repères : temple Dongyue, Alien Street Market (marché russe), Landao Department Store.

JIANGUOMEN & RITAN (建国门和日坛)
Est, Chaoyang District.
Entre les 2e et 3e périphériques Est.

→ Quartier d'affaires, d'ambassades et de shopping. C'est aussi là que sont situées la plupart des banques et compagnies aériennes.

Repères : Observatoire, Friendship Store, parc Ritan, Silk Street Market.

CHINA WORLD & CENTRAL BUSINESS DISTRICT (国贸和CBD)
Est, Chaoyang District.
Entre les 3e et 4e périphériques Est.

→ Plus communément appelé "CBD", c'est un tout nouveau et évolutif quartier de bureaux et de tours résidentielles haut de gamme que les yuppies chinois investissent à vive allure.

Repères : China World Trade Center, Jianwai Soho, Twin Towers, Kerry Center.

MAIZIDIAN & LIANGMAQIAO (麦子店和亮马桥)
Nord-Est, Chaoyang District.
Entre le 3e périphérique Nord-Est et le 4e périphérique Est.

→ Quartier résidentiel en pleine expansion et jeune pôle nocturne.

Repères : parc Chaoyang, Lufthansa Center, rue de Maizidian, Nuren Jie, échangeur de Sanyuanqiao.

SANLITUN, GONGTI & DONGZHIMEN (三里屯和东直门)
Nord-Est, Chaoyang District.
Entre les 2e et 3e périphériques Nord-Est.

→ Aucun site touristique mais ce quartier d'ambassades est une zone rouge de shopping, et surtout le centre nerveux des nuits de la capitale.

Repères : parc Tuanjiehu, rues des bars de Sanlitun, ambassade de France, Pacific Department Store, Zhaolong Hotel, City Hotel, Yashow Market, Workers Stadium (découvert), Workers Gymnasium (couvert), Centre culturel français, Blue Zoo.

DONGSISHITIAO (东四十条)
Est, Dongcheng District,
au bord du 2e périphérique Est.

→ Un quartier historique très central brutalement modernisé, mais il abrite encore les entrepôts à grains de Nanxincang (dynastie Ming), récemment rénovés et transformés en complexe culturel et de loisirs.

Repères : complexe de Nanxincang, Tiandi Theater, Swisshotel.

YONGHEGONG & HEPINGLI
(雍和宫与和平里)
Centre-Nord-Est, Dongcheng District.
Juste à l'intérieur du 2e périphérique Nord-Est.

→ Ce charmant quartier de *hutong* a été en partie victime des pelleteuses, mais reste encore très représentatif du vieux Pékin.

Repères : temple des Lamas, temple de Confucius, collège impérial, rue Guozijian, parc Ditan, rue des restaurants Guijie, Beijing International Exhibition Center.

KUANJIE & NANLUOGUXIANG
Centre-Nord-Est, Dongcheng District.
Entre les quartiers de Gulou et de Yonghegong, à l'intérieur du 2e périphérique Nord.

→ Un quartier protégé de *hutong* en dont la cote ne cesse de monter auprès des voyageurs depuis quelques années, au fil des ouvertures de restaurants, cafés et boutiques, tendance "bobo" ou *backpackers*.

Repères : ruelle restaurée de Nanluoguxiang, Lusongyuan Hotel.

BEIHAI, HOUHAI & GULOU
(北海, 后海和鼓楼)
Centre-Nord, Dongcheng et Xicheng District.
Entre la Cité interdite et le 2e périphérique Nord.

→ Le cœur du vieux Pékin, aménagé autour d'un chapelet de lacs (du sud au nord : Beihai, Shishahai, Qianhai, Houhai et Xihai), est l'une des seules zones historiques qui devrait être préservée. Ce quartier risque de devenir un îlot-musée réservé à une élite fortunée, mais reste pour le moment idéal pour flâner et humer une ambiance toute pékinoise.

Repères : parc Beihai, parc des Collines de charbon, palais du prince Gong, résidence de Guo Moruo, résidence de Song Qingling, tour du Tambour, tour de la Cloche.

VISITES

Jean-Lionel Dias

LES GRANDS TRAVAUX DE PEKIN

Depuis une dizaine d'années, la capitale chinoise s'est lancée dans des travaux dont l'échelle dépasse tout ce qu'elle a jamais connu en 3 000 ans d'existence : plus de 1 500 *hutong* et 70 000 vieilles maisons ont été réduites en poussière pour faire place à des échangeurs géants, des périphériques toujours plus longs, des gratte-ciel toujours plus hauts et des bâtiments de prestige conçus par des stars mondiales de l'architecture tels que le Grand Théâtre National (Paul Andreu), le nouveau siège de CCTV (Rem Kolhaas) ou le Terminal 3 de l'aéroport (Norman Foster). L'approche des J.O. de 2008 n'aura finalement fait qu'accélérer le ballet des grues afin que Pékin puisse offrir au monde un visage de puissance et de modernité à tous crins. Mais pour avoir du neuf, il faut d'abord casser le vieux. De nombreux quartiers parmi les plus populaires et attachants ont d'ailleurs été rayés de la carte pékinoise. Et même si les intellectuels et les résidents commencent enfin à se mobiliser pour la défense du patrimoine architectural et culturel pékinois, même si un budget annuel de plusieurs centaines de millions de yuans est désormais consacré à la rénovation de quartiers anciens et de monuments-clés, seuls 25 "îlots historiques" devraient être préservés. Soit 40 % environ des 62 km² que comptait la capitale impériale, qui sont progressivement investis par une élite fortunée tandis que les plus humbles sont progressivement repoussés vers la périphérie. Enfin, les titanesques travaux en cours ne vont pas sans provoquer quelques crises d'angoisse chez les habitants de la ville, qui retrouvent difficilement leurs repères et leur chemin lorsqu'ils ne sont pas passés dans un quartier depuis plusieurs mois, parfois quelques semaines. Tout n'est toutefois pas totalement négatif dans ce chamboulement urbain : si tout se passe comme prévu sur le papier, Pékin devrait sortir de cette profonde mue beaucoup plus vert et un peu moins pollué.

Yang Linqing

XINJIEKOU & DESHENGMEN
(新街口和德胜门)

Centre-Nord-Ouest, Xicheng District.
A l'intérieur du 2e périphérique Nord-Ouest.
→ Rues marchandes très animées et dédales de *hutong* populaires.
Repères : lac Xihai, marché de Deshengmennei, tour de Deshengmen, musée des Monnaies anciennes.

XIDAN & XISI (西单和西四)

Centre-Ouest, Xicheng District.
A l'intérieur du 2e périphérique Ouest.
→ Une grande partie du populaire quartier commerçant de Xidan a été modernisée et aligne des centres commerciaux flambant neufs. Xisi, dans le prolongement nord est un quartier tout aussi animé, mais à taille plus humaine.
Repères : Minzu Hotel, temple Baitasi, musée Lu Xun.

XIZHIMEN & WEIGONGCUN
(西直门和魏公村)

Nord-Ouest, Haidian District. Entre les 2e et 3e périphériques Ouest.
→ De grands travaux d'infrastructures et une profusion de nouvelles tours d'habitations ont métamorphosé ce quartier universitaire et résidentiel jadis plutôt tranquille.
Repères : cimetière portugais, Zoo de Pékin, Beijing Exhibition Center, parc des Bambous pourpres, temple Wanshousi, temple Wutasi.

ZHONGGUANCUN & UNIVERSITES
(中关村和学院路)

Nord-Ouest, Haidian District.
Entre les 3e et 4e périphériques Nord-Ouest.
→ Quartier où sont depuis des décennies concentrées les universités, devenu plus récemment le pôle de développement des hautes-technologies de la capitale.
Repères : musée des Cloches anciennes, parc high-tech de Zhongguancun, université, musée Arthur Sackler, université Tsinghua, Beijing Language & Culture University, palais d'Eté, parc Yuanmingyuan, Jardin botanique, parc des Collines parfumées.

YAYUNCUN & AOYUNCUN
(亚运村和奥运村)

Nord, Chaoyang District.
Au nord du 4e périphérique.
→ C'est le quartier olympique. En dehors des festivités liées aux Jeux de 2008, ce quartier résidentiel en plein développement présente peu d'attraits pour les touristes, sauf pour les amateurs de forêts de tours, de centres commerciaux et de restaurants clinquants.
Repères : Asian Games Stadium, village et parc Olympique, Stade National, piscine Olympique.

LIDO (丽都)

Nord-Est, Chaoyang District.
Entre les 3e et 4e périphériques Est.
→ Jeune quartier résidentiel qui s'étale autour de Xiaoyun Lu et Jiangtai Lu. C'est la aussi que se trouvent plusieurs nouvelles ambassades et les écoles internationales. Il n'a aucun intérêt touristique, mais est truffé de bons restaurants et de bars design fréquentés par les jeunes cadres qui ont acheté un appartement dans l'une des nombreuses tours voisines.
Repères : Lido Hotel.

WANGJING & DASHANZI
(望京和大山子)

Nord-Est, Chaoyang District.
Au nord-est du 4e périphérique.
→ Située à proximité de la route de l'aéroport, cette ville nouvelle en pleine expansion attire de plus en plus de jeunes cadres et artistes chinois. Peu d'intérêt pour les balades, mais une pléthore d'espaces dédié à l'art.

**ENTS, TEMPLES
& PALAIS**

Si vous avez l'ambition de titiller l'âme pékinoise d'un peu près, c'est immanquablement par la visite de ses somptueux palais, de ses mystiques temples ou de ses altières tours de remparts que vous devez commencer.

CITE INTERDITE (故宫) 好

4 Jingshan Qianjie, Dongcheng District
[Plan G-10] 东城区长安街
☎ 6513-2255 (répondeur)
www.dpm.org.cn/english/default.asp
Métro Tiananmen Dong ou Tiananmen Xi.
Ouvert de 8h30 à 17h (mais 16h30 du 15 octobre au 15 avril). Fermeture des guichets une heure avant. Entrée : 60 ¥ du 1er avril au 31 octobre, 40 ¥ l'hiver (prévoir un supplément de 10 ¥ pour la visite du hall des Bijoux ou celui des Horloges). Location possible d'un audiophone (plusieurs langues disponibles) avec une intéressante visite commentée d'environ 2 heures. Tarif : 40 ¥ et 100 ¥ de caution que vous récupérerez en rendant l'engin à la sortie. Il est également possible de faire filmer sa visite. Renseignements à droite de l'entrée de Wumen. Tarif : 200 ¥ pour une vidéo d'environ 2 heures.

➔ La Cité interdite (Gugong) est LE site à ne pas manquer. La construction de ce grandiose monument démarra au début du XVe siècle (elle approche donc des 600 ans d'âge) après que l'empereur Yongle eut décidé de transférer la capitale de son empire Ming de Nankin à Pékin. Elle abrita ensuite le règne de 24 empereurs Ming et Qing,

jusqu'à la fin de cette dernière dynastie en 1911, et a été ouverte au public en 1925. En plus des quatorze ans de travaux initiaux, elle a été constamment élargie et rénovée par les empereurs successifs. Le dernier et ambitieux programme de rénovation a démarré en 2002. Budgété à 700 millions de yuans, il doit s'étaler par tranches sur sept ans, au terme desquels la surface ouverte au public aura été fortement agrandie. La superficie totale du complexe est de 72 hectares (prévoir des chaussures confortables pour la visite) et l'ensemble comporte près de 800 bâtiments, 8 704 pièces, une succession de cours de toutes tailles, de halls de cérémonies, d'appartements, de couloirs sans fin, de tours et de jardins rocailleux. Si vous avez vu le célèbre film de Bernardo Bertolucci, Le *Dernier Empereur*, vous reconnaîtrez sûrement plusieurs des lieux où Pu Yi a passé sa jeunesse, salle du trône ou terrain de tennis improvisé. L'itinéraire le plus logique pour s'imprégner de l'ambiance unique qui règne dans ce palais est d'arriver par la porte Sud et de traverser les cours et bâtiments de l'axe principal jusqu'à la sortie Nord. Mais essayez de garder quelques forces en arrivant à la porte Nord pour aller explorer les couloirs et salles latérales situées à l'est et à l'ouest de la Cité. Elles abritent de superbes collections de meubles, porcelaines, automates, vêtements, bronzes et autres trésors impériaux (du moins ceux qui n'ont pas été emportés par le nationaliste Tchang Kaï-shek et qui se trouvent aujourd'hui au musée de Taipei). Le théâtre où l'empereur se faisait donner des représentations d'opéra, niché au fond de l'une des cours latérales, vaut également un détour. La visite de la Cité interdite peut prendre deux heures, comme elle peut vous occuper une journée entière si vous décidez d'y flâner et d'explorer ses recoins les plus intimes. Mais si vous souhaitez éviter les cohortes de touristes qui prennent le lieu d'assaut tous les jours de l'année, une seule solution : sauter une grasse matinée et arriver le matin à l'ouverture.

COLLEGE IMPERIAL (国子监)

Guozijian Jie, Dongcheng District
[Plan E-10] 东城区国子监街
☎ 6404-1057

Métro Yonghegong. Mitoyen (côté ouest) du temple de Confucius. Ouvert de 8h30 à 17h (fermeture des guichets 30 minutes avant). Entrée : 10 ¥.

→ Ce lieu méconnu et plein de charme est l'ancien collège impérial (Guozijian) de l'époque des Ming et des Qing, où étaient organisées les épreuves du très sélectif examen national permettant de devenir mandarin (c'est-à-dire haut fonctionnaire de l'Empire). L'endroit avait été transformé par les communistes en bibliothèque municipale et a donc longtemps permis aux écoliers et étudiants du quartier de s'adonner aux

plaisirs de la lecture dans un cadre propice à l'inspiration. Mais depuis qu'une nouvelle et énorme bibliothèque municipale a ouvert ses portes dans le sud du district de Chaoyang, il a été délesté des milliers d'ouvrages qui emplissaient les salles du fond et toiletté en 2007. Ne manquez pas la petite salle de musée ouverte dans le joli pavillon entouré de douves et de balustrades de marbre dans la cour du milieu. Vous en saurez alors plus sur les épreuves du terrible examen... et sur les ruses employées par les candidats à l'époque pour ne pas tomber en panne d'antisèches !

GRAND HALL DU PEUPLE

(人民大会堂)
Tiananmen Guangchang, Dongcheng District
[Plan H-9] 东城区天安门广场
☎ 6309-6156

Métro Tiananmen Xi. Ouvert normalement de 9h à 15h, sauf pendant la session parlementaire qui a lieu en février et lors des visites de VIP étrangers (appeler la veille pour vérifier). Le guichet est situé au sud-est du bâtiment, et vous devrez y laisser votre sac. Entrée : 30 ¥.

→ Construit dans le plus pur style stalinien géométrique des années 50, c'est le siège du parlement chinois. Vous pourrez notamment y visiter le grand auditorium et l'impressionnante salle des banquets. Afin de mieux mettre en pratique ici aussi le socialisme de marché à caractéristiques chinoises, les autres salons (qui portent les noms des provinces du pays) sont souvent loués aux sociétés chinoises ou étrangères pour leurs conférences de presse et autres réceptions de galas.

MAUSOLEE DE MAO (毛主席纪念堂)

Qianmen Dong Dajie, Tiananmen
Guangchang, Dongcheng District
[Plan H-9] 东城区天安门广场
☎ 6513-2277

LES SIX MERVEILLES DE PEKIN

La municipalité de Pékin n'abrite pas moins de six sites inscrits sur la liste du patrimoine mondial de l'UNESCO : plusieurs tronçons de la Grande Muraille, le palais d'Eté, le temple du Ciel, la Cité interdite, les tombeaux des dynasties Ming et Qing, ainsi que le site de l'homme de Pékin, situé à Zhoukoudian.

...men Xi, Tiananmen Dong ou ...u centre-sud de la place ... Horaires des visites, s'ils ne changent pas après la réouverture du mémorial après de gros travaux de rénovation en 2007 : du mardi au dimanche de 8h30 à 11h30 (toute l'année), et les mardis et jeudis de 14h à 16h (sauf en juillet et août). Sacs et appareils photo à laisser dans une consigne située près de l'entrée, un peu au sud du Musée national. Entrée gratuite.

→ Erigé en 1976, quelques mois après le décès du Grand Timonier, survenu à l'âge de 82 ans, ce bâtiment cubique de style très soviétique est aujourd'hui encore un hit absolu auprès des touristes chinois, qui y défilent pour rendre hommage à leur grand homme. Les salles latérales ont été consacrées au souvenir d'autres poids lourds historiques de la Chine nouvelle : Zhou Enlai (ancien Premier ministre de Mao), Liu Shaoqi (son vice-président), et le maréchal Zhu. Ne vous laissez pas impressionner par la queue qui est parfois dragonesque : comme il est seulement possible de traverser sans s'arrêter plus de quelques secondes la salle où repose le corps (étrangement orangé) du président Mao, la queue avance très vite. Enfin, les stands de souvenirs qui se trouvent juste à la sortie du Mausolée raviront les fans de kitsch, car ils offrent l'un des plus larges choix de babioles estampillées Mao de la ville.

MOSQUEE DE NIUJIE (牛街清真寺)
88 Niujie Jie, Xuanwu District
[Plan I-8] 宣武区牛街88号
☎ 6353-2564
Au milieu de la rue Niujie, côté est, dans le sud-ouest de la ville. La mosquée est ouverte aux visiteurs d'environ 8h à 19h l'été (mais 17h l'hiver). Attention : les femmes doivent avoir jambes et bras couverts. Entrée : 10 ¥.
→ C'est la mosquée la plus ancienne et la plus importante de la capitale chinoise, qui compterait environ 250 000 croyants des deux principales minorités musulmanes chinoises: les Huis venus de Chine centrale et les Ouighours du Xinjiang. Elle aurait été bâtie à la fin du Xe siècle, a ensuite été rénovée par l'empereur Kangxi (dynastie Qing), et retapée par morceaux au cours des dernières années, la dernière fois en 2005. Comme la plupart des lieux de culte musulman en Chine, son architecture a été "sinisée" car sa disposition rappelle les temples bouddhistes (même son minaret a la forme d'une pagode). Les visiteurs sont accueillis sans réticence dans la majeure partie de la mosquée, à l'exception de la salle des prières, réservée aux musulmans. Le quartier voisin de Niujie rassemble l'essentiel de la communauté Hui de la ville, reconnaissables à leur petit bonnet blanc de coton. Mais ce quartier, autrefois familial et coloré, a depuis plusieurs années déjà été livré aux bulldozers, chargés d'en faire un quartier résidentiel "vertical". Les tours y poussent donc à toute allure et un grand nombre de familles Hui ont été obligées de déménager à la périphérie pékinoise dans des logements plus abordables. Une visite à la mosquée reste toutefois une bonne occasion de tester la cuisine musulmane chinoise dans l'un des petits restaurants de quartier qui subsistent dans les rues alentour.

PALAIS D'ETE (颐和园)   好
Yiheyuan, 17 Gongmenqian, Haidian District
[Plan B-3] 海淀区颐和园路
☎ 6288-1144
Situé à l'extrême nord-ouest de la ville. Ouvert de 6h30 à 20h du 1er avril au 31 octobre, et de 7h à 19h en hiver (fermeture des guichets deux heures avant). Entrée : 30 ¥ (20 ¥ l'hiver). Supplément pour accéder à Suzhou Street : 10 ¥.
→ Le plus splendide parc historique de

Pékin, à ne pas manquer, quelle que soit la saison. Il fut aménagé autour de plusieurs lacs au cours des XVIIe et XVIIIe siècles (dynastie Qing), pour permettre à la famille impériale d'échapper à la chaleur étouffante qui écrase le centre-ville au cœur de l'été. Après cent cinquante ans de travaux, le palais comprenait trois jardins principaux, le jardin de la Perfection et de la Clarté, celui des Dix Mille Printemps et celui du Printemps Eternel. L'ensemble comprenait 145 bâtiments (dont certains de style gréco-romain dessinés par les jésuites) et une myriade de lacs, collines, gracieux pavillons, ponts de pierre, forêts d'essences rares et parterres fleuris qui lui valurent d'être surnommé le "Jardin de tous les jardins". Il fut entièrement brûlé en 1860, au cours de la seconde guerre de l'Opium, par les forces anglo-françaises, qui voulaient forcer l'empire du Milieu à ouvrir (déjà) les portes de son alléchant marché au monde occidental. Ulcérée de la barbarie culturelle des long-nez, l'impératrice Cixi décida d'utiliser les crédits alloués par l'Empire pour bâtir une flotte moderne pour reconstruire la partie actuelle du palais d'Eté (qui s'étend sur près de 300 hectares). En guise de flotte, elle fit ériger un bateau de marbre tout au bout de la galerie longue de 700 m et ornée de fresques inspirées de la mythologie chinoise. Peu efficace pour repousser les armées japonaises qui attaquèrent la Chine en 1894 ; et guère plus convaincant lorsque les forces occidentales brûlèrent encore le palais en 1900 pour venger les victimes de la révolte des Boxers. Cixi fit une nouvelle fois reconstruire son palais préféré, avant que sa dynastie ne soit définitivement renversée. Mais le public est finalement le gagnant de l'obstination et de l'égoïsme de l'impératrice douairière, car le palais d'Eté a été reconverti en jardin public depuis 1923. Ne manquez pas le splendide pont aux 17 arches qui mène à l'île du centre du lac Kunming. Et pour les plus courageux, l'escalade de la colline de la Longévité millénaire (érigée avec les tonnes

VISITES

Anaïs Martane

de terre dégagées pour agrandir le lac) permet une superbe vue panoramique sur l'immense parc et les vertes montagnes qui l'encerclent au nord. Si vous vous sentez en jambes, vous pouvez pousser jusqu'à l'entrée Nord du parc, où une rue à l'ancienne a été aménagée le long d'un canal dans l'esprit des villes d'eaux de la région de Shanghai. Avec sa banque, sa pharmacie traditionnelle, sa maison de thé et ses divers commerces traditionnels, Suzhou Street a un petit air de Disneyland chinois, mais vous donnera un aperçu de l'architecture et de la vie quotidienne de la Chine ancienne. Enfin, pour un angle de vue différent sur le parc, vous pouvez louer barques et pédalos, ou prendre place sur les bateaux motorisés à tête de dragon qui sillonnent le lac.

PALAIS DU PRINCE GONG (恭王府)

17 Qianhai Xijie, Xicheng District
[Plan E-9] 西城区前海西街17号
☎ 6618-0573

Remonter la rue qui part vers le nord de Ping'an Dajie, juste à l'ouest du lac Shishahai (celle d'où démarre la balade en cyclo-pousse Hutong Tour), puis prendre le premier embranchement à gauche. Vous verrez sûrement les cars de touristes stationnés devant l'entrée. Ouvert de 8h à 18h l'été, et de 8h30 à 17h l'hiver (fermeture des guichets une heure avant). Entrée : 20 ¥, mais 60 ¥ pour voir toutes les salles d'exposition.

→ Ce palais est considéré comme l'une des demeures princières les mieux conservées de l'époque et permet d'avoir un aperçu de la manière dont vivait la famille impériale sur la fin de la dynastie Qing. Comme dans la plupart des riches demeures de Chine du Nord, il consiste en une succession de bâtiments, et de cours. Avec un grand jardin de rocs et de bambous, semé de pavillons et petites pièces d'eau. L'endroit est malheureusement devenu un peu trop bondé

de touristes, mais peut valoir un détour si vous vous promenez dans le quartier de Houhai.

REMPARTS DE PEKIN (古城墙)

Dongbianmen Xice, Chongwen District
[Plan H-11] 崇文区东便门西边
Métro Jianguomen. Autour de la tour de garde de Dongbianmen, à l'intérieur du 2e périphérique Sud-Est.

→ Des quatre murailles érigées par les Ming – et qui délimitaient la Cité interdite, la Cité impériale, la Ville tartare et la Ville chinoise –, seule la première subsiste. Vous pourrez néanmoins avoir une petite idée de ce à quoi ressemblaient ces enceintes de pierre, car la municipalité a décidé de retaper en 2002 les deux seules portions de ruines des remparts délimitant la Ville tartare, détruits par Mao dans les années 50 pour faciliter les transports (ce rempart a d'ailleurs été remplacé en sous-sol par la ligne 2 du métro). Une portion de ruines subsistant de ces remparts a donc été reconstruite entre la tour de Dongbianmen et le carrefour Chongwenmen. En partie grâce à un élan de civisme de la population, qui après un appel de la municipalité, aurait rapporté 200 000 briques originales. Ce qui a permis de rafistoler un bon kilomètre de remparts, bordés d'un très agréable jardin, mais dont l'ensemble n'a pu être aménagé qu'en détruisant d'abord près de 2 000 maisons et magasins. A Pékin, on n'a rien sans rien...

TEMPLE BAITASI (白塔寺)

17 Fuchengmennei Dajie, Xicheng District
[Plan F-8] 西城区阜成门内大街17号
☎ 6616-0211

Métro Fuchengmen. Situé à 100 m à l'est du métro, avant le carrefour de Xisi. Ouvert de 9h à 17h (fermeture des guichets 30 minutes avant). Entrée: 20 ¥.

VISITES

Yang Linqing

→ Erigé au XIIIe siècle (dynastie mongole des Yuan) par un architecte népalais. Le dagoba blanc de style tibétain d'une cinquantaine de mètres de hauteur a donné son nom à ce temple et surplombe un monastère bouddhiste qui s'étend sur plusieurs cours. L'ensemble fut transformé en usine pendant la Révolution culturelle, mais retrouva sa vocation première dans les années 80, avant d'être rénové en 1998. Un très chic restaurant a été aménagé dans une partie latérale du temple, à gauche de l'entrée. Les repas y sont hors de prix (à partir de 500 ¥), mais n'hésitez pas à aller y prendre un Coca après la visite car le cadre est ravissant : Temple Kitchen ☎ 6618-4599, ouvert de 10h à 22h.

TEMPLE DU CIEL (天坛) 好
Tiantan Donglu, Chongwen District
[Plan I-10] 崇文区天坛东路
☎ 6702-8866

Au sud-est de Qianmen. Le parc est ouvert entre 6h et 21h. Mais les bâtiments du temple lui-même ne peuvent se visiter que de 8h à 17h30 du 1er avril au 1er novembre (fermeture des guichets à 16h) et de 8h à 16h le reste du temps (fermeture des guichets à 15h30). Attention : les guichets pour le parc ferment aux mêmes horaires que ceux du temple. Entrée : 15 ¥ pour le parc seul (10 ¥ l'hiver), 35 ¥ pour un forfait parc-temples (30 ¥ l'hiver).

→ Le temple, plus connu ici sous le nom de Tiantan, a été construit au XVe siècle par le célèbre empereur Yongle de la dynastie Ming, puis reconstruit en 1889 après avoir été frappé par la foudre. Son hall des Prières pour les bonnes récoltes est l'un de ces monuments que vous avez vu mille fois sur les livres d'histoire ou les boîtes de chocolat. Non sans raison, car son architecture en forme de pot à tabac géant surmonté de son toit en tuiles vernissées d'un bleu nuit éblouissant

VISITES

est aussi originale que splendide (surtout lorsqu'on sait que pas un seul clou n'a été utilisé pour le bâtir). L'empereur y présidait plusieurs cérémonies rituelles chaque année pour s'assurer la bienveillance du Ciel, son père symbolique et unique maître, afin d'obtenir une bonne récolte pour son empire. Une allée vous mènera ensuite à un temple similaire mais de taille plus modeste (entouré du "mur des Echos" qui répercutera vos plus doux murmures de l'autre côté de l'enceinte), et enfin à l'immense plate-forme circulaire en marbre qui faisait office d'autel des sacrifices. Ce temple était censé symboliser, à travers les alliances de chiffres ou les formes utilisées pour le bâtir, l'harmonie entre la Terre (carrée) et le Ciel (rond). Le parc qui entoure le temple proprement dit vaut une visite à lui tout seul, pour son ambiance 100 % pékinoise. Des enfants y jouent au ballon, des grands-pères à casquette font prendre l'air à leurs oiseaux en balançant la cage pour leur muscler les pattes, des petites vieilles viennent prendre le soleil et échanger des ragots, un petit groupe entonne un air d'opéra de Pékin, d'autres esquissent des mouvements de tai-chi... c'est l'occasion de faire une pause et d'oublier le vacarme des grues et des karaokés.

TEMPLE DE CONFUCIUS (孔庙)
13 Guozijian Jie, Dongcheng District
[Plan E-10] 东城区国子监街13号
☎ 6401-2118
Métro Yonghegong. Situé dans la petite rue qui part vers l'est, à peu près en face de la porte d'entrée du temple des Lamas. Ouvert de 8h30 à 17h (fermeture des guichets 30 minutes avant). Entrée : 20 ¥.
→ Construit au début du XIVe siècle, ce temple faisait jadis partie du collège impérial où étaient sélectionnés les mandarins. Il abrite d'ailleurs près de 200 stèles, sur lesquelles sont inscrits les noms de quelque

50 000 lettrés chinois qui au fil des siècles et des dynasties décrochèrent ce titre très convoité. Ainsi qu'une petite collection d'instruments de musique traditionnelle (tout au fond). Ouvert au public depuis les années 50, ce petit temple framboise, abritant d'immenses stèles de pierre et d'étranges résineux aux troncs torturés, a longtemps eu le charme tranquille des monuments oubliés par les conservateurs du patrimoine. Avant que ce soit son tour d'être entièrement retapé en 2007, à grand renfort de peinture écarlate.

TEMPLE DONGYUE (东岳庙)
141 Chaoyangmenwai Dajie,
Chaoyang District
[Plan F-12] 朝阳区朝阳门外大街141号
☎ 6551-0151
Métro Chaoyangmen. Entre le 2e périphérique Est et le Landao Department Store, du côté nord de la rue et juste en face du portail de tuiles vernissées jaunes. Ouvert du mardi au dimanche, de 8h30 à 16h30 (fermeture des guichets 30 minutes avant). Entrée : 10 ¥.
→ Ce temple taoïste dit du "pic de l'Est" a été bâti à l'origine sous la dynastie mongole des Yuan. Après avoir été au fil des siècles détruit, reconstruit puis fermé avant d'être transformé en école de police dans les années 50, il a été restauré et remis en activité en 1999. Il abrite également, au fond de la dernière cour, le poussiéreux musée des Traditions populaires de Pékin (expositions temporaires sur les costumes anciens, les bijoux...). L'atmosphère paisible qui règne dans ce temple contraste avec le brouhaha des centres commerciaux chromés qui l'entourent. L'occasion de faire un break (spirituel ?) entre deux magasins. Voire de vous offrir un ex-voto local : pour 120 ¥, vous pouvez acheter ici un pendentif de jade assorti d'une petite plaquette rouge de bois plastifié qui correspond à votre vœu le

plus cher (fortune, santé, amour, réussite aux examens...). Vous marquez votre nom dessus au feutre, puis allez faire votre voeu en silence dans la salle principale du temple. Il ne vous restera plus qu'à ajouter votre plaquette magique aux milliers d'autres qui sont déjà accrochées en épaisses grappes un peu partout sur les balustrades et les murs du temple... et voir si ça marche !

TEMPLE FAYUANSI (法源寺)
Nanheng Xijie, Xuanwu District
[Plan I-8] 宣武区南横西街
☎ 6353-4171

A 200 m au sud de la mosquée de Niujie, prendre la rue Nanheng Xijie vers l'ouest sur 400 m. Au niveau de Jiaozi Hutong qui la coupe, remonter vers le nord et tourne dans le 1er *hutong* à droite. Ouvert de 8h30 à 15h30. Entrée : 5 ¥.

→ Ce très ancien temple bouddhiste de la "Source de la Loi", à l'architecture assez classique, fut à l'origine construit au VIIe siècle, sous la dynastie Tang, et a récemment été restauré et bordé d'un agréable et vert parvis. Véritable havre de paix au milieu d'un quartier livré aux grues, ce grand temple composé de cinq cours en enfilade abrite aujourd'hui un collège de théologie bouddhiste et son impressionnante bibliothèque, tous deux chargé d'illuminer les bonzes. Vous aurez donc sûrement l'occasion d'y apercevoir le drapé safran et le timide sourire des jeunes moinillons qui y étudient.

TEMPLE DES LAMAS (雍和宫)
28 Yonghegong Dajie, Dongcheng District
[Plan E-10] 东城区雍和宫大街28号
☎ 6404-4499

Métro Yonghegong. Situé à 50 m au sud du métro, en bordure du 2e périphérique Nord-Est. Ouvert de 9h à 17h (fermeture des guichets 30 minutes avant). Entrée : 25 ¥.

→ Appelé Yonghegong en mandarin, c'est le plus grand temple bouddhiste tibétain en activité et l'un des plus célèbres temples de la capitale. Construit au XVIIIe siècle, il fut d'abord le palais attitré de l'empereur Yongzheng (père du fameux empereur Qianlong, de la dynastie Qing), qui le convertit ensuite en une lamaserie tibétaine, ouverte au public il y a une vingtaine d'années seulement. Il est composé d'une succession de temples et de cours, et abrite une superbe statue du Matreya Bouddha, haute de 18 mètres. Dommage que les escadrons de cars garés dans la cour d'entrée, la multitude de stands de babioles en tout genre et les façades un peu trop bariolées perturbent la grandeur de cet original ensemble architectural sino-tibétain. Sauf au moment du nouvel an chinois, quand la tradition reprend ses droits. On célébrait en effet jadis ici à cette époque de l'année une danse des diables, sorte de rituel exorciste joué par des lamas déguisés en monstres, accompagnés par des danseurs masqués et rythmé par des tambours et des trompes tibétaines. Elle a toujours lieu entre le dernier jour du 1er mois lunaire et le premier jour du 2e mois lunaire.

OBSERVATOIRE (观象台)
2 Dongbiaobei Hutong, Jianguomennei Dajie, Dongcheng District
[Plan G-11] 东城区建国门内大街
东裱背胡同2号(立交桥西南角)
☎ 6524-2202

Métro Jianguomen. Situé juste au coin sud-ouest du pont-échangeur Jianguomenqiao. Ouverture de 9h à 11h et de 13h à 16h30 (fermeture des guichets 30 minutes avant). Entrée : 10 ¥.

→ Cette massive tour de pierre grise qui permettait autrefois "d'accéder aux étoiles" (selon son nom mandarin), se retrouve aujourd'hui coincée entre un périphérique et une poignée de gratte-ciel. Elle n'en reste pas moins l'un des plus anciens observatoires astronomiques de la planète, bâti une première fois au XIIIe siècle (dynastie Yuan) et retapé en 1442 sous les Ming. Le petit musée au fond de la cour carrée mitoyen de la tour retrace avec force photos (et des commentaires en anglais) l'histoire de l'astronomie chinoise. Les instruments d'observation qui équipent le sommet de la tour elle-même sont en fait des reproductions d'instruments dessinés au XVIIIe siècle par des missionnaires jésuites, mais détruits pendant la Révolution culturelle.

TEMPLE DES NUAGES BLANCS 好
(白云观)
Baiyunguan Dajie, Xibianmenwai, Xicheng District
[Plan H-7] 西城区西便门外白云观大街
☎ 6346-3531

Métro Nanlishi. Descendre la rue Baiyun Lu vers le sud sur 800 m à partir de Chang'an Jie, et prendre la dernière rue partant vers l'est avant le pont Baiyunqiao. Ouvert de 8h30 à 17h l'été mais 16h30 l'hiver (fermeture du guichet 30 minutes avant). Entrée : 10 ¥.

→ Appelé Baiyunguan en mandarin, c'est le plus grand temple taoïste en activité à Pékin. Cette religion méconnue des Occidentaux (mais pourtant considérée comme la seule à être purement chinoise) est apparue au IIe siècle et mélange des éléments du bouddhisme et de la méditation zen. Ce très charmant temple a, lui, été bâti au VIIIe siècle et présente un interminable dédale de cours, galeries, jardins, étangs et bâtiments qui s'emboîtent harmonieusement les uns dans les autres. Vous y croiserez probablement des moines taoïstes, avec leur drôle de chignon, leur bandeau noir et leurs guêtres de coton. Vous avez aussi de fortes chances d'être bercé au cours de votre visite par un fond musical très zen. Cette bulle de sérénité subit pourtant chaque année une métamorphose radicale l'espace d'une semaine. Car c'est là qu'est organisée depuis plusieurs siècles l'une des foires du nouvel an chinois les plus

VISITES

hautes en couleur et les plus fréquentées. A ne pas manquer si vous êtes en ville à cette époque-là.

TEMPLE WANSHOUSI (万寿寺)

Beisanhuan Xilu, Haidian District
[Plan E-5] 海淀区北三环西路
☎ 6841-3380

Situé sur le bord du 3ᵉ périphérique Nord-Ouest (côté est du périphérique), juste au nord du parc des Bambous pourpres, à proximité du pont Suzhouqiao. Ouvert de 9h à 16h30 (fermeture des guichets 30 minutes avant). Entrée 20 ¥.

→ Ce temple de la Longévité (son nom français) érigé sous les Ming avait été à moitié brûlé il y a une vingtaine d'années. Une partie avait été retapée peu après afin d'abriter le musée d'Art de Pékin (qui possède de belles collections de statuettes, jades, trépieds de bronze ou objets en porcelaine) et le reste de ce temple paisible et tout en longueur qui se termine par un rocailleux jardin chinois a été réouvert au public à fin 2004, après un profond lifting.

TEMPLE WUTASI (五塔寺)

24 Wutasi, Baishiqiao Lu, Haidian District
[Plan E-6] 海淀区白石桥路五塔寺24号
☎ 6217-3543

En face de l'entrée Est du parc des Bambous pourpres, longer la rive Nord du canal qui part vers l'est sur plusieurs centaines de mètres. Ouvert de 9h à 16h30 (fermeture des guichets une heure avant). Entrée : 20 ¥.

→ Ce petit temple méconnu comporte en son centre un original bâtiment cubique surmonté de cinq petites pagodes aux superbes bas-reliefs de marbre. Il avait été construit à la fin du XVᵉ siècle, sur le modèle d'un temple indien et devait à l'origine abriter cinq statues de bouddha en or. Les armées européennes détruisirent la majeure partie

du temple en 1900. En dépit d'extensifs travaux de rénovation, ce temple et son jardin demeurent un havre de tranquillité au cœur de l'un des quartiers qui n'en finit pas de se métamorphoser en zone high-tech. Il abrite également le musée des Pierres gravées. Les amateurs y trouveront une profusion de frises, stèles et autres gargouilles savamment travaillées. Ainsi qu'une série de pierres tombales de missionnaires jésuites européens. L'enceinte du temple abrite enfin une maison de thé-restaurant assez design appelée Zhenjuesi et située à gauche en entrant dans le jardin (☎ 6218-6698, ouvert de 10h à 22h).

TEMPLE ZHIHUASI (智化寺)

5 Lumicang Hutong, Dongcheng District
[Plan G-11] 东城区禄米仓胡同5号
☎ 6525-0072

Métro Jianguomen. Depuis le 2ᵉ périphérique Est, prendre le *hutong* qui part vers l'ouest juste en face de l'immeuble Asia-Pacific. Prendre ensuite le premier *hutong* à droite, puis le premier à gauche. Ouvert de 6h à 18h l'été et de 8h à 17h l'hiver. Entrée : 20 ¥.

→ Ce charmant petit "temple de l'Intellectualisation" a été bâti au XVᵉ siècle. D'un agencement très classique, il reste l'un des bâtiments de culte bouddhiste les mieux conservés de l'époque Ming.

TIANANMEN (天安门广场) 好

Tiananmen Guangchang, Dongcheng District
[Plan H-9] 东城区长安街

Métro Tiananmen Xi, Tiananmen Dong ou Qianmen. La Porte de Zhengyangmen est ouverte de 8h30 à 16h (entrée : 5 ¥) et la Porte de Tiananmen de 8h à 16h30 (entrée : 15 ¥).

→ La plus grande place du monde (800 m de longueur sur 500 de largeur) est aussi le cœur de Pékin. Cœur géographique bien

Stéphanie Ollivier

(ou hissé à l'aube) par un jeune et fier soldat de l'armée populaire de libération. Pour une vue d'ensemble, vous pouvez soit monter sur la porte Zhengyangmen au sud, soit sur celle qui est située au nord de la place, au-dessus du célèbre portrait du président Mao. Appelée "Porte de Tiananmen", elle a été édifiée au XVe siècle et mène à l'entrée de la Cité interdite. C'est de son balcon qu'étaient autrefois annoncés les édits de l'empereur, et de là également que le président Mao annonça à une foule en liesse la fondation de la République populaire de Chine le 1er octobre 1949.

TOUR DU TAMBOUR & TOUR DE LA CLOCHE
(鼓楼和钟楼)
Gulou Dajie, Dongcheng District
[Plan E-9] 东城区鼓楼大街
☎ 6401-2674

Métro Gulou. La tour du Tambour est située juste au sud de celle de la Cloche, à 500 m au nord du carrefour de Di'anmen, juste à l'est du lac Houhai. Ouvert de 9h à 17h (fermeture des guichets 20 minutes avant). Entrée : 20 ¥ pour la tour du Tambour (comprenant une performance musicale, toutes les 30 minutes), 15 ¥ pour la tour de la Cloche.
→ Depuis sa construction au XVe siècle sous la dynastie Yuan, la tour du Tambour (Gulou) servait à annoncer le passage du jour à la nuit et vice-versa, au moyen de 25 tambours géants, disparus depuis des lustres, mais refaits et réinstallés dans la tour il y a quelques années. La tour de la Cloche (Zhonglou), située dans le même axe quelques dizaines de mètres plus au nord, fut construite à la même époque et servait d'horloge locale : sa grande cloche suspendue autrefois au plafond résonnait toutes les deux heures (les journées chinoises étant alors organisées en douze fois deux heures). Cette tour fut détruite par un incendie et reconstruite au XVIIIe siècle.

sûr, mais surtout historique, car Tiananmen est un lieu chargé de joie et de douleur dans la conscience collective chinoise. C'est sur cette place que se trouvent plusieurs des monuments les plus importants de la ville : le grand hall du Peuple sur le côté ouest, le Musée national sur le côté est, le monument aux héros du peuple (l'obélisque de 36 m) au centre, le mausolée de Mao juste en dessous et enfin au sud, la porte Zhengyangmen (qui marquait autrefois la limite sud de la Ville tartare). Des milliers de touristes passent chaque jour sur Tiananmen, essentiellement des Chinois venus de province, souvent reconnaissables à leurs casquettes jaune canari. Vous remarquerez rapidement que le plaisir suprême de ces derniers est de se faire prendre en photo dans tous les angles de la place. Ou de se masser en grappe à l'extrémité nord de la place pour être en bonne place au moment ou le drapeau chinois sera abaissé au coucher du soleil

Le très abrupt escalier de pierre qui permet d'accéder au sommet de chacune des tours est sans pitié à la montée pour les voyageurs moyennement sportifs, et pire encore à la descente. Mais la vue spectaculaire sur les *hutong* et la multitude de toits de tuiles grises qui s'étendra alors sous vos yeux vaut bien quelques courbatures. Entre les deux tours se tenait il y a quelques années encore l'un des plus délicieux marchés de Pékin. L'espace a été "nettoyé", mais aménagé en un agréable petit square. Remarque : une société de tourisme installée juste au coin sud-ouest de la tour de la Cloche (guetter la pancarte en anglais) propose un package comprenant la visite commentée des deux tours ainsi qu'une balade en cyclo-pousse dans les *hutong* avoisinants.

MUSEES & AUTRES SITES

Officiellement, la capitale compte près de 120 musées. Mais lorsqu'on considère la durée et la richesse de l'histoire pékinoise, ceux qui sont vraiment intéressants sont éton-namment peu nombreux. Peut-être en partie à cause des Occidentaux qui ont largement dépouillé le pays de ses trésors à l'époque des concessions étrangères, avant que les troupes nationalistes de Tchang Kai-shek n'emportent avec elles la majeure partie de ce qui restait des trésors historiques et culturels lorsque, fuyant les communistes à la fin des années 40, elles se sont réfugiés sur l'île de Taiwan. Enfin, les révolutionnaires de l'ère Mao ont longtemps eu d'autres priorités que de s'occuper des reliques de l'époque féodale (lorsqu'ils n'ont pas achevé de les détruire, notamment pendant la Révolution culturelle), d'où les épaisses couches de poussière ou les vitrines crasseuses et mal éclairées de certains musées aujourd'hui encore. Mais

l'essor actuel du tourisme aidant, les choses commencent tout de même à bouger, les crédits à être débloqués et la mentalité des conservateurs à évoluer. Plusieurs établissements ont eu droit à un efficace lifting au cours des dernières années et valent largement une visite. Attention : une grande partie des musées pékinois ferment le lundi.

MUSEE D'ARCHITECTURE
TRADITIONNELLE (北京古代建筑博物馆)
Xiannongtan, 21 Dongjin Lu, Xuanwu District
[Plan I-9] 宣武区东经路21号
☎ 6317-2150
Situé dans l'enceinte du complexe appelé Xiannongtan, dont l'entrée est marquée par un grand portail rouge laqué, au fond de Nanwei Lu (qui part vers l'ouest 100 m au sud de la porte Ouest du temple du Ciel). Ouvert de 9h à 17h (fermeture des guichets une heure avant). Entrée : 15 ¥.
→ Aménagé dans l'ancien temple de l'Agriculture, cet intéressant musée permet d'en savoir plus sur l'évolution des techniques et tendances architecturales chinoises au cours des siècles. On peut également y voir les différents types d'habitat présents dans le pays, des cours carrées pékinoises aux maisons troglodytiques de Chine centrale. La salle du fond contient enfin une étonnante maquette de 15 m² de ce à quoi ressemblait la capitale chinoise en 1949. Les architectes pékinois contemporains devraient aller chercher dans ce musée de nouveaux élans d'inspiration au lieu de paver la ville de tours bétonnés...

MUSEE ARTHUR SACKLER
(赛克勒考古与艺术博物馆)
Beijing Daxue Ximen, 5 Yiheyuan Lu, Haidian District
[Plan A-4] 海淀区颐和园路5号北大西门
☎ 6275-1668

Caché au milieu du campus de l'université Beida, dans le nord-est de la ville. Entrez par la porte Ouest, traversez le premier pont et dirigez-vous vers le nord sur environ 100 mètres. Ouvert de 9h à 16h30.

→ Ce musée d'art et d'archéologie fraîchement rénové présente une très belle belle collection de poteries, bronzes, et diverses autres reliques datant de la dynastie Sui à celle des Ming, et offre une excellente occasion d'aller se balader ensuite sur le magnifique campus de la séculaire et prestigieuse université chinoise, notamment autour de son ravissant petit lac bordé d'une ancienne pagode.

MUSEE DE LA CAPITALE 好

(首都博物馆)

16 Fuxingmenwai Dajie, Xicheng district

[Plan G-6] 西城区复兴门外大街16号

☎ 6337-0491

www.capitalmuseum.org.cn

Métro Muxidi. Le musée est situé du côté sud de l'avenue. Ouvert du mardi au vendredi, de 9h à 17h (fermeture des guichets une heure avant). Tarif : 30 ¥, supplément pour l'accès aux expositions temporaires. Vestiaire gratuit à l'entrée. Boutique de souvenirs et grande librairie au sous-sol. Garderie pour les enfants au 4e étage.

→ A l'exception de quelques pièces disposées dans une petite salle du fond du temple de Confucius, les magnifiques collections d'art classique appartenant à la ville de Pékin furent longtemps rangées dans des cartons, faute de bâtiment suffisamment vaste pour les exposer. Elle sont désormais abritées par cet imposant et très moderne musée de verre et de bronze. Un musée qui est certes un peu excentré à l'ouest de la ville, mais qui vaut largement le déplacement. Les salles circulaires à gauche du hall d'entrée sont consacrées à des collections thématiques d'objets d'art : peintures classiques, calligraphies anciennes, bronzes, objets sculptés dans des jades précieux et "trésors du lettré" (matériel de peinture et de calligraphie). L'autre partie du musée (à droite de l'entrée) est essentiellement consacrée à l'histoire de la capitale, son héritage architectural et ses traditions populaires, à grand renfort de graphiques, maquettes, photos, objets représentatifs et présentations multimédia. Au dernier étage, une scène d'opéra et un *hutong* ont été reconstitués pour mieux raconter la vie quotidienne et les traditions du vieux Pékin que décrit Lao She dans ses romans. Avis aux parents : à cet étage, vous pouvez laisser les plus petits sous la garde d'employés-animateurs dans la salle équipée de livres et jouets traditionnels locaux pendant que vous allez admirer tranquillement les trésors des autres salles, notamment les statues bouddhiques et la sublime collection de porcelaines du 3e étage.

CCTV TOWER (中央电视塔)

11 Xisanhuan Zhonglu, Haidian District

[Plan G-5] 海淀区西三环中路11号

☎ 6845-0715

Métro Military Museum. Sur le bord du 3e périphérique Ouest, 300 m au nord du croisement avec l'avenue Fuxingmenwai. Ouvert de 8h30 à 22h (fermeture des guichets à 21h30). Entrée : 50 ¥.

→ C'est la tour de la télévision de la ville. Et comme la plupart des tours du genre, ce n'est pas un chef-d'œuvre architectural majeur. Sans compter que l'entrée n'est pas donnée. Néanmoins, vous pourrez du haut de cette tour de béton, qui culmine à 405 mètres, avoir une vue imprenable sur l'Ouest pékinois. Vous pourrez aussi y faire une halte à la maison de thé ou tester le restaurant panoramique tournant du haut de la tour (ouvert de 11h à 14h et de 17h à 22h, avec une économique formule buffet à 118 ¥, billet d'entrée compris).

CIMETIERE PORTUGUAIS (葡萄牙坟墓园)
6 Chegongzhuang Dajie,
Fuchengmenwai, Xicheng District
[Plan F-7] 西城区阜成门外车公庄大街6号
(北京党校内)
☎ 6800-7011
Métro Chegongzhuang. Le cimetière est dans l'enceinte du Beijing Administrative College (école du PCC), situé 400 m à l'ouest (côté sud de l'avenue) du 2e périphérique Nord-Ouest, au niveau du pont Guanyuanqiao. Téléphoner du lundi au vendredi, de 8h30 à 11h30 et de 14h30 à 17h30, pour prendre rendez-vous. Entrée : 10 ¥.

→ C'est ironiquement en plein campus de l'école du parti communiste que reposent plusieurs dizaines de missionnaires jésuites envoyés en Chine à partir du XVIe siècle. Notamment celui du plus célèbre d'entre eux, l'Italien Matteo Ricci (décédé en 1610). Longtemps oublié, ce cimetière est, depuis

CHINESE CULTURE CLUB

Cette dynamique association, fondée et animée par Feng Cheng - un ancien journaliste souhaitant faire partager aux Occidentaux sa passion pour la culture chinoise sous toutes ses formes - organise presque quotidiennement des activités diverses (conférences, visites de temples ou quartiers méconnus, ateliers pratiques, projection de films...). Le programme est très éclectique, avec chaque fois l'intervention d'un spécialiste chinois du sujet abordé, et une traduction en anglais. Qu'il s'agisse de mieux comprendre les principes de base de la géomancie, de tout savoir sur la longue marche du rock chinois, de confectionner vous-même un cerf-volant ou encore d'apprendre l'art de la cuisson des *jiaozi*, c'est sûrement votre meilleure chance de plonger plus profondément au cœur de la culture ou de la société chinoise l'espace de quelques heures. Toutes les activités sont ouvertes aux voyageurs comme aux expatriés. Pour en savoir plus sur le programme du mois, les tarifs (toujours modiques pour la qualité des activités) et vous inscrire, consulter le site Internet de l'association (www.chinesecultureclub.org) ou appeler le ☎ 6432-9341 en semaine et le 6432-1041 le week-end.

Adresse des locaux où ont lieu une partie des cours et conférences :
Kent Center, Anjialou, 29 Liangmaqiao Lu, Chaoyang District.
[Plan D-14] 朝阳区亮马桥路29号安家楼青特中心院内 (高澜大厦十字路口往北100米,路东)

Au 3e feu rouge à l'est du Lufthansa Center, prendre la rue partant vers le nord entre la rangée de bars et le Liangma Antique Market, puis continuer sur 100 m jusqu'au panneau d'entrée du Kent Center, qui sera sur votre droite. Le club est juste à droite du portail.

l'organisation d'un séminaire sur l'œuvre du père Ricci organisé en 2001, un peu sorti de sa torpeur.

MUSEE DES CLOCHES ANCIENNES (大钟寺)

A31, Beisanhuan Zhonglu, Haidian District
[Plan C-7] 海淀区北三环中路甲31号
☎ 6255-0819

Métro Dazhongsi. Situé au bord du 3ᵉ périphérique Nord, côté nord. Ouvert de 8h30 à 16h30 (fermeture des guichets 30 minutes avant). Entrée : 10 ¥.

→ Ce musée a en fait été aménagé dans le temple de la Grande Cloche (Dazhongsi), un ancien petit monastère bouddhiste bâti au XVIIIᵉ siècle et aujourd'hui tristement cerné par le ballet des voitures du périphérique voisin. Vous y trouverez un grand nombre de cloches et de carillons divers fondus dans les différentes provinces du pays et à toutes les époques. La plus vieille de la collection aurait au moins 6 000 ans. La plus grosse, construite sous les Ming, mesure 7 mètres de haut, pèse 46 tonnes et a été recouverte de textes sacrés.

MUSEE DES MEUBLES GUANFU

(观复古典艺术博物馆)
B-1, Huazhi Office Bldg, Nanzhugan Hutong,
Chaoyangmennei Nanxiaojie,
Chaoyang District.
[Plan G-11] 朝阳门内南小街南竹竿胡同
华智商务大厦
☎ 6433-8887

Métro Chaoyangmen. Situé au sous-sol d'un immeuble de bureaux qui fait le coin entre Nanxiaojie et Nanzhugan Hutong. Ouvert tous les jours de 9h à 17h30 (fermeture des guichets 30 minutes avant). Entrée : 20 ¥.

→ Ce tout petit musée de meubles classiques, ouvert début 1997 par un collectionneur s'enorgueillit d'être le premier musée privé chinois. Les pièces exposées ici (en fonction

du bois utilisé, et non pas des dynasties) sont somptueuses et disposées avec énormément de goût. Les inconditionnels des beaux meubles se régaleront.

RESIDENCE DE GUO MORUO

(郭沫若纪念馆)
18 Qianhai Xijie, Xicheng District
[Plan E-9] 西城区前海西街18号
☎ 6612-5984

Remonter la rue qui part vers le nord de Ping'an Dajie, juste à l'ouest du lac Shishahai (c'est celle d'où démarre la balade en cyclopousse Hutong Tours). Environ 200 mètres plus loin, une plaque indique l'entrée, du côté ouest de la rue. Ouvert du mardi au dimanche, de 9h à 17h (le guichet ferme 30 minutes avant). Fermeture annuelle entre la fin décembre et le nouvel an chinois. Entrée : 20 ¥.

→ Guo Moruo est l'un des grands maîtres de la poésie chinoise du XXᵉ siècle et a vécu longtemps dans cette paisible maison traditionnelle blottie au cœur du vieux Pékin. Le vaste jardin y est très agréable et le couloir couvert courant autour du bâtiment rectangulaire du fond de la maison très original.

MUSEE D'HISTOIRE NATURELLE

(自然博物馆)
126 Tianqiao Nandajie, Chongwen District.
[Plan I-10] 崇文区天桥南大街126号
☎ 6702-4431

Situé à 200 m au nord de la porte Ouest du parc du temple du Ciel, dans le quartier de Tianqiao. Ouvert de 8h30 à 17h (fermeture des guichets une heure avant). Entrée : 30 ¥.

→ La présentation des collections abritées par ce vaste bâtiment à l'architecture solidement stalinienne est souvent vieillotte, et les textes de présentation rarement traduits en anglais. Mais une débauche de croquis, photos et maquettes en plastique y remédient assez bien. Notamment dans la salle consacrée à la reproduction humaine (qui vous en apprendra de belles sur l'évolution des fœtus ou les maladies vénériennes. Ames sensibles, s'abstenir !). Les sous-sols du musée ont été réquisitionnés pour y bricoler un mini "Jurassic Park" en carton-pâte pour les enfants. Et un aquarium, qui vous fera probablement plus penser à votre poissonnerie de quartier qu'aux splendeurs sous-marines. Le plus impressionnant ici reste probablement la superbe collection de fossiles et les gigantesques squelettes de dinosaures qui trônent dans la grande salle du bas.

RESIDENCE DE LAO SHE (老舍纪念馆)

19 Fengfu Hutong, Dengshikou Xijie, Dongcheng District
[Plan F-10] 东城区灯市口西街丰富胡同
☎ 6559-9218
Situé dans un *hutong* qui part vers le nord, presque en face du Fangyuan Hotel, à 30 m de la coulée verte de Nanheyan. Ouvert de 9h à 17h30 environ (fermeture des guichets 30 minutes avant). Entrée : 10 ¥.
→ Vous pourrez visiter ici la jolie maison à cour carrée où a vécu pendant les quinze dernières années de sa vie le célébrissime romancier et dramaturge pékinois, Lao She, auteur, entre autres, du *Tireur de pousse-pousse* ou de *Quatre générations sous un même toit*. La demeure a été laissée dans l'état où elle était au moment du suicide présumé de l'écrivain, au tout début de la Révolution culturelle.

MUSEE LU XUN (鲁迅博物馆)

Gongmen Ertiao, 19 Fuchengmennei Beijie, Xicheng District
[Plan F-8] 西城区阜成门内北街宫门二条
☎ 6615-6548

YOU SPEAKING ENGLISH ?

Les commentaires dans les temples ou musées de Pékin restent essentiellement en mandarin. Avec parfois un titre en anglais, ou une succincte brochure traduite dans un anglais approximatif – surnommé ici "chinglish" – et souvent truffé de coquilles parfois désopilantes. Toutefois, la perspective des J.O. devrait signifier un accroissement sensible du pourcentage et de la qualité des commentaires anglais sur les sites les plus visités de la capitale. Une grande campagne officielle de lutte contre le "chinglish" a ainsi été lancée en 2007. La municipalité envisage enfin d'adopter le trilinguisme (idéogrammes, pinyin et anglais) pour la désignation des sites touristiques majeurs, et pour celle des rues. Ce qui promet non seulement des panneaux de signalisation un brin confus, mais aussi des traductions intéressantes. Comme par exemple la future "Moral Victory Gate East Avenue" (Deshengmen Dong Dajie), la mignonne "West Lane Where People Mingle" (Xijiaominxiang) ou l'appétissante "Fried Noodles Lane" (Chaomian Hutong). En attendant, le français n'étant pas prévu dans le programme, avant un séjour à Pékin, n'hésitez pas à dépoussiérer votre anglais s'il en a besoin.

Pierre Haski

Métro Fuchengmen. Situé tout au fond d'une impasse qui part vers le nord à 100 m à l'est du métro, un peu avant le temple Baitasi. Ouvert du mardi au dimanche, de 9h à 16h (fermeture des guichets 30 minutes avant). Entrée : 5 ¥.

→ Lu Xun est l'un des plus grands écrivains chinois. Beaucoup le considèrent même comme le fondateur de la littérature moderne du pays. Il vécut plusieurs années dans la maison adjacente à ce musée, où sont exposés une foule de photos, lettres, manuscrits et divers meubles et effets personnels qui lui ont appartenu. Les commentaires sont entièrement en mandarin, mais vous pouvez normalement louer un accoustiguide vous permettant une visite en anglais de 90 minutes. Vous trouverez également les principales œuvres du grand homme (parmi lesquelles *La Véritable Histoire de Ah Q* et *Le Journal d'un fou*) traduites en anglais ou en français dans la petite librairie du musée... lorsqu'elle est ouverte.

RESIDENCE DE MEI LANFANG

(梅兰芳纪念馆)
9 Huguosi Jie, Xicheng District
[Plan E-9] 西城区护国寺等9号
☎ 6618-0351

Une petite plaque dorée en mandarin à droite d'un portail rouge indique la maison, au coin de Huguosi Jie et de Deshengmennei Dajie (un peu à l'est de Xinjiekou). Ouvert du mardi au dimanche, de 9h à 16h30 (fermeture des guichets 30 minutes avant). Entrée : 10 ¥.

→ C'est l'ancienne maison du célébrissime chanteur d'opéra de Pékin, Mei Lanfang, considéré par beaucoup comme un "Sarah Bernard" chinois, version (parfois) masculine. Cette cour carrée a été aujourd'hui aménagée en musée retraçant l'existence et la carrière mouvementée du grand artiste.

MUSEE MILITAIRE (军事博物馆) 好

Fuxing Lu, Haidian District
[Plan G-6] 海淀区复兴路
☎ 6686-6244

Métro Military Museum. Juste à la sortie du métro, côté nord de l'avenue. Ouvert de 8h à 17h30 (fermeture des guichets 30 minutes avant). Entrée : 20 ¥.

→ Son impressionnante collection de chars, avions de combat, camions militaires, missiles, grenades et autres armes modernes en tout genre raviront la majorité des voyageurs de la gente masculine. En outre, ce gigantesque musée (refait à neuf en 2007) décortique les nombreuses batailles et guerres qui ont secoué la Chine au cours des derniers millénaires, et retrace enfin l'histoire de l'armée populaire de libération des années 20 à nos jours. Avec force récits en mandarin, mais aussi moult éléments plus visuels : objets, uniformes ou photos.

MUSEE DES MONNAIES ANCIENNES

(北京古代钱币博物馆)
Deshengmen Jianlou, Bei'Erhuanlu,
Xicheng District
[Plan E-8] 西城区北二环德胜门箭楼
☎ 6201-8073

Métro Jishuitan. A l'intérieur de la tour Deshengmen, au bord du 2e périphérique Nord. Ouvert du mardi au dimanche, de 9h à 16h (fermeture des guichets 30 minutes avant). Entrée : 10 ¥.

→ Musée qui retrace la longue histoire et l'évolution du système monétaire chinois. La Chine fut en effet la première civilisation de la planète à imprimer du papier monnaie et à instaurer une banque centrale. Les historiens et numismates trouveront ici leur bonheur, avec l'exposition de lingots, pièces de monnaie et billets divers datant du VIIIe siècle avant J.-C., et jusqu'au milieu du siècle dernier. Pour les numismates avertis, un sympathique petit marché de pièces anciennes se trouve également dans l'enceinte de la tour.

MUSEE NATIONAL (国家博物馆)

Tiananmen Guangchang dongce, Dongcheng District
[Plan H-10] 东城区天安门广场东侧
www.nationalmuseum.cn

Métro Tiananmen Dong. Sur le côté est de la place Tiananmen. Ouvert de 8h30 à 17h l'été et 16h30 l'hiver (fermeture des guichets une heure avant). Entrée des expositions : 30 ¥.

→ Ce massif édifice qui fait pendant au Grand Hall du Peuple et fut construit à l'époque où Mao ne jurait que par l'architecture soviétique (synonyme de modernisme et de puissance) a longtemps abrité le musée d'Histoire et le délicieusement suranné musée d'Histoire de la Révolution. Il est actuellement en travaux et devrait achever de faire peau neuve d'ici à 2009. Il présentera alors les collections combinées et améliorées des deux anciens musées. Pour le moment, le lieu accueille diverses expositions historiques temporaires.

MUSEE DE LA POLICE (北京警察博物馆)

36 Dongjiaominxiang, Dongcheng District
[Plan H-10] 东城区东交民巷36号
☎ 8522-5001, Ext. 241

Métro Tiananmen Dong. Dans une ruelle qui part vers l'est du milieu de la place Tiananmen. Ouvert du mardi au dimanche de 9h à 16h (fermeture des guichets 30 minutes avant). Entrée : 5 ¥.

→ Objectif de ce musée municipal unique en son genre en Chine : dépoussiérer l'image de la police pékinoise et redorer le blason de ses agents auprès des masses. Le musée retrace la glorieuse et millénaire histoire de la police impériale, vante les grands succès de la police municipale depuis la création officielle de ce corps en 1948, et décrit les conditions actuelles de travail de ses 40 000 agents. Le tout en présentant sur quatre étages une sélection très éclectique de 1 500 textes, photos et objets, qui vont du récit en images de l'arrestation d'un "serial killer" au carnet de vaccination des chiens policiers. En passant par les uniformes et insignes des agents de la circulation, une impressionnante collection d'armes à feu ou encore les instruments sophistiqués utilisés aujourd'hui par les criminologues locaux. Mais l'attraction favorite des visiteurs de tout âge reste le champ de tir virtuel interactif du dernier étage. Pour 15 modestes yuans, c'est l'occasion unique de jouer les justiciers, via la magie d'un pistolet laser et d'un écran géant interposés, en tendant une embuscade à trois gangsters à la sortie d'un bar louche, ou en abattant sans pitié le preneur d'otage d'une fillette innocente.

MUSEE DES SCIENCES & TECHNOLOGIES (科技博物馆)

1 Beisanhuan Zhonglu, Anzhenli, Chaoyang District
[Plan C-9] 朝阳区北三环中路1号(安贞里)
☎ 6237-1177

Sur le 3e périphérique Nord, du côté nord-ouest du pont Anhuaqiao. Viser l'énorme boule argentée, clone de la Géode parisienne, située au coin nord-ouest de l'échangeur. Ouvert du mardi au dimanche, de 9h à 16h30 (fermeture des guichets une heure avant). Entrée : 30 ¥ pour le musée, supplément de 30 ¥ pour les films.

→ L'aéronautique, l'astronomie, l'énergie, la mécanique ou encore les télécommunications décryptées, en version mandarine. Cet immense musée éducatif est régulièrement pris d'assaut par des hordes de mouflets, escortés en semaine par des professeurs ou le week-end par des parents consciencieux. Multiples boutons à pousser ou manivelles colorées à tourner afin d'activer des machines diverses (avec mention spéciale pour l'orchestre de robots du hall d'entrée). Et en bonus, une salle au 4ᵉ étage consacrée aux grandes inventions de la Chine ancienne.

QIAN GAN 5 (千竿5号)
5 Qiangan Hutong, Shishahai,
Xicheng District
[Plan E-9] 西城区前海西街千竿胡同5号
☎ 6618-0265

Depuis Ping'an Dajie, prendre Qianhai Xijie qui part vers le nord, juste à l'ouest du lac Shishahai. Puis prendre le premier *hutong* à gauche. Les visites se font toute la journée, en anglais ou mandarin. Entrée : 20 ¥.

→ Il s'agit d'un grand *siheyuan* qui a été entière-ment et soigneusement refait, puis garni d'œuvres d'art diverses par une famille installée là depuis plusieurs générations. Objectif : faire mieux connaître au public le cadre de vie du vieux Pékin à travers l'histoire de leur propre clan... tout en finançant l'entretien de la maison. Pour soutenir cette originale initiative à l'heure où nombre de Pékinois doivent abandonner les *hutong* pour les tours périphériques, il est également possible de commander un dîner, qui vous sera servi dans la cour à la belle saison, ou de boire un verre dans le bar aménagé dans l'une des pièces d'entrée et ouvert tous les soirs.

RESIDENCE DE SONG QINGLING 好
(宋庆龄故居)
46 Houhai Beiyan, Xicheng District
[Plan E-9] 西城区后海北沿儿46号
☎ 6404-3924

Métro Jishuitan. Située sur la rive nord-ouest du lac Houhai. Ouvert de 9h à 17h30 l'été et 9h à 16h30 l'hiver (fermeture des guichets 30 minutes avant). Entrée : 20 ¥.

→ Song Qingling est l'une des rares femmes qui a marqué de son empreinte l'histoire de la Chine au XXᵉ siècle, de par son mariage

avec Sun Yat-sen (premier président de la République chinoise et l'un des hommes les plus vénérés du pays), sa famille (la richissime famille Song, dont les trois filles ont toutes épousé des présidents ou Premiers ministres), et enfin une intelligence et un caractère hors norme. Vous en saurez plus sur la vie de cette femme peu ordinaire après avoir visité la grande maison et vous être promené dans le paisible jardin qui lui avaient été attribués par le gouvernement communiste dans les années 60 et où elle séjourna jusqu'à sa mort en 1981.

UNDERGROUND CITY (地下城)

62 Xidamochang Hutong,
Qianmen Dajie, Chongwen District
[Plan H-10] 崇文区前门大街
西打磨厂胡同62号

☎ 6702-2657

Métro Chongwenmen ou Qianmen. Depuis Chongwenmen, prendre la grande rue qui part vers le sud de la Chongwenmen Guesthouse, puis remonter le 1er *hutong* partant vers l'ouest sur environ 200 m. Depuis Qianmen, prendre la ruelle partant vers l'est du sud de la place Qianmen et la suivre sur un kilomètre environ. Un panneau en anglais sur une petite façade carrelée de blanc indique l'entrée, côté sud du *hutong*. Ouvert de 8h30 à 17h30. Entrée : 20 ¥, guide (obligatoire) compris.

→ Ce réseau souterrain fut imaginé par le président Mao à la fin des années 60, lorsque les relations entre la Chine et l'ex-URSS ont commencé à sentir le roussi, ce qui fit craindre au gouvernement chinois des attaques nucléaires. Objectif, selon les termes du Grand Timonnier : que les Pékinois puissent disparaître sous terre "comme des rats dans une tempête" en moins de trois minutes après une alerte aérienne. Un labyrinthe de 26 kilomètres a ainsi été creusé pendant une décennie et en grande

partie à la pioche. Cette gigantesque ville souterraine avait été équipée de réserves en eau, nourriture et médicaments, de systèmes de ventilation, d'écoles et d'infirmeries, de salons de coiffure et même d'un cinéma. Le tout était de pouvoir subvenir pendant quatre mois aux besoins des 300 000 Pékinois. Une portion de ce titanesque et inutile chantier a été ouvert au public dans les années 80. Dommage que cet endroit étonnant soit pour le moment si mal mis en valeur (en dépit des surprenantes tenues de camouflage des employés de l'entrée), car la plupart des salles intéressantes y sont fermées. Les férus d'Histoire erreront donc avec une légère bouffée de frustration dans un bon kilomètre de boyaux humides... avant de déboucher dans un anachronique magasin souterrain d'articles en soie.

BEIJING URBAN PLANNING EXHIBITION CENTER 好

(北京市规划展览馆)
20 Qianmen Dongdajie, Chongwen District
[Plan H-10] 崇文区前门东大街20号
(老北京火车站东侧)

☎ 6702-4559

Métro Qianmen. C'est le bâtiment tout en verre voisin de l'ancienne gare, au coin sud-est de la place Tiananmen. Ouvert du mardi au dimanche, de 9h à 17h (fermeture des guichets une heure avant). Entrée 30 ¥. Supplément de 10 ¥ pour les films et de 200 ¥ pour un guide francophone (visite de deux heures).

→ Ce jeune mais très officiel musée campé juste au coin de la place de Tiananmen permet de mieux comprendre l'évolution de la planification urbaine de Pékin. Le principal point d'intérêt du lieu pour les visiteurs étrangers – mais il justifie à lui seul la visite – est l'époustouflante maquette de Pékin située au 3e étage : elle s'étale sur 302 m², comprend

VISITES

Stéphanie Ollivier

les rues et immeubles situés à l'intérieur du 4e périphérique et est bordée par 1 000 m² de photos prises du ciel qui composent le plancher de la salle. L'ensemble est incroyablement réaliste. Ceux qui connaissent un peu les axes routiers et les principaux repères architecturaux pékinois prendront sûrement plaisir à retrouver le quartier où ils logent Au besoin en utilisant les jumelles reliées à un fil en libre service sur la mezzanine du 4e étage, point de vue qui permet de mieux prendre la mesure du gigantisme de la capitale. Autres points forts de cet étage : le tunnel futuriste et ludique truffé de jeux virtuels et de gadgets high-tech. Ainsi que des films : un de dix minutes en 3D sur l'histoire de la ville, et un film "sensoriel" de six minutes en 4D consacré à l'évolution du réseau des transports dans la ville (attention, ce dernier est déconseillé aux spectateurs qui ont des problèmes cardiaques !).

BALADES

Balades en bus

DRAGON BUS (龙之游)
☎ 8563-9959 (réservations)
L'agence d'Etat BTG Travel and Tours (voir page 43) propose depuis des années une série de packages bien rôdés pour visiter les principaux sites et monuments de la ville, ou pour pousser jusqu'à la Grande Muraille. Une bonne solution pour ceux qui sont à Pékin pour très peu de temps. D'autant que vous trouverez des informations sur les itinéraires, les horaires, les tarifs et pourrez facilement faire des réservations dans une quinzaine de grands hôtels de la ville, ainsi que dans les centres du réseau Beijing Tourist Information (voir page 42).

LE QUARTIER DES LEGATIONS

Située au sud-est de la Cité interdite et de la rue Wangfujing, le quartier entourant la rue Dongjiaomixiang était jadis réservé à certains ministères impériaux et résidences princières. A la fin du XIXe siècle et à l'issue des guerres de l'Opium, ce quartier fut occupé de force par les armées européennes et divisé en diverses légations. Les long-nez détruisirent les superbes bâtiments chinois qui s'y trouvaient pour bâtir leur propre monde à l'européenne : ambassades, casernes, gare, église, banques et autres épiceries fines auxquels les Chinois n'avaient pas accès. Un monde qui fut ravagé en 1900 lors de la révolte des Boxers, mais reconstruit à l'identique par les huit pays alliés qui écrasèrent ce mouvemen (France, Japon, Etats-Unis, Grande-Bretagne, Italie, Allemagne, Autriche-Hongrie, Russie). Les privilèges dont bénéficiait alors cette enclave étrangère perdurèrent jusqu'à la Deuxième Guerre mondiale et son souvenir reste une humiliante épine dans la conscience collective des Chinois. Le fait que ce quartier abrite en outre le siège des principales administrations liées au respect de l'ordre public (police, justice, municipalité et siège pékinois du PCC) explique probablement le peu d'efforts consentis pour y développer le tourisme de masse ou pour reconvertir les anciens bâtiments européens en lieux exotiquement branchés, comme l'ont par exemple fait les Shanghaiens sur le Bund. Le quartier des anciennes légations permet toutefois une paisible promenade au travers de deux ou trois pâtés de maisons méconnus, sur les traces de René Leys, le héros du roman de Victor Segalen. Pour remonter la piste française du Pékin impérial, le plus simple est de longer Dongjaominxiang depuis l'ancienne banque d'Indochine (transformée en banque de Chine) et jusqu'au siège de l'ex-légation française (devenue une résidence officielle militaire). En admirant, au passage, la gracieuse église Saint-Michael. Vous pourrez également reprendre des forces au numéro 19 de la rue, au Jingyuan Jiujia, restaurant sichuanais à l'ambiance délicieusement surannée qui occupe l'ancien bureau de poste français (静园酒家, 东交民巷19号 ☎ 6524-4156. Ouvert de 10h30 à 14h et de 16h30 à 21h30).

Jean-Lionel Dias

Balades à pied

Dans les quartiers en voie de modernisation, le charme des promenades pédestres – entre voies express, échangeurs et tours d'acier – est de plus en plus limité. En revanche, dans les quartiers populaires du vieux Pékin (notamment Qianmen, Yonghegong, Houhai ou Xisi), flâner sans se presser, et si possible en se perdant un peu, reste le meilleur moyen de s'imprégner convenablement de l'ambiance pékinoise. Prenez aussi le temps, lorsque le climat le permet - de vous asseoir une demi-heure, par exemple à un carrefour animé du vieux quartier, et de regarder passer la foule bigarrée : petites vieilles au look croquignolet qui promènent des bébés en culottes fendues, nouveaux riches ventrus armés de téléphones dernier cri ou carrioles brinquebalantes transportant des cargaisons de boîtes-repas ou de pastèques en équilibre instable. Vous verrez alors que la meilleure salle de spectacle à Pékin est dans la rue.

Pour vous donner quelques idées de balades particulièrement agréables, un livre : *Pékin au détour des rues et des ruelles*, de Roger Darrobers (voir page 11). L'auteur y présente plusieurs dizaines de "trajets pour s'égarer", en donnant pour chacun la durée moyenne, le nom des rues à prendre en pinyin et en idéogrammes, ainsi qu'un certain nombre d'éléments d'informa-tion sur les monuments croisés ou les célébrités qui y ont résidé. Un seul bémol : une partie des points de repère indiqués pour s'y retrouver risquent fort d'avoir disparu lors de votre passage dans la ville.

Balades en cyclo-pousse

Un moyen de transport alternatif pour les balades : le cyclo-pousse. Il a remplacé le mythique pousse-pousse à bras des romans,

VISITES

actionnés par les seuls pieds des hommes qui les tiraient (dont la triste condition a été immortalisée dans le célèbre roman de Lao She, *Le Tireur de pousse-pousse*). Aujourd'hui monté sur roues, le cyclo-pousse fait un come-back fulgurant pour le plus grand bonheur des touristes, chinois comme étrangers. Et de certains pédaleurs de cyclo-pousse, qui dans les quartiers les plus touristiques demandent parfois des prix exorbitants pour des courses souvent très courtes. N'hésitez pas à discuter les tarifs.

Plusieurs entrepreneurs locaux du tourisme ont également eu la clairvoyance de pédaler sur la vague cyclo-pousse et ont monté des circuits d'exploration des vieux quartiers assez chers mais très bien ficelés. Si vous ne restez pas suffisamment longtemps à Pékin pour prendre le temps de vous perdre dans les *hutong*, laissez-vous tenter par un tour guidé (faites tout de même attention aux

tours officieux, qui pratiquent souvent des tarifs prohibitifs).

HUTONG TOUR 好

(北京胡同文化游览文化公司)
出发点: 前海西街,什刹海体校向西100米
☎ 6615-9097

[Plan F-9] Départs tous les jours à 8h50 et 13h50. Point de départ : au coin de Ping'an Dajie et de Qianhai Xijie, située 200 m à l'ouest du lac Shishahai. Une enseigne en anglais indique l'emplacement exact. Circuit d'environ trois heures. Tarif : à partir de 180 ¥. Réservation conseillée (au moins une demi-journée à l'avance).

→ La Beijing Hutong Cultural Development Company, grande pionnière des cyclo-balades dans les *hutong* de Pékin, propose plusieurs circuits qui vous permettront d'arpenter le quartier de Houhai, qui longtemps abrita les princes et les mandarins. Le plus classique d'entre eux comprend généralement un passage par le palais du prince Gong, une escale à la tour du Tambour et une pause thé chez des habitants du quartier. Avec une présentation générale des quartiers traversés par des guides anglophones.

Balades en vélo

CYCLE CHINA

Les coordonnées de l'agence sont à la page 43. www.cyclechina.com

→ Avis aux sportifs : cette jeune et très profess-ionnelle agence de voyage organise des circuits d'une demi-journée permettant d'explorer à vélo les vieux quartiers de la capitale (notamment une balade nocturne dans les *hutong*), ainsi que des excursions d'une journée à bicyclette autour de la Grande Muraille et dans d'autres sites pittoresques de la périphérie. On vous donnera rendez-vous dans le hall d'un hôtel ou un autre lieu connu. Le staff de Cycle China s'occupera du reste : fourniture d'un vélo (de ville ou VTT), transfert en minivan jusqu'au point de départ de la balade, commentaires en anglais et parfois un repas. Tarifs : entre 150 et 400 ¥ en fonction du nombre de personnes pour les circuits dans Pékin, et à partir de 300 ¥ par personne pour les excursions dans des coins sauvages de la Grande Muraille. Vous trouverez le programme précis des balades prévues au moment de votre passage à Pékin sur leur site Internet. Ils peuvent également monter des circuits sur mesure, même pour une seule personne.

Balades en bateau

Plusieurs mini-croisières touristiques sont organisées depuis quelques années et permettent une autre perspective de Pékin. Du moins d'avril à octobre, lorsque l'eau des lacs et canaux de la ville ne se recouvre pas d'une épaisse couche de glace, livrant alors les canaux et les lacs de la ville aux amateurs de patin à glace.

ROMANCE TOUR (什刹海橹船游)
River Romance Dock, Lotus Lane, Shishahai, Xicheng District
[Plan F-9] 北海公园后门正对面
荷花市场口好梦江南码头
☎ 6612-5717

L'embarcadère est situé à l'extrémité sud du lac Shishahai, juste en face de la porte Nord du parc Beihai. Ouvert de 9h à environ 22h (de fin avril à début novembre). Réservations conseillées.

→ Des mini-croisières en jonque sur les lacs Shishahai et Houhai. La jonque est actionnée par l'arrière à la rame par un jeune éphèbe musclé, qui pourrait être un gondolier vénitien. Une jeune fille en costume traditionnel, chargée de jouer des airs de cithare, peut également l'escorter pendant la balade. Vous oublierez vite le côté touristique et vous laisserez bercer par le paysage dès que vous aurez quitté l'embarcadère. Si vous avez des envies de pique-nique flottant, vous pouvez soit acheter boissons et snacks à l'embarcadère, soit les apporter avec vous. Le soir, on vous remettra également un stock de petites bougies, à poser sur des petits bateaux en papier rouge ou blanc et à déposer sur l'eau du lac, qui la nuit se retrouve joliment illuminé. Tarif : 100 ¥ l'heure dans la journée pour la location d'un bateau (qui peut contenir jusqu'à 10 personnes) pour un tour d'environ une heure, et 200 ¥ après 16h. Suppléments à prévoir pour qu'une musicienne vous accompagne (100 ¥), si vous vous laissez tenter par des snacks et boissons en vente au bar de l'embarcadère, ou encore si vous décidez de faire servir à bord un repas préparé par le restaurant Kaorouji (prix variables).

TRAVEL ALONG CAPITAL
BEIJING ON WATER (京城水上游)
☎ 6852-9428

→ De tranquilles croisières en péniche sur plusieurs tronçons du canal qui autrefois permettait à la famille impériale de se rendre de la Cité interdite jusqu'au palais d'Eté (il a été dragué et réaménagé depuis) et permettent aujourd'hui de voir Pékin sous un angle original. Deux itinéraires possibles, d'avril à octobre, qui durent une petite heure.

● Changhe Xian
长河线, 出发点: 北京展览馆后
Une promenade sur l'eau de 9 km qui vous emmènera de l'arrière du zoo jusqu'à l'entrée Sud du palais d'Eté. Point de départ : derrière le Beijing Exhibition Center (Plan E-6). Départs toutes les heures, de 10h à 16h. Tarif : 40 ¥ l'aller simple, 70 ¥ l'aller-retour.

● Kunyu Xian
昆玉线, 出发点: 玉渊潭公园
Du parc Yuyuantan jusqu'à l'entrée Sud du palais d'Eté (environ 10 km). Point de départ : sur le Bayi Lake Dock, à l'intérieur du parc Yuyuantan (Plan G-6). Départs à 9h30, 12h et 14h30. Tarif : 60 ¥ l'aller simple, 80 ¥ l'aller-retour.

GALERIES & MUSEES D'ART

L'art contemporain chinois est depuis une dizaine d'années déjà en pleine ébullition. Les stars locales de l'avant-garde artistique (dont certaines montrent pourtant des signes d'essoufflement) sont de plus en plus cotées auprès des collectionneurs étrangers. Ce qui a entraîné une éclosion des aspirants-artistes et des lieux d'expositions dans la capitale au cours des dernières années. A moins que ce ne soit le contraire. Quoi qu'il en soit, pour ceux qui veulent avoir un aperçu des tendances artistiques, les expositions se succèdent et les happenings ponctuent souvent les week-ends. Consultez les magazines en anglais de la ville pour en savoir plus sur les expositions en cours.

NATIONAL ART MUSEUM OF CHINA
(中国美术馆)
1 Wusi Dajie, Dongcheng District
[Plan F-10] 东城区五四大街1号
☎ 8403-3500
Du côté nord-ouest du carrefour Meishuguan, au nord de Wangfujing. Ouverture, lorsqu'il y a des expositions en cours, de 9h à 17h (fermeture des guichets 1 heure avant).

→ Meme depuis le toilettage sérieux et nécessaire qu'il a subi en 2003, cet immense bâtiment d'inspiration soviétique couvert de marbre blanc (plus connu ici sous le nom de Meishuguan), peine à être à la hauteur de son nom et reste pour le moment une vitrine assez peu audacieuse pour artistes (souvent) subventionnés.

MILLENIUM MONUMENT ART MUSEUM
(世纪坛艺术博物馆)
Shijitan, Yuyuan Nanlu, Haidian District
[Plan G-6] 海淀区玉渊潭南路
☎ 6852-7108
www.bj2000.org.cn
Métro Military Museum. Sur Chang'an Jie, 100 m à l'ouest du Musée militaire, au bord du parc Yuyuantan. Ouvert de 9h30 à 18h (fermeture du guichet 30 minutes avant). La guérite où s'achètent les billets est située sous un grand arbre, à l'est du monument. Le musée est au sous-sol. Entrée : 30 ¥, visite du monument comprise.

→ Un musée d'art relativement dynamique (avec une prédilection pour le multimédia), abrité par l'étrange bâtiment en forme de pendule solaire géante stylisée bâti en l'honneur du nouveau millénaire.

798-DASHANZI ART DISTRICT

(798-大山子艺术区)

Cette "commune artistique", qui a vu le jour en 2003 au sein d'un tentaculaire ensemble d'usines de composants électroniques partiellement désaffectées, est incontournable pour les amateurs d'art contemporain de passage à Pékin. Ces dernieres annees, les galeries, studios de graphisme ou de stylisme, salles de spectacles et autres lofts d'artistes y ont en effet fleuri à un rythme frénétique et leurs décorateurs ont su réinventer avec intelligence ces locaux industriels, bâtis par les camarades russes dans les années 50, pour y présenter des œuvres et performances souvent créatives. Une série de restaurants, bars, librairies et boutiques diverses ont par la suite ouvert leurs portes dans ce complexe, qui est devenu en moins de deux ans un point de passage obligatoire de tout week-end branché pour les expatriés et les "bobos" de Pékin. Le bon côté de cette indéniable institutionnalisation est qu'elle devrait aider à tenir à distance les promoteurs immobiliers. Et tant qu'il restera des usines en activité au milieu des galeries, tant que les énormes tuyaux de chauffage rafistolés au sparadrap continueront à cracher leurs écharpes de vapeur entre les bâtiments de brique où ont lieu les vernissages les plus *hype* de la capitale, Dashanzi restera un lieu unique. Un lieu qui est, tout simplement, un bon concentré des contrastes et contradictions de la Chine actuelle. Pour en savoir plus sur les expositions et manifestations en cours dans le complexe, consulter les city-magazines en anglais, ou le site Internet du festival DIAF (www.diaf.org).

Pierre Haski

>>>

QUELQUES LIEUX À NE PAS MANQUER LORS D'UNE VISITE À DASHANZI

Galeries

798 SPACE (798空间)
☎ 6438-4862
www.798space.com
→ Titanesque galerie aménagée au centre de l'usine qui porte le même matricule, et centre nerveux du complexe.

798 PHOTO GALLERY (798空间)
☎ 6438-1784
www.798photogallery.com
→ Collections permanentes et expositions temporaires d'images souvent marquantes, ainsi qu'une excellente librairie (ouvrages photo, cartes postales et affiches).

BEIJING TOKYO ART PROJECT (北京东京艺术工作)
☎ 8457-3245
www.tokyo-gallery.com
→ Surnommée BTAP pour faire plus court, c'est la galerie pionnière du complexe.

ESPACE XIN DONG CHENG (昕东国际当代艺术空间)
☎ 6433-4579
www.chengxindong.com
→ Il faut maintenant parler des espaces du curateur Xin-dong Cheng, ardent promoteur des artistes contemporains chinois en France, et vice-versa : deux galeries dans le district 798, une troisième dans le Brewery International Art Garden.

LONG MARCH SPACE
☎ 6438-7107
www.longmarchspace.com
→ L'un des premiers et toujours parmi les plus actifs espaces du district.

PARIS-BEIJING PHOTO GALLERY (巴黎.北京 摄影空间)
☎ 8459-9263
www.parisbeijingphotogallery.com
→ Dynamique et jolie galerie animée par un jeune couple de Français.

Lectures

TIMEZONE 8 (八艺时区)
☎ 8456-0336
→ Cette librairie propose, dans un sympathique fouillis, la meilleure sélection locale de catalogues et livres (en toutes langues) sur tout ce qui peut toucher à l'art contemporain, chinois ou autre.

Salles de spectacles

SOUTH GATE (南门空间)
☎ 6438-2797
→ Confortable salle qui accueille des spectacles généralement originaux et pertinents.

YAN CLUB (仁境文化交流中心)
☎ 8457-3506
www.yanclub.com
→ Ce très spacieux "art club" comporte une galerie d'art, mais est plutôt réputé pour ses événements nocturnes (concerts, défilés de mode...).

Boutiques

ARTOPAL
☎ 8459-9335
→ Une sélection des œuvres des artistes chinois les plus emblématiques des dernières années retransposées sur des agendas, carnets, service à thé et autres bibelots.

Alain Le Bacquer

Comment se rendre à Dashanzi

Vous pouvez soit prendre la route de l'aéroport et sortir à Dashanzi, soit prendre Jingshun Lu (parallèle à la route de l'aéroport) et la poursuivre vers l'est sur environ 5 kilomètres, jusqu'au rond point de Dashanzi. Dans les deux cas, vous vous retrouverez sur la rue Jiuxianqiao Lu. En son milieu (côté est), au coin des tours d'appartements saumon de la résidence Hongyuan, un grand 798 lumineux rouge marque l'entrée principale du complexe. Il faut alors tourner à droite et poursuivre tout droit sur quelques centaines de mètres avant de tomber sur les panneaux de signalisation en anglais qui vous guideront jusqu'aux dizaines de lieux variés que compte aujourd'hui le district. Les galeries sont généralement ouvertes de 10h à 18h, les restaurants jusqu'à 23h, les bars jusqu'au départ des derniers clients.
Adresse : 4 Jiuxianqiao Lu, Dashanzi, Chaoyang District
Plan B-14 朝阳区酒仙桥路4号原798厂内

Autres villages d'artistes

Les mordus de l'art contemporain chinois voudront peut-être pousser jusqu'aux galeries et ateliers des différents "villages d'artistes" plus modestes en taille, mais souvent plus pointus, qui ont éclos à quelques kilomètres au-delà de Dashanzi ces dernières années. Notamment **Feijiacun** (费家村), le **Brewery International Art Garden** (酒厂国际艺术园), et surtout **Caochangdi** (草场地艺术区) qui abrite les nouveaux locaux de la prestigieuse galerie Courtyard (☎ 6526-8882, www.courtyard-gallery.com), ainsi que le très bel espace de la China Art Archives & Warehouse (☎ 8456-5152, www.archivesandwarehouse.com).
Le mieux sera alors de consulter les city magazines pour obtenir les coordonnées des galeries qui vous intéressent, puis consulter leur site Internet ou faire appeler par votre chauffeur de taxi pour obtenir un plan ou des indications précises, car tous ces lieux sont particulièrement infernaux à trouver.

RED GATE GALLERY (红门画廊)
Dongbianmen Watchtower,
Chongwenmen Dongdajie, Chongwen District
[Plan H-11] 崇文区崇文门东大街
东便门角楼四层
☎ 6525-1005
www.redgategallery.com
Métro Jianguomen. Au 4e étage de l'ancienne et massive tour de garde située au bord du 2e périphérique Sud-Est, 300 m au sud de l'ancien Observatoire. Ouvert de 9h à 17h. Entrée libre (si vous précisez au guichet de la Tour que vous vous rendez à la galerie).
→ Galerie pionnièredans la promotion de l'art contemporain chinois, elle a judicieusement déplacé ses collections de l'insipide China World Hotel pour les installer dans le cadre majestueux de cette tour de garde impériale. Et continue depuis une décennie à organiser des expositions très appréciées des amateurs de peintures, collages, sculptures ou instal-lations d'artistes chinois. **Autre espace :** dans le district des artistes 798, à Dashanzi (☎ 6438-1005).

WANFUNG ART GALLERY (云峰画苑) 好
136 Nanchizi Dajie, Doncheng District
[Plan G-9] 东城区南池子大街136号
☎ 6523-3320
www.wanfung.com.cn
Métro Tiananmen Dong. Située dans la rue qui longe la façade Est de la Cité interdite, environ 200 m au nord du croisement avec Chang'an Jie (et côté est de la rue). Ouvert de 9h à 17 en semaine, 10h à 17h le week-end. Entrée libre.
→ Aménagée dans le sompteux cadre du palais Huangshicheng, qui abritait autrefois une partie des archives impériales, cette galerie fut l'une des premières de la capitale à promouvoir l'art traditionnel et contemporain chinois. Elle comprend deux ailes : à droite de l'entrée et au fond de la

cour, à ne pas confondre avec le New Art Center (concurrent et moins sympathique), qui se trouve dans la même enceinte à gauche de l'entrée. **Autre espace :** 53 Liulichang Xijie ☎ 8316-8858. Ouvert de 9h à 17h30.

PARCS & JARDINS

Pékin regorge de jardins et de parcs de taille et d'intérêt très variés. Certains abritent monuments et attractions diverses. D'autres permettent juste de souffler sur un banc en regardant les canards barboter au milieu des lotus. L'occasion pour vous, peut-être, d'oublier un peu le tourbillon pékinois afin de mieux y retourner. Sélection de petits coins de verdure pékinois.

PARC DES BAMBOUS POURPRES (紫竹园)
Zizhuyuan Lu, Haidian District
[Plan E-5] 海淀区紫竹园路
☎ 6842-5851
Quasiment au bord du 3e périphérique Ouest. Ouvert de 6h à 21h. Entrée libre.
→ Très agréable parc de l'ouest de la ville, juste au sud de la zone high-tech de Zhongguancun, avec un grand lac et de jolies balades à faire au milieu de bosquets de bambous.

PARC BEIHAI (北海公园) 好
Wenjin Jie, Xicheng District
[Plan F-9] 西城区文津街
☎ 6403-1102
La porte Sud, qui est la principale entrée de ce parc, se trouve presque en face de la porte Nord de la Cité interdite. Le parc lui-même est ouvert de 6h à 21h30 du 1er avril au 31 octobre et de 6h30 à 20h l'hiver (fermeture des guichets une heure avant), les sites de 9h à 17h l'été et de 9h à 16h l'hiver. Entrée : 10 ¥ d'avril à octobre (5 ¥ l'hiver) pour le parc. Suppléments de 5 ¥ pour avoir aussi accès au Dagoba (accès ouvert de 8h30 à 18h), de

1¥ pour visiter la cité ronde et de 5 ¥ pour traverser le lac en bateau-dragon.

→ Depuis sa création au XIIe siècle, ce grand jardin fut le coin de verdure et de fraîcheur favori des empereurs, avant de devenir le jardin préféré des dirigeants communistes, puis d'être finalement ouvert au public. Les Pékinois y viennent depuis en masse et en famille tout au long de l'année pour faire du pédalo (en forme de canard) l'été et du patin à glace l'hiver sur le lac Beihai. Ce dernier est la partie centrale d'une série de lacs artificiels, qui forment un chapelet depuis l'ouest de la Cité interdite jusqu'à l'ouest de la tour du Tambour, et faisaient jadis partie des jardins impériaux. Ces lacs ont été aménagés sous la dynastie Ming et étaient alimentés par l'eau des collines de l'ouest de la capitale, via plusieurs canaux. Le principal repère du parc Beihai est le dagoba blanc situé sur la mini-colline qui fait face à l'entrée Sud et a été érigée avec la terre dégagée en creusant le lac. Ce drôle de bâtiment a été construit au

XVIIe siècle en souvenir de l'ancien palais de l'empereur Qubilaï Khan, qui se trouvait jadis à cet emplacement et en honneur au Dalaï Lama alors en visite à Pékin (le dagoba contiendrait des reliques et textes bouddhiques sacrés). Au sud, la Cité ronde offre un magnifique point de vue sur le lac de Zhongnanhai. L'ensemble de pavillons, pièces d'eau, ponts et jardins chinois situés tout au nord-ouest du jardin vaut également une visite. C'est là que les empereurs se retiraient parfois pour lire ou méditer.

JARDIN BOTANIQUE (植物园)
Xiangshan Jiuxia, Haidian District
[Plan B-1] 海淀区香山脚下
☎ 6259-1561
Sur la route du parc des Collines parfumées. Ouvert de 6h à 19h30 pour le jardin et de 8h à 16h30 pour la serre tropicale (fermeture des guichets 30 minutes avant). Entrée : 5 ¥ pour le jardin et 50 ¥ pour la serre.

→ Plus de 3 000 espèces rares et essences

VISITES

Julien Bachelet

botaniques sont cultivées dans cet immense parc aménagé dans les années 50, et depuis quelques années dans une luxuriante serre tropicale. Il permet surtout à de nombreuses familles pékinoises d'aller faire un peu d'exercice et de respirer un peu d'air frais sans trop s'éloigner du centre-ville.

PARC CHANGPU (菖蒲公园)

10 Nanchizi, Dongcheng District
[Plan G-10] 南池子大街10号
Métro Tiananmen Dong. Il est situé juste derrière le grand mur rouge qui borde l'avenue Chang'an entre le Beijing Grand Hotel jusqu'au coin nord-est de la place Tiananmen. Le parc est toujours ouvert et l'accès en est libre. Le musée est ouvert de 9h à 16h30, entrée 20 ¥.
→ Cette promenade a été aménagée à grands frais en 2003 pour dégager une ancienne et courte rivière impériale (comblée par les communistes dans les années 50). L'ensemble fait un peu trop jardin artificiel. Mais, avec ses petits ponts, ses arbres anciens et ses décrochés de rochers surmontés de pavillons chinois, cet étroit jardin n'est pas désagréable pour une promenade digestive ou un petit jogging. Au milieu du parc, un musée appelé en anglais Royal Museum expose des objets d'art de l'époque impériale. Il est voisin du Dongyuan Compound, un ensemble qui se compose d'une série de maisons refaites à l'ancienne abritant plusieurs restaurants haut de gamme, une maison de thé ultra-chic ainsi qu'un théâtre proposant des spectacles d'Opéra de Pékin.

PARC CHAOYANG (朝阳公园)

1 Nongzhanguan Nanlu, Chaoyang District
[Plan E-14] 朝阳区农展馆路1号
☎ 6506-5409
A environ 2 km à l'est de Sanlitun, entre les 3e et 4e périphériques. Ouvert de 6h à 22h l'été, 21h l'hiver (fermeture des guichets une

heure avant). Entrée : 5 ¥.
→ C'est le plus grand parc de la capitale. Aménagé récemment au milieu d'un nouveau quartier résidentiel pour expatriés, ce parc sans charme ni âme a toutefois l'avantage d'abriter de nombreuses aires de jeux et attractions pour les enfants, et d'être suffisamment vaste pour accueillir de temps à autre en son centre des concerts géants de musique pop ou rock. Ses portes Ouest et Sud sont en outre bordées de restaurants et bars assez courus.

PARC DES COLLINES DE CHARBON

(景山公园)
Jingshan Qianjie, Dongcheng District
[Plan F-9] 东城区景山前街
☎ 6404-4071
Juste en face de la porte Nord de la Cité interdite. Le parc ouvre entre 6h et 6h30, et ferme entre 20h et 22h en fonction des saisons (fermeture des guichets une heure avant). Entrée : 2 ¥.
→ La colline de 40 mètres de hauteur qui se trouve au centre de ce jardin aujourd'hui public a été réalisée avec la terre enlevée lorsque les douves de la Cité interdite ont été creusées. Elle était censée protéger le palais impérial des vents du nord... et des mauvais esprits, selon les principes de la géomancie. Le principal intérêt de ce petit parc est clairement de grimper jusqu'au petit pavillon qui se trouve en haut de la colline pour profiter de la vue extraordinaire qui s'offre alors sur les toits de la Cité interdite et le reste de la ville. Si vous vous y rendez un dimanche pendant le week-end, vous pourrez en outre assister aux répétitions colorées d'une des plus sympathiques chorales d'amateurs de la capitale (elle vocalise à côté de la porte Ouest), ou à des leçons de tango endiablées pendant lesquelles les danseurs se mêlent aux joueurs de badminton et autres badauds.

Anaïs Martane

et en télésiège pour les autres, une vue panoramique sur la ville. Si vous avez encore des forces après la balade, n'hésitez pas à faire un tour aux temples Biyunsi et Wofosi, situés au pied des collines. A éviter toutefois le week-end : embouteillages et bain de foule assurés.

PARC DE LA CULTURE DU PEUPLE
(劳动人民文化宫)
Tiananmen Guangchang Dongce,
Dong Chang'an Jie, Dongcheng District
[Plan G-10] 东城区东长安街
天安门广场东侧
☎ 6525-2189
Métro Tiananmen Dong. A l'est de la Cité interdite. Entrée sur l'avenue Chang'an, ou en face de la porte Est de la Cité interdite. Le parc est ouvert de 6h à 21h l'été, et de 6h à 20h l'hiver (fermeture des guichets une heure avant). Le temple se visite entre 8h30 et 16h30. Entrée : 2 ¥, supplément de 15 ¥ pour le temple.
→ C'est dans ce parc aménagé au milieu du XVe siècle que les empereurs Ming et Qing venaient honorer leurs ancêtres avant toutes les grandes occasions de leur vie (accession au trône, mariage, victoires militaires...). Le plus beau temple du complexe est certainement le temple Taimiao, qui disposait d'une immense cuisine au sein de laquelle étaient préparés les plats pour les cérémonies sacrificielles. C'est dans la cour de ce temple que le célèbre réalisateur chinois Zhang Yimou choisit il y a quelques années de monter une version très médiatisée de l'opéra Turandot. Il a depuis été entièrement rénové. Le parc lui-même, qui est le pendant symétrique du parc Sun Yat-sen (par rapport à la Cité interdite) est aussi agréable que peu fréquenté.

PARC DES COLLINES PARFUMEES
(香山公园)
Xiangshan Gongyuan, Haidian District
海淀区香山公园
☎ 6259-1155
Situé à une dizaine de kilomètres au nord-ouest du palais d'Eté. Ouvert de 6h à 18h30 d'avril à octobre et de 8h à 18h le reste du temps (fermeture des guichets une heure avant). Entrée : 10 ¥ l'été, 5 ¥ l'hiver.
→ Ancien terrain de chasse impérial dès le XIIe siècle, ces Collines parfumées (Xiangshan en mandarin) ont longtemps été l'une des retraites favorites d'une succession d'empereurs en mal de sérénité. Avant de devenir aujourd'hui l'une des escapades préférées des Pékinois en mal de verdure, car il est situé à la sortie de la ville. Le meilleur moment pour s'y rendre est probablement l'automne car les arbres s'enflamment alors de feuilles rouges. Avec, du haut de la colline, accessible à pied pour les sportifs

PARC DITAN (地坛公园)
Andingmen Waidajie, Dongcheng District

[Plan D-10] 东城区安定门外大街
☎ 8425-7506

Métro Yonghegong. Environ 100 m au nord du 2e périphérique Nord. Parc ouvert de 6h30 à 21h30 l'été, mais 21h l'hiver (fermeture des guichets 30 minutes avant). L'autel Ditan se visite entre 8h30 et 17h. Entrée : 2 ¥ pour le parc, supplément de 5 ¥ pour voir l'autel.

→ Ce "parc de la Terre" se veut le pendant du parc du temple du Ciel (Tiantan). L'empereur se rendait une fois par an sur l'autel qui est bâti en son centre afin de faire les sacrifices rituels aux dieux de la Terre. C'est aujourd'hui un jardin public, qui accueille, au moment du nouvel an chinois, l'une des foires les plus animées de la capitale. Il comprend également une grande aire de jeux pour les enfants à partir de 2 ans près de la porte Nord.

GRAND VIEW GARDEN (大观园)
12 Nan Caiyuan Street, Xuanwu District
[Plan J-7] 宣武区南菜园街12号
☎ 6354-4994

Situé au bord du 2e périphérique Sud-Ouest (côté nord). Ouvert de 8h30 à 17h30 l'été et de 8h30 à 17h l'hiver (fermeture des guichets 30 minutes avant). Entrée : 40 ¥.

→ Ce parc appelé en mandarin Daguanyuan (Parc aux sites grandioses) n'a en fait pas une histoire séculaire comme les autres jardins pékinois, puisqu'il a été aménagé dans les années 80 pour les besoins du tournage d'un feuilleton TV inspiré du classique des classiques de la littérature chinoise : *Le Rêve dans le pavillon rouge*. C'est en effet une réplique des jardins et bâtiments décrits dans ce roman fleuve écrit par Cao Xueqin au VIIIe siècle. Ceux qui l'ont lu s'amuseront sûrement plus que les autres (même si l'endroit est agréable en soi) à tenter de replacer les différents lieux, et visiteront avec intérêt les salles présentant la myriade de personnages qui le traversent. Le parc abrite également un musée d'arts traditionnels. Les vrais fans pourront également aller déguster les plats préférés des personnages du roman au restaurant de l'hôtel Grand View Garden Hotel, mitoyen de la porte Ouest du parc (Rong Court ☎ 5181-8899, puis demander le restaurant chinois. Ouvert de 11h30 à 14h et de 17h30 à 22h. Réservation conseillée).

PARC LIUYIN (柳荫公园) 好
Jiangzhaikou, Andingmenwai, Dongcheng District.
[Plan D-10] 东城区安定门外蒋宅口(往西)
☎ 8413-1660

Métro Andingmen. Depuis le carrefour entre Andingmenwai Dajie et Hepingli Beijie, aller vers l'ouest. Une fois arrivé au carrefour en "T", tourner à droite, l'entrée du parc est environ 20 m plus loin, sur la gauche. Ouvert de 6h à 21h l'été et de 6h à 21h l'hiver (fermeture des guichets 30 minutes avant). Entrée : 1 ¥.

→ Un tout petit parc ignoré des touristes, qui est aux deux-tiers recouvert par un lac qui serpente entre les îlots et pavillons. Il représente une bulle de tranquillité pour les Pékinois du quartier, qui viennent ici pour s'entraîner au maniement de l'*erhu* (violon local), pour taper le carton ou faire leurs exercices de tai-chi. Il est aussi parfait pour faire gambader les enfants, d'autant qu'il comporte une zone spéciale équipée de jeux rétros (mini-voitures à pédales, balançoires en fer...). Enfin, vous y trouverez les pédalos à tête de canard ou de grenouille sans lesquels les lacs des parcs locaux perdraient une partie de leur charme.

PARC RITAN (日坛公园)
Ritan Lu, Chaoyang District
[Plan G-12] 朝阳区日坛路
☎ 8561-6301

Métro Jianguomen ou Yonganli. Au nord du Friendship Store et du marché de la soie. Ouvert de 6h à 21h30 (du 1er mai au 1er octobre) et 6h30 à 21h le reste de l'année. Entrée libre.

→ Campé en plein cœur du quartier des ambassades de Jianguomen, ce "parc du Soleil" fut aménagé vers 1530. Il abrite lui aussi l'un des autels sur lesquels l'empereur devait se rendre une fois dans l'année pour invoquer les dieux (en l'occurrence ici, celui du Soleil). Comme les autres parcs du même type, il est aujourd'hui ouvert au public, et permet aux personnes âgées de faire leur gymnastique traditionnelle, aux mères de faire jouer leur progéniture et aux autres de simplement prendre l'air dans un cadre apaisant.

PARC SUN YAT-SEN (中山公园)

Tiananmen Guangchang, Xi Chang'an Jie, Dongcheng District
[Plan G-9] 东城区西长安街
天安门广场西侧
☎ 6605-5431

Métro Tiananmen Xi. Il part de Chang'an Jie, à l'ouest de la Cité interdite. Ouvert de 6h à 22h l'été et de 6h30 à 20h l'hiver (fermeture des guichets une heure avant). Entrée : 3 ¥.

→ Agréable et paisible jardin public dédié à la mémoire du fondateur de la première république chinoise, dont l'entrée principale est marquée par un altier portail de marbre blanc coiffé d'un toit aux tuiles vernissées. L'entrée latérale est stratégiquement située juste en face de la porte Ouest de la Cité interdite, avec une rangée de bancs au bord des douves qui vous aideront à vous remettre de plusieurs heures de visite. On y trouve aussi plusieurs temples et bâtiments de l'époque impériale, dont un très bel autel dédié au culte des moissons. Ce parc abrite également une salle de concerts classiques.

PARC TUANJIEHU (团结湖公园)

Tuanjiehu Lu, Chaoyang District
[Plan F-13] 朝阳区团结湖路
☎ 8597-3603

Situé au bord du 3e périphérique Est, du côté est, 300 m au sud du Zhaolong Hotel. Ouvert de 6h30 à 21h30 l'été, un peu plus tôt l'hiver. Entrée libre.

→ Non seulement situé à dix minutes à pied de Sanlitun, ce mignon petit parc a une autre botte secrète : une piscine découverte, avec une plage de sable blanc (ouverte du 1er juin au 1er septembre, de 10h30 à 19h30 en juin, mais 20h30 en juillet-août. Entrée : 20 ¥ en semaine, 25 ¥ le week-end). Peu profonde, elle n'est pas forcément adaptée pour les nageurs olympiques, mais est très appréciée des bambins du quartier, qui, harnachés de bouées multicolores, y barbotent des heures durant. Les toboggans géants sont, eux, très appréciés des adolescents. Une occasion, l'été, de se rafraîchir dans un environnement familial sympathique... mais un peu bruyant. Pour faire trempette au calme, allez-y plutôt en fin d'après-midi. Après le bain, vous pourrez même vous y rassasier de brochettes, glaces et bière pression bien fraîche.

YUANMINGYUAN (圆明园)

Qinghuayuan Xilu, Haidian District
[Plan A-4/5] 海淀区清华园西路
☎ 6265-8207

Situé un peu à l'est du palais d'Eté, à côté de la porte Ouest de l'université Tsinghua, et juste au nord de l'université Beida. Ouvert de 7h à 21h du 1er avril au 31 octobre et jusqu'à 19h le reste du temps (attention : les guichets ferment deux heures avant). Entrée : 10 ¥ pour le parc. Suppléments : 15 ¥ pour le site des ruines, 10 ¥ pour voir la maquette panoramique.

→ C'est en fait ce qui reste de l'ancien palais d'Eté mis à sac par les forces anglo-

MURAILLE (长城)

Imp... ...ble de venir à Pékin sans pousser jusqu'à la célèbre Grande Muraille, bâtie sur ordre de Qin Shihuangdi, le premier empereur de Chine, il y a quelque 2 000 ans. La majeure partie de cet époustouflant ruban de pierre qui épouse la crête des montagnes sur près de 6 000 km est difficile d'accès et en piteux état. Mais plusieurs portions ont été rénovées et ouvertes aux touristes un peu au nord de Pékin.

La section de Badaling (八达岭) a été la première à être restaurée en 1957 et a connu un développement touristique phénoménal puisqu'elle est aussi la plus proche du centre-ville (accessible aujourd'hui en moins d'une heure via une autoroute qui part du 3e périphérique Nord, et d'une autre qui part de l'aéroport). Revers de la médaille : l'endroit est bondé de touristes et d'au moins autant de vendeurs de souvenirs ou de fast-foods, ce qui rompt un peu la magie de ce lieu unique.

Si vous avez le temps de pousser plus loin, choisissez plutôt la section de Huanghuacheng (黄花城), ou celle de Mutianyu (慕田峪), située à environ 1h30 de route du centre-ville, avec un télésiège pour monter et un toboggan pour la descente ! Ou mieux encore, les sections de Simatai (司马台) ou de Jinshanling (金山岭), qui sont nettement moins fréquentées et encore plus impressionnantes. Mais il faudra compter pas loin de trois heures de route pour y arriver.

Les différentes formules Dragon Bus, proposées par l'agence BTG Travel and Tours (voir page 43), dans des véhicules confortables partant tous les jours d'un certain nombre de grands hôtels, sont particulièrement pratiques car vous serez pris en main du début à la fin par des guides qui connaissent les lieux par cœur. Prévoir tout de même une série d'arrêts dans les magasins de souvenirs, et des repas pas forcément inoubliables. Informations et réservations ☎ 8563-9959. Une agence concurrente propose des circuits un peu moins chers au départ du coin sud-ouest la place Tiananmen (Beijing Hub of Tour Dispatch ☎ 8353-1111 - www.bjlyjszx.com).

Autre solution : s'adresser aux auberges de jeunesses de la ville, qui proposent diverses excursions très bon marché le long de la muraille (voir page 133).

Nous n'avons pas abordé dans cette édition les autres balades à faire autour de Pékin, mais la grande majorité des agences de voyage et hôtels pékinois pourront se charger d'organiser vos expéditions. Voir les rubriques correspondantes dans les chapitres Pratique et Hôtels.

françaises (voir page 95). Aujourd'hui, Yuanmingyuan est un immense parc assez sauvage, où la population locale aime à venir le week-end pour flâner, faire des balades en barque ou pique-niquer au milieu des quelques ruines subsistantes. La municipalité pékinoise aurait le projet de reconstruire une partie des bâtiments originaux et de rendre au palais sa splendeur passée. Mais à l'heure actuelle, vous n'y trouverez que des blocs de pierres grises éparpillées au milieu des herbes folles.

PARC YUYUANTAN (玉渊潭公园)
Yuyuantan Nanlu, Haidian District
[Plan G-6] 海淀区玉渊潭南路
☎ 8865-3806
Métro Military Museum. Situé à l'ouest de la ville, à proximité de la CCTV Tower et juste derrière le Musée militaire. Ouvert de 6h à 20h l'été et de 6h30 à 19h l'hiver (fermeture des guichets une bonne heure avant). Entrée : 2 ¥.
→ Le parc et son lac n'ont pas en soi un intérêt majeur. Mais c'est le point de départ des croisières en péniche qui vont jusqu'à l'entrée Sud du palais d'Eté (voir la rubrique Balades en bateau de ce chapitre).

Voir également les coordonnées du Zoo au paragraphe suivant.

SPECIAL ENFANTS

Quelques suggestions pour divertir les plus jeunes lorsqu'ils arriveront à saturation des visites de temples et de musées.

BLUE ZOO (富国海底世界)
South Gate, Beijing Workers Stadium, Chaoyang District
[Plan F-12] 朝阳区北京工人体育场南门
☎ 6591-3397
Il est situé au niveau de la porte Sud du Workers Stadium, au sud-ouest de Sanlitun. Ouvert de 8h à 20h l'été et de 8h30 à 18h30 l'hiver (fermeture des guichets 30 minutes avant). Entrée : gratuit pour les enfants qui font moins d'un mètre de haut, 50 ¥ pour les moins de 12 ans, 75 ¥ au-dessus.
→ Un immense aquarium d'eau salée abritant des milliers d'espèces aquatiques (dont des requins au milieu desquels vous pouvez aller nager). C'est surtout l'un des lieux favoris des petits Pékinois.

ACROBATES
→ Les spectacles d'acrobaties ravissent généralement les petits autant que les grands. Plus d'informations sur les spectacles du Chaoyang Theater, Tiandi Theater et Tianqiao Acrobatic Theater page 211.

CHINA PUPPET HOUSE (中国木偶剧院)
A1 Anhuaxili, Beisanhua Lu, Chaoyang District, Beijing.
[Plan C-9] 北三环路安华西里甲1号
☎ 6425-4847
www.puppetchina.com
Sur le 3e périphérique Nord (côté sud), juste en face du centre commercial Anzhen Hualian, et à côté du musée des Sciences & Technologies. Représentations le samedi à 10h30 et 19h, et le dimanche à 10h30 et 14h. Entrée : entre 150 et 220 ¥.
→ Un spectacle de marionnettes d'environ 70 minutes spécialement conçu pour les plus jeunes.

ZOO DE PEKIN (北京动物园)
137 Xizhimenwai Dajie, Xicheng District
[Plan E-6] 西城区西直门
☎ 6831-5131
Situé à environ un km à l'ouest de l'échangeur de Xizhimen. Ouvert de 7h30 à 19h du 1er avril au 31 octobre et 18h le reste de l'année (fermeture des guichets 1 heure avant).

Entrée : 15 ¥ pour l'accès au zoo d'avril à octobre (10 ¥ l'hiver). Suppléments : 5 ¥ pour le pavillon des pandas (ouvert à partir de 8h), 20 ¥ pour le musée des Sciences (ouvert de 9h à 16h) et 100 ¥ pour l'aquarium (ouverture à 9h ; spectacles divers deux fois par jour en semaine, trois fois par jour le week-end).

→ Le zoo fut créé dès le début du XXᵉ siècle pour le bon plaisir de l'empereur Guanxu (dynastie Qing), puis réaménagé par les communistes et ouvert au public dans les années 50. Même si elles se sont améliorées depuis quelques années et si d'agréables îlots de verdure ont été aménagés des deux côtés du canal, les conditions de vie de la plupart des 6 000 pensionnaires à poils, à plumes ou à écailles de ce zoo à l'ambiance désuète sont encore loin d'être idylliques. Sauf celles de la fierté animalière nationale : les pandas, ces drôles d'oursons bicolores aux dandinements et aux mimiques incontestablement irrésistibles. Les amateurs de dauphins, requins et autres poissons exotiques pourront aussi faire un crochet par l'immense et ultramoderne Aquarium situé au nord du zoo ; et les scientifiques en herbe au musée du complexe.

Le musée de la Capitale (voir page 104), celui d'Histoire naturelle (voir page 106), celui des Sciences & Technologies (voir page 109) représentent également d'instructives destinations pour les plus jeunes.

Enfin, les nombreux parcs de la ville permettent aussi bien de gambader que de s'exercer l'été à faire voler un cerf-volant et, l'hiver, à faire quelques pirouettes en patin sur les lacs glacés (voir la rubrique Parcs, page 120). Pour les bambins les plus actifs, voir la rubrique Sorties Sportives du chapitre Sorties. Enfin, les teenagers pourront consulter la rubrique Sorties Loisirs du même chapitre, ainsi que la rubrique Enfants & Adolescents du chapitre Shopping.

Tarif "bout de chou"

Avis aux parents : le critère qui, à Pékin, permet le plus souvent d'obtenir la gratuité ou une réduction à l'entrée des sites ou des établissements divers n'est pas toujours l'âge mais plutôt la taille de votre progéniture. Pour bénéficier de tarifs préférentiels, les enfants ne doivent pas dépasser 1m20.

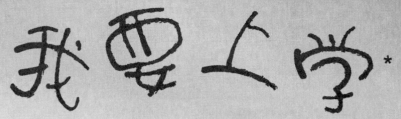

我要上学*

*Je veux aller à l'école !

Enfants du Ningxia

宁夏
孩子

Children of Ningxia

Pour l'accès à une éducation de qualité des enfants du Ningxia

Enfants du Ningxia – Tél.+ 86 10 6400 0007
www.enfantsduningxia.org

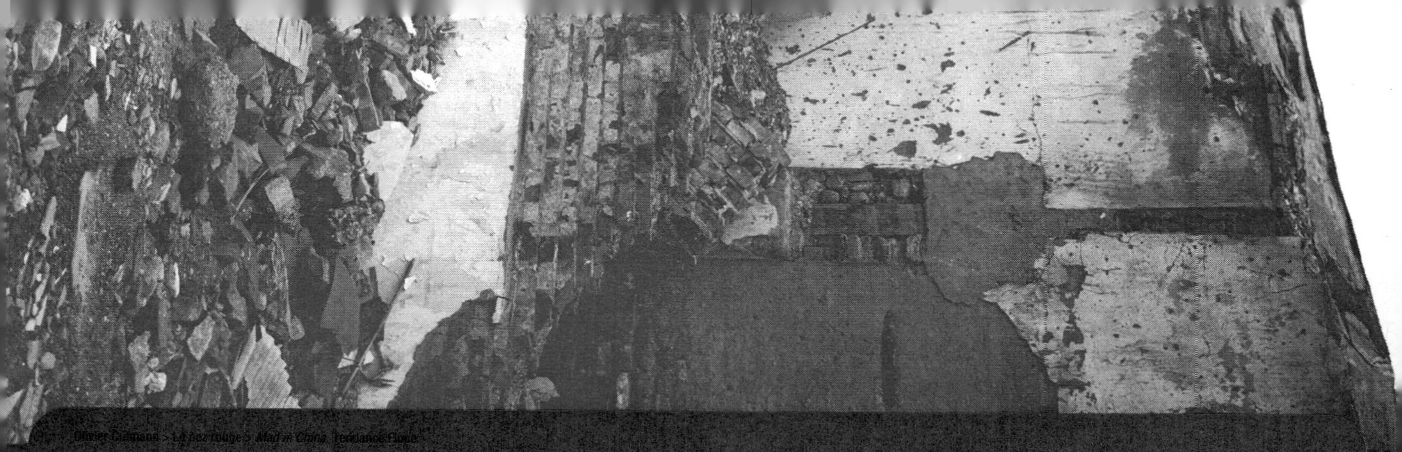

© Olivier Culmann > Le nez rouge > *Mad in China*, Tendance Floue

Longtemps limitée à une poignée d'établissements de luxe réservés aux hommes d'affaires et touristes occidentaux, l'hôtellerie pékinoise a fait son grand bond en avant au cours de la dernière décennie : la capitale devrait ainsi offrir aux voyageurs d'ici l'été 2008 environ 800 hôtels classés selon le système international d'étoiles (entre 1 et 5) et 4 000 établissements bon marché non classés. Avec une réserve concernant le choix offert à ceux qui ont un budget vraiment serré, car les très petits hôtels ne sont pas encore habitués à recevoir les étrangers. La qualité des infrastructures ou du service ne correspond pas non plus toujours aux tarifs pratiqués.

Sachez tout de même qu'il est relativement facile d'obtenir des réductions conséquentes dans la plupart des hôtels de la ville, notamment dans les établissements de catégorie moyenne pendant la saison basse (de fin octobre à avril). N'hésitez pas à demander à la réception de l'hôtel s'ils n'ont "vraiment pas un peu moins cher ?" Ça ne marche pas à tous les coups, mais vous serez étonnés de voir comme on obtient facilement une ristourne de 20 % ou plus en insistant un peu, ou en faisant mine de partir.

HOTELS

Attention :

Attendez-vous à un vigoureux bond du prix des chambres dans les hôtels de toutes catégories dès le printemps 2008, notamment dans les quartiers touristiques ou proches des sites olympiques !

Comme ailleurs, les chambres des hôtels de toutes catégories doivent être libérées autour de midi et l'hôtel vous facturera une demi-journée supplémentaire si vous rendez les clés à 18h.

MAISONS D'HOTES

Cette forme d'hébergement fut longtemps interdite par les autorités communistes soucieuses de ne pas trop stimuler les mélanges entre visiteurs étrangers et population locale. Depuis peu, les particuliers ont été autorisés à accueillir des touristes chez eux. Une bonne nouvelle pour les propriétaires des siheyuan dans les vieux quartier car, à terme, cette formule peut leur permettre de financer l'entretien de leur maison tout en offrant aux voyageurs une alternative plus conviviale qu'un hôtel. Mais au cours de l'été 2007, elle était encore trop mal rodée pour pouvoir recommander d'autres établissements que les suivants.

JINSIJU HUTONG HOTEL
(金丝居-四合院民宿)
12 Dajinsi Hutong, Di'anmen Waidajie, Xicheng District
[Plan E-9] 西城区地安门外大街
大金丝胡同12号
☎ 6618-5660 – Fax : 6657-0371
E-mail: jimmymjing@hotmail.com
Passer le petit pont Yingdingqiao, prendre le 2e hutong qui part sur la droite (vers l'ouest) et passe devant le No Name restaurant, puis le suivre jusqu'au numéro 22.
➔ Les sympathiques propriétaires de cette petite maison traditionnelle soignée et débordante de plantes vertes ont aménagé trois chambres au fond de la cour (deux avec des lits jumeaux, une avec un grand lit), deux petites salles-de-bain, une grande cuisine, où l'on peut se servir de boissons ou fruits, et

une véranda de verre et bois. Madame Wang, la mère de famille, est aussi chaleureuse et énergique que ferme sur les bonnes mœurs… de ses compatriotes (pas de couples chinois non mariés chez elle !). Sachez aussi que dans la journée, des groupes de touristes chinois viennent régulièrement visiter la maison, ce qui peut être un peu déconcertant quand vous avez décidé de faire la grasse matinée ou de rester bouquiner dans la cour. Tarif : 200 ¥ la chambre si une seule personne y loge, 400 ¥ pour deux personnes, gratuit pour les enfants. Le petit déjeuner est compris. Supplément modique pour les repas, à commander à l'avance.

HUTONGREN (胡同人)

71 Ju'er Hutong, Dongcheng District
[Plan E-10] 东城区菊儿胡同71号
☎ 8402-5238 ou 131-46-30-69-09
E-mail: yang_zi_520@hotmail.com
Métro Beixinqiao. Situé au fond d'une minuscule impasse qui part vers l'est au nord de Nanluoguxiang. Un panneau lumineux devrait vous indiquer à quel endroit tourner.
→ A mi-chemin entre un hôtel et un Bed & Breakfast, ce tout jeune établissement ouvert par une accueillante jeune chinoise comporte 5 petites chambres propres et chaleureuses. Des doubles avec lit en mezzanine à 300 ¥ et des simples à 200 ¥, toutes équipées d'une salle de bain privée. Ces tarifs comprennent le petit-déjeuner, à prendre dans le sympathique salon-café encombré de plantes, bibelots et livres, ou sur la minuscule terrasse aménagé sur le toit.

AUBERGES DE JEUNESSE

Les hôtels bon marché offrant des lits en dortoirs aux étrangers ont longtemps été cantonnés à l'extrémité sud de la ville, historiquement plus populaire. Depuis quelques années, une éclosion d'auberges de jeunesse dans les quartiers touristiques et commerçants permet à ceux qui ont des mini-budgets de ne plus avoir à s'exiler à la périphérie. Attention, les cartes de crédit internationales sont encore assez rarement acceptées dans les établissements de cette catégorie. La carte de membre du réseau Hostelling International donne en revanche droit à des réductions qui tournent généralement autour de 10 %. Il est souvent judicieux de réserver quelques jours à l'avance. Ces établissements disposent dans la majorité des cas d'une cuisine commune (en libre accès), de machines à laver, d'un accès Internet et de casiers de consigne (payants). Ils peuvent également louer des vélos et organiser des excursions diverses autour de Pékin. Sauf mention contraire, ils n'acceptent pas les cartes de crédit internationales.

Xuanwumen

FEIYING YOUTH HOSTEL

(飞鹰国际青年旅舍)
6 Houheyan, Xuanwumen Xidajie,
Xuanwu District
[Plan H-8] 宣武门西大街10号楼后街
(国华商场向东150米)
☎ 6317-1116 - Fax : 6315-1165
E-mail : mikewang29@yahoo.com.cn
Métro Changchunjie (prendre la sortie C). L'hôtel est dans un renfoncement, entre deux immeubles roses, 150 m à l'est de la station de métro, côté sud de l'avenue (guetter le panneau bleu et blanc Hostelling International).
→ Cette auberge de jeunesse n'est pas située dans un quartier franchement excitant, mais est bien reliée au centre via le métro ou le bus. Tarif : 60 ¥ le lit en chambre de cinq (avec salle de bain à l'étage), à réserver à l'avance

l'été. Le bâtiment comprend également un hôtel deux étoiles, aux chambres plus confortables : 220 ¥ la double, 280 ¥ la suite. Suppléments de 16 ¥ par personne pour le petit-déjeuner (plusieurs menus disponibles).

Une nuit au Spa

Un tuyau pour les fauchés pas trop chargés en quête de couleur locale : dans la plupart des spa chinois ouverts en continu (voir page 241), il est possible de passer une nuit confortable sur les lits de la salle de repos, le plus souvent en payant un modeste supplément. C'est ce que font un grand nombre d'hommes d'affaires chinois de province qui veulent économiser une nuit d'hôtel à Pékin.

Tiantan & Qianmen 好

FAR EAST INTERNATIONAL YOUTH HOSTEL (远东国际青年旅舍)
113 Tieshu Xiejie, Xuanwu District
[Plan H-9] 宣武区铁树斜街113号
☎ 5195-8811 – Fax : 6301-8233
E-mail : courtyard@vip.sohu.com
www.fareastyh.com

Métro Hepingmen. Descendre vers le sud sur environ 1 km à partir de la sortie du métro, jusqu'à la ruelle Tangzijie qui part vers l'est (environ 100 m avant le carrefour Hufangqiao) et débouche quelques mètres plus loin sur le hutong Tieshu Xiejie. L'auberge est située juste en face de l'entrée du Far East Hotel.

→ Une auberge de jeunesse pleine de charme et très chaleureuse en partie aménagée dans une belle maison traditionnelle à cour carrée, à proximité de Liulichang et de Dazhalan. Les chambres ont des plafonds assez hauts et comportent 4 ou 6 lits (superposés). Elles sont également équipées d'air conditionné et d'un lavabo, mais les douches sont communes. Tarifs : 70 ¥ par lit, et 328 ¥ pour une chambre double avec salle de bain de l'autre côté de la rue dans la partie hôtel. Les clients peuvent utiliser la cuisine-salle à manger commune ou opter pour le restaurant-café de l'hôtel... ou l'une des multiples gargotes du quartier. Les petites tables de la très agréable cour recouverte d'un auvent sont généralement prises d'assaut l'été, tandis que les salons de réception, restés dans un style traditionnel au charme rétro, sont plus fréquentés l'hiver.

TIANTAN SPORTS YOUTH HOTEL
(天坛体育青年旅舍)
10 Tiyuguan Lu, Chongwen District
[Plan I-11] 崇文区体育馆路10号
☎ 8718-3888 - Fax : 6712-1629
E-mail : hotel@tiantihotel.com
www.tiantihotel.com

Métro Tiantan Dongmen. Au fond d'une cour qui donne sur Tiyuguan Lu (côté sud), environ 200 m à l'est de la porte Est du temple du Ciel.

→ Auberge de jeunesse méconnue en dépit d'une localisation stratégique à un jet de pierre du temple du Ciel, et d'un personnel particulièrement serviable. Les vastes et clairs dortoirs du 1er étage comportent deux lits superposés, soit 4 places (à 60 ¥ par nuit), dont seulement deux sont utilisées l'été afin que la chaleur pékinoise n'incommode pas trop les dormeurs ! Ces dortoirs de luxe sont en outre équipés d'un téléviseur et aussi immaculés que les sanitaires communs. Dans les étages, les chambres standard coûtent 320 ¥ et sont équipées d'un petit frigo et d'un coffre.

Beijingzhan

CITY CENTRAL YOUTH HOSTEL
(北京城市青年酒店)
1 Beijingzhan Xijie, Dongcheng District
[Plan H-11] 东城区北京站西街1号
☎ 8511-5050 – Fax : 6525-9066
E-mail : reserve@centralhostel.com
www.centralhostel.com

Métro Beijing Railway Station. L'entrée se fait au coin nord-ouest du parvis de la gare de Pékin.

→ Ultra centrale et très propre, cette auberge de jeunesse de presque 300 chambres propose toute une gamme de dortoirs (entre 4 et 8 personnes par chambre, 60 ¥ la nuit) et de chambres standard (de 160 ¥ à 368 ¥ en fonction des sanitaires, de l'étage, de la luminosité et du confort) répartis le long d'interminables couloirs. Le petit-déjeuner coûte 20 ¥ et se prend dans l'immense restaurant-bar-salle commune du 3e étage appelé "backpackers club", avec coin TV et table de billard. L'agence de voyage du lieu est enfin très performante. Une bonne adresse en tout cas pour les noctambules, qui pourront bénéficier de l'effervescence qui règne dans le quartier de la gare de jour comme de nuit (avec une poste, un cybercafé et un supermarché ouverts 24h /24). Et pour ceux qui ont un train à attendre, car il est possible de louer une chambre pour 4 heures (80 ¥).

Beiheyan

JADE INTERNATIONAL
YOUTH HOSTEL (西化智德青年旅舍)
Voir Xihua Hotel, page 141.

PEKING YOUTH HOSTEL   好
(北平国际青年旅舍)
5 Beichizi Er Tiao, Beichizi Dajie,
Dongcheng District
[Plan G-10] 东城区北池子大街
北池子二条5号
☎ 6526-8855
E-mail : pekinghostel@yahoo.com.cn
www.yhachina.com

Métro Tiananmen Dong. Au carrefour de Dong-huamen (porte Est de la cité Interdite), aller vers le nord et tourner dans le 3e *hutong* partant sur la droite.

→ Nichée en plein quartier de la Cité interdite, cette toute jeune et petite auberge (elle ne compte qu'une dizaine de chambres) est l'une des plus séduisantes de la capitale. Aménagée avec goût dans un discret *siheyuan* débordant de verdure l'été, elle propose des dortoirs à 65 ¥ par personne (4 à 8 lits), avec de magnifiques salles de bains communes. Ou des chambres doubles colorés avec salles de bain privée pour 260 ¥. La paisible courette et ses tables avec banc idéales pour commencer la journée par petit déjeuner au soleil, tandis que le lumineux salon de l'entrée se prête à merveille à une soirée lecture pour se remettre d'une journée de visite des sites alentours. Accès Wi-Fi gratuit.

HOTELS

N'hésitez pas non plus à consulter la version anglaise du site Internet de **UTELS**, efficace organisme qui fédère une trentaine d'auberges de jeunesse et d'hôtels économiques à Pékin et dans ses environs : www.chinayha.com

Dongdan

SAGA YOUTH HOSTEL 好

(实佳国际青年旅舍)

9 Shijia Hutong, Dongcheng District

[Plan G-11] 东城区史家胡同9号(禄米仓)

☎ 6527-2773 – Fax : 6524-9098

E-mail : sagayangguang@yahoo.com.cn

www.sagahostel.com

Métro Chaoyangmen ou Dengshikou. Elle fait pratiquement le coin entre Nan Xiaojie et Shijia Hutong, qui part vers l'ouest, environ 300 m au sud de l'intersection entre Chaoyangmennei Dajie et Nan Xiaojie.

→ Cette auberge très centrale et très propre aménagée dans un ancien hôtel d'Etat est une adresse bien connue des routards. Au choix : lits superposés en dortoirs de 8 à 14 personnes (50 ¥), lits simples dans des chambres de 4-5 personnes (65 ¥), avec salles de bains à l'étage et placards personnels. Ou bien chambres doubles avec salle de bain à l'étage (218 ¥), et chambres doubles (238 ¥) ou triples (258 ¥) avec salles de bain privées. Le petit café-restaurant au fond du lobby est généralement animé. Au 3e étage, le toit a été reconverti en terrasse avec une vue imprenable sur les maisons basses des hutong avoisinants. Les clients ont souvent beaucoup de mal à en décoller à la belle saison !

Sanlitun

ZHAOLONG INTERNATIONAL YOUTH HOSTEL (兆龙国际青年旅社)

2 Gongti Beilu, Chaoyang District

[Plan F-13] 朝阳区工体北路2号

☎ 6597-2299, Ext. 6116 – Fax : 6597-2288

E-mail : zlh@zhaolonghotel.com.cn

www.zhaolonghotel.com.cn

Situé dans une impasse juste derrière (côté sud) le Zhaolong Hotel, au coin de Gongti Beilu et du 3e périphérique Est. Cartes de crédit acceptées.

→ Les chambres à lits superposés de cette auberge de jeunesse sont plutôt petites et l'ambiance un brin aseptisée, mais l'ensemble est fonctionnel et la localisation centrale. Tarifs : 60 ¥ par lit en chambre de six, 70 ¥ en chambres de quatre et 80 ¥ par lit en chambre double. Les chambres simples sont à 135 ¥ et les doubles 160 ¥. Pour toutes, les salles de bain sont à l'étage. Supplément de 10 ¥ pour le petit-déjeuner. Une cuisine est à la disposition des clients, des tables avec parasol disposées devant l'entrée permettent, à la belle saison, de contempler le ballet des voitures et des vélos sur le 3e périphérique voisin, et un agréable café-bar permet de buller à l'intérieur le reste de l'année. Possibilité de prendre ses repas dans la cafétéria réservée aux employés du Zhaolong Hotel mitoyen.

Yonghegong

LAMA TEMPLE YOUTH HOSTEL 好

(北京雍和国际青年旅舍)

56 Beixinqiao Toutiao, Yonghegong Dajie, Dongcheng District

[Plan E-11] 东城区雍和宫大街

北新桥头条56号

☎ 6402-8663

E-mail : lama_temple_hostel@yahoo.com.cn

Métro Yonghegong. Située dans le 1er *hutong* qui part vers l'est 200 m au nord du carrefour Beixinqiao.

→ Une jeune auberge aménagée dans un style chinois traditionnel très réussi dans les dortoirs et chambres, un peu moins convaincant dans le très kitsch lobby. Les dortoirs sont tous au 2e étage et coûtent 55 ¥ ou 60 ¥ en fonction du nombre de personnes (entre 6 et 12 par chambre), avec des sanitaires impeccables. Les chambres standard du 1er étage (220 ¥ la nuit) sont

Anaïs Martane

confortables mais sombres car leur unique fenêtre donne sur un couloir intérieur. La grande salle de restaurant, qui fait office de lounge, cybercafé (avec accès Wi-Fi) est en revanche très lumineuse.

Nanluoguxiang & Gulou

DOWNTOWN BACKPACKERS ACCOMMODATION (东堂客栈)
85 Nanluoguxiang, Ping'an Dajie, Dongcheng District
[Plan E-10] 东城区平安大街南锣鼓巷85号
☎ 8400-2429
E-mail : downtown@backpackingchina.com
www.backpackingchina.com
Au second feu rouge à l'ouest du carrefour Kuanjie, sur Ping'an Dajie, prendre l'étroit hutong partant vers le nord et le longer sur environ 500 m. L'auberge est du côté ouest de la ruelle.
→ Une excellente adresse pour loger au cœur des *hutong* sans faire exploser son budget :

entre 50 et 75 ¥ le lit selon le nombre de lits dans la chambre (de trois à huit), 130, 150 et 170 ¥ la chambre double (respectivement sans fenêtre, avec lucarne et avec fenêtre) et 130 ¥ la chambre simple (mais il n'y en a que deux). Les chambres de cette ancienne unité de travail reconvertie en hôtel sont fonctionnelles, immaculées et disposent toutes de leur propre salle de bain. Le petit-déjeuner servi dans le chaleureux café-bar du bas est gratuit pour les clients. Et si vous comptez rester plus de quatre nuits, une voiture pourra aller vous chercher à l'aéroport pour seulement 20 ¥. Seul inconvénient : c'est plein la majorité du temps ! Les réservations sont donc à faire avec une bonne semaine d'avance.

DRUM TOWER YOUTH HOSTEL
(鼓韵青年酒店)
51 Jiugulou Dajie, Xicheng District
[Plan E-9] 西城区鼓楼旧大街51号
☎ 6403-7702 – Fax: 8402-9787

HOTELS

E-mail: drumtowerutels@hotmail.com
www.guyunhostel.com

Métro Gulou Dajie. Situé environ 300 m au sud de la sortie B du métro, côté ouest de l'avenue.

→ Une localisation stratégique : au cœur du vieux Pékin et à proximité d'une station de métro. Les chambres sont petites mais peintes en couleurs vives. Tarifs : 60 ¥ la nuit en dortoirs, à partir de 120 ¥ la chambre double avec salle de bain à l'étage, 180 ¥ la double et 240 ¥ la triple avec salle de bain privée. Supplément de 10 ¥ pour le petit-déjeuner. Accès Internet classique et Wi-Fi dans le lobby.

Xihai

SLEEPY INN
(丽舍什刹海国际青年酒店)
103 Deshengmennei Dajie, Xicheng District
[Plan E-8] 西城区得胜门内大街103号
☎ 6406-9954 – Fax : 6401-0235
E-mail : book@sleepyinn.cn
www.sleepyinn.com.cn

Métro Jishuitan. Prendre la sortie B et longer le lac Xihai le long de la rive Est sur environ 500 m. L'entrée se trouve au bord de l'étroit canal qui rejoint Deshengmennei Dajie

→ Cette jeune et – son nom l'indique – paisible auberge de 27 chambres a été aménagée avec goût et une minimaliste sobriété en bordure du paisible lac Xihai. Les dortoirs de 4 personnes comportent une salle de bain et coûtent 80 ¥, ceux de 6 personnes coûtent 60 ¥ mais les sanitaires sont en dehors. Les chambres doubles (demander en priorité les deux qui donnent sur le lac) sont à 258 ¥. Toutes sont vraiment très petites mais d'une propreté irréprochable. Sur le toit, la petite terrasse en triangle offre un imprenable point de vue sur le canal et le lac Xihai. La salle commune au fond du

lobby, avec sa magnifique charpente, est tout aussi agréable. Deux ordinateurs y sont à la disposition des clients, qui doivent déposer dans une urne en plastique 2 ¥ par utilisation, sans limite de temps (schéma tarifaire original à Pékin).

Xisi

LOTUS HOSTEL (莲) 好
29 Xisi Qi Tiao, Xicheng District
[Plan F-8] 西城区西四北七条29号
☎ 6612-8341 – Fax : 6612-9341
E-mail : lotushostel@yahoo.com.cn
www.lotushostel.cn

Situé dans le 1er hutong partant vers l'ouest au sud du carrefour de Ping'anli.

→ Une perle bien caché au milieu d'un quartier de hutong encore largement intouché par la folie immobilière et les néons des bars de Houhai. Aménagé dans les locaux d'une ancienne unité de travail, ce paisible petit hôtel a réussi une étonnante fusion entre l'ancien, le nouveau, l'Est et l'Ouest. Le résultat est un dédale de pièces et de cours chaleureuses et colorées (avec une dominante de rose et de rouge). Les dortoirs de 4 à 8 personnes coûtent 60 ¥. Les doubles (au confort basique) avec salles de bains communes 180 à 200 ¥. Pour 240 ¥, les doubles avec salle de bain privée sont nettement plus agréables. Enfin, le bar et la salle de restaurant avec sa table de billard et ses profonds canapés sont particulièrement accueillants, et le personnel charmant.

Universités

PEKINGUNI INTERNATIONAL HOSTEL
(未名国际青年旅舍)
150 Chengfu Lu, Haidian District
[Plan B-6] 海淀区成府路150号
☎ 6254-9667 – Fax : 8261-0702

HOTELS

E-mail : pkuhostel@yahoo.com.cn

Métro Wudaokou. A mi-chemin entre la porte Est de Beida et la Beijing Language & Culture University. L'auberge est au 5e étage d'un grand immeuble un peu en retrait, du côté sud de Chengfu Lu.

→ Comme l'explique crânement la brochure du lieu, c'est l'unique auberge de jeunesse du quartier de l'université. C'est d'ailleurs la seule raison d'y rester, car l'ambiance y est plutôt stérile et le personnel peu souriant. Au moins, les dortoirs de 4 à 8 personnes (entre 60 et 80 ¥) et les chambres doubles (180 ¥ avec fenêtre et sans salle de bain, 248 ¥ avec salle de bain mais sans fenêtre) sont correctes. Et les bars étudiants de Wudaokou sont à cinq minutes à pied…

HOTELS BON MARCHE & CATEGORIE MOYENNE

Dans les hôtels bon marché, plus habitués à une clientèle chinoise, le personnel parle rarement bien anglais et les cartes de crédit internationales ne sont pas toujours acceptées (pensez à le vérifier à votre arrivée). On vous fera alors probablement payer une caution, calculée en fonction de la durée annoncée de votre séjour dans l'hôtel. Et on vous rendra la monnaie (s'il y en a) après avoir fait le compte final lorsque vous quitterez l'hôtel. Enfin, sachez que le petit-déjeuner y est la plupart du temps typiquement chinois : salé et sans café !

Les hôtels de catégorie moyenne (deux ou trois étoiles chinoises, qui sont distribuées en fonction de critères mystérieux car les conditions varient considérablement entre des hôtels qui ont le même nombre d'étoiles) acceptent généralement les cartes de crédit, ont de plus en plus souvent des chambres équipées d'un accès ADSL ou au moins un petit business center permettant d'accéder à Internet, et proposent des petits-déjeuners buffet sino-occidentaux.

Dans les deux catégories, vous aurez accès aux chaînes câblées chinoises, plus rarement à des chaînes étrangères. Enfin, quand ils en ont un, le site Internet de ces établissements, est le plus souvent en mandarin.

Tiantan & Qianmen

HOME INN BEIWEI ★★ (如家北纬店)
13 Xijing Lu, Xuanwu District
[Plan I-9] 宣武区西经路13号
☎ 8315-2266 – Fax : 8316-2020
www.homeinns.com
Situé dans une petite rue parallèle à l'avenue Qianmen, au niveau de la porte Ouest du temple du Ciel. Vous aurez du mal à manquer la façade jaune citron de cet établissement, qui est mitoyen du plus chic Rainbow Hotel. Cartes de crédit acceptées.

→ C'est la plus ancienne adresse pékinoise de cette excellente chaîne chinoise d'hôtels fonctionnels et bon marché, réminiscente des "Formule 1" français et qui compte désormais une trentaine d'adresses à travers la capitale. Les doubles coûtent entre 239 et 299 ¥, en fonction de la taille de la chambre et du confort, les simples sont à 198 ¥, avec des salles de bain impeccables. Accès ADSL gratuit. Le petit-déjeuner n'est pas compris, mais il ne coûte que 10 ¥ pour un pantagruélique buffet.

FAR EAST HOTEL ★★ (远东饭店)
90 Tieshu Xiejie, Xuanwu District
[Plan H-9] 宣武区铁树斜街32号
☎ 5195-8561 – Fax : 6301-8233
E-mail : courtyard@vip.sohu.com
www.faresatyh.com
Métro Hepingmen. Descendre vers le sud

sur environ 1 km à partir de la sortie du métro, jusqu'à la ruelle Tangzijie qui part vers l'est (environ 100 m avant le carrefour Hufangqiao) et débouche quelques mètres plus loin sur le hutong Tieshu Xiejie. Cartes de crédit acceptées.

→ Cet établissement n'est plus de première jeunesse, mais il est situé en plein cœur du quartier populaire de Qianmen (entre Liulichang, Dazhalan et le temple du Ciel), et une partie des chambres a été correctement rénovée. Les simples coûtent 238 ¥, les doubles entre 298 et 328 ¥ (nouvelle déco et accès ADSL pour les plus chères), petit-déjeuner inclus. Et le personnel est très accueillant, sauf si vous faites partie des adeptes de la secte Falungong, qui ne sont pas bienvenus dans l'hôtel (ce fut un temps indiqué sur un panneau à la réception !).

GUANTONG MODERN HOTEL ★★
(贯通现代酒店)
1 Banbi Jie, Zhushikou, Chongwen District
[Plan I-10] 崇文区珠市口半壁街1号
☎ 6707-2299 – Fax : 6707-5997
E-mail : guantongmodernhotel@163.com
www.gtxdjd.com
Métro Qianmen. Au coin sud-est du carrefour de Zhushikou (à environ 800 m au sud de la porte Qianmen), prendre le minuscule hutong partant vers le sud. L'hôtel est situé 30 m plus loin, côté est. Cartes de crédit non acceptées.

→ Comme son nom l'indique, tout dans ce petit hôtel aménagé dans une ancienne fabrique d'Etat est résolument moderne, version acier et plastique. Les chambres, aménagées avec sobriété, sont propres et bon marché : entre 180 et 280 ¥ la double, en fonction de la taille, de l'orientation et du confort de la salle de bain. Supplément de 10 ¥ pour le petit-déjeuner. Les jeunes employés du lieu sont encore peu habitués

à une clientèle étrangère mais pleins de bonne volonté. Une bonne adresse pour rayonner entre le temple du Ciel et les magasins de Qianmen.

QINIAN HOTEL ★★ (祈年饭店)
91 Tiantan Lu, Chongwen District
[Plan I-10] 崇文区天坛路91号
☎ 6707-1998 – Fax : 6707-1997
Situé environ 100 m à l'ouest de la porte Nord du temple du Ciel. La porte d'entrée, décorée dans le style traditionnel vert et rouge, est facile à repérer. Cartes de crédit non acceptées.

→ Un petit hôtel sans prétention, mais aux tarifs très raisonnables étant donné son emplacement super stratégique juste en face du parc du temple du Ciel (258 ¥ la chambre double ou simple, sans petit-déjeuner).

Chongwenmen & Beijingzhan

HADEMEN HOTEL ★★★
(哈德门饭店)
A2, Chongwenmenwai Dajie,
Chongwen District
[Plan H-11] 崇文区崇文门外大街甲2号
☎ 6711-2244 – Fax : 6711-6865
E-mail : bj@hademenhotel.com
www.hademenhotel.com
Métro Chongwenmen. Situé à environ 50 m au sud de la sortie du métro, côté est de l'avenue. Cartes de crédit acceptées.

→ Le massif immeuble qui abrite cet hôtel est sans grand charme et ses chambres classiques, mais il est situé à moins de 500 m de la gare de Pékin. Tarifs : simples à 458 ¥, doubles à 498 ¥, avec un supplément de 20 ¥ pour le petit-déjeuner buffet. Pour 100 ¥ de plus, vous pourrez obtenir une vaste "business room" décorée à la chinoise avec accès ADSL (payant : 30 ¥ l'heure).

Beiheyan & Wangfujing

JADE GARDEN HOTEL ★★★ (翠明庄宾馆)

1 Nanheyan Dajie, Dongcheng District
[Plan G-10] 东城区南河沿大街1号
☎ 5858-0909 – Fax : 5858-0956
E-mail : cmzhbc@sina.com
Métro Tiananmen Dong. Situé au coin de
Donghuamen Dajie et de la promenade de
Nanheyanla, environ 200 m à l'est de la porte
Est de la Cité interdite.

→ Cet hôtel de cinq étages, surmonté d'un toit
multicolore aux tuiles vernissées et rénové en
2007, a pour principal atout son emplacement :
en plein cœur de la vieille ville, au bord de la
coulée verte de Nanheyan. A deux pas de la
Cité interdite et de Tiananmen et à dix minutes
à pied des vibrants quartiers commerçants
de Wangfujing et de Dongdan. Les chambres,
confortables et dotées d'une petite salle de bain
très propre, sont sans caractère particulier.
Avec toutefois une vue imprenable sur les toits
des petites maisons et les *hutong* de l'un des
derniers quartiers protégés de la capitale. Les
doubles standard coûtent autour de 600 ¥,
petit-déjeuner buffet inclus.

JIAOLOU BUSINESS HOTEL ★★ 好

(角楼商务宾馆)
33 Wusi Dajie, Dongcheng District
[Plan F-10] 东城区五四大街33号
☎ 6402-5399 – Fax : 6405-7199
Il est au niveau du coin nord-est des douves
de la Cité interdite, de l'autre côté de l'avenue.
→ En dépit de son nom, ce discret petit
hôtel de 20 chambres conviendra sûrement
aussi à de nombreux voyageurs : les vastes
chambres comportant un grand lit et un petit
y ont été magnifiquement décorées (dans un
style très contemporain et épuré) et dotées
d'un confort rare en Chine (notamment un
téléviseur qui fait également office de PC et
une petite machine à café). L'emplacement

en bordure des douves de la Cité interdite et
du parc Beihai est plus que stratégique, et
les prix vraiment doux : entre 300 et 400 ¥ la
chambre en fonction des saisons, sans petit-
déjeuner mais avec accès ADSL compris.

MOTEL 268 ★★

19 Jinyu Hutong, Dongcheng District
[Plan G-10] 东城区金鱼胡同19号
☎ 5167-1666 – Fax : 5167-1888
Métro Wangfujing. Situé juste en face du Sun
Dong An Plaza, à proximité de la rue piétonne
de Wangfujing.

→ Un jeune hôtel très abordable vu son
emplacement au cœur de Wangfujing. Les
chambres sont pimpantes, confortables et
les salles de bain ultradesign… du moins si
vous aimez les salles de bain tout en verre,
véritable lubie des décorateurs asiatiques
depuis quelques années. Les chambres sans
fenêtre coûtent 268 ¥, celles qui donnent
sur les toits des derniers hutong du quartier
400 ¥. Pour les familles, un duplex au dernier
étage peut accueillir 4 ou 5 personnes pour
environ 500 ¥. L'hôtel abrite un restaurant
shanghaien au 1er étage, ainsi qu'une cuisine
bien équipée en libre-service permettant
d'assouvir les petits creux tardifs.

XIHUA HOTEL ★★ (西华饭店)

5 Zhide Beixiang, Beiheyan Dajie,
Dongcheng District
[Plan G-10] 东城区北河沿大街智德北巷5号
☎ 6525-9966 – Fax : 6522-6224
E-mail : jadehostel@xihuahotel.com
www.xihuahotel.com
Un bâtiment à la façade rayée de rouge et de
gris située dans un *hutong* qui est en fait le
prolongement vers l'ouest de Dengshikou
Dajie, une fois passée la promenade de
Beiheyan. Cartes de crédit non acceptées.
→ Cet hôtel stratégiquement placé à la
croisée de Tiananmen, du vieux Pékin et

de Wangfujing, allie confort moderne des chambres et espaces communs qui se veulent un mélange plus Est-Ouest. Les doubles sont à 380 ¥, petites mais très propres et avec des salles de bain bien conçues. L'hôtel propose également des suites plus vastes. Supplément de 25 ¥ pour le buffet du petit-déjeuner. Remarque : une partie de cet hôtel est géré de manière indépendante par le réseau Hostelling International. Tarifs : 60 ¥ le lit dans les dortoirs à 8 lits, 70 ¥ pour les chambres à 4 lits et 240 ¥ la chambre double, avec salles de douches impeccables à l'étage, TV et d'une bouilloire électrique. Supplément de 25 ¥ pour le buffet du petit-déjeuner.

Dongsi

LISHI HOTEL ★★ (礼士宾馆)
18 Lishi Hutong, Dongsi Nandajie, Dongcheng District
[Plan F-11] 东城区东四南大街
礼士胡同18号
☎ 6522-0033 – Fax : 6513-4346
www.lishi-hotel.com
Situé au fond d'un hutong qui part vers l'est moins de 100 m au sud du carrefour Dongsi. Cartes de crédit acceptées.
→ Un grand immeuble assez laid aux couloirs et aux chambres défraîchies, mais caché au fond d'un charmant hutong. Avec une vue intéressante sur les toits des siheyuan de Dongsi - du moins ce qu'il en reste - depuis les étages. Chambres doubles entre 390 ¥ et 480 ¥ en fonction du confort, simples "de luxe" à 420 ¥ et triples à 560 ¥, petit-déjeuner inclus.

Ritan

RONGBAO HOTEL ★★ (荣宝饭店)
4 Ritan Beilu, Chaoyang District
[Plan G-12] 朝阳区日坛北路4号
☎ 8563-4488 – Fax : 8561-0279

E-mail : rbhotel@rongbaochina.com
www.rongbaochina.com
Environ 100 m à l'est du coin Nord-Est du parc Ritan. Cartes de crédit non acceptées.
→ Si vous cherchez un hôtel central et bon marché, que vous avez des affinités avec les Slaves et que vous avez toujours rêvé de voir les soldats chinois à l'entraînement, cet hôtel est pour vous ! Il est en effet situé à proximité des magasins de Jianguomen, du paisible parc Ritan et du quartier russe (ces derniers représentent sa principale clientèle) et ses chambres arrière donnent sur la cour d'une immense (et parfois bruyante) caserne. Tarifs : entre 238 et 498 ¥ la chambre double, avec petit-déjeuner.

Dongzhimen & Sanlitun

HOME INN DONGZHIMEN ★★ (东直门店)
A2 Xinzhong Jie, Dongzhimen, Dongcheng District
[Plan E-12] 北京市东城区东直门
新中街甲2号
☎ 5120-3288 – Fax : 5120-3299
www.homeinns.com
Métro Dongzhimen. Situé sur Dongzhimenwai Dajie, côté sud et au coin du carrefour avec Xinzhong Jie. La façade beige et l'enseigne jaune sont faciles à repérer. Cartes de crédit acceptées.
→ La branche la plus proche de Sanlitun de cette excellente chaîne chinoise d'hôtels fonctionnels et bon marché. Les doubles avec lits jumeaux ou grand lit coûtent 299 ¥, avec des salles de bain impeccables. Accès ADSL gratuit. Supplément de 10 ¥ pour un pantagruélique buffet au petit-déjeuner.

YOUYI HOSTEL ★★ (友谊青年酒店)
43 Bei Sanlitun Nan, Chaoyang District
[Plan E-12] 朝阳区三里屯南43号
☎ 6417-2632 – Fax : 6415-6866

HOTELS

E-mail : poacher43_cn@sina.com
www.poachers.com.cn

Remonter la rue qui longe la façade Est du Yashow Market (sur Gongti Beilu), passer la première intersection (où vous verrez un petit poste de police), poursuivre vers le nord la ruelle, qui commence alors à faire des zigzags. Encore une cinquantaine de mètres et vous devriez tomber sur une grille surmontée d'un panneau indiquant l'hôtel. Autre solution : passer par le bar Poacher's Inn. Cartes de crédit acceptées.

→ Certainement l'une des plus sympathiques adresses pour les voyageurs qui se sentent plus motivés par la vie nocturne pékinoise que par la visite des temples, car elle est située en plein Sanlitun. Les chambres doubles sont très bon marché (180 ¥ la nuit), avec téléviseur et téléphone, petit-déjeuner occidental et service de blanchisserie gratuit. Avec un inconvénient : les salles de douches et les toilettes sont à l'étage. Pas non plus de salon commun, mais un accès direct au pub Poacher's Inn, ouvert par les mêmes patrons et qui est généralement bondé le soir.

Yonghegong & Hepingli

CHONGQING HOTEL ★★★ (重庆饭店)
15 Guangximen Beili, Xibahe,
Chaoyang District
[Plan D-11] 朝阳区西坝河路广熙门北里15号
☎ 6422-8888 – Fax : 6427-0310
www.bjcqhotel.com.cn

Métro Guangximen. Il est situé dans une rue perpendiculaire (vers le sud) au 3e périphérique Nord-Est, à l'ouest du pont Sanyuanqiao. Cartes de crédit acceptées.

→ Cet hôtel est très proche du Beijing International Exhibition Center et de la route de l'aéroport, mais dans un quartier peu animé le soir (même si Sanlitun n'est qu'à dix minutes en taxi). Le tarif des chambres

standard doubles ou simples est de 458 ¥, petit-déjeuner et accès ADSL gratuit inclus. Le restaurant sichuanais du 2e étage est délicieux.

TRAVELER INN ★★★ (旅居华侨饭店)
5 San Tiao, Beixinqiao, Dongcheng District
[Plan E-11] 东城区北新桥三条5号
☎ 6401-6688 – Fax : 6402-0139
www.travelerinn.com.cn

Métro Beixinqiao. Un imposant bâtiment niché au milieu du 3e *hutong* partant vers l'est à partir du carrefour Beixinqiao.

→ Ce vénérable hôtel d'Etat a été entièrement refait en 2007. Avec plus ou moins de bonheur : les photos de portes rouge vif, cloutées dans le style Cité interdite et collées sur le portail en fer, sont assez déroutantes. Tout comme le mélange d'éléments décoratifs chinois laqués de rouge et de vert avec un mobilier contemporain plus occidental. Mais, les chambres sont impeccables, la cour désormais recouverte d'une pelouse est agréable et le spa du 5e étage parfait pour se relaxer après une journée de visites… sans compter que c'est l'un des rares bons hôtels dans ce quartier populaire du vieux Pékin. Compter 450 ¥ pour une chambre simple, 700 ¥ pour une double standard, beaucoup plus pour les suites.

Kuanjie & Nanluoguxiang

HEJINFU HOTEL ★★★ (和敬府宾馆)
7 Zhangzizhong Lu, Dongcheng District
[Plan F-10] 东城区张自忠路7号
☎ 6401-7744 – Fax : 8401-3570
E-mail : hjf_hotel@china.com

Métro Zhangzizhong Lu. Sur le côté nord de Ping'an Dajie, environ 300 m à l'est du carrefour de Kuanjie, guettez le panneau à dominante jaune qui vous indiquera l'entrée de l'impasse. Cartes de crédit acceptées.

HOTELS

→ Ce bâtiment de quatre étages, recouvert de pierre grise, est niché tout au fond d'une impasse bordée par un ancien palais princier converti en bureaux, et est du coup extrêmement calme. Les chambres y sont impeccables, à défaut d'avoir été décorées avec des débordements de créativité. Surtout, elles sont relativement bon marché (et facilement négociables l'hiver) pour ce quartier très central : environ 400 ¥ la double. Supplément de 10 ¥ pour le petit-déjeuner.

NEIMENGGU HOTEL ★★★ (内蒙古宾馆)
71 Meishuguan Houjie, Dongcheng District
[Plan F-10] 东城区美术馆后街71号
☎ 6401-4499 – Fax : 6403-3625
E-mail : sales@bjnmg-hotels.com
www.bjnmg-hotels.com
Métro Zhangzizhong Lu. Il est à 200 m au sud du carrefour Kuanjie (côté ouest), et derrière la National Art Museum. Cartes de crédit acceptées.

→ Hôtel géré par le gouvernement provincial de Mongolie intérieure et situé à équidistance entre Houhai et la Cité interdite. L'aspect extérieur de l'immeuble de style HLM n'est pas des plus affriolants, mais les chambres sont correctes et la vue très agréable dans les étages les plus en hauteur. La double standard est à 398 ¥, buffet du petit-déjeuner inclus. Le restaurant mongol du 2e étage est plutôt bon.

Gulou & Houhai

QILU HOTEL ★★★ (齐鲁饭店)
103 Di'anmen Xidajie, Xicheng District
[Plan F-9] 西城区地安门西大街103号
☎ 6618-0966 – Fax : 6613-7588
www.qiluhotel.com
L'entrée de l'hôtel est située sur le côté nord de Ping'an Dajie, moins de 200 m à l'ouest du lac Shishahai. L'hôtel lui-même est un peu

en retrait. Cartes de crédit acceptées.
→ "It's always a pleasure to greet a friend from afar", proclame sympathiquement la devise anglaise de cet hôtel méconnu en dépit de sa localisation à quelques encablures du quartier de Houhai. Peut-être est-ce dû à une façade nettement moins engageante que son très chic lobby. Les chambres ne sont pas très grandes mais confortables, et le personnel est ici particulièrement souriant. Chambres simples à 378 ¥, doubles standard à partir de 378 ¥, petit-déjeuner compris.

SEVEN DAYS INN ★★ (7天鼓楼店)
47 Jiugulou Dajie, Xicheng District
[Plan E-9] 鼓楼旧大街47号
☎ 6405-8188 – Fax : 6405-8177
www.7daysinn.com
Métro Gulou Dajie. Situé à 300 m au sud de la sortie B du métro, côté ouest de l'avenue. Vous ne pourrez pas manquer sa façade jaune bouton d'or. Cartes de crédit non acceptées.

→ C'est l'une des plus convaincantes parmi la récente floraison de chaînes nationales d'hôtels fonctionnels bon marché. Les chambres sont propres et équipées d'une bouilloire électrique et d'un accès ADSL gratuit ; les matelas sont excellents ; les salles de bain immaculées et dotées de vraies cabines de douches qui n'arrosent pas tout le sol ! Le tout à partir de 198 ¥ la chambre avec grand lit, 218 ¥ pour deux lits jumeaux. Supplément de 10 ¥ pour le buffet du petit-déjeuner. Seul inconvénient : le très serviable personnel y est encore peu anglophone.
Autre branche : Dongsi (45 Dongsi Liu Tiao ☎ 8401-7688).

Xinjiekou

HUGUOSI HOTEL ★★ (护国寺宾馆)
123 Huguosi Lu, Xicheng District
[Plan E-9] 西城区护国寺路123号

☎ 6618-1113 – Fax : 6618-0142
E-mail : hgshotel@public.bta.net.cn
www.hgshotel.cn.net

Il est juste à l'entrée du 1er *hutong* partant vers l'est de Xinjiekou Nandajie. Cartes de crédit acceptées.

→ La façade ne paye pas de mine mais ce sympathique petit hôtel est idéalement situé dans un *hutong* animé du quartier de Xinjiekou (pour le shopping), et à dix minutes à pied du quartier de Houhai (pour la culture). Le personnel est très serviable, et les tarifs très corrects : entre 198 et 240 ¥ la double standard en fonction de la taille et de l'orientation, 260 ¥ les chambres dites "tendance" et aménagées dans un goût assez funky (grand lit, salle de bain design avec paroi de verre dépoli, papier peint calligraphié...) et 360 ¥ les chambres les plus vastes (avec PC et stéréo). Supplément de 10 ¥ pour le buffet du petit-déjeuner. L'hôtel offre un service de change.

Xizhimen & Weigongcun

EXHIBITION CENTER HOTEL ★★★
(北京展览馆宾馆)
135 Xizhimenwai Dajie, Haidian District
[Plan E-7] 海淀区西直门外大街135号
☎ 6831-6633 – Fax : 6834-7450
E-mail : sales@beizhanhotel.com
www.beizhanhotel.com

Situé derrière le Beijing Exhibition Center (côté nord-est), à proximité du zoo. Cartes de crédit acceptées.

→ Blotti dans un nid de verdure, l'aile sud (en face de la porte principale) de cet hôtel peu connu des touristes, offre des doubles petites mais très propres avec chaînes de télévision par satellite, pour 198 ¥ par nuit. Les chambres du bâtiment principal sont à 398 ¥ et comportent un accès ADSL (payant). Supplément de 20 ¥ pour un petit-déjeuner chinois, 45 ¥ pour un petit-déjeuner occidental.

SHOUTI HOTEL ★★ (首体宾馆)
56 Zhongguancun Nandajie, Haidian District
[Plan E-6] 海淀区中关村南大街56号
☎ 6835-0077 – Fax : 6834-8010

Situé dans l'enceinte du stade de la capitale. L'entrée pour accéder à l'hôtel est située en face de la porte Est du parc des Bambous pourpres. Cartes de crédit acceptées.

→ Petit hôtel sans prétention aux chambres standard, mais il a le mérite d'être très calme et assez commode pour découvrir l'ouest de la ville (aussi bien le zoo que le palais d'Eté ou le quartier high-tech de Zhongguancun). Tarif des doubles : 328 ¥, petit-déjeuner et accès ADSL compris.

Universités

XIJIAO HOTEL ★★★ (西郊宾馆)
18 Wangzhuang Lu, Haidian District
[Plan A-7] 海淀区五道口王庄路18号
☎ 6232-2288 – Fax : 6231-1142
E-mail : reservation@xijiao-hotel.com.cn
www.xijiao-hotel.com.cn

Métro Wudaokou. Il est niché au fond d'une impasse partant vers l'ouest, 150 m au nord de l'intersection entre Chengfu Lu et Wangzhuang Lu. Cartes de crédit acceptées.

→ Etant l'hôtel le plus proche de la Beijing Language & Culture University, il fut tout au long des années 90 un célèbre refuge pour les étudiants étrangers voulant échapper aux spartiates dortoirs du campus. Les cinq bâtiments qui le composent ont été progressivement refaits à neuf depuis. Les tarifs ont suivi : entre 480 ¥ et 1 680 ¥ la chambre double en fonction de l'aile et du confort, petit-déjeuner et accès ADSL inclus. Services offerts : plusieurs restaurants, cybercafé, piscine, spa, bowling, billard...

HOTELS

Autres quartiers

HOTEL DE L'AEROPORT

(北京首都机场计时休息室)
B-1, Beijing Capital Airport
机场2号航站楼地下一层(国际)
☎ 6459-8943

Son entrée est située au 1er sous-sol de l'aéroport, du côté des arrivées et départs internationaux. Cartes de crédit non acceptées.
→ Cette modeste station de repos, ouverte 24 h/24, n'est pas franchement un endroit riant mais peut offrir une solution de dépannage pour ceux qui ont quelques heures à patienter à l'aéroport ou qui souhaitent être sur place pour un départ vraiment matinal. Les chambres sont simples, mais propres. Tarifs : 80 ¥ l'heure (300 ¥ pour une nuit) pour une chambre simple sans salle de bain, 100 ¥ l'heure (et 400 ¥ la nuit) pour une double avec salle de bain.

HOTELS TRADITIONNELS

Sélection d'hôtels "de caractère" au confort (presque) international et très centraux. Vous y trouverez un restaurant, une boutique et parfois un business center et une salle de sport. Les cartes de crédit y sont acceptées.

Dongdan

HOTEL COTE COUR

70 Yanyue Hutong, Dongcheng District
[Plan F-11] 演乐胡同70号
☎ 6512-8020 – Fax : 6512-7295
E-mail : info@hotelcotecoursl.com
www.hotelcotecoursl.com
Métro Dengshikou ou Dongdan. Un grand portail rouge bien caché dans un *hutong* qui relie Dongsi Nandajie et Nan Xiaojie.
→ Avis aux people, ou à ceux qui aiment frayer avec eux : ce très select "boutique hotel" a été ouvert dans une petite mais très jolie maison traditionnelle d'un quartier pittoresque. Il abrite 14 chambres pour 14 employés, un patio avec mini pièce d'eau, un lounge restaurant ultra-design surmonté d'une verrière, et bientôt une terrasse-solarium. L'endroit est de très bon goût, évidemment onéreux (à partir de 1 300 ¥ la chambre standard) et volontairement exclusif : si vous n'y logez pas, vous n'avez que peu de chances d'y rentrer, même pour boire un verre. A moins de débourser 400 ¥ par personne pour un dîner composé de 6 plats, à réserver 3 jours à l'avance. Mais vous pourrez toujours jeter un coup d'œil gratuitement sur leur site Internet !

HAOYUAN GUEST HOUSE (好园宾馆)

53 Shijia hutong, Dengshikou,
Dongcheng District
[Plan G-11] 东城区灯市东口史家胡同53号
☎ 6512-5557 – Fax : 6525-3179
E-mail : haoyuanbinguan@sohu.com
www.haoyuanhotel.com
Métro Dengshikou ou Dongdan. L'hôtel est situé dans un *hutong* récemment élargi qui part vers l'est, juste au sud du carrefour en "T" de Dengshikou.
→ Les deux lions en pierre du portail d'entrée gardent ce superbe et paisible *siheyuan* transformé en hôtel et rénové dans le goût ancien, malheureusement un peu clinquant. Les petites chambres de la première cour sont toutes dans le même style et au même tarif (668 ¥, petit-déjeuner inclus). Les chambres de la cour du fond sont un peu plus chères, mais beaucoup plus vastes et toutes meublées dans un style différent. Vous pouvez aussi choisir le grand jeu : la suite impériale, qui peut accommoder jusqu'à quatre personnes, avec un grand salon bordé de deux grandes chambres, sauna et jacuzzi (elle se négocie autour de 1 000 ¥).

HOTELS

Dongsi

RED CAPITAL CLUB RESIDENCE
(新红资客栈)
9 Dongsi Liu Tiao, Dongcheng District
[Plan F-10] 东城区东四六条9号
☎ 8403-5308 – Fax : 6402-7153
E-mail : info@redcapitalclub.com.cn
www.redcapitalclub.com.cn
Métro Zhangzizhong Lu. Situé à l'extrémité est (côté nord) d'un minuscule *hutong* Est-Ouest reliant Dongsi Beidajie à Nan Xiaojie, le 4e au sud en partant de Ping'an Dajie. Pas d'enseigne, mais une petit plaque dorée numérotée "9" en haut à gauche de la grande porte rouge laquée. S'y prendre à l'avance pour réserver.

→ Cet établissement de luxe a été ouvert par le patron du restaurant voisin Red Capital Club, qui a su habilement surfer sur la vague rétro-révolution (version chic) des dernières années. L'endroit ne comporte que trois

Wang Wei

petites chambres doubles et deux simples, toutes décorées dans un style différent (président Mao, concubines, écrivain...) avec de beaux meubles et bibelots anciens chinois. Le luxe a toujours un prix : les doubles sont à 1 500 ¥, les simples à 1 200 ¥, avec un supplément de 15 % pour le service, petit-déjeuner compris. Outre le très cosy bar-réception de l'entrée, un bar étonnant (mais un peu humide) a été ouvert à l'intérieur de l'ancien abri anti-atomique se trouvant sous la cour et passe parfois des films révolutionnaires des années 50. Enfin, pour ceux qui ont le temps en plus de l'argent, un Red Capital Ranch a ouvert ses portes dans la campagne au nord de Pékin. Se renseigner auprès de la réception.

Nanluoguxiang　好

GUXIANG 20 (古巷20号)
20 Nanluoguxiang, Dongcheng District
[Plan E-10] 东城区南锣鼓巷
☎ 6400-5566 – Fax : 6400-3658
www.guxiang20.com
Métro Beixinqiao. Environ 150 m au sud du carrefour avec Gulou Dongdajie, côté est de Nanluoguxiang.

→ Un hôtel de charme aménagé dans un immeuble refait à l'ancienne au cœur du vieux Pékin, avec un style décoratif qui mélange tradition chinoise et matériaux contemporains, comme c'est désormais le cas dans de nombreux établissements un peu haut de gamme de la ville. Il offre 28 chambres, jolies et très confortables à des tarifs raisonnables : autour de 600 ¥ la chambre simple, 900 ¥ la chambre standard, et environ le double pour une chambre de luxe avec balcon (ne pas hésiter à négocier). Parmi les services originaux de ce jeune hôtel : un court de tennis a été aménagé sur une partie du toit.

HOTELS

LUSONGYUAN HOTEL ★★★   好
(侣松园宾馆)
22 Banchang Hutong, Kuanjie,
Dongcheng District
[Plan F-10] 东城区宽街板石胡同23号
☎ 6404-0436 – Fax : 6403-0418
E-mail : lsyhotel@263.net
www.the-silk-road.com
Métro Zhangzizhong Lu. Situé dans le
2e *hutong* partant vers l'ouest au nord
du carrefour Kuanjie, sur Ping'an Dajie.
Réservation fortement conseillée. Horaires du
restaurant : de 7h à 22h30.
→ Ouvert dès 1979 dans une superbe
maison traditionnelle à cour carrée, il fut
à une époque l'une des seules auberges de
jeunesse de la ville et un charmant hôtel un
peu somnolent. Au tournant du millénaire,
il a été repris en main par des Hongkongais
déterminés à booster le standing de l'établissement. Les chambres ont alors été refaites
dans le goût traditionnel chinois, un salon
de thé (qui fait également cybercafé) a été
ouvert et la cour centrale aménagée pour des
dîners estivaux pleins de charme. Les prix
ont depuis fortement grimpé. Ils varient en
fonction de la saison mais tournent autour
de 720 ¥ la chambre double, et de 360 ¥ la
(petite) simple. Supplément de 40 ¥ pour le
petit-déjeuner. Cela dit, le Lusongyuan reste
l'un des hôtels les plus agréables du vieux
quartier. Possibilité de louer des vélos juste
en face de l'hôtel (pour 30 ¥ la journée, avec
une caution de 300 ¥). Les employés peuvent
également organiser des circuits sur mesure
dans les hutong avoisinants.

Gulou

BAMBOO GARDEN HOTEL ★★★ (竹园宾馆)
24 Xiaoshiqiao, Jiugulou Dajie,
Dongcheng District
[Plan E-9] 东城区旧鼓楼大街小石桥24号
☎ 5852-0088 – Fax : 5852-0066
E-mail : bbgh@bbgh.com.cn
www.bbgh.com.cn
Métro Gulou Dajie. Descendre Jiugulou
Dajie sur 200 m au sud à partir de la sortie
du métro, puis prendre le hutong partant
vers l'ouest (un grand panneau lumineux en
anglais vous indiquera à quel endroit tourner).
→ Un paisible hôtel de 40 chambres niché
dans un *hutong* du joli quartier de Gulou.
Avec des chambres entourant un grand
jardin chinois avec pavillon et forêt minérale,
particulièrement agréable l'été. La terrasse du
(bon) restaurant chinois de l'hôtel, recouverte
d'une tonnelle végétale, est tout aussi
accueillante. Les chambres sont inégalement
agréables en fonction des ailes où elles sont
situées, mais toutes ont été rénovées en
2007. Tarifs : 520 ¥ la simple (il n'y en a que
deux dans l'hôtel), et entre 760 ¥ la double
dans le bâtiment donnant sur la rue et 990 ¥
pour être au fond du jardin. Supplément de
40 ¥ par personne pour le petit-déjeuner.

QOMOLANGMA HOTEL ★★★   好
(珠穆朗玛宾馆)
149 Gulou Xidajie, Xicheng District
[Plan E-9] 西城区鼓楼西大街149号
☎ 6401-8822 – Fax : 6401-1330
E-mail : welcome@qomolangmahotel.com
www.qomolangmahotel.com
Métro Gulou. A environ 500 m à l'ouest de la
tour du Tambour, côté nord de la rue. Cartes
de crédit acceptées.
→ Un sympathique hôtel de trois étages
prolongé par une cour carrée et situé en
bordure du temple Guanyue (devenu le bureau
de représentation du Tibet à Pékin), à proximité
de Gulou et du lac Houhai. Le personnel est
particulièrement attentionné et les chambres
ont été refaites il y a quelques années avec
soin et goût. Tarifs : 518 ¥ la chambre double
dans le bâtiment principal (demander celles de

HOTELS

l'arrière, qui donnent sur le jardin de l'ancien temple), avec petit-déjeuner et accès ADSL gratuit. Les chambres aménagées dans la cour carrée de l'arrière sont plus chères : 1 000 ¥ la double et 1 200 ¥ la suite.

Chaoyang Park

JUN WANGFU HOTEL (北京郡王府饭店)
19 Chaoyang Gongyuan Nanlu,
Chaoyang district
[Plan E-14] 朝阳公路19号
☎ 6585-5566 – Fax : 6594-0955
L'hôtel est situé au fond d'une immense maison traditionnelle grise, quelques centaines de mètres à l'est de la porte Sud du parc Chaoyang (entre les tennis et le 4ᵉ périphérique), du côté nord de l'avenue. Aucun panneau en anglais ne vous l'indiquera, mais l'entrée menant à la réception de l'hôtel se trouve juste à gauche du restaurant Peninsula.

→ Un hôtel aussi peu connu qu'étonnant pour ceux qui recherchent une ambiance chinoise à l'est de la ville. Il a été aménagé dans un ancien palais impérial Qing (reconstitué) autour d'un immense jardin chinois privé, avec un petit lac, une débauche de rochers artificiels, une série de pavillons pour contempler la lune et des dédales de galeries couvertes de bois laqué rouge. Dommage que la proximité du 4ᵉ périphérique voisin perturbe le charme du lieu dans la journée. Côté chambres, les doubles standard situées dans le bâtiment de 3ᵉ étages du fond coûtent 550 ¥, avec un supplément de 15 % de service, petit-déjeuner compris. Mais pour ceux qui ont les moyens, l'intérêt ici est plutôt de loger dans les luxueuses suites qui donnent sur le jardin et sont décorées de meubles classiques avec une relative sobriété (tarifs : entre 1 250 et 1 980 ¥, avec un supplément de 15 % pour le service).

Les très riches iront peut-être jusqu'à s'offrir l'extravagante suite présidentielle : un bâtiment au bord du lac pouvant loger cinq personnes et coûtant la bagatelle de 18 888 ¥ (chiffre porte-bonheur). Même si les long-nez commencent à se passer le mot, les habitués de cet hôtel financé par la municipalité restent en effet encore les haut fonctionnaires et riches hommes d'affaires chinois, souvent moins à cheval sur les dépenses que sur les signes de bon augure...

CONFORT INTERNATIONAL & LUXE

Sélection d'hôtels de grand confort situés dans les principaux quartiers d'intérêt touristique ou commercial. Les prix y sont souvent pratiqués en dollars et assortis d'un supplément de 10 ou 15 % de service. Le personnel de la réception y parle normalement un anglais correct, les cartes de crédit y sont toujours acceptées, et vous y retrouverez la plupart des infrastructures et services offerts dans les bons hôtels occidentaux (salle de sport, sauna, piscine, business center, galerie marchande, cafétéria, restaurants, discothèque...).

Si vous souhaitez loger dans cette catégorie d'hôtels, mieux vaut passer par une agence de voyage, qui obtiendra probablement des tarifs plus intéressants. Une autre solution, économique et pratique, est de passer par un site de réservations par Internet tels que l'excellent C-Trip (http://english.ctrip.com), Sinohotel (www.sinohotel.com) ou China Travel Now (www.chinatravelnow.com).

Qianmen

HOLIDAY INN CENTRAL PLAZA ★★★★
(中环假日酒店)
1 Caiyuan Jie, Xuanwu District

[Plan J-7] 宣武区菜园街1号
☎ 8397-0088 – Fax : 8355-6688
E-mail : email@centralplazabj.com
www.holiday-inn.com

QIANMEN JIANGUO HOTEL ★★★
(建国前门饭店)
175 Yong'An Lu, Xuanwu District
[Plan I-9] 宣武区永安路175号
☎ 6301-6688 – Fax : 6301-3883
E-mail : sales@qianmenhotel.com
www.qianmenhotel.com

Wangfujing

BEIJING HOTEL ★★★★ (北京饭店)
33 Chang'an Dongjie, Dongcheng District
[Plan G-10] ; Métro Wangfujing
东城区长安东街33号
☎ 6513-7766 – Fax : 6523-2395
E-mail : business@chinabeijinghotel.com.cn
www.chinabeijinghotel.com.cn

GRAND HYATT ★★★★★
(东方君悦大酒店)
Oriental Plaza, 1 Chang'an Dongjie,
Dongcheng District
[Plan G-10] ; Métro Dongdan ou Wangfujing
东城区长安东街1号东方广场
☎ 8518-1234 – Fax : 8518-0000
E-mail : reservation.beigh@hyattintl.com
http://beijing.grand.hyatt.com

HOTEL KAPOK ★★★★ (木棉花酒店)
16 Donghuamen Dajie, Dongcheng District
[Plan G-10] ; Métro Tiananmen Dong
东城区东华门大街16号
☎ 6525-9988 – Fax : 6525-0988
E-mail : reservation@hotelkapok.com
www.hotelkapok.com

NOVOTEL PEACE ★★★★
(诺富特和平饭店)

3 Jinyu Hutong, Wangfujing,
Dongcheng District
[Plan G-10] ; Métro Dengshikou ou Dongdan
东城区金鱼胡同3号
☎ 6512-8833 – Fax : 6512-6863
E-mail : res@novotelpeacebj.com
www.novotel.com/asia

PENINSULA PALACE HOTEL ★★★★★
(王府半岛饭店)
8 Jinyu Hutong, Dongcheng District
[Plan G-10] ; Métro Dengshikou ou Dongdan
东城区金鱼胡同8号
☎ 8516-2888 – Fax : 6510-6311
E-mail : pbj@peninsula.com
http://beijing.peninsula.com

Chongwenmen & Beijingzhan

INTERNATIONAL HOTEL ★★★★★
(国际饭店)
9 Jianguomennei Dajie, Dongcheng District
[Plan G-11] ; Métro Beijing Railway Station
东城区建国门内大街9号
☎ 6512-6688 – Fax : 6512-9972
E-mail : info@bih.com.cn
www.bih.com.cn

NOVOTEL XINQIAO ★★★★
(新侨诺富特饭店)
2 Dongjiaominxiang, Chongwen District
[Plan H-10] ; Métro Chongwenmen.
崇文区东交民巷2号
☎ 6513-3366 – Fax : 6512-5126
E-mail: rsvn@novotelxinqiaobj.com
www.novotel.com/asia

Jianguomen

CHINA WORLD HOTEL ★★★★★
(中国大饭店)
1 Jianguomenwai Dajie, Chaoyang District
[Plan G-13] ; Métro Guomao

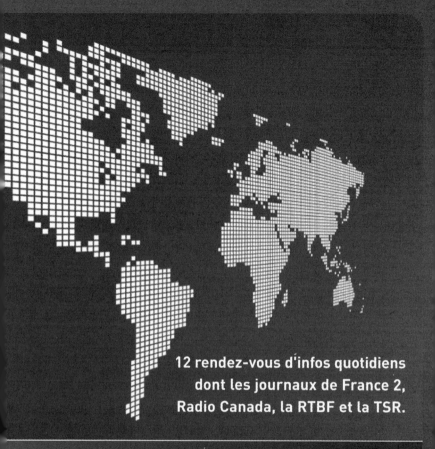

12 rendez-vous d'infos quotidiens
dont les journaux de France 2,
Radio Canada, la RTBF et la TSR.

TV5MONDE avec vous,
partout dans le Monde.

ste des hôtels de Pékin diffusant TV5MONDE sur
www.tv5.org/hotels

5MONDE Asie - c/o FCCIHK - 1401, 14/F., Euro Trade Centre
21 - 23 des Voeux Rd, Central, Hong Kong, Chine
Tél : +852 2523 6818 - asie@tv5.org

TV5MONDE

朝阳区建国门外大街1号
☎ 6505-2266 – Fax : 6505-0828
E-mail : cwh@shangri-la.com
www.shangri-la.com

JIANGUO HOTEL ★★★★ (建国饭店)
5 Jianguomenwai Dajie, Chaoyang District
[Plan G-12] ; Métro Yonganli
朝阳区建国门外大街5号
☎ 6500-2233 – Fax : 6500-2871
E-mail : jianguo@hoteljianguo.com
www.hoteljianguo.com

ST. REGIS HOTEL ★★★★★
(国际俱乐部饭店)
21 Jianguomenwai Dajie, Chaoyang District
[Plan G-12] ; Métro Jianguomen
朝阳区建国门外大街21号
☎ 6460-6688 – Fax : 6460-3299
E-mail : beijing.stregis@stregis.com
www.stregis.com/beijing

Maizidian & Liangmaqiao

GREAT WALL SHERATON ★★★★★
(长城饭店)
10 Dongsanhuan Beilu, Chaoyang District
[Plan E-13] 朝阳区东三环北路10号
☎ 6590-5566 – Fax : 6590-5398
E-Mail : reservation.beijing@sheraton.com
www.sheraton.com

HILTON HOTEL ★★★★★ (希尔顿饭店)
1 Dongfang Lu, Dongsanhuan Beilu,
Chaoyang District
[Plan D-13] 朝阳区东三环北路东方路1号
☎ 5865-5000 – Fax : 5865-5800
E-mail : beijing@hilton.com
www.beijing.hilton.com

KEMPINSKI HOTEL ★★★★★
(凯宾斯基饭店)
50 Liangmaqiao Lu, Chaoyang District

[Plan E-13] 朝阳区亮马桥路50号
☎ 6465-3388 – Fax : 6462-1202
E-mail : reservations.beijing@kempinski.com
www.kempinski-beijing.com

Sanlitun & Dongsishitiao

CITY HOTEL ★★★ (城市宾馆)
4 Gongti Donglu, Chaoyang District
[Plan F-12] 朝阳区工体东路4号
☎ 6500-7799 – Fax : 6500-7787
E-mail : lu.lu@fesco.com.cn
www.cityhotel.com.cn

SWISS HOTEL ★★★★★ (港澳中心)
Dongsishiqiao Dongnanjiao, Dongcheng
District
[Plan F-11] ; Métro Dongsishitiao
东城区东四十条桥东南角
☎ 6553-2288 – Fax : 6501-2501
E-mail : beijing@swisshotel.com
www.beijing.swisshotel.com

ZHAOLONG HOTEL ★★★★ (兆龙饭店)
2 Gongti Beilu, Chaoyang District
[Plan F-13] 朝阳区工体北路2号
☎ 6597-2299, Ext. 6116 – Fax : 6597-2288
E-mail : zlh@zhaolonghotel.com.cn
www.zhaolonghotel.com.cn

Xidan & Fuchengmen

MINZU HOTEL ★★★★
(民族饭店)
51 Fuxingmennei Dajie, Xicheng District
[Plan G-8] ; métro Xidan
西城区复兴门内大街51号
☎ 6601-4466 – Fax : 6601-4849
E-mail : sale@minzuhotel.com
www.minzuhotel.cn

RITZ-CARLTON ★★★★★
(丽思卡尔顿酒店)

Wang Wei

1 Jinchengfang Dongjie, Xicheng District
[Plan F-7] ; Métro Fuchengmen
西城区金城坊东街1号
☎ 6601-6666 – Fax : 6601 6029
E-mail : reservation.bjsfs@ritzcarlton.com
www.ritzcarlton.com

Xizhimen

XIYUAN HOTEL ★★★★★ (西苑饭店)
1 Sanlihe Lu, Xicheng District
[Plan F-6] 西城区三里河路1号
☎ 6831-3388 – Fax : 6831-4577
E-mail : service@xiyuanhotel.com.cn
www.xiyuanhotel.com.cn

Weigongcun

SHANGRI-LA HOTEL ★★★★★
(香格里拉饭店)
29 Zizhuyuan Lu, Haidian District
[Plan E-5] 紫竹园路29号
☎ 6841-2211 – Fax : 6841-8002
E-mail : slb@shangri-la.com
www.shangri-la.com

Zhongguancun

FRIENDSHIP HOTEL ★★★★ (友谊宾馆)
3 Baishiqiao Lu, Haidian District
[Plan D-5] 海淀区白石桥路3号
☎ 6849-8888 – Fax : 6849-8866
E-mail : rd@bjfriendshiphotel.com
www.bjfriendshiphotel.com

Yayuncun

CROWN PLAZA PARK VIEW ★★★★★
(五洲皇冠假日酒店)
8 Beisihuan Zhonglu, Chaoyang District
[Plan B-10] 朝阳区北四环中路8号
☎ 8498-2288 – Fax : 8499-2933
E-mail : rsvn.cppvbj@ihg.com
www.crowneplaza.com

Philippe Lopparelle > *Animal* > *Mad in China*, Tendance Floue

Pékin compte certainement plusieurs dizaines de milliers de restaurants de toutes les tailles, qui offrent toutes les saveurs possibles pour tous les budgets. On trouve en tout cas dans la ville un endroit pour se restaurer tous les 20 ou 30 mètres en moyenne. Pour choisir le vôtre, allez-y au feeling si le cadre vous plaît... ou si les tables sont occupées par des hordes de mangeurs autochtones, ce qui est toujours bon signe.

Dans les restaurants où vous ne trouverez pas de menu en anglais (encore en très forte majorité), vous pouvez toujours pointer du doigt un plat au hasard sur la carte, et faire confiance au destin. Mais vous risquez de vous retrouver avec un plat de gorge de mouton bouilli en lamelles ou d'autres mets dont les Chinois se délectent mais qui laissent généralement les Occidentaux perplexes. Plus simple : n'hésitez pas à jeter un coup d'œil discret sur les tables du restaurant et montrer à la serveuse les plats de vos voisins qui vous paraissent sympathiques.

Contrairement aux Occidentaux qui commandent chacun leur assiette, en Chine, on place tous les plats, froids ou chauds, au milieu de la table et chacun y picore avec ses baguettes. Plus on est nombreux, plus on apprécie un repas chinois, car on peut alors goûter à des plats plus variés. Un repas se compose habituellement d'entrées froides, suivies de plats de viande et légumes chauds, puis souvent d'une soupe, avant un bol de riz ou de pâtes (si vous voulez votre riz en même temps que la viande, il faudra le préciser). Les Chinois ne mangent généralement pas de dessert, mais pour ceux qui sont habitués à finir leur repas sur une note sucrée, de plus en plus de restaurants proposent des assiettes de fruits de saison épluchés et coupés en morceaux.

Côté boissons : l'alcool de riz ou de céréales (*erguotou*, *jingjiu*, *moutai*...) est à tester au moins une fois, mais il est extrêmement fort et souvent peu au goût des Occidentaux. Le vin est souvent cher et n'accompagne pas forcément bien les saveurs chinoises. La bière locale est aussi légère que parfumée, et particulièrement bon marché, notamment quand elle est servie en bouteilles (les bières à la pression, quand il y en a, sont toujours un peu plus chères). Pour les autres, il y aura toujours du thé, de l'eau minérale ou du Coca-Cola disponibles dans tous les restaurants de la ville, même les plus modestes.

Attention : les Chinois dînent souvent un peu plus tôt que les Occidentaux, et même si l'ère du restaurant d'État fermé à 18h est révolue, certains restaurants ne servent plus après 20h30 (essayer de vérifier avant d'y aller). Sachez aussi que la plupart des restaurants connus n'acceptent pas les réservations après 18h ou 18h30 et qu'il vous faudra probablement y faire la queue si vous arrivez avant 20h. De plus, à l'exception des restaurants très chics ou de ceux qui sont

Vous avez du mal à faire votre choix dans les restaurants chinois qui proposent une carte à rallonge ? Vous ne parvenez pas à vous faire comprendre dans les établissements ne disposant pas de menu anglais ? Pour vous éviter trop de déceptions gustatives, nous faisons, au fil de ce chapitre quelques suggestions – traduites en chinois – de spécialités locales. Si certaines vous tentent, n'hésitez pas à montrer leur nom mandarin aux serveurs qui prendront votre commande.

MICRO-LEXIQUE CULINAIRE DE DEPANNAGE

Français	汉字	Pinyin	Français	汉字	Pinyin
Viande	肉	Ròu	Riz blanc	米饭	Mǐfàn
Bœuf	牛肉	Niúròu	Riz sauté	炒饭	Chǎofàn
Poulet	鸡肉	Jīròu	Crêpe	饼	Bǐng
Porc	猪肉	Zhūròu	Soupe	汤	Tāng
Mouton	羊肉	Yángròu	Fruit	水果	Shuǐguǒ
Poisson	鱼	Yú	Sel	盐	Yán
Crevettes	虾	Xiā	Vinaigre	醋	Cù
Œufs	鸡蛋	Jīdàn	Piment	辣椒	Làjiāo
Légumes	蔬菜	Shūcài	Sucré	甜	Tián
Champignons	蘑菇	Mógū	Thé	茶	Chá
Tofu	豆腐	Dòufǔ	Eau Minérale	矿泉水	Kuàngquánshuǐ
Pâtes	面条	Miàntiáo	Coca-Cola	可口可乐	KěkǒuKělè
Glutamate de sodium (MSG)	味精	Wèijīng	Bière	啤酒	Píjiǔ

régulièrement fréquentés par une clientèle étrangère, rares sont les restaurants qui acceptent les cartes de crédit occidentales. Enfin, les petits établissements disposent rarement de leurs propres WC. Soyez donc prêts à devoir aller tester les toilettes publiques du quartier...

PAUSE SUCREE

Salons de thé & Glaciers

HAAGEN-DAZS (哈根达斯)
Room L125, China World Trade Center, 1 Jianguomenwai Dajie, Chaoyang District
[Plan G-13] 朝阳区建国门外大街1号
国贸L125房间
☎ 6505-6527
Métro Guomao. En face de l'entrée de la tour de bureaux numéro 1 du China World. Ouvert de 10h à 24h.
→ Glaces de luxe qui font fondre les yuppies pékinois. **Autres adresses :** International Club

(juste au sud de l'hôtel St. Regis, dans le quartier de Jianguomenwai) - Wangfujing (sur la façade du Sun Dong An Plaza, dans la rue piétonne, côté est).

OULALA CAKES & CATERING
30 Tianzelu, Nuren Jie, Chaoyang District
[Plan D-13] 朝阳区天泽路甲30号
(女人街星吧路酒吧街)
☎ 8451-7853
www.oulala.com.cn
Entrer dans la Super Bar Street par Nuren Jie, aller tout droit jusqu'au bout de la rue, tourner à droite et faire encore 50 m, jusqu'à une façade blanche, qui sera sur votre droite.
→ Hervé, longtemps goûteur bénévole de douceurs pour le plus grand plaisir de *Pékin en Poche* s'est finalement décidé à mettre la main à la chantilly en lançant Oulala avec son compère pâtissier Stéphane. Les gourmands y trouveront un assortiment de tartelettes et mousses de fruits, de créatifs gâteaux sur mesure ainsi qu'une sélection de tartes

salées. A commander pour une occasion spéciale ou à déguster sur place.

TASTY-TASTE (泰笛黛斯蛋糕工坊)
Gongren Tiyuguan Beimen,
Gongti Beilu, Dongcheng District
[Plan F-12] 东城区工人体育馆北门
☎ 6551-1822

Métro Dongsishitiao. Juste à gauche de la porte Nord du Workers Gymnasium (celui qui est couvert). Ouvert de 9h à 23h.

→ Leurs pâtisseries aux fruits ou à la crème sont succulentes, et se savourent dans une grande salle sobrement décorée et une ambiance relaxante. Impeccable, donc, pour faire une pause-café dans le quartier de Sanlitun. La terrasse située dans l'enceinte du stade est tout aussi agréable l'été. C'est également l'une des bonnes adresses pour commander un gâteau d'anniversaire (à partir de 120 ¥), que la maison pourra vous livrer.

Boulangeries- Pâtisseries

A-TIAN (阿甜)
Gongti Beilu, Chaoyang District
[Plan F-12] 朝阳区工体北路(兆龙饭店对面)
☎ 6532-4050

Le comptoir pâtisserie est situé dans l'entrée du restaurant libanais 1001 Nights, en face du Zhaolong Hotel, à Sanlitun. Ouvert de 11h à 2h.

→ Une sélection de fondantes et mielleuses gourmandises libanaises, vendues au poids ou à l'unité.

COMPTOIRS DE FRANCE
East Lake Club, 35 Dongzhimenwai Dajie,
Chaoyang District
[Plan E-12] 朝阳区东直门外大街35号,
东湖俱乐部首层
☎ 6461-1525

Métro Dongzhimen. Dans le lobby du club,

situé juste à gauche du portail d'entrée chinois de la résidence East Lake Villa, du côté nord de l'avenue. Ouvert de 7h à 21h.

→ Une authentique boulangerie-pâtisserie française qui propose une sélection de pains, viennoiseries, gâteaux, glaces et chocolats fins largement aussi bons que ceux qu'on trouve en France... et aux mêmes tarifs. Mention spéciale pour les macarons maison, déclinés en dizaine de parfums (ne manquez pas ceux au thé vert).

Avis aux gourmands fauchés : la plupart des pâtisseries des grands hôtels de la ville (notamment celle de l'hôtel Kempinski, ainsi que Bento & Berries, dans l'hôtel du Kerry Center) bradent leurs invendus de pains et gâteaux du jour à moitié prix une à deux heures avant leur fermeture.

Douceurs d'Asie

Elles reviennent en force à Pékin depuis quelques années.

SANYUAN MEIYUAN (三元梅园)
130 Dongsi Nandajie, Dongcheng District
[Plan G-10] 西城区鼓楼西大街75号
☎ 6523-30 64

Métro Dengshikou. Au coin nord-est du carrefour de Dengshikou, viser l'enseigne rouge et jaune. Ouvert de 9h à 20h. Pas de menu en anglais.

→ La cuisine chinoise n'est pas particulièrement réputée pour ses douceurs, mais les laitages proposés dans la trentaine de branches de la chaîne Sanyuan éparpillés dans les quartiers les plus commerçants de Pékin sont une notable exception. En vedette :

les crèmes-yaourts (奶酪) confectionnés selon une ancestrale et impériale recette avec un zeste d'alcool de riz gluant. Ils sont servis dans des bols de faïence et existent en divers parfums. Laissez-vous tenter par le "nature" (原味, qui est blanc et couronné de quelques pignons). Tarif : de 5 à 8 ¥ le bol en fonction des parfums. Vous trouverez également ici moult yaourts plus classiques, milk-shakes et confiseries réalisées à base de lait, notamment de succulents morceaux de fromage blanc séchés et caramélisés, vendus en boîtes.

WENYU NAILAODIAN 好

(文宇奶酪店)
49 Nanluoguxiang, Dongcheng District
[Plan E-10] 东城区南锣鼓巷49号
☎ 6405-7621
Métro Beixinqiao. La boutique est du côté ouest de la ruelle, au niveau de l'intersection de Nanluoguxiang avec Hou'Ensi Hutong. Guetter la façade citron et l'enseigne verticale jaune avec des caractères rouges. Ouvert de 11h à 23h.
➔ Ce très sympathique petit établissement

familial situé en pleine rue de Nanluoguxiang propose de divines crèmes-yaourts glacées traditionnelles (奶酪), version nature, jaune d'œuf, café, fraise… sans oublier le savoureux double-crème (双皮). Tarif : 5 ¥ le bol. Vous y trouverez également de bons milk-shakes aux fruits et quelques autres friandises traditionnelles confectionnées à base de lait.

Enfin, laissez-vous tenter par les desserts du restaurant taiwanais Bellagio (voir page 185) et les spécialités pékinoises de Jiumen Xiaochi (voir page 178).

CUISINES DE CHINE

Fast-food d'orient

MALAN LAMIAN (马兰拉面)
Aisément reconnaissable à leur enseigne blanche, ornée d'un logo en forme de bol à cornes rouges. Ouvert généralement de 6h à 23h. Pas de menu en anglais.
➔ Probablement la plus célèbre et l'une

Anaïs Martane

des plus importantes chaînes de nouilles de la capitale, avec une soixantaine de restaurants éparpillés dans tous les quartiers, vous en trouverez toujours un au fil de vos pérégrinations. Point de haute cuisine, mais la possibilité de caler les petites faims à moindre prix dans des restaurants très propres. Compter 10 à 15 ¥ par personne pour un repas composé d'un bol de pâtes fraîches, une entrée froide et une boisson.

YONGHE DAWANG (永和大王)

L'enseigne et la devanture sont rouges, avec comme emblème la tête d'un souriant papi chinois. Pas de menu en anglais.

→ Spécialités taiwanaises à déguster sur place dans la quinzaine de branches que compte la chaîne à Pékin, ou à commander au ☎ 6507-3388 (commande de 20 ¥ minimum, livrée dans les 30-50 minutes). Notamment un *pidan shourou zhou* (皮蛋瘦肉粥), une soupe de riz garnie de morceaux d'œufs de cent ans, de petits morceaux de porc et de chips de blé (ne vous arrêtez pas à une description qui peut paraître étrange, car c'est un plat délicieux !). Les pâtes aux légumes salés (咸菜面) du lieu sont également célèbres. Mais leur grande spécialité reste le *doujiang* (豆浆), un lait de soja fermenté chaud ou froid, salé ou sucré, que les Chinois adorent consommer au petit-déjeuner en y trempant de longs beignets (油条). **Parmi les adresses utiles :** Di'anmen Waidajie (200 m au sud de la tour du Tambour, côté est de l'avenue) – Henderson Center (côté ouest du bâtiment, juste en face de la gare de Pékin) – Dongdaqiao (juste au nord du grand Guiyou Department Store).

Xiaochi (snacks orientaux)

On trouve à Pékin plusieurs centaines de variétés de *xiaochi* (小吃), littéralement les "petits manger" originaires de toutes les régions de l'immense empire chinois : crêpes fourrées, raviolis frits, nouilles sautées, soupes de riz, brochettes et diverses autres gourmandises salées, sucrées, ou les deux à la fois ! Vous aurez du mal à tous les expérimenter en un seul séjour. D'autant que certains, comme l'estomac de bœuf bouilli en sauce, font rarement palpiter les papilles occidentales. Mais pour goûter un échantillon de ces snacks orientaux, la meilleure méthode est certainement d'arpenter les allées des quelques marchés de nuit de la ville, qui s'installent généralement dès la fin d'après-midi et de repérer sur les stands ce qui vous semble le plus appétissant.

MARCHE DE NUIT DE DONGHUAMEN
(东华门夜市)

Dong'anmen Dajie, Dongcheng District
[Plan G-10] 东城区东安门大街
Métro Wangfujing. A l'angle nord de la rue piétonne, prendre la rue qui part vers l'ouest. Ouvert de 16h30 à 21h40.

→ Une institution dans la capitale, aussi bien pour les touristes chinois qu'étrangers. Vous ne pourrez pas manquer de remarquer l'enfilade de carrioles surmontées d'un petit toit qui s'installent ici en fin d'après-midi et proposent une interminable variété de *xiaochi* coûtant entre 5 ¥ et 15 ¥ la portion. Il suffit de pointer du doigt ce qui vous plaît en devanture (la plupart du temps, vous vous ferez alpaguer par les rabatteurs des stands) et le cuistot à casquette rouge s'empressera de faire sauter ou frire les aliments frais sous vos yeux.

XIAOCHI DE WANGFUJING
(王府井小吃街)

Wangfujing Buxingjie, Dongcheng District
[Plan G-10] 东城区王府井步行街
Métro Wangfujing. Situé au milieu de la rue

XIAOCHI (小吃)

Quelques idées de snacks chinois très bon marché à repérer sur les étals de rue ou dans les gargotes les plus populaires :

Baozi (包子) : de succulentes petites brioches fourrées à la viande ou aux légumes, puis cuites à la vapeur dans des paniers en bambou.

Hundun (混沌) : une goûteuse soupe de raviolis à la viande, souvent agrémentés de crevettes et d'algues séchées.

Jianbing (煎饼) : cette grande crêpe, généralement confectionnée sous vos yeux sur un étal ambulant, est agrémentée d'un œuf, de coriandre hachée et de diverses sauces avant d'être repliée sur un beignet plat.

Xian'r Bing (馅饼) : galettes fourrées avec de la viande hachée ou des légumes avant d'être frites.

Zongzi (粽子) : un triangle de riz gluant généralement farci à la pâte de haricot rouge ou de datte et enveloppé dans une feuille de bambou avant d'être cuit à la vapeur.

piétonne, du côté ouest. L'entrée principale part du portail de bois multicolore. Ouvert d'environ 9h à 22h.

→ Dans cette "rue des Snacks" de Wangfujing ouverte toute la journée, pas de petites carrioles, mais des mini-boutiques décorées à l'ancienne et alignées dans un dédale de ruelles piétonnes où sont disposées tables, chaises et parasols. Généralement assez animé, les stands proposent des brochettes en pagaille et des dizaines d'autres snacks et plats chinois provenant des quatre coins de Chine (entre 3 et 15 ¥ la portion à grignoter debout, plus pour les plats plus élaborés à manger assis). Le principe est le même qu'au marché voisin de Donghuamen : vous désignez du doigt le plat que vous souhaitez emporter, mais l'ambiance est nettement moins aseptisée ici. Remarque : les marchands de souvenirs ont investi les deux extrémités du lieu, ce qui peut s'avérer pratique pour les voyageurs vraiment pressés, qui peuvent donc combiner repas sur le pouce et shopping.

Voir aussi Jiumen Xiaochi, page 178.

Chinese Mix

Les établissements de quartier de cuisine familiale, que les Chinois appellent les restaurants *Jiachangcai*, proposent un mélange de plats provenant de toutes les régions du pays : aussi bien sichuanais que manchou ou cantonais. Quelques suggestions, pour ceux qui n'arrivent pas à choisir au hasard dans la rue :

BAIZHOUXIANG (百粥乡)
Building A, Donghuan Plaza,
9 Dongzhong Jie, Dongcheng District
[Plan E-11] 东城区东中街9号A坐椅层
☎ 6418-5681

RESTAURANTS

Métro Dongsishitiao. Il est à l'intérieur du Donghuan Plaza, au 1er étage (rez-de-chaussée occidental). Ouvert 24 h/24.

→ Les Pékinois sont, depuis un an ou deux, devenus tellement friands de *xiaochi*, ces snacks typiquement chinois du genre raviolis, soupe de riz et autres bouchées vapeur aux crevettes que les restaurants les proposant à toute heure ont fleuri à travers la ville. Celui-là propose un choix particulièrement vaste dans une grande et jolie salle tout de bois et de verre. Pour 20-30 ¥ par personne, vous serez repus. **Autre adresse :** Maizidian Jie (sur la façade de la résidence Boning Garden ☎ 6507-9656).

HUAJIA YIYUAN (花家怡园) 好
235 Dongzhimennei Dajie,
Dongcheng District
[Plan E-11] 东城区东直门内大街235号
☎ 6405-1908.
Métro Yonghegong ou Dongzhimen. Situé à 200 m à l'est du carrefour Beixinqiao, côté nord de la rue. Ouvert 24h/24. Menu en anglais.

→ Un pilier invariablement bondé de la rue Guijie (voir encadré ci-contre), aménagé dans plusieurs maisons traditionnelles qui se suivent : la cour de la première, la plus grande a été couverte d'une verrière et permet donc de dîner au chaud l'hiver. A la belle saison, les cours en plein air des deux petites maisons arrière sont bien plus agréables. La carte est très variée, avec des spécialités cantonaises, sichuanaises et pékinoises. Sans oublier la spécialité de la rue, les écrevisses, qui sont proposées ici en version pimentée (麻辣小龙虾) ou plus douces (红烧小龙虾). En dessert, ne manquez pas les délicieux beignets à tremper dans du lait concentré sucré (查鲜奶). Les portions sont très copieuses et les prix raisonnables : environ 70 ¥ par personne.

QU NAR (漠璟有阁) 好
16 Dongsanhuan Beilu, Chaoyang District
[Plan E-13] 朝阳区东三环北路16号
☎ 6508-1597
Caché au fond de l'impasse qui part sur la droite juste au nord du Longbo Plaza, sur le 3e périphérique Est. Ouvert le soir uniquement, de 16h à 23h.

→ L'un des restaurants de cuisine "familiale" le plus tendance de toute la capitale depuis son ouverture en 2005 par le célébrissime artiste et designer Ai Weiwei. Minimalisme du décor blanc-gris et des tarifs (environ 40 ¥ par personne), maximalisme des portions et des saveurs.

TIANWAITIAN (天外天)
Building 4, Yi Qu, Anhuili, Yayuncun,
Chaoyang District
[Plan A-10] 朝阳区安慧里一区4号楼
☎ 6491-7816
Au 1er feu rouge au nord de l'échangeur Anhuiqiao (4e périphérique Nord), aller vers l'est. Le restaurant est environ 500 m plus loin, côté sud de la rue. Ouvert de 9h30 à 21h30. Pas de menu en anglais.

→ Cette très populaire chaîne franchisée de restaurants de cuisine familiale est, entre autres, renommée pour un canard laqué fondant et bon marché. Elle possède une trentaine d'enseignes à travers la ville. Le nom n'est pas traduit en anglais, mais ces restaurants sont relativement faciles à reconnaître : la plupart des façades de la chaîne ont été décorées dans le goût des maisons anciennes, avec un auvent à colonnades en bois rouge, vert et bleu. Vous y trouverez tous les classiques des classiques tels que la salade de concombre à l'ail (拍黄瓜), le poulet sichuanais aux cacahouètes (宫宝鸡丁), le porc aigre-doux (糖醋里脊) ou les aubergines sautées à la sauce "saveur poisson" (鱼香茄子).

GUIJIE (簋街)

Tout Pékinois branché vous le dira : une virée nocturne qui ne se termine pas par un souper à Guijie (qui se prononce comme le terme qui signifie "rue des fantômes") manque clairement de saveur. Ou en tous cas de piment, celui des mala xiaolongxia (麻辣小龙虾), ces écrevisses mitonnées dans une sauce de feu, assaisonnées aux piments rouges et poivre du Sichuan et qui sont la spécialité absolue des restaurants de la rue. Autre caractéristique de l'endroit : la plupart des dizaines de restaurants à la façade vermillon surmontées de lanternes rouges sont ouverts 24 h/24. Malheureusement, suite à un énorme projet de réaménagement urbain d cette zone, les pelleteuses ont déjà transformé en boulevard à voitures une rue qui fut longtemps étroite et ombragée, et chassé les tables des trottoirs où elles s'étalaient l'été. Il n'empêche que, lors d'un passage à Pékin, il serait dommage de ne pas terminer au moins une soirée à Guijie. Même "modernisée", l'ambiance y est surprenante, notamment l'été, lorsque la rue est embouteillée de taxis au milieu de la nuit et que les tables des restaurants sont prises d'assaut par des bandes de jeunes Chinois affamés au sortir d'une folle soirée en boîte et qui décortiquent aussi consciencieusement que bruyamment des montagnes d'écrevisses.

Adresse : Dongzhimennei Dajie, Dongcheng district.
[Plan E-11] 东城区东直门内大街
Métro Beixinqiao ou Dongzhimen. La partie la plus animée se trouve entre le carrefour Beixinqiao et Chaoyangmen Bei Xiaojie.

L'ambiance est généralement animée, et les prix très raisonnables : compter environ 30-40 ¥ par repas.

XIHEYAJU (羲和雅居)

Ritan Gonyuan Dongbeijiao, Chaoyang District
[Plan G-12] 朝阳区日坛公园东北角
☎ 8561-7643

L'entrée est juste au coin nord-est du parc Ritan. Ouvert de 11h à 14h et de 17h à 22h. Menu en anglais, avec photos.

→ Vous trouverez tous les incontournables de la cuisine chinoise dans ce grand et célèbre restaurant joliment aménagé dans une cour carrée traditionnelle, dotée d'un très agréable jardin… et habituelle-ment prise d'assaut le soir. Tendance Sichuan, mais aussi cuisine de Pékin, Shanghai ou de Guangzhou : plus de 300 plats au total ! Le tout est adapté au goût d'une clientèle étrangère d'habitués, c'est-à-dire sans trop de piments, et à des prix corrects pour la qualité des plats. Compter 80 ¥ par personne, les plats de poissons et fruits de mer étant assez chers.

Canard laqué

Contrairement au canard laqué à la cantonaise que l'on trouve dans les restaurants chinois de France, le *kaoya* (烤鸭) pékinois se déguste sous la forme de morceaux de peau et de viande agrémentés de sauces et bâtons d'oignon et de concombre, avant d'être roulés dans de fines crêpes.

DA DONG ROAST DUCK RESTAURANT 好

(大董烤鸭店)
Nanxincang Guoji Dasha, 22 Dongsishitiao
[Plan F-11] 东城区东四十条22号
(南新仓国际大厦)
☎ 5169-0328

Métro Dongsishitiao. Ouvert de 11h à 22h. Menu en anglais. Pas de réservation possibles après 18h.

→ Cet immense restaurant très contemporain et toujours bondé, est, depuis quelques années, le plus coté de la capitale en matière de canard laqué. Avec raison car il est ici particulièrement fondant. Son emplacement est un autre atout pour ceux qui ont envie d'un canard authentique et servi dans les formes, mais pas envie de se déplacer dans le quartier de Qianmen, où sont installés les spécialistes historiques du canard laqué. A condition de ne pas avoir peur de faire la queue dans le lobby. Mais vous pourrez en profiter pour admirer les rôtisseurs de canards à l'œuvre dans la cuisine vitrée. Tarifs : 98 ¥ pour un canard entier, et 8 ¥ par personne pour un assortiments de crêpes et de sauces variées.
Autre adresse : 3 Tuanjiehu Beikou, en face du Zhaolong Hotel (朝阳区团结胡佝寇号, 长虹桥东南侧) ☎ 6582-2892.

LIQUN ROAST DUCK (利群烤鸭)

11 Beixiangfeng Hutong, Zhengyi Lu, Qianmendong Dajie, Chongwen District
[Plan H-10] 崇文区前门东大街正义路
北翔风胡同11号
☎ 6702-5681

Métro Qianmen ou Chongwenmen. Depuis la sortie du métro Chongwenmen : prendre Xidamochang, le 1er *hutong* parallèle à Qianmen Dongdajie et le longer vers l'ouest. Environ 100 m après avoir passé l'entrée de l'Underground City, tourner à gauche dans la rue récemment élargie qui est le prolongement de Zhengyi Lu, puis prendre la première venelle à droite. Le restaurant est 30 mètres plus loin, facilement reconnaissable au tas de bûches trônant devant sa porte. Depuis Qianmen : suivre le tortueux *hutong* qui part vers l'est depuis le haut de l'avenue Qianmen sur un bon kilomètre et chercher les multiples panneaux en anglais qui balisent ensuite la route ! Ouvert de 10h à 22h.

Réservation fortement conseillée (mais soyez psychologiquement préparé à faire la queue dans le couloir longtemps quand même). Menu en anglais.

→ Vous risquez d'errer un peu avant de trouver ce célébrissime restaurant ouvert par des cuisiniers transfuges de l'usine à canard Quanjude dans une modeste maison traditionnelle – un peu décrépie mais pleine de charme – du vieux quartier populaire de Qianmen. Mais c'est l'un des seuls endroits de la ville où vous pourrez déguster un succulent canard laqué préparé avec un véritable feu de bois d'arbres fruitiers (qui prendra donc une petite heure à cuire si vous n'avez pas réservé à l'avance). Les tarifs sont en outre corrects : autour de 100 ¥ le canard, crêpes, sauce et condiments compris.

QUANJUDE WANGFUJING
(全聚德王府井烤鸭店)
9 Shuaifuyuan Hutong, Dongcheng District [Plan G-10] 东城区帅府园胡同9号
☎ 6525-3310.
Métro Wangfujing. Dans la ruelle qui part du coin sud du Sun Dong An Plaza. Ouvert de 11h à 14h et de 16h30 à 20h30 (dernière commande). Menu en anglais avec photos.

→ En attendant que la maison mère de ce champion historique du canard laqué depuis 1864 rouvre ses portes sur la future rue piétonne de Qianmen à la fin des grands travaux de ravalement de ce quartier (normalement fin 2007), vous pouvez tenter la branche de Wangfujing. Elle est moins somptueuse, mais la saveur des bestioles qui y sont rôties y est la même. Tarifs : 198 ¥ le canard (largement suffisant pour trois à quatre personnes), avec assortiment de crêpes, sauce et bouillon de canard.

Voir également la rubrique Chinese Mix de ce chapitre.

Cantonais & Dim-Sums

Cuisine fine et plutôt légère, mais souvent peu relevée. Parmi les spécialités : le porc confit (叉烧肉), l'oie laquée (烧鹅), les pâtes de riz sautées au bœuf (干炒牛河), les légumes verts cuits à l'eau ou les soupes. Et bien sûr, les dim-sums (点心), un assortiment sans fin de bouchées de viande ou légumes préparées de toutes les manières possibles (à la vapeur, sautées ou à la poêle) et qui font office de petit-déjeuner pour les Cantonais.

HALL OF SONGZHU (嵩祝名院)
4 Songzhuyuan Beixiang, Dongcheng District [Plan F-10] 东城区嵩祝院北巷4号
☎ 6407-6223
Depuis Ping'an Dajie, longer la promenade de Beiheyan vers le sud, et tourner à droite dans le 4e *hutong* (un panneau lumineux vertical en mandarin indique le restaurant). Ouvert de 11h à 14h et de 17h à 21h30. Menu partiellement traduit en anglais.

→ Blotti au milieu des *hutong*, ce restaurant haut de gamme peu connu des touristes a été aménagé dans un ancien temple bouddhiste bâti au XVIIIe siècle et superbement restauré. La cour y a été transformée en pièce d'eau encadrée de piliers laqués de rouge, au milieu de laquelle trônent deux arbres centenaires et une "maison de verre" accessible par un ponton de bois. C'est la salle commune de l'établissement (les autres pièces étant des salons privés), dans laquelle on vous servira une cuisine cantonaise très fine. Toutes proportions gardées, on pourrait se croire dans une version pékinoise de la pyramide du Louvre, expérience assez magique la nuit. Sauf pour ceux qui aiment l'animation, car les dîneurs chinois qui fréquentent le lieu sont le plus souvent partis après 20h. Compter autour de 200 ¥ par personne, si vous en tenez aux plats simples et évitez les

Pierre Haski

concombres de mer, ormeaux en sauce et autres bizarreries du grand Sud.

HUOQILIN (火麒麟吵锅粥)
60 Ping'an Dajie, Dongcheng District
[Plan F-10] 东城区平安大街60号
☎ 8403-7518

Métro Zhangzizhong Lu. Au niveau de Nanluoguxiang, du côté sud de l'avenue. Ouvert de 11h à 2h. Menu en anglais.

→ L'un des nombreux restaurants dits *cha canting* dans le Sud et qui ont fleuri dans la capitale. On y vient, à toute heure du jour et de la nuit, déguster des *zhou* (粥), soupes de riz mitonnées dans des poêlons de fonte, délicieusement crémeux et améliorées d'aliments divers sucrés ou salés. Attention un poêlon suffit pour 4 personnes. Vous trouverez ici aussi une sélection de dimsums et de plats cantonais familiaux. Le tout coûte rarement plus de 50 ¥ par personne, sauf si vous choisissez les *zhou* aux fruits de mer.

JINDINGXUAN (金鼎轩酒楼) 好
77 Hepingli Xijie, Dongcheng District
[Plan D-11] 东城区和平里西街77号
☎ 6429-6888

Métro Yonghegong. Remonter 100 m au nord de la sortie du métro (le restaurant est sur la gauche). Ouvert 24 h/24. Menu en anglais.

→ Pendant une demi-décennie, Jindingxuan a régné en maître absolu sur la rue Guijie de Dongzhimen. Rasé pour faire place à un échangeur routier, il a depuis ressuscité au sud du parc Ditan. Clignotant de tous ses néons sur 4 étages, Jindingxuan reste incontournable pour les noctambules et amateurs de dim-sums, ces bouchées à la vapeur ou saisies au wok, que l'on vient vous apporter dans des petits paniers de bambou empilés sur des chariots pour que vous fassiez votre sélection. Suggestions, si vous hésitez : les raviolis vapeur aux crevettes (虾饺) ou les bouchées au porc (烧卖). Vous y trouverez également une foule d'autres plats cantonais, exécutés avec maîtrise par ses bataillons de cuisiniers. Laissez-vous notamment tenter par les travers de porc à l'ail frit. Ou l'une des variétés de (粥), soupes de riz salé agrémentées d'ingrédients divers, qui sont ici particulièrement célèbres. Tout comme les fondantes tartelettes au flan à l'œuf (蛋塔), à savourer en dessert. Si vous êtes en quête d'ambiances chinoises et d'animation, vous ne serez pas déçus, car les innombrables salles multicolores décorées à l'ancienne sont invariablement bondées le soir (avec un pic de fréquentation vers 3h du matin) et le brouhaha ambiant est surprenant. Pour ceux qui préfèrent les repas paisibles, Jindingxuan a également prévu des salons privés aux étages. Les prix sont raisonnables pour la qualité de la cuisine (compter environ 60 ¥ par personne). Et les amateurs de dim-sums au budget serré seront ici comblés : hors des heures de déjeuner et de dîner, ils y sont bradés (5 à 12 ¥ la portion).

OTTO'S RESTAURANT (日昌餐厅)

72 Dongdan Beidajie, Dongcheng District
[Plan G-11] 东城区东单北大街72号
☎ 6525-1783

Métro Dongdan. Situé 30 m à l'intérieur (côté nord) du *hutong* partant vers l'est de Dongdan Beidajie, juste en face de la porte principale de l'hôpital Xiehe. Ouvert de 10h à 3h. Menu en anglais.

→ Dissimulé dans un *hutong* du quartier très commerçant de Dongdan, ce restaurant de deux étages est pourtant bien connu des connaisseurs et se remplit à vive allure à l'heure du dîner. La carte est calligraphiée sur les murs : les dizaines de plats disponibles sont en effet affichés (en mandarin) tout autour des salles du rez-de-chaussée comme du premier étage, récemment rafraîchies dans le goût cafétéria branchée, avec tables de formica orange, panneaux de verre dépoli

sur les murs et serveuses munies de mini talkie-walkies. Mais l'essentiel ici n'est pas le style, il est dans les assiettes. Parmi les fiertés de la maison : les cassolettes de riz aux champignons noirs et au poulet (北菇滑鸡煲仔饭), les crevettes sautées à la mode *bifengtang* (避风塘虾) ou de succulentes papillotes d'ailes de poulet citronnées et légèrement caramélisées (纸包鸡翅). L'addition, elle, dépasse rarement 40 ¥ par personne. Une branche plus grande et aérée a été ouverte dans le quartier de Shishahai et propose les mêmes plats, mais est généralement encore plus bondée que la maison mère (sur Ping'an Dajie, côté sud de l'avenue, 50 m à l'ouest du carrefour Di'anmen ☎ 6405-8205. Ouvert de 10h à 3h).

(Minorité) Coréenne

Depuis quelques années, les restaurants qui proposent des plats de la minorité coréenne chinoise (venue de la région frontalière avec la Corée du Nord) se sont multipliés dans la capitale, notamment dans les rues entourant la station de métro Wudaokou, car ce quartier regorge d'étudiants coréens. Souvent familiaux et minuscules, ils sont spécialisés dans les grillades. Ces établissements arborent rarement une enseigne en anglais, mais vous devriez les reconnaître aux mini-barbecues disposés sur des tables, surmontés de hottes métalliques destinées à aspirer la fumée. Vous pouvez aussi essayer l'adresse suivante.

DAHUAISHU KAOROUGUAN 好

(大槐树烤肉馆)
Meishuguan Houjie, Dongcheng District
[Plan F-10] 东城区美术馆后街
☎ 6400-8891

Métro Dongsi. Situé dans la minuscule impasse partant vers l'ouest 20 m au nord du carrefour Meishuguan (à côté du National

Art Museum of China). Ouvert de 11h à 23h environ. Pas de menu en anglais.

→ Entièrement recouvert de carrelage blanc et éclairé au néon, la déco du lieu fait plus penser à une salle de bain qu'à un restaurant. Mais ses grillades (烤肉) y sont réputées des amateurs depuis des années. On vous apportera automatiquement un seau de fonte rempli de charbon de bois, et recouvert d'une épaisse grille légèrement huilée. Vous y faites grillez vos lamelles de viande de bœuf ou de poulet mariné, en les saupoudrant si vous le souhaitez de cumin ou de poudre de piment (une assiette de viande par personne est généralement suffisante). Il ne reste qu'à tremper vos morceaux grillés dans une délicieuse sauce au vinaigre, coriandre et oignon blanc. L'ensemble est assez léger et à accompagner de crudités macérées dans un vinaigre épicé (泡菜) ou de bâtons de concombre ou radis trempés dans une sauce locale (蘸酱黄瓜和萝卜). Compter environ 30 ¥ par personne.

Hunan & Hubei

Une cuisine paysanne goûteuse mais très épicée.

LIUJIAGUO RESTAURANT (刘家锅酒楼)
19 Nanheyan Dajie, Dongcheng District
[Plan G-10] 东城区南河沿大街19号
☎ 6524-1487

Métro Tiananmen Dong. A 300 m au nord du Beijing Grand Hotel, du côté ouest de la promenade de Nanheyan. Ouvert de 10h à 24h. Menu en anglais avec photos.

→ Le cadre de ce grand restaurant tout en longueur est assez quelconque, mais le tour de main de ses cuisiniers est réputé. Notamment les classiques comme le porc en sauce rouge (红烧肉), mais aussi ses plats mijotés dans une marmite de pierre

(石锅) ou ses escargots à l'ail et aux piments (香辣蜗牛). Et surtout son plat vedette, mais cher, les crevettes saisies vivantes sur une plaque de fonte (桑拿虾). Compter environ 80 ¥ par personne, beaucoup plus si vous choisissez les crevettes.

XI XIANGZI (溪湘子)   好
10 Dingfu Jie, Houhai, Xicheng District
[Plan E-9] 西城区定阜街10号
☎ 6618-2494

Prendre la 1er rue perpendiculaire à Ping'an Dajie et à l'ouest de Shishahai. Une fois arrivé au bout, tourner à gauche et continuer tout droit sur environ 800 m. Le restaurant se trouve environ 300 m après la petite place-parking, côté sud de la rue. Ouvert de 10h à 22h. Menu en anglais.

→ "Your Hunan restaurant with a French touch" proclame la carte de visite de ce cosy petit restaurant bleu blotti dans un *hutong* à l'ouest du lac Houhai. Forcément, la chose intrigue. Vous apprendrez vite que la French touch consiste en une petite sélection de plats et desserts français concoctés par le mari français de la patronne chinoise. Pas forcément ce pour quoi vous avez fait 8 000 km. Mais le reste de la carte est authentiquement hunanais et parfaitement délicieux.

Huoguo

Appelé selon les régions ou les recettes, marmite mongole, marmite sichuanaise, ou mouton bouilli, le principe du *huoguo* ("hotpot" en anglais) est en fait le même : une marmite remplie de bouillon ou d'huile - épicé ou non - placée au milieu de la table, un petit bol individuel de sauce et des myriades d'aliments que l'on plonge dans la marmite, puis que l'on tente de récupérer avec ses baguettes. Convivial et particulièrement adapté aux rudes hivers pékinois.

BAZI HOTPOT CITY (耙子火锅城)
13 Xinyuanli, Chaoyang District
[Plan D-12] 朝阳区新源里13号
☎ 8451-0505
Il est à 150 m au nord de la tour Capital Mansion (côté est de la rue). Ouvert de 11h à 3h. Menu en anglais, avec photos.
→ La filiale pékinoise de ce célèbre restaurant sichuanais propose un délicieux *huoguo* préparé avec des ingrédients très frais, expédiés pour la majorité directement de Chengdu, tout en parvenant à rester moins cher que la plupart de ses concurrents (compter environ 50 ¥ par personne). Les classiques lamelles de viande, légumes, tofu et racines de lotus en tranches sont à plonger du bout des baguettes dans un frémissant bouillon gras enflammé de piments rouges. De quoi ravir les papilles des amateurs d'épices munis d'un estomac solide ! Pour les autres, une version moins épicée est également proposée.

GEGEFU (格格府)
9 Daqudeng Hutong, Huangchenggen Beijie, Dongcheng District
[Plan F-10] 东城区皇城根北街
大取灯胡同9号
☎ 6407-8006
Métro Zhangzizhong Lu. Au carrefour Kuanjie, se diriger vers le sud. Juste après l'hôpital, tourner dans le 1er *hutong* qui part vers l'ouest et chercher un grand mur gris percé d'une imposante porte d'entrée, donnant sur un petit jardin. Ouvert de 11h30 à 13h30 (dernière commande) et de 17h30 à 20h (dernière commande). Réservations conseillées. Pas de menu en anglais.
→ Ce restaurant s'est installé dans la spacieuse résidence d'une ancienne princesse de la dynastie Qing et est spécialisé dans la *huangjia duncai* (皇家炖菜), le bouillon impérial. Vous choisissez sur la carte l'une parmi la dizaine de délicieux "bouillons" au poulet, porc ou poisson. Puis vous

Anaïs Martane

RESTAURANTS

laissez les serveurs en costume d'époque s'occuper du reste, puisque à chaque sorte de bouillon correspond un menu (attention, venez à plusieurs car il n'y a pas de menu individuel). On vous apportera une marmite où mijotent déjà des tas de choses, puis des assiettes de mets divers que vous plongez dans le bouillon, et des sauces pour les assaisonner ensuite. A partir de 280 ¥ un menu suffisant pour deux-trois personnes. En bonus : un spectacle de "danses impériales" à 12h30 et à 19h30.

HOT LOFT (鼎酷火锅) 好

4 Gongti Beilu, Chaoyang District
[Plan F-12] 朝阳区工体北路4号院内
☎ 6501-7501

Passer sous le porche du Confort Inn Hotel, situé environ 50 m à l'ouest du Pacific Department Store, et aller tout droit jusqu'à la grande porte en bois (coulissante) située sur la gauche de l'impasse. Ouvert de 11h à 24h.

→ C'est la dernière incarnation du Loft, restaurant-club dont le nom ne manquera pas de provoquer un pincement de cœur nostalgique chez les noctambules qui sont passés par Pékin à la fin des années 90. Cet immense espace bordé d'une grande véranda est désormais devenu une référence en matière de *huoguo*, version individuelle et très design. Point de chaudron commun ici, mais une mini-marmite individuelle en forme de tripode chinois stylisé. Chacun choisit le type de bouillon dans lequel vont cuire les aliments (mention spéciale pour celui aux champignons sauvages ou au satay) et sa sauce d'assaisonnement. La suite est plus classique : vous commandez des plats de viande, fruits de mer, champignons, légumes et pâtes variées, tous servis dans une vaisselle très contemporaine, à partager avec vos compagnons de table. Compter environ 100 ¥ par personne si vous ne prenez

pas les plats de viande les plus onéreux de l'interminable carte.

MANFULOU (满福楼)

38 Di'anmen Neidajie, Dongcheng District
[Plan F-9] 东城区地安门内大街38号
☎ 6403-0992

Situé à 400 m au sud du carrefour Di'anmen (côté est de la rue), à cinq minutes à pied de la porte nord du parc Beihai. Ouvert de 11h à 23h. Menu en anglais.

→ Depuis plus de 10 ans, c'est l'un des restaurants de mouton bouilli (*shuanyangrou*, 涮羊肉), qui ne désemplit jamais. Chaque client est muni d'une petite marmite personnelle de bouillon, dans laquelle vous trempez de fines lamelles de mouton cru. Vous pouvez aussi y mettre du bœuf, du poulet, des légumes, champignons parfumés, tranches de tofu, et tout un tas de bonnes choses que l'on trempe ensuite dans son bol de sauce brune fabriquée à base de pâte de sésame, et assaisonnée de ciboule et de coriandre hachés menu. Les Pékinois sont fous de ce plat et l'arrosent souvent de généreuses rasades d'*erguotuo* (二锅头), aussi appelée la vodka chinoise, ce que justifient les 56 degrés du tord-boyaux en question. C'est peut-être ce qui explique l'ambiance généralement très animée en dépit de la décoration un peu pompeuse de sa salle. Suggestion d'ingrédients pour un repas à deux : une ou deux assiettes de mouton, une de chou blanc, une de tofu congelé en tranches, une de champignons parfumés et une de vermicelles (à faire cuire en dernier et à déguster arrosés de bouillon). N'oubliez pas de commander les petites galettes frites recouvertes de graines de sésame (烧饼), qui accompagnent habituellement un repas de *shuanyangrou* réussi. Compter environ 60 ¥ par personne.

Impérial & Cuisines privées

Depuis quelques années, le goût des riches Pékinois comme des touristes pour une cuisine très sophistiquée inspirée de celle qui était jadis servie à la cour impériale n'a cessé de s'affirmer. On peut aujourd'hui la savourer dans de grands restaurants clinquants… mais aussi dans des établissements plus exclusifs et discrets, qui n'acceptent généralement que quelques tablées chaque jour et ont du coup été étiquetés "cuisines privées".

BAIJIA DAZHAIMEN (白家大宅门)
15 Suzhoujie, Haidian District
[Plan C-4] 海淀区慧新北里3号
☎ 6265-8851

L'entrée se trouve dans la rue menant à la porte Ouest de l'université Beida, environ 300 m au sud du pont Haidianqiao. Guetter le grand portail rouge et or, situé du côté ouest de la rue. Ouvert de 11h à 22h30 (dernière commande). Menu en anglais.

→ Un immense restaurant-palais bâti dans le plus pur style Qing et perdu au beau milieu des tours de verre du quartier high-tech de Zhongguancun. A votre arrivée devant l'imposant portail rouge, les tout jeunes employés habillés comme dans les feuilletons en costume de CCTV vous feront un salut princier avant de vous escorter le long d'une large allée qui débouche sur une succession de bâtiments et pavillons de bois à deux étages entourant un vaste jardin intérieur. On vous fera ensuite asseoir dans la grande salle du milieu (les autres sont des salons privés) aux tables nappées de satin jaune impérial et où les murs sont ornés de peintures classiques et de calligraphies. Vous retrouverez sur la carte de ce restaurant de cuisine *gongting* (impériale) tous les plats raffinés et hors de prix dont les Chinois raffolent (concombre de mer, soupe de nids d'hirondelle, ormeaux en sauce…). Mais également une série de plats plus abordables. Si vous vous cantonnez à ces derniers, compter tout de même dans les 80-100 ¥ par personne.

FANGSHAN (仿膳饭店) 好
1 Wenjin Jie, Beihai Gongyuan, Xicheng District
[Plan F-9] 西城区东总布胡同12号
☎ 6401-1879

A l'intérieur du parc Beihai, proche de la porte Est (l'entrée du parc sera gratuite à cette porte si vous avez réservé). Ouvert de 11h à 13h30 et de 17h à 20h (dernière commande). Réservations conseillées. Menu en anglais.

→ Une référence en matière de cuisine impériale, puisqu'il servit de restaurant privé des empereurs Qing avant d'être ouvert au public… en 1925. Le cadre des trois principaux halls du restaurant, tout en moulures dorées, meubles de bois sertis de nacre, peintures chinoises traditionnelles et dragons impériaux, est un peu lourd mais somptueux. Les serveuses sont habillées en concubines Qing, et les plats n'en finissent plus d'arriver. Certains des menus servis ici comportent 14 à 20 plats (ce qui reste modeste comparé au menu de l'impératrice, qui pouvait en compter une centaine !), avec quelques excentricités très chères comme le ragoût de cerf, ou du sabot de chameau. L'ensemble est pourtant un peu trop rôdé, et les touristes un peu nombreux. Néanmoins, une fois repu, vous pourrez faire une promenade digestive dans le très agréable parc Beihai, divin la nuit lorsque la lune fait scintiller le lac. De quoi vous remettre de l'addition qui, si vous voulez le grand jeu impérial, peut atteindre plusieurs milliers de yuans. Heureusement, des formules menu à partir de 100 ¥ à midi et de 150 ¥ le soir peuvent déjà vous donner un petit aperçu de ce qu'était la vie d'empereur.

LI FAMILY RESTAURANT (厉家菜)

11 Yangfang Hutong, Deshengmennei Dajie, Shishahai, Xicheng District

[Plan E-9] 西城区什刹海德胜门内大街羊坊胡同11号

☎ 6618-0107

Prendre le premier *hutong* partant vers l'est au sud du petit pont de pierre de Deshengmennei Dajie qui relie les lacs Houhai et Xihai. La famille Li habite quelques centaines de mètres plus loin, du côté nord du *hutong*. Ouvert de 18h à 22h30 (mais il faut arriver avant 20h). Sur réservation uniquement, à faire plusieurs jours à l'avance.

→ Les long-nez installés à Pékin depuis longtemps sont tous allés au moins une fois au restaurant de la Famille Li. Et gardent généralement un souvenir ému de leur visite dans ce lieu assez unique, tenu par le très vénérable Li Shanlin, ancien professeur de mathématiques, anglophone averti, et surtout petit-fils du chef des gardes du corps de la fameuse impératrice Cixi. Un aïeul qui avait pour mission de superviser la préparation des menus destinés à sa maîtresse, et qui a soigneusement transmis à ses descendants la préparation des principales recettes impériales. Depuis presque 20 ans, monsieur Li a donc laissé tomber les équations pour faire connaître cette cuisine raffinée qui longtemps ne fut l'apanage que des seuls occupants de la Cité interdite. Avec sa fille aux fourneaux, il a ouvert dans la petite cour carrée familiale (entre réfrigérateur et portemanteau) ce minuscule restaurant de quelques tables à peine, qui sert plusieurs menus fixes, et se fera un immense plaisir de vous détailler le contenu, et l'histoire de chaque plat qui compose ces menus. Parmi ses grandes fiertés : les langoustes à la pékinoise, le poisson mandarin aigre-doux, le sauté de coquilles Saint-Jacques, la soupe d'ailerons de requins ou les noix fumées

caramélisées. Seul bémol : le succès aidant, le prix des menus a flambé (une dizaine au choix, entre 200 et 2 000 ¥), sans que la qualité des plats ou du décor suive vraiment.

SUIYUAN TINGLIU (随园听柳) 好

Liuyin Park, A8 Huangsi Dajie, Dongcheng District

[Plan D-10] 东城区安定门外黄寺大街甲8号 (柳荫公园内)

☎ 8412-2697

Métro Andingmen. Entrer par la porte Est du Liuyin Park, aller tout droit jusqu'au lac, puis tourner à droite et longer la rive. L'entrée du restaurant est environ 100 m plus loin. Ouvert de 11h à 14h et de 17h à 21h. Menu en anglais. Réservation obligatoire au moins un jour à l'avance.

→ Une élégante cour carrée nichée au bord du lac couvert de lotus de l'un des plus charmants parcs de la ville, une cuisine dite *tanjiacai* raffinée (avec des menus allant de 150 à 1 380 ¥ par personne), un personnel attentif et souriant. La clientèle, en grande partie composée d'hommes d'affaires ou de cadres chinois, ne s'y trompe pas.

Jiaozi

Impossible de partir sans avoir goûté une fois au plat favori des familles de la ville : les raviolis pékinois bouillis et garnis de farces diverses.

BAIJIAOYUAN (天津百饺园) 好

A12 Xinwenhuajie, Xidan, Xicheng District

[Plan H-8] 西城区西单新文化街甲12号

☎ 6605-9371

Métro Xidan. Du carrefour Xidan, marcher vers le sud, et prendre la 2e rue partant vers l'ouest. Viser la façade couverte de néon du restaurant, situé 100 m plus loin, côté sud de la rue. Ouvert de 10h à 14h et de 16h30

Alain Le Bacquer

à 21h30. Menu en anglais.

→ L'originalité principale de cet établissement cossu et clignotant est le bataillon de préparateurs de raviolis en blouse blanche qui s'activent comme des fourmis derrière une grande baie vitrée dans l'entrée. Spectacle assuré. Plus de 200 farces différentes sont proposées ici, en fonction des saisons. Très bon rapport qualité-quantité-prix : compter 20-30 ¥ par personne.

SHUNTIANWANG DALIAN JIAOZI 好
(顺天旺大连海鲜饺子城)
119 Di'anmen Dongdajie, Dongcheng District
[Plan E-10] 东城区地安门东大街119号
☎ 6404-3054

Il est sur Ping'an Dajie (côté nord), 50 m à l'est du carrefour Di'anmen. Ouvert de 10h à 14h et de 17h à 22h. Menu en anglais.

→ Les raviolis ici sont énormes, parfumés et enveloppés d'une pâte étonnamment fine. Nombreuses farces disponibles, mais la spécialité, ce sont les *jiaozi* de porc mélangé à des crevettes (大虾饺子) ou à des fruits de mer (海螺饺子). Attention, une demi-portion (10 raviolis) est généralement suffisante pour une personne. A accompagner absolument d'une délicieuse salade de chou blanc aux crevettes confites assaisonnée d'une vinaigrette moutardée (白菜虾干), introuvable ailleurs. Compter 30-40 ¥ par personne.

SHUNYIFU (顺一府饺子馆)
36-3 Ganyu Hutong, Wangfujing,
Dongcheng District
[Plan G-10] 东城区王府井甘雨胡同36-3号
☎ 6528-1960

Métro Wangfujing. Une façade blanche, au fond du parvis de l'église de Wangfujing (côté sud). Ouvert de 10h30 à 22h. Menu en anglais.

→ Une petit restaurant de *jiaozi* aux murs d'un blanc crème reposant décoré de piliers à la romaine et de plantes en pots de porcelaine chinoise où il fait bon faire une pause après avoir arpenté la rue piétonne de Wangfujing. Une vingtaine de farces au choix (la spécialité maison étant ceux aux fruits de mer) et des portions généreuses. Compter 15-20 ¥ pour un plat de raviolis et une entrée froide, largement suffisant pour un repas.

Mandchourie

La cuisine du Dongbei, le nord-est de la Chine, peut sembler parfois un peu lourde (c'est qu'il faut des calories dans une région où il fait -30 degrés l'hiver !). Mais elle est assez relevée.

DONGBEIHU (东北虎风味食街)
Sanyuandongqiao, Dongsanhuan Beilu, Chaoyang District
[Plan D-12] 朝阳区三元东桥302车站
☎ 6468-5258
Situé du côté nord-ouest du pont Sanyuan-qiao, au bord du 3e périphérique Est, 50 m au nord du restaurant Red Basil. Guetter

l'enseigne à grosses fleurs roses. Ouvert de 11h à 21h30 (dernière commande). Pas de menu en anglais.

→ Une grande salle campagnarde, des serveuses en veste de tissu à fleur bariolé des campagnes du Nord-Est, et des tables invariablement prises d'assaut par les autochtones, ce qui est toujours un bon signe. Enfin, la carte (agrémentée de photos) propose tous les classiques mandchous : depuis la salade de pâtes de riz à la coriandre (凉拌拉皮) jusqu'aux pommes de terre sautées avec des poivrons (地三鲜) en passant par le poulet mijoté aux champignons (小鸡炖蘑菇) ou la fricassée de porc confit (锅爆肉). Compter environ 50 ¥ par personne.
Autre adresse : Yayuncun (Beichen Shopping Center, Anzhenli ☎ 6498-5015).

SHUANGFU (双福)
9 Hepingli 5 Qu, Ditan Dongmen, Dongcheng District
[Plan D-11] 东城区和平里5区9号, 地坛东门对面
☎ 8422-2388

métro Yonghegong. L'immense façade recouverte de papier fleuri rose est juste en face de la porte Est du parc Ditan. Ouvert de 11h à 23h.

→ Un gigantesque et grouillant restaurant aménagé sur plusieurs étages dans le plus pur goût campagnard (grappes de piment séché et vasques de poterie comprises) qui sert une solide et authentique cuisine mandchoue. En entrant, ne ratez pas le spectacle du cuisinier qui confectionne d'immenses crêpes (油饼). Et n'oubliez pas de commander un ou deux *matebing* (马蹄饼), un fondant petit pain fourré aux lamelles de porc qui est la botte secrète de la maison. Compter 50 ¥ par personne.

Mongolie

Une cuisine peu épicée et centrée sur la préparation du mouton. Toutes les parties du mouton et sous toutes ses formes : bouilli, rôti, frit, en beignet, en soupe...

MONGUREN (蒙古人)
Dong Chang'an Jie Lubei, Chaoyang District [Plan G-11] 东城区东长安街路北 (妇联大厦后边)
☎ 6522-9482
Juste derrière l'immeuble de la Fédération des femmes, dans la ruelle parallèle à Chang'an Jie, qui part vers l'ouest en face de la porte Ouest de l'International Hotel. Ouvert de 10h à 14h et de 17h à 22h. Menu en anglais.
→ On vous servira ici une savoureuse cuisine de Mongolie, notamment une fantastique salade *dabancai* (大拌菜), des nouilles locales (蒙古油面) et bien sûr du mouton grillé (考羊肉). Le tout bercé par des chants mongols et un spectacle de danse le soir.

YUAN DYNASTY (元朝音乐餐厅)
8 Dongguanfang Hutong, Xicheng District

[Plan E-9] 西城区东官方胡同8号
☎ 6657-2753
Prendre la 1er rue perpendiculaire à l'avenue Ping'an et à l'ouest de Shishahai. Une fois arrivé au bout, tourner à gauche et continuer tout droit jusqu'à la petite place-parking. Prendre alors le *hutong* qui va vers le sud, puis tourner dans le 1er *hutong* qui part sur la droite avant de faire un crochet. Encore 20 m avant qu'une grande porte rouge à gauche vous indique que vous êtes enfin arrivé. Ouvert de 18h à 1h.
→ Une somptueuse maison traditionnelle relookée dans laquelle vous pourrez non seulement savourer des spécialités venues des steppes du grand Nord (à la carte ou avec des menus allant de 68 à 128 ¥), mais aussi nourrir vos oreilles. Le point d'orgue ici est en effet le concert de musique authentiquement mongole qui a lieu le soir entre 19h45 et 21h.

Musulman

Jusqu'au milieu des années 90, il fallait se déplacer dans le quartier Hui de la mosquée au sud, ou dans l'une des rues ouighours de l'ouest (Ganjiakou et Weigongcun) pour pouvoir goûter à la cuisine musulmane de Chine, une cuisine assez relevée et généralement très appréciée des Occidentaux. Mais tous ont été rasés pour faire place à des tours résidentielles. Heureusement pour les amateurs, les petits restaurants du Xinjiang ont réapparu depuis tout autour de la ville... et vous trouverez des vendeurs de brochettes de mouton (羊肉串) à tous les coins de rues. Toutes les gargotes du genre proposent les mêmes spécialités, plus ou moins réussies selon les établissements (et la fraîcheur des ingrédients utilisés). Parmi les plats à tester absolument lors d'une incursion en terre ouighoure : le mouton sauté épicé au cumin (炒烤肉) à déguster avec un pain rond et plat (囊), le poulet épicé aux pommes de terre, poivrons et pâtes fraîches (大盘鸡), la salade locale (新疆沙拉). Sans oublier les spaghettis du Xinjiang avec leur sauce tomate-poivron (拉条子).

AFUNTI (阿凡提) 好

A2 Houguaibang Hutong,
188 Chaonei Dajie, Dongcheng District
[Plan F-11] 东城区朝内大街118号
后捌棒胡同
☎ 6527-2288

Métro Chaoyangmen. Environ 500 m à l'ouest du métro (côté sud de l'avenue), tourner dans l'impasse qui part vers le sud au coin d'un bâtiment rouge coiffé d'une grande enseigne China Securities. Un panneau au coin de l'impasse vous indiquera le chemin. Ouvert de 11h à 23h (spectacle de 19h45 à 21h30). Réservation conseillée le week-end. Menu en anglais.

→ Depuis 1995, c'est une adresse incontournable à Pékin pour les anniversaires, les soirées entre collègues de bureau, les départs, les arrivées... bref, à chaque fois qu'une occasion se présente de faire la nouba. Car l'ambiance est garantie dans l'immense salle décorée de tissus bariolés qui sert une excellente cuisine du Xinjiang. Les prix sont plus élevés que dans les petits restaurants ouighours de quartier (autour de 80 ¥ par personne), mais la cuisine y est également meilleure. Le mouton grillé ou rôti d'Afunti est particulièrement tendre (mention spéciale pour celui au graines de sésame). C'est également l'un des rares endroits où vous pourrez accompagner votre repas d'une bouteille de Loulan, le vin rouge produit dans le Xinjiang et qui est pour beaucoup le meilleur vin chinois, mais difficile à trouver en magasin. Surtout, le must de l'endroit reste son spectacle de musique et danses du Xinjiang, désormais enrichi de numéros

d'acrobates et de jeux divers avec les dîneurs. Les superbes danseurs en costumes traditionnels ont d'ailleurs pour mission de faire venir les clients sur la scène et de faire monter une ambiance méthodiquement entretenue par les serveurs, qui sifflent et applaudissent à tout rompre. Tous sont si efficaces que la salle entière se retrouve régulièrement sur les longues tables de bois (que les serveurs débarrassent en un temps record juste avant le lâcher de ballons de fin de spectacle) pour des fins de soirées endiablées. Seul inconvénient : la sono qui fonctionne à fond est un obstacle sérieux à toute conversation intime.

HUGUOSI XIAOCHIDIAN (护国寺小吃店)

93 Huguosi Dajie, Xicheng District
[Plan E-8] 西城区护国寺大街93号
☎ 6618-1705

Métro Jishuitan. Ouvert de 5h30 à 21h.

→ Une institution locale qui propose ici depuis 1956 un appétissant assortiment de snacks musulmans. Version salée, vous y trouverez des nouilles diverses et un assortiment de plats de bœuf ou de mouton. Version sucrée, vous aurez du mal à choisir entre les nombreuses variétés de gâteaux au miel et autres friandises fourrées à la pâte de haricot ou de datte.

KAOROUJI (烤肉季)

14 Qianhai Dongyan, Di'anmen Dajie,
Xicheng District
[Plan E-9] 西城区地安门大街前海东沿14号
☎ 6404-2554

Métro Gulou. En bordure du lac Houhai, juste à côté du minuscule pont de pierre Yindingqiao. Ouvert de 11h à 14h et de 17h à 23h. Réserva-tions conseillées le week-end. Menu en anglais.

→ Séculaire institution culinaire de la capitale qui propose une excellente cuisine Hui, celle des musulmans de la Chine centrale. Ne pas rater leur *kao yangrou* (烤羊肉), mouton grillé puis sauté avec de la coriandre, à fourrer dans une petite galette aux graines de sésame. Compter environ 60 ¥ par personne.

WANGDELOU (望德楼饭庄)

26 Di'anmen Waidajie, Dongcheng District
[Plan F-9] 东城区地安门外大街26号
☎ 6404-1818

Métro Gulou Dajie. Environ 50 m au sud de la tour du Tambour, côté est de la rue. Ouvert de 6h à 9h (petit-déjeuner chinois), puis de 10h30 à 22h. Pas de menu en anglais.

→ Un restaurant de la minorité musulmane hui, dont la grande spécialité est le *yangrou paomou* (羊肉泡馍) : on vous apportera un grand bol et deux galettes de blé à émietter patiemment dedans. Une fois que vos galettes auront été transformées en une montagne de copeaux, un serveur emportera votre bol à la cuisine pour achever de le remplir d'une fumante et succulente soupe au mouton et aux vermicelles. Idéal l'hiver. Compter autour de 15 ¥ pour un énorme bol de *paomou*, un plat froid et une boisson.

Nouilles

Simple mais toujours succulent en Chine... et indécemment bon marché. Les plus mémorables bols de nouilles ici sont généralement ceux à 3 ¥ avalés sur le coin d'une table de formica dans un caboulot de rue tout autour de la ville. Autres Options.

JIANGWEI MIANDAWANG 好

(京味面大王)
35 Di'anmen Dajie, Xicheng District
[Plan F-9] 西城区地安门大街35号
☎ 6405-6666

Vous ne pourrez pas rater la façade traditionnelle éclairée de néons colorés qui se trouve entre le carrefour de Di'anmen et la pointe Shishahai, côté nord de Ping'an Dajie. Ouvert de 10h30 à 23h environ. Pas de menu en anglais.

→ L'extérieur du restaurant est un peu trop rutilant et les serveurs affublés de costumes d'époque Qing sérieusement kitsch. Mais les dizaines de variétés de pâtes proposées ici sont succulentes. Mention spéciale pour les *niurou lamian* (牛肉拉面), des nouilles au bœuf dans son bouillon parfumé. Compter 15-20 ¥ par repas.

NOODLE LOFT (面酷)

20 Dawang Lu, Chaoyang District
[Plan H-14] 大望路20号
☎ 6774-9950

Métro Dawang Lu. Au coin est du complexe Soho New Town, prendre la rue qui part vers le sud et la suivre sur un bon kilomètre. Le restaurant est situé dans un petit immeuble indépendant de trois étages du côté ouest de la rue. Ouvert de 11h à 22h (dernière commande). Menu en anglais avec photos.

→ C'est certainement l'endroit le plus hype de tout Pékin pour déguster un bol de nouilles du Shanxi, servies sous toutes leurs formes (et sauces) dans un cadre et une vaisselle raffiné. Essayez d'obtenir une table dans la salle du bas, car vous pourrez alors observer le spectacle étonnant de tout jeunes cuisiniers qui transforment de quelques mouvements agiles une boule de pâte compacte en longs filaments, avant de les plonger dans des cuves d'eau bouillante. Notamment la spécialité absolue du lieu : *yigenmian* (一根面), une unique et interminable pâte qui remplit un bol entier. Environ 20 ¥ pour un bol de nouilles, et 50 ¥ pour accompagner vos pâtes de viande ou légumes.

Voir aussi Old Beijing Zhajiang Noodle King, page 179.

(Vieux) Pékin

Une vogue Old Beijing qui ne se dément pas depuis plusieurs années a conduit à l'ouverture d'une série de restaurants à l'ancienne qui vous permettront de goûter aux spécialités traditionnellement pékinoises (voir encadré ci-dessous).

BEIJING PALACE
(北京宫正味大酒楼)
130 Chaoyangmennei Dajie, Chaoyang District
[Plan F-11] 朝阳门内大街130号
☎ 6523-6320
Métro Chaoyangmen. A environ 300 m à l'ouest de la sortie du métro, côté sud de l'avenue, deux blocs à l'est du bâtiment musulman blanc et vert, repérez l'arche lumineuse menant à une résidence de HLM. Tourner à gauche après l'arche, et vous déboucherez dans une grande cour. L'entrée du restaurant (facilement repérable à ses panneaux de bois sculpté) sera sur votre droite. Ouvert de 11h à 14h et de 17h à 21h30 (dernière commande). Réservation conseillée. Menu en anglais.
→ Une cuisine de Pékin traditionnelle, exécutée avec beaucoup de finesse (le canard laqué est ici particulièrement succulent) dans un cadre aménagé avec de superbes meubles et bibelots classiques chinois, et beaucoup de goût. L'occasion aussi de tester ces "délicatesses" chinoises dont vous avez sûrement toujours entendu parler avec effarement (des soupes de nids d'hirondelles au sabot de chameau confit). Compter environ 70-80 ¥ par personne, mais beaucoup plus si vous craquez pour les fruits de mer ou les bizarreries de la carte.

FUJIALOU (福家楼)
23 Dongsishitiao, Ping'an Dajie, Dongcheng District
[Plan F-11] 东城区平安大街东四十条23号
☎ 8403-7831
Métro Dongsishitiao. Ouvert de 11h à 14h et de 17h à 22h. Une partie du menu traduite (à la main) en anglais.
→ Un joli décor à l'ancienne récemment rafraîchi, des portions copieuses, des saveurs pékinoises authentiques... et un bain de foule assuré aux heures des repas. C'est l'un des rares endroits où l'on trouve de délicieuses *chunbing* (春饼), des fines crêpes à garnir de viande ou de légumes avant de les rouler... et de les engloutir (28 ¥ l'assortiment, suffisant pour deux). Si vous choisissez d'autres plats, compter environ 30 ¥ par personne.

JIUMEN XIAOCHI (九门小吃)   好
1 Xueyou Hutong, Xicheng District
[Plan E-9] 西城区孝友胡同1号

Spécialités culinaires du vieux Pékin

Zhajiangmian (炸酱面) : indémodables nouilles pékinoises à la sauce brune.
Baodu (爆肚) : pour les amateurs, un ragoût d'abats.
Ma Doufu (麻豆腐) : une succulente purée de tofu fermenté aux pois jaunes.
Mending roubing (门丁肉饼) : Toutes petites mais épaisses crêpes fourrées au bœuf.
Jieme Dun (芥末墩) : feuilles de chou macéré roulé en forme de bûche et arrosées d'une sauce à la moutarde très très forte.

☎ 6402-5858

Métro Jishuitan. Situé dans le 2ᵉ *hutong* à l'ouest de l'ancienne résidence de Song Qingling, au coin nord-ouest du lac Houhai. Ouvert de 10h à 21h.

→ Après avoir été délogées de leur quartier d'origine par les promoteurs, neuf enseignes séculaires de *xiaochi* pékinois ont trouvé refuge dans cet immense restaurant dédié à la culture culinaire populaire du vieux Pékin aménagé dans une maison traditionnelle au sol de pierre grise du quartier de Houhai. Vous y trouverez quelques spécialités pas toujours faciles à dénicher sur les étals ordinaires de rue. Comme les *baodu* (爆肚), un ragoût d'intestins de boeuf dont les vrais Pékinois sont fous ou les *dalian huoshao* (大连火烧), des friands farcis au porc et à l'échalotte. En dessert, laissez vous tenter par un *chatang* (茶汤), une soupe sucrée et parfumée qu'on servait jadis dans des théières à long nez, notamment au moment du nouvel an chinois. Ou un bol de *xingren tofu* (杏仁豆腐), une gelée blanche fondante et délicieusement parfumée aux amandes d'abricot. Pour y goûter, vous devez acheter une carte d'une valeur de 50 ¥ minimum, puis choisir sur les étals de la ruelle reconstituée au milieu du restaurant les plats qui vous tentent, que vous payez avec la carte. Un repas copieux revient génénalement à 50 ¥, mais si vous dépensez moins, on vous rendra la monnaie à la caisse.

OLD BEIJING ZHAJIANG NOODLE KING
(老北京炸酱面大王)
29 Chongwai Dajie, Chongwen District
[Plan H-10] 崇文区崇外大街29号
☎ 6705-6705
Métro Tiantan Dongmen. Situé environ 100 m au nord du bazar Hongqiao Market, mais de l'autre côté de l'avenue. Ouvert de 10h à 14h et de 17h à 21h. Menu en anglais.

→ L'immense salle carrée de ce restaurant ne désemplit que rarement. C'est que les Pékinois sont prêts à tout quand il s'agit de l'un des plats sans lequel la vie leur paraîtrait bien fade : les *zhajiangmian* (炸酱面), plat vedette de cet établissement qui a été parmi les premiers à avoir l'idée de les servir à la manière d'autrefois. Une fois attablé, les serveurs en chemise traditionnelle vous apportent sur leur plateau un grand bol de nouilles blanches, et plusieurs coupelles contenant des radis et concombres émincés, des pousses de soja ou divers autres ingrédients. Ils versent le contenu des coupelles dans les pâtes, les reposent en les faisant claquer bruyamment, et posent le grand bol devant vous, avec un petit bol de sauce brune à la viande (ou au sésame pour les végétariens), et une gousse d'ail dans une coupelle (optionnel !). Vous n'avez plus qu'à ajouter la sauce, touiller le tout... et déguster. Un bol de nouilles coûte 8 ¥ et un repas complet dépassera rarement les 20 ¥ par personne.

Shanghai

La cuisine de Shanghai et celle qu'on trouve dans les provinces voisines du Jiangsu et du Zhejiang est appelée cuisine *huaiyang*. Saveurs fines et peu épicées, mais parfois un peu grasses.

DINGTAIFUNG
(鼎泰丰)
Yibei building, 22 Hujiayuan,
Chaoyang District
[Plan E-12] 东城区胡家园22号
(渔阳饭店往西200米)
☎ 6462-4502
Métro Dongzhimen. Après être passé devant la porte d'entrée du Yuyang Hotel, continuer vers l'ouest sur 200 m. La haute façade vitrée du restaurant sera sur votre droite. Ouvert de

11h30 à 14h30 et de 17h à 22h (et de 11h à 22h le week-end). Menu en anglais.

→ Après Taipei, Los Angeles ou Tokyo, le roi incontesté des *dumplings* shanghaiens de luxe a ouvert son premier restaurant pékinois en 2005. Depuis, il ne désemplit pas. Sa botte secrète ? Le panier de *xiaolongbao* (小笼包), des bouchées au porc ou au crabe enrobées d'une pâte fine et légère qui, accompagné d'un ou deux plats froids, est suffisant pour une personne. Pour les gros appétits, les desserts maison, brioches vapeur fourrées à la crème de sésame noir ou de haricot rouge, sont succulents. Compter 60 ¥ par personne.

HUTONG CUISINE

☎ 8401-4788
www.hutongcuisine.com
Un classique du voyage en Asie du Sud-Est, mais une nouveauté à Pékin, voici le cours de cuisine locale pour gourmands voyageurs. La Cantonaise anglophone Chun Yi propose des sessions de quatre heures à 150 ¥ pour apprendre les ficelles de base de la cuisine familiale chinoise dans une toute petite maison traditionnelle du quartier de Nanluoguxiang. Appeler ou consulter le très appétissant site Internet pour en savoir plus.

FUCHUNJIANG (富春江) 好
Building 3, 2 Qu, Anhuili, Yayuncun, Chaoyang District
[Plan A-10] 朝阳区亚运村安慧里2区3号楼
☎ 6498-6699
Au 1er feu rouge au nord de l'échangeur

Anhuiqiao (4e périphérique Nord), aller vers l'est. Le restaurant est environ 200 m plus loin, côté sud de la rue, un peu en retrait derrière une grille. Ouvert de 9h à 14h et de 16h à 21h30. Menu en anglais.

→ Joli cadre dans le goût maison du Sud et sublime cuisine. Ne surtout pas manquer leur *meicai kourou* (梅菜扣肉), des morceaux de porc confit avec des filaments de légumes salés et des morceaux de taro, ni leur *jiangnan haocai* (江南蒿菜), des herbes hachées assaisonnées et présentées en pyramide. Pour les plus aventureux, la soupe de têtes de poissons (鱼头汤) acheminés directement du lac de l'Ouest de Hangzhou est ici particulièrement célèbre. Compter environ 60 ¥ par personne, beaucoup plus si vous vous laissez tenter par la soupe de têtes de poissons.

KONGYIJI (孔乙己酒店)
Shishahai Nan An, Deshenmennei Dajie, Xicheng District
[Plan E-9] 西城区德胜门大街什刹海南岸
☎ 6618-4915
Situé sur la rive sud-ouest du lac Houhai, à l'extrémité ouest du lac. Ouvert de 10h à 22h. Réservations recommandées. Une partie du menu a été traduite en anglais.

→ Ainsi nommé en l'honneur du héros d'une célèbre nouvelle de l'écrivain chinois Lu Xun, ce bucolique restaurant de cuisine du Jiangsu est niché à la pointe sud-ouest du lac Houhai. En bordure de l'eau, un mur blanc percé d'une porte ronde protège une étonnante forêt de bambous, qui mène à une grande salle décorée dans un style campagnard de Chine du Sud. L'endroit est généralement bondé de tablées chinoises particulièrement animées après quelques verres de *huangjiu* (黄酒), cet alcool jaune chauffé au bain-marie qui accompagne si bien les plats fétiches de la maison. Notamment les grosses fèves parfumées à l'anis (茴香豆), la fricassée de potiron aux œufs de cane (鸭蛋炒南瓜), le bœuf sauté avec des morceaux de beignet (油条炒牛柳) ou encore la délicieuse casserole de lard aux herbes (干菜焖肉). A consommer avec modération tout de même, non pas à cause des tarifs (qui tournent autour de 60 ¥ par personne), mais sous peine de régime forcé au retour ! **Autre adresse :** Dongsi (322 Dongsi Beidajie ☎ 6404-0507. Ouvert de 10h à 22h).

MEI MANSION (梅府)
24 Daxangfeng Hutong, Xicheng District
[Plan E-9] 西城区大翔风胡同24号
☎ 6612-6847

Il est bien caché dans un tortueux *hutong* qui part de la rive Sud-Ouest du lac Houhai, deux *hutong* à l'est du restaurant Kongyiji. Ouvert de 11h à 14h et de 17h à 22h. Réservation obligatoire, un ou deux jours à l'avance. Menu en anglais.

→ Il fait partie de la série de restaurants aménagés à grands frais dans de belles maisons ou dans d'anciens palais des vieux quartiers qui ont fleuri ces dernières années à l'attention des Chinois fortunés et des expatriés en quête de raffinement. Celui-ci, qui ne propose pas de carte mais différents menus, tire son épingle du jeu grâce à un cadre minéral et très sobre en extérieur, et des salles joliment décorées dans le goût Shanghai des années 30 (les salons privés de la cour du fond étant les plus réussis). La cuisine y est fine et le service attentionné. Les menus s'échelonnent entre 300 et 2 000 ¥ par personne. Une adresse à retenir donc, pour une grande occasion.

HUJIANG XIANGMANLOU (沪江香满楼)
A34 Dongsishitiao, Dongcheng District
[Plan F-11] 东城区东四十条甲34号
☎ 6403-1368

Métro Dongsishitiao. Situé à environ 300 m à l'ouest du métro, du côté sud de Ping'an Dajie (viser le long bâtiment ocre de deux étages de style européen). Ouvert de 11h à 14h et de 17h à 21h. Menu en anglais.

→ L'un des classiques de la ville pour les amateurs de saveurs shanghaiennes. On

Alain Le Bacquer

Alain Le Bacquer

commande directement sur le grand comptoir qui sépare la cuisine de la longue salle décorée d'arbres artificiels. Les serveuses vous apporteront ensuite les plats à votre table. Les plats de crevettes et autres fruits de mer de la maison sont particulièrement réputés. Compter autour de 50 ¥ par personne.

Shanxi & Sha'anxi

La cuisine de ces provinces de Chine centrale est avant tout appréciée pour ses pâtes fraîches et relevées de diverses sauces.

QINGTANGFU (秦唐府)
69 Chaonei Nandajie, Dongcheng District
[Plan F-11] 东城区朝阳门南大街
☎ 6559-8135
Métro Chaoyangmen. Au 1er feu rouge à l'ouest de l'échangeur Chaoyangmen, prendre la large rue qui va vers le sud. Le restaurant est environ 50 m plus loin, côté ouest de la rue. Ouvert de 11h à 14h30 et de 17h à 22h. Menu en anglais.

→ Une grande salle aux murs colorés et agrémentés de peintures naïves paysannes et de plantes vertes. Originalité du lieu : vous aurez un peu l'impression de jouer à la dînette lorsque vous serez assis sur les toutes petites chaises devant les tables très basses du lieu et qu'on vous aura apporté une lilliputienne chope de bière. La cuisine rustique servie ici est confectionnée avec des aliments visiblement très frais et est très réussie. Les bols de pâtes y sont immanquablement plébiscités. Vous ne pourrez pas non plus décemment venir ici sans tenter un *roujiamou* (肉加馍), mini-hamburger local fourré aux copeaux de porc, sublime quand il est dégusté bien chaud. Tarifs : environ 30 ¥ par personne.

XIANBAIWEI (鲜百味)
76 Yonghegong Dajie, Dongcheng District.
[Plan E-10] 西城区雍和宫大街76号
☎ 6402-7070
Métro Beixinqiao ou Yonghegong. Situé environ 250 m au nord du carrefour Beixinqiao, côté est de la rue (l'enseigne est marron

avec des idéogrammes rouges). Ouvert de 11h à 22h. Le menu n'est pas traduit en anglais mais comporte des photos.

→ Une petite salle tout en longueur, quelques tables de bois, des tabourets en plastique de couleurs acidulées, quelques babioles du Sha'anxi accrochées sur les murs et deux matrones affairées aux fourneaux. Heureusement que dans un Pékin de plus en plus lisse il reste encore des boui-bouis pékinois simples et chaleureux comme celui-ci. Surtout quand on y mange aussi merveilleusement bien qu'ici. Toutes les spécialités de Xi'an sont préparées avec des ingrédients d'une fraîcheur impeccable et le résultat est succulent. Les *roujiamou* (肉加馍) sont fondants, les *ganmianpi* (擀面皮) relevés à souhait, le plat de poulet en sauce avec salade de chou (鸡丝白菜沙拉) très convaincant. Un festin qui ne vous mettra pas sur la paille : compter autour de 15 ¥ par personne.

Voir également la rubrique Nouilles de ce chapitre.

Sichuan

L'une des plus célèbres cuisines chinoises, et avec raison. Du moins pour ceux qui apprécient le piment sous toutes ses formes. Parmi les plats vedettes : l'émincé de blanc de poulet froid mariné dans une sauce aux graines de sésame (口水鸡), le poulet sauté aux piments rouges séchés (辣子鸡), le tofu en sauce parsemé de viande hachée et de copeaux de piment (麻婆豆腐) et bien sûr les pâtes pimentées (担担面). Pour la célèbre fondue sichuanaise, voir la rubrique Huoguo de ce chapitre.

FEITANG YUXIANG (沸腾渔乡)
Huatongxin Fandian, Chunxiu Lu,
1 Gongti Beilu, Chaoyang District
[Plan E-12] 朝阳区工体北路一号
(春秀路华通新饭店)
☎ 6415-3764
Métro Dongsishitiao. Situé au niveau du Huatongxin Hotel, dans Chunxiu Lu, qui part vers le nord depuis Gongti Beilu, entre le Workers Stadium et le Workers Gymnasium. Ouvert de 10h20 à 22h30. Réservation conseillée mais possible uniquement pour la mezzanine (vous devrez probablement patienter dans la salle du bas jusqu'à ce qu'une table se libère). Menu en anglais.

→ Ce respectable établissement relooké en 2006 dans le goût aluminium et verre poli très en vogue dans la capitale aujourd'hui est avant toute autre chose réputé pour son *shuizhuyu* (水煮鱼), LE plat qui rend fous les Pékinois depuis plusieurs années déjà. On vous apporte une petite bassine en inox remplie de lamelles de poisson et de pousses de soja saisies à point dans une huile très épicée par une montagne de petits piments rouges parfumés. Les serveuses enlèveront ces derniers encore fumants devant vous pour vous prouver que le plat sort à peine des cuisines. Vous n'aurez alors plus qu'à piocher les fines tranches de poisson avec vos baguettes, et à déguster, en faisant tout de même attention aux traîtres arêtes. Ce plat est largement suffisant pour deux ou trois personnes. Vous trouverez aussi tous les autres classiques de la cuisine du Sichuan, qui sont ici si réussis qu'une clientèle de tous âges et de toutes nationalités envahit régulièrement cet établissement, notamment le week-end. Compter autour de 60 ¥ par personne.

SOUTH BEAUTY (俏江南)
L220, West Wing, China World Trade Center
[Plan G-13] 朝阳区国贸中心西楼二层L220室
☎ 6505-0809
Métro Guomao. Au 2e étage du bâtiment se

trouvant à l'extrémité ouest du complexe du China World, en bordure de Jianguomenwai. Ouvert de 11h à 23h environ (dernière commande). Menu en anglais.

→ La devise de cette chaîne de restaurants sichuanais ne manque pas d'ambition : "Tradition, tendances et bon goût". La douzaine de restaurants disséminés dans la capitale ont à peu près réussi à allier tout cela : ils sont pour la plupart situés dans des centres commerciaux, avec une déco très "glass & steel" et une présentation des plats plutôt originale. La carte est variée, mais ne passez pas ici sans grignoter une *vegetable salad in pen box* (des bâtons de crudités à tremper dans une coupelle de sauce), ni sans tenter le chimiquement étonnant *South beauty beancurd* (on vous apportera un plat rempli d'un liquide qui, dès l'ajout d'un ingrédient magique, se transformera sous vos yeux en tendre tofu). Environ 80 ¥ par personne. **Autres adresses pratiques** pour faire un break au milieu d'une virée shopping : Sanlitun (3/F, Pacific Department Store, Gongti Beilu ☎ 6539-3502) – Beijingzhan (dans le centre commercial Henderson Center, juste en face de la gare de Pékin ☎ 518-7603) – Oriental Plaza (Room BB88, au 1er sous-sol, à l'extrémité est du complexe ☎ 8518-6971).

TIANXIAYAN (天下盐)

4 Jiuxianqiao Lu, Dashanzi, Chaoyang District [Plan B-14] 朝阳区酒仙桥路4号原798厂内 ☎ 6432-3577

A l'intérieur du district artistique de Dashanzi, dans la ruelle parallèle au grand couloir couvert, juste après At Cafe. Ouvert de 11h30 à 21h30. Menu en anglais.

→ Aménagé dans un ancien atelier d'usine, c'est l'un des plus anciens restaurants du complexe 798, et toujours l'un des meilleurs et des plus abordables. Les artistes résidents

comme les visiteurs lui restent du coup fidèles et animent tous les soirs la salle du bas comme la très agréable mezzanine vitrée. Compter autour de 50 ¥ par personne.

YUXIANG RENJIA (渝乡人家)

5 Hepingli Dongjie, Dongcheng District [Plan D-10] 东城区和平里东街5号 (国家林业局对面) ☎ 8422-0807.

Métro Hepingli Beijie. Au nord-est du temple des Lamas, juste en face de l'administration nationale des Forêts. Ouvert de 11h à 22h30. Menu en anglais.

→ Cette enseigne a été lancée à l'origine par un artiste peintre et reste populaire depuis des années. Pour son cadre comme pour sa très convaincante cuisine sichuanaise, avec une très vaste sélection de plats, parmi lesquels un succulent poulet aux piments de Chonqing (棒棒鸡). Le tout pour des prix plus que raisonnables : 40-50 ¥ par personne pour un repas copieux. **Autre adresse :** Union Plaza (Chaoyangmenwai Dajie, derrière le Full-Link Plaza ☎ 6588-3841. Ouvert de 11h à 21h30 environ).

Taiwan

Cuisine très fine, peu relevée et souvent un peu sucrée.

ALEXANDER CREEK PARK (鼎溪园)

203 Jixiangli, Chaowai, Chaoyang District [Plan F-12] 朝阳区朝外吉祥里203号 ☎ 6552-5296

Métro Chaoyangmen. Au carrefour avec le Kuntai International Building, aller vers le nord sur environ 50 m.Le restaurant sera sur votre droite, dans la petite impasse. Ouvert de 10 à 22h.

→ Un petit établissement tranquille qui propose une cuisine taiwanaise authentique...

et saine puisque – c'est encore rare dans les restaurants locaux –, tous les plats y sont mitonnés sans un gramme de glutamate de sodium. Leur poulet frit en morceaux *yansuji* (盐酥鸡) est succulent.

BELLAGIO (鹿港小镇) 好

35 Xiaoyun Lu, Chaoyang District
[Plan F-12] 朝阳区霄云路35号
☎ 8448-0520.

Dans la rue parallèle à la route de l'aéroport, environ 300 m à l'est du 3ᵉ périphérique Nord-Est (côté nord). Ouvert de 11h à 4h. Menu en anglais.

→ Un restaurant ultra-tendance très prisé des nombreux cadres chinois (ou autres) qui travaillent dans ce quartier d'affaires en plein développement. Déco sobre et classe, largement basée sur le verre, et une multitude de bons plats à prix très raisonnables. Les spécialités taiwanaises sont indiquées sur la carte par une étoile bleue. Ne ratez pas le poulet *sanbeiji* (三杯鸡). Leur cartes de desserts asiatiques est également l'une des plus appétissantes (et abordables) : coupes glacées, mousses de fruits, soupes sucrées et surtout toute une palette de douceurs composées de glace pilée copieusement arrosée de lait concentré et coulis de fruits ou de pâte de haricot rouge (冰沙). Compter environ 60 ¥ par personne. **Autres adresses :** Gongti, invariablement bondé la nuit, au sortir des clubs de la rue (6 Gongti Xilu, à côté du bowling Gongti 100 ☎ 6551-3533. Ouvert de 11h à 5h) – Yayuncun, près du parc olympique (Anhuili, 2 Qu, Building 4 ☎ 6489-4300).

Tibet

Des plats peu épicés, avec une prédilection pour la viande de mouton et de yak.

MAKYE AME (玛吉阿米)

2/F, A1 Xiushui Nanjie, Jianguomenwai, Chaoyang District
[Plan G-12] 朝阳区建国门外秀水南街甲11号二层
☎ 6506-9616

Métro Jianguomen. Situé dans la ruelle balisée de restaurants qui part vers l'est à hauteur de l'hôtel St. Regis, à l'arrière du Friendship Store. Le restaurant est au 2ᵉ étage et indiqué par une enseigne lumineuse jaune. Ouvert de 10h30 à environ minuit. Réservation conseillée le soir. Menu en anglais.

→ La cuisine himalayenne n'est pourtant pas parmi les plus réputées de la planète. Mais le patron tibétain du lieu (qui tient également l'un des restaurants les plus prisés de Lhassa) a su concocter une carte où se mêlent des plats tibétains, indiens et népalais, légèrement réadaptés pour les palais des Pékinois. Il a également su recréer une ambiance unique, aussi colorée que chaleureuse, en faisant venir du Toit du monde une sélection de meubles, tentures ou instruments de musique. Parmi les spécialités du Makye Ame (qui tient son nom d'une célèbre légende tibétaine), ne ratez pas les divins *Tibetan roasted mushrooms*, des champignons saupoudrés d'épices légères et passés au four avec un filet de beurre. Ni les *mutton ribs*, côtelettes d'agneau grillées, fondantes et relevées. Autres suggestions, le *palak paneer*, une purée d'épinard agrémentée de cubes de tofu et de crème fraîche. Ou encore la *potato pancake*, une copieuse galette de pommes de terre et viande. Comme boisson, vous pouvez tenter le célèbre *Tibet butter milk*, ou un plus classique lassi, voire une canette de Lhassa Beer. Et en dessert, des boulettes d'avoine sucrées dites *tsampa* ou une salade de fruit et yaourt *juoma*. Compter au moins 100 ¥ par personne.

Végétarien

PURE LOTUS (净心莲) 好
Wenlian Dasha, 10 Nongzhanguan Nanlu, Chaoyang District
[Plan E-13] 中国文联大院内,
东三环长虹桥东北角
☎ 6592-3627

Dans un renfoncement au fond de l'enceinte du Wenlian building, qui se trouve au coin nord-est du pont Changhongqiao, sur le 3e périphérique Est, à Sanlitun. Ouvert de 11h à 23h. Menu en anglais.

→ Paisible cadre pastel et musique zen pour ce petit restaurant bien caché et encore plus branché, ouvert par un moine bouddhiste. La cuisine y est originale, fine, légère et présentée avec goût. Attention : tous les plats aux noms bucoliques inscrits sur le menu ne sont pas préparés tous les jours. Vous n'y trouverez pas non plus d'alcool, et la cigarette y est bannie. L'occasion, donc, de faire un repas vraiment sain... et votre B.A. du voyage car une partie de la recette du restaurant est versée à des moines ou des projets caritatifs. Tarifs : environ 100 ¥ par personne.

VANILLA GARDEN (百合素食)
[Plan E-11] 西城区东直门内大街
北小街草原胡同23号
23 Caoyuan Hutong, Bei Xiaojie, Dongcheng District
☎ 6405-2082

Métro Dongzhimen. Au croisement entre Dongzhimennei Dajie et Bei Xiaojie, partir vers le nord. Caoyuan Hutong sera alors le 1er sur votre gauche. Ouvert de 10h30 à 22h30. Menu en anglais avec photos.

→ Les nombreux plats de légumes ou d'imitation de viandes ou poissons sont d'une saveur inégale. Mais ils sont servis dans le cadre paisible d'une altière cour carré d'un Hutong du quartier du temple des Lamas

qui fut jadis celle d'une actrice chinoise, et a été depuis recyclée en restaurant et centre d'études des classiques chinois, ce qui explique les rayonnages chargés de livres qui ornent les murs. Grand choix d'infusions aux plantes. Compter 60 ¥ par personne.

XUXIANGZHAI (素香斋)
A26 Guozijian Dajie, Dongcheng District
[Plan E-10] 东城区国子监大街甲26号
☎ 6404-6568

Métro Yonghegong. En face de l'entrée du temple de Confucius dans Guozijian. Ouvert de 11h à 21h30.

→ Ce confortable restaurant est célèbre auprès des végétariens de la ville pour son excellent et très copieux buffet : 48 ¥ à midi (de 11h à 14h), 58 ¥ le soir (de 17h30 à 21h), boissons comprises. Vous y trouverez des plats d'inspiration chinoise, japonaise, coréenne et occidentale.

Yunnan & Minorités du Sud

DALI (大理)
67 Xiaojingchang Hutong, Dongcheng District
[Plan E-10] 东城区鼓楼东大街,
小经厂胡同67号
☎ 8404-1430

Métro Andingmen ou Beixinqiao. A environ 300 m à l'ouest du carrefour Jiaodaokou, tourner à droite dans Xiaojingchang Hutong, puis à gauche au niveau de la lanterne rouge. Il n'y a pas d'enseigne, mais l'entrée est au numéro 67, marqué par une porte laquée verte. Ouvert de 10h à 22h30. Réservation recommandée.

→ Cette grande cour carrée aménagée avec goût se démarque des cours clinquantes rouge et or. Ambiance familiale, avec chien blanc et chat roux. Pas de carte mais des menus composés de 6 ou 7 plats qui coûtent 100 ¥ par personne. La cuisine du Yunnan servie ici est fine et savoureuse. Les champignons frits pimentés ou les œufs brouillés aux pousses de jasmin sont particulièrement réussis.

GOLDEN PEACOCK DAI NATIONALITY RESTAURANT
(金孔雀傣家风味餐厅)
16 Minzu Daxue Beilu, Weigongcun, Haidian District
[Plan D-5] 海淀区魏公村民族大学北路16号
☎ 6893-2030

Au milieu de la rue qui part vers l'ouest de Baishiqiao Lu, juste au nord de la porte principale de l'Université des minorités, guetter la grande enseigne rouge ornée d'un paon jaune. Ouvert de 11h à 21h30 (dernière commande). Menu en anglais.

→ Le lino beige et les guirlandes de Noël ne sont pas l'image qu'on se fait habituellement du verdoyant Yunnan. Mais la cuisine dai servie ici est particulièrement savoureuse. Parmi les incontournables : la salade de chou et poulet émincé, peu relevée mais très fraîche (傣式沙拉), les pommes dauphines à la mode dai (炸土豆球), le riz sauté à l'ananas (菠萝饭), le poulet cuit dans un bambou (竹筒鸡肉) et les incontournables beignets de banane (榨香蕉). Le tout peut être agréablement arrosé de *mijiu* (米酒), un alcool de riz fermenté assez doux. Compter autour de 40 ¥ par personne pour un repas copieux.

JUNQINGHUA (君琴花)
88 Meishuguan Houjie, Dongcheng District
[Plan F-10] 东城区美术馆后街88号
☎ 6404-7600

Métro Dongsi. Partez du carrefour Meishuguan, et remontez vers le nord sur 200 m. Au moment où la rue fait un coude sur la gauche, continuez tout droit et enfoncez-vous dans la ruelle qui part vers le nord. Le restaurant sera 20 m plus loin, sur votre gauche. Guettez

la déco bambou et les batiks sur les murs. Ouvert de 10h30 à 22h environ. Pas de menu en anglais.

→ Un restaurant familial minuscule mais bien connu des Chinois originaires de la province du Guizhou (Sud-Ouest du pays) qui sont exilés dans la capitale. Les saveurs un peu âpres et très épicées sont ici indéniablement authentiques... et les prix ultra-doux au vu des portions généreuses : un repas revient à 30-40 ¥ par personne. Parmi les spécialités de la maison : le poulet sauté aux piments spécialement acheminés depuis le Guizhou (摩芋辣子鸡) ou le riz sauté aux copeaux de lard, haricots rouges, légumes et piments (怪噜饭). Très goûteux, mais à accompagner d'un ou deux plats un peu plus doux car les épices du Guizhou peuvent être redoutables pour les estomacs fragiles !

KEJIACAI (客家菜) 好
Qianhai Nan'An, Shishahai, Xicheng District
[Plan F-9] 西城区前海南沿
☎ 6404-2259.

Proche de la pointe Sud du lac Shishahai. Depuis Ping'an Dajie, remonter la rive Est du lac sur environ 50 m et repérer l'enseigne en bois brut (sans traduction anglaise) précédée d'une grande terrasse. Ouvert de 11h à 15h30 et de 17h à 22h30. Réservation conseillée. Menu en anglais avec photos.

→ C'est l'une des *success stories* culinaires de la capitale. Cette chaîne de restaurants a été fondée par Chu Nai, peintre fan de cuisine, qui a su à la fois créer des ambiances étonnantes (et largement clonées depuis) avec ses tables de bois brut et des murs recouverts d'idéogrammes peints à la main, et réinventer la cuisine hakka, une des minorités de la province du Guangxi. Il a en effet adapté les plats très salés de cette région du Sud au goût d'une clientèle d'habitués, qui mêle Chinois branchés et expatriés.

Parmi ses créations à ne pas manquer : les crevettes en brochettes cuites dans le gros sel (盐噜九节虾), le poisson vapeur en papillote (纸包鲈鱼), l'émincé de bœuf cuit dans une feuille de lotus (荷叶蒜香牛柳), l'assiette de tofu et légumes fourrés aux boulettes de viande (酿三宝). A déguster, à la belle saison, sur l'immense terrasse qui surplombe le lac Shishahai. Compter environ 70 ¥ par personne. **Autre adresse :** Kejiacai Sanlitun (Xingfucun Zhonglu ☎ 6417-7720. Ouvert de 11h30 à 23h).

NO NAME RESTAURANT 好

1 Dajinsi Hutong, Xicheng District
[Plan E-9] 西城区大金丝胡同1号
☎ 6618-6061

Métro Gulou Dajie. Traverser le petit pont Yingdingqiao vers le sud et continuez tout droit jusqu'à ce qu'une enseigne lumineuse jaune vous indique le *Hutong* qu'il faudra suivre sur 100 m pour arriver à bon port. Ouvert de 11h à 24h. Menu en anglais.

→ Cet élégant restaurant ouvert par le propriétaire du charmant bar situé de l'autre côté du pont et du nettement plus prétentieux restaurant Nuage voisin, sert une cuisine du Yunnan fraîche, vraiment originale et très bien présentée. A déguster, quand la météo le permet, sur le toit terrasse aménagée au niveau des toits de *siheyuan* mitoyens, certainement l'une des plus agréables et des plus calmes de Houhai. Compter autour de 100 ¥ par personne.

THREE GUIZHOUREN (三个贵州人) 好

Building 8, Gongti Xilu, Chaoyang District
[Plan F-12] 朝阳区工体西路八号楼
(工体100后边)
☎ 6551-8517

Métro Dongsishitiao. Prendre l'impasse qui part vers l'est 50 m au coin du bowling Gongti 100 et la suivre jusqu'au bout. Le restaurant au 2e étage de l'immeuble sur votre gauche, au dessus du club Coco Banana. Ouvert 24h/24. Menu en anglais.

→ Ouvert par trois amis artistes originaires du Guizhou, ce restaurant a contribué à stimuler la vogue actuelle des spécialités de cette province du Sud-Ouest auprès des gourmets pékinois toujours en chasse de saveurs nouvelles. La plupart des plats y sont en effet *suanla* (aigre-épicée), une combinaison gustative explosive et assez rare dans les autres régions. Elle a toutefois été légèrement adoucie pour mieux séduire le palais des gens du Nord... et des étrangers. Parmi les plats à ne pas manquer : le *Hutong* pimenté (贵州火锅), la salade de feuilles de menthe (薄荷沙拉) ou la purée de pommes de terre aux poivrons (土豆泥). Compter environ 80 ¥ par personne. Et un peu plus si vous vous laissez tenter par un verre de *moutai* (茅台), le plus célèbre (et le plus cher) de tous les alcools chinois, qui est fabriqué dans le Guizhou.

Nostalgie rouge 好

EAST IS RED (红色经典)

266 Dongwuhuan Baijialou, Chaoyang District
朝阳区东五环大黄庄百家楼266号
(五环路出口姚家园)
☎ 6574-8289

Le plus simple est de suivre la rue qui prolonge Gongti Beilu vers l'est jusqu'au 5e périphérique Est. Passer l'échangeur de Yaojiayuan et tourner à droite (vers le sud). Poursuivre la contre-allée sur 1,2 km et tourner à gauche (un panneau rouge vous le confirmera). Encore 300 m avant de voir la façade rouge sur votre droite qui marque l'entrée du restaurant. Vous pouvez aussi prendre le métro jusqu'à la station Guangbo Xueyuan (sortir côté nord) et finir les derniers kilomètres en taxi. Ouvert de 10h à 21h30.

Le spectacle commence à 19h et dure une bonne heure et demie. Réservation fortement conseillée (mais il faut arriver avant 18h30 pour conserver sa table).

→ Un dîner-spectacle qui permet un troublant saut spatio-temporelle chinois. Spatialement, sa localisation au diable (en bordure du 5e périphérique Est), permet d'explorer une zone rurbaine sans conteste dépaysante. Temporellement, il vous ramènera… en pleine Révolution culturelle, celle qui tourneboula la Chine entre 1966 et 1976. Tout ici est censé évoquer cette période historique : les costumes du personnel (uniforme de Gardes rouges, salopette d'ouvrier ou tresses de paysannes), la massive statue d'ouvriers en bronze et les bibelots communistes de l'entrée ou la profusion d'étoiles rouges et de slogans muraux souhaitant "Longue vie au président Mao" de la grande salle. Le spectacle lui-même se compose d'une succession de chants patriotiques stridents de l'époque et de très kitsch tableaux révolutionnaires (au premier degré ?) dansés avec moult Petits Livres rouges et fusils en carton-pâte devant un tableau géant représentant le dieu Mao et les masses laborieuses. La salle, elle, pleine à craquer tous les soirs de Chinois souvent entre deux âges, reprend les paroles en cœur et monte sur les chaises pour agiter avec ferveur (sur des rythmes techno !) les petits drapeaux rouges disposés sur leurs table. Le tout dans des relents d'alcool de sorgho et de nationalisme qui ne pourront que dérouter les rares Occidentaux égarés là. Il faut croire que, comme souvent, les long-nez n'ont pas la même perception des événements historiques chinois que les intéressés eux-mêmes. Sans oublier que nombre de quinquagénaires Chinois qui fréquentent les lieux préfèrent se souvenir que cette période hautement troublée fut aussi… celle de leur jeunesse. Mais même si vous n'y aimerez sûrement pas tout, vous

ne risquez pas d'oublier une expédition au East is Red. Ce qui n'est pas le cas de la cuisine paysanne assez quelconque servie ici. Mais elle est bon marché : environ 50 ¥ par personne.

RED CAPITAL CLUB (新红资俱乐部)
66 Dongsi Jiu Tiao, Dongcheng District
[Plan F-10] 东城区东四九条66号
☎ 6402-7150

Métro Zhangzizhong Lu. Dans le 1er *hutong* parallèle au sud de Ping'an Dajie, chercher une grande porte de bois rouge, généralement fermée, du côté sud du *hutong*. Ouvert de 18h00 à 23h00. Réservation nécessaire. Menu en anglais.

→ Niché dans une cour carrée du vieux quartier (ayant jadis appartenu à un mandarin manchou), ce restaurant à thème est l'un des pionniers d'une mouvance "rétro-révolutionnaire" qui ne désarme pas depuis une demi-décennie. Il sert les plats favoris de certains des grands hommes de l'histoire chinoise, des empereurs aux ténors politiques de la Chine nouvelle. Et n'a du coup pas hésité à baptiser ses plats de "cuisine de Zhongnanhai", du nom du siège du gouvernement, lieu suprême du pouvoir aujourd'hui. Avec quelques envolées lyriques sur le menu, dont une lecture attentive risque de vous prendre la soirée. Les plats aux noms souvent évocateurs et un brin nébuleux pour le néophyte (comme le Deng Xiaoping Spice of Life, qui se révèle être tout simplement un poulet épicé à la sichuanaise) ne sont ni bon marché ni vraiment mémorables, mais ils sont toujours joliment présentés. Compter entre 100 et 200 ¥ par personne pour le repas. Après quoi, vous pourrez passer dans le très original bar-fumoir situé de l'autre côté de la cour. Décoré avec un mobilier des années 50, dont certains éléments auraient appartenu à des dignitaires communistes, de l'ancien maréchal Lin Biao à l'abominée

190

Mme Mao. Enfin, vous pourrez aller jeter un coup d'œil dans le minuscule abri anti-atomique aménagé au milieu de la cour à l'époque des tensions entre la Chine et l'ex-URSS, et aujourd'hui recyclé en une très chic cave à vins, avec slogans révolutionnaires et téléphone militaire certifiés d'époque.

SUNFLOWER VILLAGE FOOD STREET
(向阳屯食村)
26 Wanquanhe Lu, Haidian District
[Plan A-4] 海淀区万泉河路26号
☎ 6256-2967
Sur le bord de la large rue Wanquanhe (côté est), quelques centaines de mètres au nord-ouest de l'université Beida et au sud du palais d'Eté. Ouvert de 10h à 23h. Une partie du menu a été traduite en anglais.
→ Célébrissime restaurant campagnard (option "Révolution culturelle"), installé dans une grande maison traditionnelle précédée d'un flamboyant portail de bois laqué rouge orné de lanternes, avec un mobilier de bois

Stéphanie Ollivier

et des murs décorés de couleurs vives dans le style paysan du Nord-Est, à grand renfort de peintures murales colorées et de papiers découpés. Installé sur les coussins d'un *kang* (lit traditionnel de brique) de l'une des multiples salles particulières, vous serez dans les conditions optimales pour apprécier la cuisine rustique servie ici. A moins de préférer la grande salle commune ou la mezzanine pour profiter du spectacle donné le soir par des conteurs et acrobates. Les plats fétiches de l'établissement restent depuis des années les scorpions frits (榨蝎子), les moineaux frits (榨麻雀) et quelques autres "délicatesses" confectionnées à base de farine de maïs et d'herbes sauvages. Si vous n'êtes pas tentés par ce genre de mets, l'établissement offre des dizaines de plats de viande ou de légumes plus classiques. Le tout vous coûtera rarement plus de 40 ¥ par personne.

Fusion

Les restaurants qui mélangent l'Est et l'Ouest dans les assiettes pour proposer ce qui a été estampillé "fusion" sont devenus innombrables dans les quartiers chic de la capitale. En voici une courte sélection.

GREEN T. HOUSE (紫云轩)
6 Gongti Xilu, Chaoyang District
[Plan F-12] 朝阳区工体西路6号
☎ 6552-8310
Métro Dongsishitiao. Prendre la ruelle qui fait le coin du bowling Gongti 100, et frapper à la très haute porte blanche se trouvant au milieu d'une façade de la même couleur. Ouvert de 11h30 à 14h30 et de 18h à 1h. Réservation fortement conseillée. Menu en anglais.
→ Les uns ne jurent que par l'extrême fantaisie d'un lieu dont l'agencement et le mobilier semblent tout droits sortis d'*Alice au pays des merveilles*, ainsi que le raffinement

de sa cuisine. Les autres trouvent l'endroit épouvantablement prétentieux et les portions vraiment congrues. Quel que soit votre camp, Green T. House est devenu une étape incontournable pour les Chinois fortunés et les hommes d'affaires occidentaux en quête de nouveauté. Vous pourrez en tous cas, indique le menu, y découvrir ce que signifie "The Art of Dining" *made in China* : une nouvelle cuisine chinoise, souvent préparée à base de feuilles de thé, très fine et présentée avec une réelle originalité. Attention : un repas dans cet antre des tendances pékinoises coûte facilement 300-400 ¥ par personne, et beaucoup plus si vous l'accompagnez de vin. **Autre adresse :** ceux pour qui toute cette extravagance est encore trop *mainstream* pourront essayer la G.T. House Living, une maison blanche posée sur des galets, située dans le quartier résidentiel de Shunyi, près de l'aéroport. ☎ 6434-2519. Ouvert de 11h30 à 14h30 et 18h à 23h.

LAN (兰)

4/F, Twin Towers B-12, Jianguomenwai Dajie, Chaoyang District
[Plan G-12] 朝阳区建国门外大街乙12号, LG双子座四层
☎ 5109-6012

Métro Yonganli ou Guomao. L'entrée se fait par le centre commercial au milieu des deux tours. Ouvert de 11h30 à 23h (1h30 pour la partie bar).

→ L'ouverture à la fin de l'année 2006 de ce tentaculaire restaurant-lounge de 6 000 m² de surface fut l'événement mondain de la saison. Le succès du Lan ne se dément pas depuis auprès d'une clientèle mixte chinoise et étrangère mais uniformément aisée. Probablement pas pour la cuisine servie ici (les spécialités asiatiques comme occidentales y sont plutôt décevantes), mais plutôt pour le très funky décor conçu

par la star française du design, Philippe Stark himself. Version renaissance baroque revisitée avec un amas de tableaux classiques aux lourds cadres dorés, moult tentures, chandeliers roses, têtes de rhinocéros et une tonne de bibelots. Compter au moins 250 ¥ par personne. Autre solution pour admirer ce lieu étonnant sans exploser son budget de vacances : aller prendre un verre dans la partie bar.

LE QUAI (有景阁) 好

Gate 12, Gongren Tiyuchang Nei, Chaoyang District
[Plan F-12] 朝阳区工人体育场内9号
台正对面
☎ 6551-1636

Le restaurant est situé exactement en face de la porte 12 du Workers Stadium, à l'intérieur de l'enceinte (le plus simple est d'entrer par la porte Ouest du stade et de le longer jusqu'à la porte 12). Ouvert de 11h à 14h et de 18h à 22h (mais 2h pour le bar).

→ C'est depuis plusieurs années l'un des restaurants-lounge favoris des "bobos" locaux. Pour le cadre : une antique maison de bois démontée dans la province de l'Anhui et réaménagée sur les bords du canal qui traverse l'enceinte du stade, et pour sa "nouvelle cuisine" cantonaise fraîche et fine. Le service est en outre efficace. Les prix sont assortis à ce bel ensemble : compter 150-200 ¥ par personne. La magnifique terrasse aménagée en 2007 est particulièrement prisée dès que les beaux jours reviennent.

Inclassable

FRIED BEAN COOPERATIVE (炒豆合作社)
4 Chaodou Hutong, dongcheng District
[Plan F-10] 东城区, 炒豆胡同
(宽街路口西北侧)
☎ 8401-6165

RESTAURANTS

Métro Zhangzizhong Lu. Dans le 1er *hutong* qui part vers l'ouest au nord du carrefour Kuanjie. Ouvert de 17h à 21h30.

→ Ouvert par une bande de copains dans un *siheyuan* moderne, cet établissement sert essentiellement des brochettes d'ailes de poulet marinées et grillées au barbecue, folie culinaire pékinoise de l'année 2007 (après le poisson *shuizhuyu* ou le cou de canard pimenté). Des brochettes servies ici dans des seaux à champagne, et pour lesquelles on peut choisir six degrés de force de piment ! A assortir de quelques plats froids ou d'une pizza maison. Mais c'est plutôt l'ambiance très locale et décontractée qui fait le charme du lieu. Ainsi que son cadre : aussi bien les salles colorées du bas l'hiver que le toit terrasse qui offre un point de vue original sur les *hutong* du voisinage pas encore rénovés pour les touristes. Sans oublier que les prix sont particulièrement doux : environ 30 ¥ par personne.

YINGXIONG SHANZHUANG
(英雄山庄)
[Plan E-11] 东城区东直门内大街181-1号
Métro Dongzhimen. Situé dans un renfoncement, juste à l'ouest d'un grand immeuble beige. L'enseigne (non traduite) est blanche avec des idéogrammes rouges. Ouvert de 11h à 24h. Le menu est sur les murs, en mandarin uniquement.

→ Un restaurant qui séduira sans aucun doute les inconditionnels des romans de *wuxia*, l'équivalent chinois des romans de cape et d'épée. Le jeune patron du lieu en fait partie et a voulu recréer ici l'ambiance taverne de montagne dans lesquelles les héros des romans d'autrefois (généralement des brigands champions d'art martiaux en lutte contre la tyrannie impériale) venaient reprendre des forces et vider des litres d'alcool de sorgho. Les serveurs y sont donc habillés en vestes traditionnelles de combat et s'adresseront à vous à grand renfort de citations classiques, tandis que les tables, les bancs, la vaisselle et l'ambiance chaleureuse sont fidèles à ceux qui peuplent les feuilletons télévisés en costume. Mais même si vous n'avez jamais lu *Au bord de l'eau* ni jamais entendu parler de Wusong, vous apprécierez sûrement la solide cuisine servie ici. Sans même vous tracasser pour le choix des plats : le patron se renseignera rapidement sur vos goûts alimentaires avant de composer lui-même votre menu (4 plats en moyenne si vous venez à deux). A arroser de *baijiu* maison ou de bière versée dans les petits bols de céramique qui faisaient jadis office de verre. Ce festin de héros chinois vous coûtera rarement plus de 40 ¥ par personne.

AUTRES CUISINES

Il n'y a pas si longtemps, on ne pouvait tester la cuisine non-chinoise à Pékin que dans les grands hôtels, à des prix assortis au nombre d'étoiles. Depuis quelques années, la palette des saveurs s'est considérablement élargie et la capitale chinoise offre aujourd'hui une pléiade de restaurants de tous les pays. Laissez-vous tenter par ceux d'Asie qui sont souvent très bons, et nettement moins chers qu'en Europe. Ce n'est pas toujours le cas pour les restaurants de cuisines occidentales, mais ces derniers restent tout de même utiles en cas d'overdose de sauce aigre-douce, ou de subits élans nostalgiques pour la cuisine de maman. Autre avantage : le menu de ces établissements est généralement traduit en anglais.

Fast-foods & Deli

McDonald et Kentucky Fried Chicken (appelés plus couramment "KFC" ici) sont omniprésents

Anaïs Martane

chaque année du terrain sur la millénaire culture du thé depuis le lancement de son plan d'invasion de la capitale chinoise en 1999. Non sans résistance d'ailleurs, comme l'a montré début 2007 le débat nationaliste qui enflamma alors les médias chinois autour du succès de fréquentation de la branche ouverte au sein de la Cité Interdite et sa "contamination" la culture chinoise. Il n'empêche, Pékin compte déjà presque une soixantaine d'enseignes Starbucks dans la plupart des centres et quartiers commerciaux, avec des horaires qui varient selon les quartiers et le type de clientèle. **Parmi les cafés les mieux situés pour les voyageurs :** Friendship Store (à côté de la porte Est. Ouvert de 6h30 à 24h) - Oriental Plaza (1/F, au bord de Chang'an Jie. Ouvert de 10h à 1h) – Lotus Lane (à la pointe Sud-Ouest du lac Shishahai, ouvert de 10h à 1h).

dans toute la ville, avec déjà près d'une centaine de restaurants pour chacun sur la municipalité de Pékin. Vous marcherez rarement plus de 15 minutes sans en trouver un. Du moins dans les quartiers un tant soit peu commerçants. Pizza Hut a également un certain nombre de restaurants, implantés dans les quartiers de sorties et shopping. Autres options pour un repas sur le pouce.

STARBUCKS (星巴克咖啡)

Pacific Century Plaza, Gongti Beilu, Chaoyang District
[Plan F-13] 朝阳区工体北路盈科中心1楼
☎ 6539-3501
Au coin du Pacific Department Store, à Sanlitun. Ouvert de 6h30 à 23h.
→ Rien de plus chic auprès des cols blancs locaux que d'y siroter un "latte" ou un Capuccino en grignotant un croissant au jambon ou une part de cheese-cake. Cette chaîne américaine de cafés branchés gagne

PANINO TECA

1 Sanlitun Beixiaojie, Chaoyang District
[Plan E-12] 朝阳区三里屯北小街1号
☎ 8454-1797
Proche du croisement avec Sanlitun Xiliujie, au nord de l'avenue Dongzhimenwai. Ouvert de 9 à 22h.
→ Authentiques sandwichs italiens préparés sur place avec du pain maison. Avec également une sélection de salades et de desserts, à déguster dans la sobre salle de ce café chic ou sur les quelques tables disposées dehors l'été.

Occidental Mix

ALAMEDA

Nali Market, Sanlitun Lu, Chaoyang District
[Plan E-12] 朝阳区三里屯酒吧北街
(工行对面)
☎ 6417-8084
Coincé tout au fond du petit Nali Market,

lui-même situé dans une ruelle qui part vers l'est de la rue des bars de Sanlitun, environ 150 m au nord de Gongti Beilu. Ouvert de 12h à 15h puis de 18h à 22h30 (23h le week-end). Réservation à faire 2-3 jours à l'avance.

→ La patronne et cuisinière en chef brésilienne de ce restaurant-verrière tout en longueur propose une carte d'inspiration méditerranéenne différente à chaque repas et concocte des alliances de saveurs si originales que les lecteurs du magazine *That's Beijing* lui ont décerné le très convoité titre de "meilleur restaurant de Pékin" pour la 3e année consécutive en 2007. Tarifs : 60 ¥ par personne à midi pour une entrée et un plat au choix (sauf les déjeuners du week-end, à la carte), 158 ¥ le soir pour la même chose.

SCHILLER'S 2 (大明西餐厅)
1 Liangmahe Nanlu, Chaoyang District
[Plan E-12] 朝阳区亮马河南路1号
☎ 6464-9016
En face du Capital Mansion, du côté sud du canal. Ouvert de 10h à 0h30.

→ Une institution auprès des expatriés de la ville, qui lui sont fidèles depuis des années pour sa cuisine européenne réussie (notamment de très bons steaks) et servie en portions généreuses. Sans oublier son *beergarden* au bord du canal l'été. Compter autour de 100 ¥ pour un repas, avec viande.

VINEYARD CAFE (葡萄园儿)
31 Wudaoying Hutong, Dongcheng District
[Plan E-10] 东城区五道营
☎ 6402-7961
Métro Yonghegong. Partir du croisement entre le 2e périphérique Nord et Yonghegong Dajie. Au bout de 20 m, prendre le *hutong* qui part vers l'ouest. Le restaurant sera 150 m plus loin, sur votre droite. Ouvert de 11h à 23h.

→ Un restaurant-café dans un *siheyuan* à la déco très contemporaine où vous pourrez laisser libre cours à vos fringales de cuisine familiale à l'européenne : salades, soupes, pâtes, pizzas, patates au four etc. Les portions sont copieuses et tout est bon. Compter environ 80 ¥ pour un repas complet. Le week-end, les affamés seront peut-être tentés par le copieux English Breakfast (60¥).

W WINE & DINE
22-1 Dongzhimenwai Dajie, Chaoyang District
[Plan E-12] 朝阳区东直门外大街22-1号
☎ 6416-9838
Métro Dongzhimen. Du côté sud de l'avenue, à peu près en face de l'ambassade du Canada. Ouvert de 11h30 à 4h30 et de 18h à 22h30.

→ Le lieu est sobre et chic (version noir-blanc-violet), la vaisselle est jolie et le service attentionné. Mais le meilleur est dans les assiettes. On vous servira ici une "cuisine européenne contemporaine", selon la devise de ce restaurant ouvert par un Bruxellois. Le meilleur de l'Europe, il faut croire, car les mélanges expérimentés par le chef sont très réussis. Compter au moins 150 ¥ par personne à la carte. A midi, la maison propose un menu à 88 ¥ qui est l'un des meilleurs rapports qualité prix de la ville (verre de vin et café compris). Vous ne vous en lasserez même pas : il change toutes les semaines.

Amérique du Nord

La vaste majorité des bars de Sanlitun offrent le même menu, largement inspiré des diners américains, et à des tarifs sensiblement équivalents: autour de 25 ¥ pour une salade composée et 40 ¥ pour un burger ou des spaghettis. Autres solutions.

GRAND'MA'S KITCHEN (祖母的厨房)
47-2 Nanchizi Dajie, Dongcheng District
[Plan G-10] 东城区南池子47-2号
☎ 6528-2790

Métro Tiananmen Dong. Au carrefour de Donghuamen (porte Est de la Cité interdite), aller vers le sud sur environ 150 m jusqu'à la façace grise avec auvent beige du restaurant, du côté ouest de la rue. Ouvert de 8h à 22h.

→ Comme son nom l'indique, un établissement très "home sweet home", qui sert une cuisine américaine familiale réussie (les habitués yankees vous le confirmeront). De la taco-salad au hamburger texan, les portions sont ultra-copieuses. Et les desserts (*apple pie*, cheese-cake...) y sont particulièrement réputés. Compter 80 ¥ par personne. **Autre adresse :** 11 Xiushui Nanjie, derrière le Friendship Store, dans le quartier de Jianguomen (建国门外秀水南街甲11号) ☎ 6503-2893. Ouvert de 7h30 à 23h.

HARD ROCK CAFE (硬石餐厅)

Landmark Tower, 8 Dongsanhuan Beilu, Chaoyang District
[Plan E-13] 朝阳区东三环北路8号
亮马大厦西大堂
☎ 6590-6688, Ext. 2571

Juste au nord du Sheraton Hotel, en bordure du 3e périphérique Nord-Est (côté est). Ouvert de 11h30 à 22h30 (2h pour la partie club).

→ Comme dans la plupart des Hard Rock Café de la planète, vous ne pourrez pas manquer la voiture encastrée au-dessus de sa porte d'entrée. Son ouverture en 1995 avait créé l'événement auprès de la communauté expatriée, car on comptait alors sur les doigts d'une main les endroits proposant une salade décente ou un steak digne de ce nom. Sans parler de *nachos* ou de *brownies* à la crème anglaise. La concurrence fait rage depuis, mais le Hard Rock Café continue à drainer une clientèle de plus en plus chinoise. Comptez dans les 150 ¥ par personne.

OUTBACK STEAKHOUSE (澳拜客牛排)

1/F, Beijing Hotel, 33 Dong Chang'an Jie, Dongcheng District
[Plan G-10] 东城区东长安街33号
北京饭店1楼
☎ 6528-2858.

Métro Wangfujing. Juste au coin sud de la rue piétonne de Wangfujing. Ouvert de 11h à 14h et 17h à 23h en semaine, et de 11h à 23h le week-end.

→ En cas d'envie irrépressible d'un juteux steak à l'américaine, cette chaîne venue tout droit des côtes de Floride est l'endroit qu'il vous faut. Dans la plus pure tradition des restaurants de quartier new-yorkais, vous vous retrouverez dans des petits boxes de bois aux banquettes de moleskine rouge à déguster un *T-bone steak* ou une rangée de *spare ribs* grillés accompagnés de *cheese fries* australiennes, de beignets d'oignons ou d'une salade géante. Avant de vous achever par un cheese-cake ou une coupe de glace avec chantilly et chocolat fondant. Voire par l'un des 240 cocktails que le bar dit proposer. Mais les caprices culinaires en Chine ont un prix : vous vous en tirerez difficilement à moins de 200 ¥ par personne pour un repas complet. **Autre adresse :** Sanlitun (porte nord du Workers Stadium ☎ 6506-5166. Ouvert de 11h à 14h et 17h à 22h30 en semaine, et de 11h à 22h30 le week-end, avec un comptoir de snacks à emporter qui fonctionne jusqu'à 3h).

Amérique du Sud

MEXICAN WAVE (墨西哥餐厅)

Dongdaqiao Lu, Chaoyang District
[Plan G-12] 朝阳区东大桥路
(贵友商场北200米)
☎ 6506-3961

Métro Yong'Anli. Situé environ 200 m au nord du Guiyou Department Store, du côté est de la rue. Ouvert de 11h à 24h.

→ Le premier restaurant mexicain ouvert

à Pékin au milieu des années 90, et qui continue à attirer les amateurs de tortillas et de *fajitas*, toutes nationalités confondues. La salle est colorée à souhait et la verte terrasse de l'entrée est très prisée l'été. Compter 60-80 ¥ pour un repas.

RIO BRAZILIAN BBQ (里约巴西烤肉餐厅)
5-9-1 Dongzhimennei Dajie,
Dongcheng District
[Plan E-11] 东城区东直门内大街
5号楼9-1号
☎ 8406-4368
Métro Dongzhimen. Il est situé dan la rue Guijie, environ 100 m à l'ouest du rond-point de Dongzhimen, du côté nord de la rue. Ouvert de 11h à 14h30 et de 17h30 à 24h.

→ Une adresse pour les gros appétits carnassiers au portefeuille aplati, car ce restaurant propose des grillades brésiliennes et un buffet à volonté pour 48 ¥ à midi et le soir, boissons non-alcoolisées non comprises, et 58 ¥ si vous voulez tester la bière maison en prime.

Asie du Sud & du Sud-Est

CAFE SAMBAL 好
43 Doufuchi Hutong, Jiu Gulou Dajie,
Xicheng District
[Plan E-9] 西城区旧鼓楼大街
豆腐池胡同43号
☎ 6400-4875
Métro Gulou Dajie. Remonter la rue Jiugulou Dajie, et tourner à droite dans le 4e *hutong* au nord, à compter du croisement avec Gulou Xidajie. Ouvert de 12h à 24h. Réservation conseillée le soir.

→ Ce restaurant-bar bien connu des initiés (ceux qui ont réussi à le trouver) a été aménagé avec simplicité et originalité dans une maison et sa cour tout en longueur. L'accueillant patron-designer des lieux, Cho Chong Gee, est originaire de Singapour et

sert ici une cuisine malaise et indonésienne authentique et savoureuse, avec une carte qui change au gré des saisons et de ses inspirations. Avec pour les gourmands une petite sélection de desserts asiatiques (à base de coco ou banane). Compter autour de 80-100 ¥ par personne.

JAVA & YANGON
Sanlitun Xiwujie, Chaoyang District
[Plan E-12] 朝阳区三里屯西五街
☎ 8451-7489
Il est situé dans la rue qui passe derrière l'ambassade d'Allemagne et est mitoyen du restaurant Gold Barn. Ouvert de 12h à 14h30 et de 17h à 22h30.

→ Un petit restaurant feutré ouvert par un Indien qui s'est donné l'exotique mission de faire découvrir les saveurs indonésiennes et birmanes aux habitants de Pékin. Pour ceux que la chose intrigue mais qui ne savent que choisir dans l'interminable carte du lieu, un économique "set menu" à 38 ¥ est proposé en semaine.

LEMON GRASS (柠檬菜)
17 Jianguomenwai Dajie, Chaoyang District
[Plan G-12] 朝阳区建国门外大街17号
☎ 6591-3100
Métro Jianguomen. Il est situé 50 m au nord de l'entrée du supermarché du Friendship Store. Ouvert de 11h à 23h.

→ Ce petit restaurant de cuisine thaï et indienne est particulièrement célèbre pour sa formule buffet de midi (du lundi au vendredi et entre 11h30 et 14h uniquement) : 38 ¥ par personne pour un succulent et copieux déjeuner, comprenant une boisson. Le soir, un repas à la carte vous coûtera autour de 70 ¥ par personne.

MIRCH MASALA (马沙拉之香)
60-2 Nanluoguxiang, Dongcheng District

[Plan E-10] 东城区南锣鼓巷60-2号
☎ 6406-4347

Métro Beixinqiao. Situé au milieu de Nan-luoguxiang, côté est de la ruelle. Ouvert de 11h à 22h.

→ Solide et économique cuisine indienne en plein vieux Pékin. La salle est petite mais aussi chaleureuse que son patron venu tout droit de Delhi. Compter autour de 80 ¥ par personne. A midi, plusieurs menus au choix entre 25 et 48 ¥.

MUSE (妙)

Chaoyang Gongyuan Ximen, 1 Nongzhan Nanlu, Chaoyang District
[Plan E-13] 朝阳区农展南路1号,
朝阳公园西门
☎ 6586-3188

Proche de la porte Ouest du parc Chaoyang. Ouvert de 11h à 23h30.

→ Une "brasserie" franco-vietnamienne aux murs laqués de rouge et à la déco déclinée en noir, blanc et rouge qui sert une cuisine indochinoise raffraîchissante et bon marché : un repas y coûte rarement plus de 50 ¥ par personne. Parmi les fiertés de la maison : les rouleaux de printemps "Saigon" aux crevettes, la salade au poulet et les pâtes au curry.

NAM NAM (那么那么)

7 Sanlitun Lu, Chaoyang District
[Plan E-12] 朝阳区三里屯路7号
(小友谊超市旁)
☎ 6468-6053

Une devanture jaune au coin du tout petit Friendship Store de Sanlitun, dans le prolonge-ment de la rue des bars du nord (environ 100 m au nord du croisement avec Dongzhimenwai Dajie). Ouvert de 10h30 à 22h30.

→ Cet établissement de deux étages décoré dans un style colonial revisité est considéré par beaucoup comme le meilleur restaurant

vietnamien de la ville. Ingrédients très frais et plats présentés avec simplicité mais un goût très sûr.

PINK LOFT (粉酷东南亚新菜)

6 Sanlitun Nanlu, Chaoyang District
[Plan F-12] 朝阳区三里屯南路6号
☎ 6506-8811

Dans le prolongement sud de Sanlitun Lu, guetter le néon rose. Ouvert de 11h00 à 1h.

→ Comme son nom le suggère, des murs aux planchers, en passant par les coussins de satin, les nappes, les serviettes ou les uniformes des serveurs, tout ici est résolument rose bonbon. Le reste de la déco de ce gigantesque et funky restaurant de trois étages a été déclinée en noir, verre et bois, et l'ensemble est assez étonnant. La carte est extrêmement variée, et la cuisine thaï, indonésienne et indienne préparées par des chefs venus d'Asie du Sud-Est est succulente (ne manquez pas leur célèbre Mafia Salad, des rouleaux de printemps façon thaï à confectionner soi-même avec des feuilles de laitue et toutes sortes de condiments). Compter 80-100 ¥ par personne.

SERVE THE PEOPLE (为人民服务)   好

1 Sanlitun Xiwujie, Chaoyang District
[Plan E-12] 朝阳区三里屯西五街1号
☎ 8454-4580

Du côté est de la rue des restaurants qui passe derrière l'ambassade d'Allemagne, et juste en face de celle d'Espagne. Ouvert de 11h à 22h30.

→ Une façade saumon et un nom en clin d'œil malicieux aux slogans révolutionnaires qu'affectionnent les dirigeants chinois. Dans la salle tout en longueur, un éclairage très doux et une musique discrète font contrepoids au feu de la cuisine thaï de l'établissement. Vous trouverez tous les classiques thaïs : salade de bœuf pimentée, pat-thai, soupe poulet-noix de coco, et currys variés. Du moins si vous arrivez à trouver une table libre, car l'endroit est pris d'assaut tous les jours par une clientèle mixant cadres chinois et expatriés. Compter environ 80 ¥ par personne pour un repas.

THE TAJ PAVILLION
(北京泰姬楼印度餐厅)
L-128 West Wing, China World Trade Center, 1 Jianguomenwai Dajie, Chaoyang District. [Plan G-13] 朝阳区建国门外大街1号
☎ 6505-5866.
Métro Guomao. Sur la façade Ouest (côté Jianguomen) du China World, juste à côté du Kentucky Fried Chicken). Ouvert de 11h30 à 14h30 et de 18h à 22h30.
→ L'entrée n'attire pas forcément les regards, mais cet établissement qui sert tous les classiques indiens est un véritable *hub* d'expatriés et de yuppies chinois et est considéré comme l'un des meilleurs restaurants indiens de la cuisine. Compter autour de 120 ¥ par personne.

France

CAFE DE LA POSTE (云游驿)
58 Yonghegong Dajie, Dongcheng District [Plan E-10] 城区雍和宫大街58号
☎ 6402-7047
Métro Beixinqiao ou Yonghegong. Situé environ 300 m au nord du carrefour Beixinqiao, côté Est de la rue. Ouvert de 8h à tard le soir.
→ Ce petit restaurant au cadre minimaliste a été ouvert par un jeune Auvergnat de toute évidence amateur de bœuf (aliment qui compose une grande partie de la carte, en version carpaccio ou steak). Il fait, depuis son ouverture en 2006, le bonheur d'une communauté française particulièrement bien représentée dans ce quartier de *hutong*

et qui constitue l'essentiel de sa clientèle. Si, au cours de vos vacances, vous êtes pris d'une subite envie de bavarder avec quelques compatriotes autour d'un pastis bien tassé, c'est l'endroit. D'autant que les tarifs sont raisonnables dans les assiettes (compter autour de 100 ¥ pour un repas copieux) comme dans les verres (la pression comme le café coûtent 10 ¥, le verre de rouge commence à 25 ¥). Pour les nostalgiques du croissant trempé dans un petit noir serré, la maison sert également des petits-déjeuners.

CARIBOU (驯鹿餐厅) 好
32-A Qianliang Hutong, Dongcheng District [Plan F-10] 东城区东四北大街
钱粮胡同32-A号
☎ 8402-1529
Métro Dongsi ou Zhangzizhong Lu. Partir du carrefour entre Ping'an Dajie et Dongsi Beidajie et se diriger vers le sud sur environ 800 m. Vous devrez tourner à droite dans le 6e *hutong*, qui fait le coin avec un lumineux restaurant de grillades coréennes. Le café est ouvert du mardi au dimanche, de 11h à 23h, la cuisine fonctionne de 11h à 14h et de 17h à 22h.
→ C'est le genre d'adresse méconnue qu'on aimerait garder pour soi de peur que les choses y changent trop vite. Trêve d'égoïsme, car ce minuscule café-restaurant perdu dans un *hutong* de Dongsi est l'une des meilleures tables françaises de Pékin. Le fruit du talent culinaire de son patron Leung Ka-fai, ancien photographe hongkongais passé aux fourneaux après un séjour de plusieurs années en France. Et du plaisir qu'il semble prendre à confectionner des plats frais, inattendus et savoureux pour ses clients. Les prix sont en outre un peu inférieurs à ceux pratiqués dans les autres restaurants français de la ville (compter autour de 80 ¥ par personne). Seul bémol : le chef étant le plus

RESTAURANTS

souvent seul en cuisine, il vaut mieux ne pas arriver au Caribou affamé, ni pressé. Vous attendrez ainsi en moyenne 20 minutes pour les entrées et 40 minutes avant de déguster les moelleuses côtelettes d'agneau au four accompagnées de couscous, l'une des fiertés de la maison. Vous pourrez en profiter pour ajouter votre signature aux graffitis au feutre noir qui recouvrent déjà les murs blancs du restaurant. N'oubliez pas de gardez une petit place pour les desserts : la crème brûlée est exquise et le flan fourré au chocolat fondu à se damner !

FLO (福楼)

2/F, Longbo Guangchang,
16 Dongsanhuan Lu, Chaoyang District
[Plan E-13] 朝阳区东三环路16号
隆博广场二楼
☎ 6595-5139

Situé au 2e étage du complexe Rainbow Plaza, au bord du 3e périphérique Est, juste à l'est de Sanlitun. Ouvert de 11h à 15h et de 18h à 23h.

→ La principale branche pékinoise de cette célèbre brasserie prépare une cuisine française authentique, même si elle est sans surprises. Huîtres fraîches directement importées de l'Atlantique (pour le week-end car l'arrivage est généralement le vendredi), foie gras, choucroute et une impressionnante carte de desserts. Evidemment, ce n'est pas donné (autour de 200 ¥ par personne). Mais si vous êtes en manque, Flo propose à midi un menu à environ 90 ¥.

MOREL'S (莫劳龙玺西餐)

Hongwu Building, 1 Xinzhong Jie,
Gongti Beilu, Dongcheng District
[Plan F-12] 朝阳区新中街红五楼1-2号
工人体育馆北门对面
☎ 6416-8802

Métro Dongsishitiao. Visez la grande enseigne vert amande, juste en face de la porte Nord du Workers Gymnasium (celui qui est couvert). Ouvert du mardi au dimanche, de 10h à 1h.

→ Ce café-restaurant a été ouvert par un restaurateur belge, et sert donc des spécialités du plat pays. Notamment des bières, des moules-frites, et des gaufres agrémentées de sirop, de chantilly ou de fruits rouges à vous faire jeter par-dessus les moulins vos plus sérieuses résolutions de régime. Morel's propose en outre une sélection de plats plus typiquement français , impeccablement mitonnés : saumon fumé, foie gras, salades diverses, grillades, steak tartare et autres plats en sauce. Les portions sont conséquentes, dans une salle à l'ambiance feutrée d'Europe du Nord : comptoir de brique, étagères en fer forgé, nappes à carreaux vert et blanc. Les Pékinois l'ont bien compris : l'endroit est régulièrement bondé. Compter autour de 150 ¥ par personne. **Autre adresse :** Liangmaqiao Lu (mitoyen du Liangma Antique Market ☎ 6437-3939).

LE PETIT GOURMAND (小美食家)

3/F, Tongli Studio, Sanlitun Beijie,
Chaoyang District
[Plan E-12] 朝阳区北三里北街, 同里三层
☎ 6417-6095

Le restaurant est au 3e étage du complexe Tongli, mitoyen du centre commercial 3.3 (côté Ouest). Depuis la rue des bars de Sanlitun, prendre la 1re ruelle qui part vers l'ouest 150 m au nord du carrefour avec Gongti Beilu, puis la 1re ruelle à droite. Ouvert de 9h30 à 24h.

→ Une chaleureuse salle et sa petite terrasse en plein Sanlitun et une carte variée qui va des plats du terroir aux crêpes bretonnes en passant par... un bon couscous maison (légumes, mouton ou poulet). Compter environ 100 ¥ par personne.

Japon & Corée

HAITANGHUA (海棠花平壤冷面馆)

8 Xinyuan Xili Zhongjie, Chaoyang District
[Plan D-12] 新源西里中街8号
☎ 6461-6295

Environ 300 m au nord du Yuyang Hotel, du côté ouest de la rue. Ouvert de 11h30 à 14h30 et de 17h30 à 23h30. Pas de menu en anglais.
→ Autant le savoir avant de décider d'y mettre les pieds (par curiosité) ou de passer son chemin (par principe) : ce restaurant d'apparence quelconque fait partie des quelques établissements ouverts dans la ville de Pékin par le gouvernement de ce pays hautement mystérieux et controversé qu'est la Corée du Nord. Vous pourrez y déguster tous les classiques de la péninsule coréenne : soupes de nouilles froides (冷面) et autres grillades (烤肉) que la majorité des Nord-Coréens ont probablement rarement l'occasion de seulement renifler. Vous y aurez également droit au sourire timide de serveuses en robe-cloche tout droit venues de Pyongyang et qui n'ont visiblement pas le droit de discuter trop longuement avec les clients (elles ne parlent de toute façon que quelques phrases de mandarin ou d'anglais). Les vrais amateurs pourront même repartir avec une bouteille d'alcool local ou des CD de chansons patriotiques nord-coréennes en vente au bar. Compter 50 ¥ par personne, le double si vous prenez des grillades.

HANNASHAN (汉拿山)

45 Xianyang Jie, Chaoyang District.
[Plan E-12] 朝阳区新源街45号
☎ 8451-8881

Au niveau du Huadu Hotel et du Capital Mansion, remonter vers le nord sur 200 m. Vous ne pourrez pas manquer l'immense façade vitrée du restaurant, situé du côté ouest de la rue. Ouvert de 11h à 23h.

Réservation conseillée.
→ Une chaîne sud-coréenne de restaurants qui plait tellement aux Pékinois qu'elle y recense déjà 12 branches souvent bondées (attendez-vous à faire la queue à l'heure du dîner). Vous y trouverez tous les classiques coréens : riz *banfan* cuit dans un caquelon de fonte à mélanger avec un œuf, des légumes et une sauce épicée (拌饭), nouilles froides, et bien sûr de la viande en lamelles saisies sous vos yeux sur une plaque de barbecue. Sans oublier les entrées diverses qui sont offertes dans tous les restaurants du genre. Les tarifs sont raisonnables pour la qualité : environ 80 ¥ par personne, moins si vous faites l'impasse sur les grillades.

HATSUNE (隐泉日本料理)

A8, Guanghua Lu, Chaoyang District
[Plan G-13] 朝阳区光华路甲8号
☎ 6581-3939

Métro Guomao ou Dawanglu. Sur Guanghua

Anaïs Martane

Lu, 500 m à l'est du 3ᵉ périphérique Est, côté sud de la rue. Ouvert de 11h30 à 14h et de 17h30 à 22h (dernière commande à 21h40).

→ Ouvert par un Sino-Américain converti aux sushis, ce restaurant désemplit rarement. Les lignes pures de la déco tout en bois et verre dépoli, dans le plus pur style zen japonais, y sont probablement pour quelque chose. Mais Hatsune est surtout considéré par les connaisseurs en la matière comme le meilleur sushi-bar de Pékin. Si vous vous sentez donc en appétit de bouchées fines de saumon mariné et petits légumes confits enrobés de riz parfumé, ou juste une envie de côtoyer une faune cosmopolite dans un cadre minimaliste, c'est l'endroit. Grand choix de sushi *rolls*, les fiertés de la maison étant le *Caterpillar roll*, le *Dynamite Roll* ou encore le *Marilyn Monroll* ! Compter au minimum 100 ¥ par personne, ou viser le menu à 65 ¥ du déjeuner. La même maison a ouvert dans le sous-sol du même immeuble un étonnant restaurant-labyrinthe bétonné et spécialisé dans les grillades et le *hutong* japonais : Kagen (☎ 6583-6830. Ouvert de 11h39 à 14h et de 17h30 à 22h).

CHARCOAL BAR (烤吧)

Jingyu Hotel, Wanzhuang Lu, Haidian District
[Plan A-7] 海淀区五道口王庄路 (亲裕宾馆内)
☎ 6234-9997

Métro Wudaokou. Sur Wangzhuan Lu, passer l'entrée du Xijiao Hotel et poursuivre tout droit jusqu'au carrefour en "T", entrer dans le complexe du Jingyu Hotel. Le restaurant sera le second sur votre droite (la façade est gris foncé avec des idéogrammes rouges). Ouvert de 10h30 à 0h30.

→ Ce "bar à grillades" au cadre contemporain (version sombre : murs, tables et chaises noires et cheminées à grillades grises) était considéré en 2007 comme l'un des meilleurs parmi les dizaines de petits restaurants

coréens dont regorge le quartier de la Beijing Language & Culture University. L'ambiance y est souvent animée le soir par d'immenses tablées d'étudiants de toutes nationalités venus fêter un départ, un anniversaire ou simplement se régaler. Compter 60 ¥ par personne.

MATSUKO (松子日本料理)

Beisanhuan Donglu, Chaoyang District
[Plan F-13] 朝阳区北三环东路百家庄乙22号
☎ 6582-5208

Sur le bord extérieur du 3ᵉ périphérique Est, à peu près en face du TGI Fridays. Ouvert de 11h30 à 14h et de 17h à 22h30.

→ L'un des restaurants nippons les plus encensés par les Japonais eux-mêmes pour sa nourriture fraîche et authentique, notamment ses fondants sashimis. Compter 100-150 ¥ par personne.

PEOPLE 8 (人间玄吧) 好

18 Jianguomenwai Dajie, Chaoyang District
[Plan G-12] 朝阳区建国门外大街18号 (赛特饭店南门)
☎ 6515-8585

Situé en face de la porte Sud du Scitech Hotel, à droite du renfoncement partant au niveau des bosquets de bambous. Ne pas se laisser intimider par la sombre porte d'entrée vitrée, elle s'ouvrira d'elle-même si vous vous approchez suffisamment près. Ouvert de 11h30 à 14h30 et de 17h20 à 23h.

→ Le cadre noir et blanc très design de cette immense salle et de sa mezzanine, plongées dans l'obscurité le soir, à l'exception de quelques spots éclairant le centre des tables et les bambous tapissant les murs, vaut déjà le détour. La nouvelle cuisine japonaise et les inventifs cocktails qui y sont servis également. Un établissement très apprécié des yuppies de toutes nationalités qui peuplent ce quartier d'affaires. Compter au moins 200 ¥ par personne pour le dîner, mais 28 ¥ seulement pour le set menu du déjeuner.

Méditerranée

1001 NIGHTS (一千零一夜)
Gongti Beilu, Chaoyang District
[Plan F-12] 朝阳区工体北路
☎ 6532-4050
Juste en face du Pacific Department Store, à Sanlitun. Ouvert de 11h à 2h.
→ Le plus ancien restaurant libanais de la capitale a contré la concurrence des dernières années avec un redoutable spectacle de danseuses du ventre venues du Xinjiang et d'Ouzbekistan qui démarre vers 20h. Vous aurez en tout cas sûrement du mal à choisir sur la très longue carte. Pensez tout de même à garder une petite place pour les délicieuses pâtisseries dégoulinantes de miel. Compter 80 ¥ par personne.

ASSAGGI (尝试)
1 Sanlitun Beixiaojie, Chaoyang District
☎ 8454-4508
[Plan E-12] Situé dans la rue qui longe la façade Est de l'ambassade d'Allemagne et va vers le canal de Liangmaqiao, du côté est de la rue, juste avant la superette Jenny Lou. Ouvert de 12h à 14h et de 18h à 22h30 (dernière commande).
→ Outre une cuisine italienne assez raffinée et un service impeccable, l'intérêt est ici le lieu : un bel espace vitré, un mobilier épuré et une agréable terrasse sur le toit pour l'été. Compter au moins 150 ¥ par personne.

ASHANDI (阿仙蒂)
Gongren Tiyuguan Beimen, 168 Xinzhongjie, Dongcheng District
[Plan F-12] 东城区工人体育馆北门
新中街168号

☎ 6416-6231
Métro Dongsishitiao. Une façade beige clair, juste en face de la porte Nord du Workers Gymnasium, à Sanlitun). Ouvert de 11h30 à 14h et de 18h à 23h.
→ Une cuisine espagnole authentique, des menus qui changent avec les saisons, mais les classiques comme le gaspacho ou la paella sont évidemment disponibles toute l'année. Tarifs moyens : 150 ¥ par personne.

BITEAPITTA (吧嗒饼)
30 Tianzi Lu, Chaoyang District
[Plan D-13] 朝阳区将台乡天泽路甲30号
☎ 6467-2961
Situé à l'intérieur de la Super Bar Street de Nuren Jie, au nord-est du Lufthansa Center. Ouvert de 10h à 22h (23h le week-end).
→ Ce restaurant-cafétéria végétarien au design acidulé propose des spécialités d'Israël : fondants shawarma au poulet, croquants falafel, sandwich pita et autres salades citronnées. Tout est délicieux, et dangereusement bon marché : environ 30 ¥ par personne pour un repas copieux.

HUTONG PIZZA (胡同比萨)
9 Yingdingqiao Hutong, Dongcheng District
[Plan E-9] 西城区银锭桥胡同9号院
☎ 6617-5916
Prendre la ruelle qui part juste en face du petit pont Yingdingqiao de Houhai, et la descendre sur 150 m jusqu'à la première intersection. Le restaurant sera juste sur votre droite. Ouvert de 11h à 23h.
→ Ce petit restaurant lancé par un jeune Canadien propose des pizzas artisanales (carrées ou en version calzone), et quelques salades. Il assure également un service de livraison dans le quartier, pour la plus grande satisfaction des habitants de Houhai. Pour ceux qui préfèrent déguster leur pizza sur place, l'entrée de la salle se trouve légèrement

à gauche de la cuisine. N'oubliez pas d'aller admirer la sublime charpente ancienne de bois peint de la mezzanine.

LUCE 好

138 Jiugulou Dajie, Xicheng District
[Plan E-9] 西城区旧鼓楼大街138号
☎ 8402-4417.

Métro Gulou Dajie. Du côté est de la rue, environ 200 m au nord de Gulou Xidajie. Attention, la porte d'entrée est si discrète qu'on la manque facilement. La cuisine est ouverte de 13h à 22h30, le bar jusqu'à 24h.

→ Plats simples à midi (salades, pâtes et sandwichs). Le soir, la cuisine italienne servie dans un cadre minimaliste au sein d'une maison retapée du vieux quartier et sur un fond de musique jazzy est d'une étonnante finesse. Impeccable, donc, pour un dîner tranquille à deux (compter environ 80 ¥ par personne). A conclure par un expresso (8 ¥, imbattable dans le quartier), ou par un verre dans la partie lounge de l'établissement (appelé Luna) ou sur le toit-terrasse l'été. Le week-end, la maison sert un bon brunch à la carte.

METRO CAFE (美特糅餐厅)

6 Gongti Xilu, Chaoyang District
[Plan F-12] 朝阳区工体西路6号
☎ 6552-7828

Métro Dongsishitiao. Situé au sud de la rue qui passe entre le Workers Stadium (découvert) et le Workers Gymnasium (couvert), à Sanlitun. Ouvert du lundi au vendredi de 11h30 à 14h et de 17h30 à 22h, mais de 11h30 à 22h le week-end. Réservation conseillée.

→ L'un des vétérans des *pasta* à Pékin, qui reste toujours dans le vent auprès des expatriés et cols blancs chinois, qui y apprécient l'ambiance cosy, la jolie vaisselle bleue, le service efficace, et surtout le coup de spatule du chef. Vous trouverez en effet ici toutes les variétés de pâtes, de garniture et de sauces (à vous de choisir votre combinaison parmi les divers éléments proposés sur le menu). Et en attendant que vos pâtes soient bien *al dente*, laissez-vous tenter par les *brushetta* de la maison, qui sont à juste raison tout aussi réputés. Le tout vous coûtera autour de 80 ¥ par personne.

PASS BY (过客) 好

108 Nanluoguxiang, Dongcheng District
[Plan E-10] 南锣鼓巷108号
☎ 8403-8004

Métro Zhangzizhong Lu. Sur Ping'an Dajie, prendre le premier *hutong* partant vers le nord à l'ouest du carrefour Kuanjie. Guetter la grande porte rouge encadrée de lanternes rouges du côté est de la ruelle. La cuisine est ouverte de 10h à 24h.

→ Aménagé dans une ravissante et chaleureuse maison traditionnelle, ce café-bar et restaurant reste l'un des rares endroits du quartier de Nanluoguxiang où l'on peut déguster une succulente et abordable cuisine italienne : *bruschettas*, salades composées (avec une mention spéciale pour celle à l'aubergine grillée et à la ricotta), lasagnes et pâtes en sauces diverses et, bien sûr, des pizzas. Avec en vedette la *hutong pizza* aux brochettes de mouton légèrement épicées, spécialité absolue de la maison. Compter 80 ¥ par personne pour un repas copieux.

SERAFINO PIZZERIA (赛瑞菲诺)

14 Dongdaqiao Lu, Chaoyang District
[Plan G-12] 朝阳区东大桥路14号
☎ 6586-5837

Métro Yonganli. Du côté est de l'avenue, juste avant le coin avec Guanghua Lu. Ouvert de 11h à 23h30.

→ L'un des rares restaurants de la ville proposant une escapade culinaire dans les

Cyclades : *mezze*, salade grecque, *moussaka*, ainsi qu'une longue liste de "pizzas grecques" qui ressemblent étrangement à des pizzas italiennes… mais qui n'en sont pas moins très bonnes ! Le tout servi dans une petite salle aux murs recouverts de fresques colorées. Compter autour de 100 ¥ par personne.

Russie

MOSCOW RESTAURANT (莫斯科餐厅)
135 Xizhimen Waidajie, Xicheng District
[Plan E-7] 西城区西直门外大街135号
☎ 6506-3961
Métro Xizhimen. L'entrée est cachée derrière le Beijing Exhibition Center (façade Ouest), à quelques centaines de mètres à l'est du zoo. Ouvert de 11h à 23h (dernière commande).
→ Les fans de cinéma chinois reconnaîtront peut-être le décor de ce mythique restaurant ouvert à l'époque de l'amitié sino-soviétique, immortalisé par le réalisateur Jiang Wen dans son superbe film *In the Heat of the Sun*. Un lifting a vu le style stalinien, froid mais sobre, s'effacer pour faire place à un confort nettement plus kitch, avec canapés de velours rembourrés et glaces encadrées de dorures. Ce qui a également contribué à faire bondir les prix : compter au moins 150 ¥ par personne.

TRAKTIRR PUSHKIN 好
(彼得堡俄餐厅)
5-15 Dongzhimennei Dajie, Dongcheng District
[Plan E-11] 东城区东直门内大街5-15号
☎ 8407-8158
Métro Dongzhimen. Au milieu d'une série de restaurants, côté nord de la rue. Ouvert de 11h à 23h (spectacle entre 19h et 23h).
→ C'est l'un des favoris des expatriés ou diplomates russes (l'ambassade étant voisine), mais aussi des Occidentaux et des Chinois. Les amateurs de sensations slaves y apprécieront les salades, le *gulash*, le poulet à la Kiev, la soupe de champignons à la crème ou les toasts au caviar, qui sont tous très correctement exécutés et servis par de jeunes serveuses chinoises habillées en costumes traditionnel russes. Vous y trouverez aussi une sélection de plats plus largement occidentaux et un peu plus légers (tels que la salade au saumon fumé et à l'avocat) à des tarifs très raisonnables. Dans la grande salle du sous-sol, un groupe de chanteurs russes contribue le soir à partir de 21h à animer une ambiance déjà souvent survoltée par la vodka. Environ 100 ¥ par personne, vodka comprise.

Petits déjeuners & Brunchs

Nouilles sautées, tripes en sauce, soupe de riz ou beignet trempé dans un bol de lait de soja fermenté : vous avez un peu de mal à vous faire aux petits déjeuners chinois typiques ? Rassurez-vous, il y a quelques autres options à Pékin pour ne pas démarrer la journée le ventre vide. La plupart des grands hôtels proposent des formules de brunchs buffet généralement très bons, très copieux, mais souvent hors de prix (autour de 200 ¥). Autres solutions.

THE DEN (敦煌)
A4, Gongti Donglu, Chaoyang District
[Plan F-12] 朝阳区工体东路甲4号
城市宾馆北侧
☎ 6592-6290
Situé 20 m au nord de la porte d'entrée du City Hotel. Ouvert de 9h à 7h en semaine, 24h/24 le week-end.
→ L'un des brunchs les plus courus de la ville depuis des années. Une formule à 50 ¥, disponible tous les jours et à toute heure, comprend une délicieuse assiette garnie au choix avec un verre de jus d'orange et une

RESTAURANTS

boisson chaude (café ou thé). A savourer sur un fond musical jazzy.

GRAND'MA'S KITCHEN (祖母的厨房)
Voir page 194.
→ Des "breakfasts" à l'américaine sont ici servis à toute heure. Les pancakes aux fruits de la maison sont particulièrement célèbres.

HERE (这里酒吧)
97 Nanluoguxiang, Dongcheng District
[Plan E-10] 东城区南锣鼓巷97号
(中戏往北)
☎ 8401-4246
Il est situé environ 50 m au nord du croisement entre Nanluoguxiang et Beibingmasi Hutong, côté ouest du hutong. Ouvert de 9h à 1h.
→ Pour les lève-tard qui logent dans le quartier de Houhai : le petit-déjeuner standard composé d'œufs au bacon ou d'une omelette accompagné de thé ou café est peu original, mais il est relativement bon marché (30 ¥) et servi toute la journée dans un cadre coloré. Vous trouverez à peu de chose près la même chose pour à peine plus cher au Xiao Xin's Café voisin, ou au Pass-By, situé 400 m plus au sud dans la même rue.

THE ORCHARD (果园) 好
Shunhe, Shunyi District
孙河, 顺义区
☎ 6433-6270
Hors Plan. Situé dans un village proche de l'aéroport et de divers complexe de villas, dont Cathay View et Quanfa. Non desservi par les transports en commun. Le plus simple sera de demander à votre chauffeur de taxi d'appeler le restauramt afin d'avoir les instructions précises. Le buffet est ouvert entre 12h et 15h.
→ Le brunch-buffet organisé le dimanche dans ce magnifique restaurant niché au milieu d'un verger à la périphérie Nord-Est de la ville est considéré comme l'un des meilleurs rapports qualité prix de la ville (150 ¥ par personne). Evidemment, il faut aller loin pour le déguster, mais c'est justement l'occasion de sortir du centre-ville, de profiter de l'immense verger et de son étang à la belle saison… et de faire un tour dans la boutique du lieu, qui regorge de trésors : meubles, vêtements et bijoux de jeunes stylistes, produits organiques etc.

Voir également le Café de la Poste (page 198), Luce (page 203) et le Vineyard Cafe (page 194).

Flore-Aël Surun > Jeunesse > *Mad in China*, Tendance Floue

SORTIES CHINOISES

MAISONS DE THE

Elles sont revenues à la mode depuis une petite décennie, et on trouve un peu partout dans la ville ces lieux paisibles et souvent chic dédiés à la dégustation du breuvage national chinois. Petite sélection.

EATEA (留贤馆) 好

28 Guozijian Jie, Andingmennei Dajie, Dongcheng District
[Plan E-10] 东城区国子监街28号
☎ 8404-8539

Métro Yonghegong. Située 50 m à l'ouest en face du temple de Confucius. Ouvert de 9h à 23h.

→ Une grande salle paisible meublée avec goût et stratégiquement située en face de l'entrée du temple. Un prix forfaitaire de 40 ¥ par personne est proposé aux touristes étrangers, qui ont rarement le temps de lézarder une après-midi entière autour d'une tasse de thé comme le font les autochtones éclairés. Il vous suffira de choisir l'une des variétés de thé vert, oolong, blanc ou au jasmin présentée sur la carte des thés en anglais et de laisser les jeunes filles s'occuper du reste. Pour les véritables inconditionnels, la maison organise divers cours en anglais permettant de maîtriser l'achat d'un bon cru, la cérémonie du thé ou la confection de plats à base de thé.

GOLD BARN (仙踪林)

52 Sanlitun Nanlu, Chaoyang District
[Plan F-12] 东城区东单北大街69号
☎ 6502-5142

Situé dans le prolongement ud de la rue des bars de Sanlitun, environ 200 m après avoir passé l'avenue Gongti Beilu, du côté est de la rue. Ouvert de 11h à environ 1h30.

→ Concept maison de thé-bibliothèque feutrée, décorée avec un savant mélange de mobilier ancien et contemporain. Ouvert par la même maison que le restaurant sichuanais qui porte le même nom un peu plus au nord, cet établissement est l'un des endroits agréables du quartier pour causer tranquillement devant une tasse de thé chinois sur un fond musical relaxant.

MINGHUI TEAHOUSE (明慧茶馆) 好

Dajuesi, 9 Dajuesi Lu, Bei'anhe Xiang, Haidian District
海淀区北安河乡大觉寺路9号
☎ 6246-1567

Hors Plan. Situé à l'intérieur du temple Dajuesi, dans la banlieue proche de Pékin, au nord-ouest du palais d'Eté. Le plus simple est d'y aller en taxi (compter une bonne heure et environ 60 ¥). Si vous avez le temps, prendre le bus 933 qui part de Xizhimen jusqu'à son terminus (Wenquan), puis prendre un taxi (compter environ 10 ¥). Ouvert de 9h à 24h. Entrée du temple : 20 ¥.

→ Certes, c'est une expédition que d'arriver jusqu'au charmant temple Dajuesi, bâti sur un flanc de colline dans les montagnes qui bordent l'ouest de la ville, mais la Minghui Teahouse est probablement l'une des maisons de thé les plus agréables et les plus authentiques de la capitale. Nichée dans une cour carrée fleurie, et ornée de lanternes jaunes qui, la nuit, font écho aux reflets de la lune, elle en tout cas très appréciée des Pékinois connaisseurs. Le thé, confectionné ici avec de l'eau de source, y est de grande qualité et servi avec tous les tralalas de la cérémonie chinoise du thé. A partir de 150 ¥ une boîte de thé suffisante pour abreuver 5 ou 6 personnes, plus 20 ¥ par personne

SORTIES

Alain Le Bacquer

THES DE CHINE

Thé vert : ses longues feuilles ne subissent pas de fermentation avant torréfaction. Le *longjing* cha (龙井茶), originaire du Zhejiang, est l'une des variétés de thé vert les plus fines.

Thé noir : plus connu en mandarin sous le nom de thé "rouge" (红茶), il est fermenté avant d'être séché et est produit un peu partout.

Thé oolong : partiellement fermenté, très corsé, les différentes variétés de oolong (乌龙茶) sont essentiellement produites dans le Fujian, le Sichuan et à Taiwan.

Thé compressé : il est moulé en boules ou briquettes, plus faciles à transporter et à conserver. C'est le thé des minorités du Sud-Ouest, notamment le thé fumé *pu'er* (普洱茶).

Thé parfumé : les feuilles sont mélangées à des fleurs au cours du processus de transformation. Ainsi naît le célèbre thé au jasmin (茉莉花茶) ou le thé aux chrysanthèmes (菊花茶).

pour l'eau et le service. Vous pouvez également manger dans l'immense restaurant qui jouxte la maison de thé et qui sert une très bonne cuisine de la ville de Shaoxing. Si vous vous sentez d'humeur méditative, vous pouvez en outre passer la nuit dans les chambres aménagées tout en haut de l'enceinte du temple, au bord d'une terrasse et d'une source qui chantonne en dévalant la pente. Vous profiterez alors, si vous êtes suffisamment matinal, d'une enchanteresse balade dans le parc du temple avant son ouverture au public.

PURPLE VINE TEAHOUSE (紫藤庐茶馆)
Xihuamen, 2 Nanchang Jie, Xicheng District
[Plan G-9] 西城区南长街2号, 西华门
(故宫西门)
☎ 6606-6614
Elle est juste au coin sud-ouest de la porte Ouest de la Cité interdite. Ouvert de 11h à 23h.
→ Etablissement très calme, joliment décoré de paravents de bois et de meubles classiques. L'occasion de se remettre de vos heures de marche dans la Cité interdite. La maison sert également des plats du Dongbei. Compter environ 40 ¥ par personne pour un thé simple, un peu plus si vous y grignotez.

QIAOYING TEAHOUSE (桥影茶坊)
Building 6, Guanghua Xili, Dongdaqiao Lu, Chaoyang District
[Plan G-12] 朝阳区光华西里6号楼北侧路东 (贵友商厦北400米)
☎ 6593-3394
Métro Yonganli. Environ 400 m au nord du Guiyou Department Store, sur le même trottoir. Ouvert de 9h30 à 23h.
→ Une maison de thé-boutique aussi minuscule que ravissante, aménagée avec goût et originalité par une jeune Chinoise, fille d'un maître de thé dans la province du Fujian (d'où proviennent les meilleures variétés

de thé du pays) et passionnée elle aussi de culture du thé. Qiao Ying a toutefois entrepris de dépoussiérer cet art de vivre millénaire et conçu ici un décor étonnant, où se mêlent harmonieusement tradition et modernité chinoise. Elle propose également l'un des meilleurs choix de thé oolong, vert ou jasmin de qualité de la ville, à déguster tranquillement en taquinant les jeux de patience disponibles sur les étagères, et en grignotant des sucreries (prunes confites et autres petits gâteaux chinois) sur l'une des deux tables qui tiennent dans cet espace miniature.

RBT (仙踪林)

69 Dongdan Beidajie, Dongcheng District
[Plan G-10] 东城区东单北大街69号
☎ 6527-7896

Métro Dongdan. Du côté ouest de cette rue commerçante. Le logo en forme de lapin blanc sur fond vert pomme est facile à identifier. Ouvert de 10h à 1h. Accès Wi-F.

→ Une célèbre chaîne taiwanaise de maisons de thé (version cafétéria), qui compte une dizaine de branches tout autour de la ville. Le cadre champêtre et acidulé un brin kitsch (arbres artificiels, vignes de plastique et sièges balançoires en bois) a en effet su séduire les jeunes Pékinois, désormais convertis au thé au lait à la mode de Taiwan qui est servi ici à tous les parfums. Parmi les favoris : le *yuan yang* au café, et tous les thés très sucrés garnis de boules de gélatine qu'on aspire bruyamment avec une énorme paille (environ 20 ¥ le verre). La maison sert aussi des thés plus classiques – chauds ou glacés – ainsi qu'une sélection de plats et desserts occidentaux ou chinois. C'est enfin l'endroit où feuilleter les nombreux magazines locaux mis à la disposition des clients.
Autres adresses : Wudaokou (en face de la station de métro ☎ 8286-4378) – Xizhimen (à environ 50 m à l'est du zoo ☎ 8836-452).

SANWEI BOOKSTORE (三味书屋)

60 Fuxingmen Neidajie, Xicheng District
[Plan G-8] 西城区复门内大街60号
☎ 6601-3204

Métro Xidan. Situé à l'entrée du *hutong* qui part vers le sud, presque en face du Minzu Hotel et à 500 m à l'ouest du carrefour Xidan. La maison de thé est au 2e étage, au-dessus de la librairie. Ouvert de 13h à 22h (avec concerts de musique traditionnelle les vendredis et samedis soirs à 20h30).

→ Une institution pékinoise. Le cadre est traditionnel et idéal pour bouquiner sans être dérangé. Les prix sont en outre ultra doux : 20 ¥ par personne pour déguster un thé au jasmin, vert ou oolong, 25 ¥ pour un *babaocha* (八宝茶), le thé aux huit trésors.

SPECTACLES "CHINESE MIX"

Un mélange généralement destiné à présenter aux touristes les différentes facettes des arts de la scène chinois : extraits d'opéra de Pékin, numéros d'acrobates ou de kung-fu, sketches comiques ou danses folkloriques des minorités. L'avantage de ces spectacles prémâchés est qu'en une seule soirée, vous aurez un aperçu général de ce qui existe. Quitte à éventuellement approfondir la partie qui vous aura le plus séduite.

LAOSHE TEAHOUSE (老舍茶馆) 好

3 Qianmen Xidajie, Xuanwu District
[Plan H-9] 宣武区前门西大街3号
☎ 6303-6830

Métro Qianmen. Située 100 m à l'ouest du métro, sur l'avenue qui part vers l'ouest tout en bas de la place Tiananmen. Spectacle du lundi au samedi de 19h50 à 21h20, et le dimanche de 15h à 16h30. Réservation conseillée.

→ Ouverte en 1988 dans un bâtiment déjà désuet, avec une salle pouvant accommoder

SORTIES

60 tables, et flanquée de magasins de souvenirs, cette maison de thé est depuis des lustres l'un des favoris des tours operators et un brin trop fréquentée. Mais elle peut s'avérer commode pour ceux qui n'ont que peu de temps pour explorer la culture locale. Tarifs : de 60 à 180 ¥ en semaine et de 30 à 90 ¥ le dimanche en fonction de la place et du menu (thé et douceurs assorties).

ACROBATES

Les spectacles d'acrobatie, parfois désignés en France sous le nom de "cirque de Pékin", sont tout aussi essentiels dans l'histoire culturelle chinoise que l'opéra... et souvent plus convaincants pour des yeux (et des oreilles !) occidentaux que l'opéra. Longtemps très bon marché, ils sont depuis quelques années devenus assez onéreux. Mais quand on pense aux années d'entraînement et de tortures quotidiennes par lesquels les acrobates chinois doivent passer avant de pouvoir monter sur les planches...

CHAOYANG THEATER (朝阳剧院)
36 Dongsanhuan Beilu, Chaoyang District
[Plan G-13] 朝阳区东三环北路36号
☎ 6507-2421
Un peu au nord du Jingguang Center, de l'autre côté du 3e périphérique Est. Spectacle d'une heure à 17h15 et 19h15. Tarifs : de 180 à 580 ¥.

→ Ce spectacle fonctionne tous les soirs de l'année, et ce depuis des années. Autant dire qu'il est au point. Depuis les grands travaux réalisés dans le théâtre qui l'accueille et le dépoussiérage des décors et costumes, il a gagné en kitsch ce qu'il a perdu en charme (celui d'acrobates au justaucorps rapiécé qui réalisaient des pirouettes incroyables dans un décor peint à la gouache), car aujourd'hui, les paillettes rivalisent avec les néons mauves. Néanmoins, vous vous laisserez certainement prendre par la magie de numéros époustouflants réalisés par ces athlètes d'une sidérante souplesse, qui grimpent en grappes sur un vélo d'enfant, passent sans effort à travers un tube de 20 centimètres de diamètre, avant de jongler avec un service entier d'assiettes.

TIANDI THEATER (天地剧场)

10 Dongzhimennan Dajie, Dongcheng District
[Plan E-11] 朝阳区东直门南大街10号
☎ 6416-0757

Métro Dongsishitiao. Le théâtre est situé dans un petit bâtiment blanc flanqué d'une tour qui rappelle une tour de contrôle d'aéroport, dans la contre-allée longeant le 2e périphérique Nord-Est, 100 m au nord du Poly Plaza. Spectacle tous les soirs, de 19h15 à 20h30. Tarifs : 100 à 300 ¥.

→ Belle salle très centrale, qui est la base de la troupe nationale d'acrobatie, troupe considérée comme de bon niveau. Possibilité pour les fans (ou les plus jeunes ?) d'assister aux répétitions ou de visiter l'école d'acrobatie. Se renseigner au ☎ 6502-1614.

TIANQIAO ACROBATICS THEATER
(天桥杂技剧场)

Beiwei Lu Dongkou, Xuanwu District
[Plan I-9] 宣武区北纬路东口
(天桥剧场对面)
☎ 6303-7449

Un bâtiment gris de trois étages surmonté d'une enseigne lumineuse rouge, situé juste en face du Tianqiao Theater, à l'ouest du parc du temple du Ciel. Spectacle tous les soirs de 19h15 à 20h45. Tarifs : 180, 280 ou 380 ¥ (avec thé et quelques sucreries pour les places les plus chères).

→ Un antique théâtre, bâti en 1931 et remis en service après rénovation il y a quelques années pour accueillir la troupe des acrobates professionnels de Pékin. Le spectacle est assez similaire à celui de ses concurrents, et pratique pour ceux qui logent dans l'ouest de la ville.

ART MARTIAUX

THE LEGEND OF KUNG FU (功夫表演)

Red Theater, 44 Xingfu Dajie,
Chongwen District
[Plan I-11] 崇文区工人文化宫,
幸福大街44号, 红剧场
☎ 6714-8691

Métro Tiantan Dongmen. Prendre l'avenue qui part en face de la porte Est du parc Tiantan et la longer vers l'est sur plusieurs centaines de mètres, au coin du Tiantan Hotel, prendre Xingfu Dajie sur la gauche. Le Red Theater est, son nom l'indique, d'une couleur difficile à manquer. Tous les soirs, de 19h30 à 20h50. Entrée : de 180 à 680 ¥.

→ Un show à gros budget réalisé par plusieurs dizaines de combattants et danseurs de tous âges qui raconte, à grand renforts de magnifiques combats, l'apprentissage d'un jeune moine devenu grand maître de kung-fu.

Anaïs Martane

MUSIQUE TRADITIONNELLE

SANWEI BOOKSTORE (三味书屋)
Voir page 210.

Concerts tous les samedis, de 20h30 à 22h30. Entrée : 30 ¥.

→ Cette très jolie et paisible maison de thé est l'un des très rares endroits de Pékin où sont donnés depuis des années des concerts vraiment réguliers de musique traditionnelle chinoise. Réservation conseillée si vous souhaitez ne pas manquer cette rare occasion d'écouter des musiciens professionnels taquiner le *guzheng* (cithare chinoise), la *pipa* (petite mandoline) ou l'*erhu* (le violon local, à deux cordes) pour une soirée relaxante garantie.

OPERA DE PEKIN

Une composante essentielle de la culture chinoise, même si ce style théâtral n'est pas d'un abord facile pour la plupart des Occidentaux.

CHANG'AN THEATER (长安大戏院)
7 Jianguomennei Dajie, Dongcheng District
[Plan G-11] 东城区建国门内大街7号
☎ 6510-1310

Métro Jianguomen. Au fond du hall d'entrée du grand bâtiment blanc situé juste en face du Cofco Plaza. Spectacle quasiment tous les soirs à 19h30. Tarifs : 60 à 180 ¥ (les billets les plus chers incluant thé et confiseries à grignoter pendant le spectacle).

→ Salle moderne, sans charme, mais confortable. Spectacles de qualité, avec parfois des sous-titres en anglais.

HUGUANG GUILD HALL (湖广会馆)
3 Hufang Lu, Xuanwu District
[Plan I-9] 宣武区虎坊路3号
☎ 6351-8284

Métro Hepingmen. Du côté sud-ouest du carrefour Hufangqiao, au nord-ouest du temple du Ciel. Spectacle tous les soirs de 19h30 à 20h40.

→ Représentations d'opéra de Pékin dans un beau théâtre traditionnel. Tarifs : de 150 à 280 ¥, en fonction de la position de votre table, et de la variété du thé et des snacks qui vous y seront servis.

LAOSHE TEAHOUSE (老舍茶馆)
Voir page 210.

Tous les mercredis et vendredis, de 14h à 16h30. Tarif : 10 ¥.

→ Les vrais fans d'opéra se retrouvent ici autour d'une tasse de thé. Pour bavarder entre convertis, et écouter la douzaine d'amateurs inspirés et de professionnels talentueux qui se succèdent sur la petite scène pour vocaliser. Sans costumes ni maquillages. Juste pour le plaisir de chanter. Suffisamment rare pour que les long-nez en quête d'ambiances authentiques décident d'aller y faire un petit tour.

LIYUAN THEATER (梨园剧场)
Qianmen Hotel, 175 Yong'An Lu,
Xuanwu District
[Plan I-9] 宣武区永安路175号前门饭店内
☎ 8315-7297

Dans l'hôtel Qianmen, situé au nord-ouest du parc Tiantan. Spectacle tous les soirs de 19h30 à 20h40. Tarifs : 40 ou 60 ¥, et entre 150 à 280 ¥ si vous souhaitez être assis à une table, avec thé et snacks.

→ L'un des classiques spécialement formaté pour les touristes. C'est d'ailleurs là que la plupart des voyageurs en tours organisés viennent s'initier à l'opéra de Pékin. Via un florilège d'extraits des opéras les plus célèbres, avec un savant dosage des monologues chantés (les plus ardus pour les oreilles occidentales), et de combats

SORTIES

(nettement plus visuel). Avec des sous-titres en anglais sur un panneau lumineux au-dessus de la scène. Et en prime, le droit d'aller en coulisses assister à la séance de maquillage et se faire prendre en photo avec les artistes, si vous arrivez une demi-heure avant le début du spectacle.

SORTIES CULTURE

CINEMA

Films en V.O. ou Sous-titrés

CHERRY LANE MOVIES
Kent Center, Anjialou jie, Liangmaqiao, Chaoyang District
[Plan D-14] 亮马桥路29号, 安家楼肯特中心院内(高澜大厦红绿灯向北100米向东)
☎ 135-0125-1303
www.cherrylanemovies.com.cn
Au 3e feu rouge à l'est du Lufthansa Center, prendre la rue partant vers le nord entre la série des bars de Liangmaqiao et le Liangma Antique Market, puis continuer sur 100 m, jusqu'à l'entrée du petit complexe appelé Kent Center. Les séances ont lieu à l'intérieur du studio de photo, du côté gauche de la cour. Tous les vendredis et samedis à 20h. Tarif : 50 ¥ (cacahouètes et rafraîchissements compris avant la séance).
→ Une très bonne sélection de films chinois sous-titrés en anglais. Les séances sont organisées par des passionnés des salles obscures qui souhaitent partager leurs coups de cœur cinématographiques avec la communauté expatriée de la ville. C'est l'occasion de voir des classiques (plutôt programmés l'été) mais aussi des fictions ou des documentaires indépendants qui ne sont pas (ou mal) distribués en Chine (voir encadré page suivante). Les metteurs en scène et acteurs des films projetés viennent parfois discuter avec le public après le film, notamment lorsqu'il s'agit d'une avant-première. Consulter le programme sur leur site Internet.

CINEMA DU CENTRE CULTUREL FRANÇAIS
Voir page 35.
☎ 6553-2627
www.ccfpekin.org
→ Le Centre culturel français organise presque tous les jours des projections dans la salle de cinéma de 80 places se trouvant au fond à gauche du hall d'entrée. L'occasion, peut-être, de voir certains films que vous aviez manqués en France… ou de faire connaissance avec les étudiants de l'Alliance Française voisine, qui remplissent habituellement la salle. Pour avoir plus de renseignements sur le programme en cours, les horaires du ciné-club ou des soirées spéciales, le plus simple est de consulter le site Internet. Entrée : 20 ¥.

Films en mandarin

Les cinémas chinois ont longtemps valu un petit détour, notamment les salles des quartiers populaires. Car même si vous ne comprenez rien au film, l'ambiance est dans la salle : les gens sortent et rentrent en grignotant des graines de tournesol, tandis que les téléphones portables sonnent dans tous les sens. Et même si aujourd'hui, la mondialisation et l'aménagement de cinéplex aidant, les séances sont devenues un peu moins colorées, vous ne verrez pas tous les jours Julia Roberts ou Jean Reno babiller en mandarin ! Le prix des places est en moyenne de 30 ¥ pour un film chinois et de 50 ¥ pour un film importé (plus si c'est un hit

SORTIES

du box-office américain), avec une billetterie souvent informatisée, ce qui permet d'acheter un billet d'avance et de choisir sa place. Les places sont vendues à moitié prix dans la majorité des cinémas le mardi. Les séances commencent généralement en fin de matinée et s'étalent jusqu'à 22h. Sélection de cinémas répartis à travers la ville :

CHANGHONG CINEMA (长虹影城)
75 Longfusi Jie, Dongcheng District
[Plan F-10] 东城区隆副寺街75号
☎ 8401-4100 (répondeur)
Métro Dongsi. Il est situé au milieu de la rue semi-piétonne de Longfusi, qui part juste

au nord-est du carrefour de Meishuguan, le musée des Beaux-Arts.
→ Confortable cinéplex de quartier, également le plus proche de Nanluoguxiang ou de Houhai.

DAGUANLOU CINEMA (大观楼电影院)
36 Dazhalan, Xuanwu District
[Plan H-9] 宣武区大栅栏36号
☎ 6303-0878
Métro Qianmen. A l'extrémité ouest de la rue piétonne de Dazhalan.
→ Situé au cœur du quartier commerçant de Dashilan, c'est le tout premier cinéma qui ouvrit à Pékin. Il resta longtemps populaire,

LA JEUNE GARDE DE LA PELLICULE

Jia Zhangke 贾樟柯 (*Xiao Wu*, *Platform*, *Unknown Pleasures*, *The World*, *Still Life*), **Jiang Wen** 姜文 (*In the Heat of the Sun*, *Devils at the Doorstep*), **Wang Bing** 王兵 (*Tiexi District*, *He Fengming*), **Wang Xiaoshuai** 王小帅 (*Beijing Bicycle*, *Drifters*, *Shanghai Dream*), **Lou Ye** 娄烨 (*Suzhou River*, *Purple Butterfly*, *Summer Palace*), ou encore, **Wang Chao** 王超 (*L'Orphelin d'Anyang*, *Day & Nigh*, *Luxury Car*), **Liu Hao** 刘浩 (*Chenmo and Meiting*, *Two Great Sheeps*, *The Basement*) et **Li Yang** 李扬 (*Blind Shaf*, *Blind Mountain*). Si vous êtes féru de films chinois, les noms de ces têtes de pont de la jeune garde du cinéma indépendant chinois vous diront probablement quelque chose. Les milieux artistiques underground de la capitale les connaissent également bien, mais le pékin moyen est encore peu familier de ces noms. C'est que leurs films, qui abordent généralement des sujets de société

considérés sensibles avec une esthétique jugée insuffisamment conforme à la ligne du parti, ont pendant des années été systématiquement bannis des salles obscures chinoises par le tout puissant Bureau du film. Maintenant que la censure s'est assouplie et que leurs films sont produits et distribués en Chine au grand jour, c'est le grand public qui ne suit pas, car il préfère de loin les épopées de kung-fu en costumes ou les thrillers hollywoodiens à des films plus intimistes souvent inspirés de leur vie quotidienne. Vous trouverez ces derniers dans un nombre croissant de magasins de DVD, le plus souvent en version pirate et sous-titrée en anglais, car ils sont gravés à partir de copies qui ont circulé dans les festivals étrangers. Pour une fois que le piratage peut aider des cinéastes talentueux qui peinent à percer dans leur propre pays, n'ayez pas trop de complexes !

avec une ambiance très "dernière séance", mais a été entièrement refait à l'ancienne, dans un style malheureusement un peu toc. Il comprend une grande salle, deux petites, une galerie de vieilles photos de films et un café dans le lobby et en mezzanine.

DAHUA CINEMA (大华电影院)
82 Dongdan Beidajie, Dongcheng District
[Plan G-11] 东城区东单北大街82号
☎ 6525-0343
Métro Dongdan ou Dengshikou. Une grande salle de 400 personnes et deux salles plus petites.
→ Salle confortable et emplacement pratique pour faire une pause au cours d'une après-midi de shopping.

GUANGANMEN CINEMA (广安门电影院)
8 Baiguang Lu, Xuanwu District
[Plan I-8] 宣武区白广路8号
☎ 6356-1067
Située à 500 m au sud du croisement avec

Guang'Anmennei Dajie, côté est de la rue (en face du Baiguang Department Store), dans le quartier de Niujie.
→ Petit cinéma de quartier pour ceux qui logent dans le sud-ouest de la ville.

HONGLOU CINEMA (红楼电影院)
Xisi Dingzijie, 156 Xi'anmen Dajie, Xicheng District
[Plan F-8] 西城区西安门大街156号
西四丁字街
☎ 6605-1908
A environ 20 m à l'est du croisement entre Xisi Nandajie et Xi'anmen Dajie.
→ Cinéma assez populaire du quartier commerçant de Xisi.

HUAXIN CINEMA (华星国际影城)
44 Kexueyuan Nanlu, Shuangyushu, Haidian District
[Plan C-6] 海淀区科学南路44号
(双安商场对面)
☎ 8211-5566

Alain Le Bacquer

Juste en face du Shuang'An Department Store, sur le 3e périphérique Nord-Ouest, un peu au sud de Zhongguancun.

→ Cinéplex (5 salles) high-tech et confortable. Les films étrangers sont souvent en V.O., et les films chinois parfois sous-titrés en anglais. Mais les billets sont souvent plus élevés qu'ailleurs.

STAR CITY (东方新世纪影院)
BB65, Orlental Plaza, 1 Chang'an Jie, Dongcheng District
[Plan G-10] 东城区长安街1号, 东方广场地下一层BB65
☎ 8518-5399

Métro Dongdan. Situé à l'extrémité est du centre commercial, au 1er sous-sol.

→ Le cinéplex du centre commercial Oriental Plaza, impeccable pour souffler entre deux magasins. Les films américains y sont souvent en version originale.

SUN DONG AN CINEMA (新东安影城)
5/F, Sun Dong An Plaza, 138 Wangfujing Dajie, Dongcheng District
[Plan G-10] 东城区王府井大街138号 新东安市场5楼
☎ 6528-1838 (répondeur)

Métro Wangfujing. Au 5e étage du centre commercial.

→ L'un des plus vastes et modernes de la ville, avec huit salles super-confort, son Dolby, et parfois des films étrangers en V.O. (se renseigner à la caisse).

WANDA INTERNATIONAL CINEMAS
(万达国际电影院)
3/F, Building B, Wanda Plaza, 93 Jianguo Lu, Chaoyang District
[Plan G-13] 朝阳区建国路93号 万达广场B座三层
☎ 5960-3399

Métro Dawang Lu.

→ Ouvert en plein quartier des affaires, c'est le plus récent et somptueux cineplex à l'américaine de la ville : 9 salles, un lobby à coupole étoilée, une profusion de pop-corn et de nachos, un bar chicos et une salle de jeux d'arcade. Les places coûtent normalement entre 50 et 70 ¥, avec des efforts promotionnels : 50 % le mardi, 30 % de réduction en semaine avant 18h, 18 ¥ la séance de 18h et 10 ¥ celle de 10h. Plus une Nuit du cinéma tous les vendredis à 23h (120 ¥ pour 4 films à l'affiche cette semaine-là).

WUDAOKOU CINEMA (五道口电影院)
23 Chengfu Lu, Haidian District
[Plan B-7] 海淀区成府路23号
☎ 6231-3624

Métro Wudaokou. Situé 500 m à l'ouest de la porte Sud de la Beijing Language & Culture University, du même côté de la rue.

→ L'un des principaux cinémas du quartier des universités. Les places sont souvent moins chères que dans le centre-ville.

DANSE

BEIJING EXHIBITION THEATER
(北展剧场)
135 Xizhimenwai Dajie, Xicheng District
[Plan E-7] 西城区西直门外大街135号
☎ 6835-1383

Le théâtre est situé derrière le Beijing Exhibition Center, à quelques centaines de mètres à l'est du zoo. Les repré-sentations commencent à 19h30.

→ La salle est souvent appelée par son surnom Beizhan. Un certain nombre des représentations de ballets classiques ou de danse moderne organisées à Pékin sont données dans ce théâtre, qui fait partie du complexe Beijing Exhibition Center, construit à l'époque de la grande amitié sino-russe.

SORTIES

TIANQIAO THEATER (天桥剧场)

30 Beiwei Lu, Xuanwu District

[Plan I-9] 宣武区北纬路30号

☎ 8315-6300

Situé à environ 150 m au nord-ouest de la porte Ouest du temple du Ciel. Les représentations commencent à 19h30.

→ Ce vénérable théâtre situé dans le populaire quartier de Tianqiao a été entièrement ripoliné il y a quelques années et accueille aujourd'hui un nombre croissant de spectacles de danse de qualité. C'est là notamment que Zhang Yimou a mis en scène pour la première fois (en 2001) le ballet adapté de son célèbre film *Epouses et concubines.*

MUSIQUE

Classique

BEIJING CONCERT HALL (北京音乐厅)

1 Bei Xinhuajie, Liubukou, Xi Chang'an Jie, Xicheng District

[Plan G-9] 西城区西长安街
六部口北新华街1号

☎ 6605-5812

Métro Xidan. Sur l'avenue Chang'an, environ 800 m à l'est du carrefour de Xidan.

→ C'est la meilleure salle de concert de Pékin. La programmation y est très éclectique et les concerts y sont très fréquents. Ils démarrent généralement à 19h30.

FORBIDDEN CITY CONCERT HALL

(中山音乐厅)

Zhongshan Gongyuan Nei,
Dongcheng District

[Plan G-9] 东城区西长安街中山公园内

☎ 6559-8285

Métro Tiananmen Xi. La salle est située à l'intérieur du parc Sun Yat-sen. Entrer par la porte du parc située juste en face de la porte Ouest de la Cité interdite.

→ Cette salle accueille régulièrement des concerts de musique classique et contemporaine occidentale, ainsi que des récitals de musique traditionnelle chinoise.

Voir aussi le paragraphe Musique Traditionnelle de la rubrique Sorties Chinoises.

Jazz, Rock, Alternatif

Consulter les city magazines pour en savoir plus sur les groupes prévus dans les lieux listés ci-dessous lors de votre passage dans la capitale.

2KOLEGAS (两个好朋友)

21 Liangmaqiao Lu, Chaoyang District

[Plan D-14] 朝阳区两马桥路21号
(汽车电影院院内)

☎ 8196-4820

Situé à l'intérieur (complètement à gauche) du parc du Drive-in Movie Theater, qui se trouve du côté nord de Liangmaqiao Lu, environ 1,5 km à l'est du Lufthansa Center. Ouvert à partir de 20h, mais les concerts commencent rarement avant 22h. Entrée : 20 à 50 ¥ en fonction des groupes.

→ Sympathique petit bar-salle de concert ouvert (son nom le suggère) par deux bons copains fans de musique et de fêtes. Un bon choix pour avoir une idée de ce à quoi ressemble la scène musicale alternative chinoise en sirotant quelques bières et en grignotant des brochettes sur la pelouse devant le bar l'été.

EAST SHORE LIVE JAZZ (东岸咖啡) 好

2/F, 2 Qianhai Nanyan, Di'anmenwai Dajie, Xicheng District

[Plan E-9] 西城区地安门外大街,
前海南沿2号二层

☎ 8403-2131

L'entrée est mitoyenne du grand bureau de

Alain Mariae

RYTHMES DE CHINE

Un séjour à Pékin, capitale de la culture alternative chinoise, est l'occasion ou jamais pour les oreilles curieuses de découvrir une scène musicale dynamique et créative, à des années-lumière des mélopées sucrées dites *cantopop* que vous entendrez dans les taxis, magasins et à la radio. Sélection de quelques-uns des musiciens et groupes qui font vibrer la jeunesse pékinoise depuis quelques années, que vous pourrez peut-être voir en live lors de votre séjour (consulter les programmes des city magazines), ou dont vous pourrez acheter les CD chez les disquaires un tant soit peu branchés.

Cui Jian (崔健), pionnier et soleil incontesté du rock local.
Wang Lei (王磊), l'électro-rocker venu du sud.
Ziyue (子曰), paroles et musique à caractéristiques chinoises.
Second-Hand Roses (二手玫瑰), même tendance, version drag queen.
Cold-Blooded Animals (冷血动物), Chinese grunge, à voir sur scène.
IZ, énergie rythmique importée du Xinjiang et du Kazhakstan.
Xu Wei (许巍), mélancolique troubadour.
Dou Wei (窦唯), subtiles mélodies electro-jazzy.

Sans oublier la chanteuse superstar **Wang Fei** (王菲), qui oscille entre rock et *cantopop*.

poste situé au coin du point Houmenqiao, sur l'avenue qui mène à la tour du Tambour et longe la rive Est du lac Houhai. Ouvert de 15h à tard le soir. Concerts réguliers les jeudis, vendredis et samedis, généralement entre 22h et 1h. Entrée libre.

→ Avis aux amateurs de jazz, ce paisible et sobre petit club, ouvert comme son illustre prédécesseur (le CD Café) par le saxophoniste Liu Yuan, est l'un des seuls lieux de Pékin où vous pourrez voir se produire régulièrement des groupes de jazz locaux.

MAO LIVE HOUSE (光芒)

111 Gulou Dongdajie, Dongcheng District
[Plan E-10] 东城区鼓楼东大街111号
☎ 6402-5080
www.maolive.com
Métro Andingmen ou Beixinqiao. Les concerts démarrent vers 20h30. Entrée : 30 ¥ en moyenne, 50 ¥ pour les soirées DJ.

→ Un bon son et une programmation rock-punk-hip hop pointue : ce récent bar, club et salle de concerts situé à deux pas de la tour du Tambour et qui s'est autoproclamé "Chinese Rocklive Garden" n'aura, il est vrai, pas mis longtemps à se faire un nom auprès d'un public jeune et averti.

STARLIVE (星光专城)

79 Yonghegong Xijie, Dongcheng District
[Plan D-10] 东城区和平里西街79号
(北二环雍和宫桥北)
☎ 6426-4436
www.thestarlive.com
Métro Yonheyong. Au 3ᵉ étage du complexe karaoké-bar-club Tango. Vous n'aurez pas de mal à repérer l'immense façade de hangar métallique qui se trouve à 50 m au nord-ouest du métro Yonghegong et est mitoyenne du restaurant Jingdingxuan. Les concerts commencent vers 20h30. Entrée : 40 ¥ en moyenne.

→ L'une des meilleures salles de concert, aussi bien en terme de sound system que de programmation.

WHAT

72 Beichang Jie, Xicheng District
[Plan G-9] 西城区北长街72号
(故宫西门往北100米)
Situé environ 100 m au nord de la porte Ouest de la Cité interdite, du même côté de la rue. Les concerts ont lieu les vendredis et samedis et commencent vers 21h30. Entrée 20 ¥, incluant une bière ou un soda.

→ Une mini salle, mais un max de décibels pour ce chaleureux "hole in the wall" rouge et bois collé à la Cité interdite. Il accueille le week-end de tous jeunes groupes locaux.

XINJIANG MUSIC BAR (强进酒)

Zhonggulou Guanggchang Xice
[Plan E-9] 东城区钟鼓楼广场西侧
☎ 8405-0124
Métro Gulou Dajie. Ouvert de 10h à tard le soir. Concerts les vendredis, samedis et dimanches vers 22h. Entrée libre.
www.jiangjinjiu.cn

→ Rythmes endiablés et chaudes mélopées dans ce petit bar du quartier de Gulou où se produisent régulièrement (et gratuitement) des groupes venus du far-west chinois : le Xinjiang.

YUGONG YISHAN

(愚公移山)

好

→ Ce bar et salle de concert proche de Gongti a pendant des années été considérée comme ayant la meilleure programmation de musiques actuelles de la capitale. Pour cause de projet immobilier, il a fermé ses portes au cours de l'été 2007, mais devrait renaître dans un quartier plus proche du vieux Pékin. Renseignez-vous dans les city magazines en anglais.

THEATRE

Plusieurs théâtres ont une programmation (presque) régulière avec des pièces souvent suffisamment visuelles pour ne pas être gêné par la barrière linguistique. Surveillez les programmes dans les magazines en anglais de la ville.

CAPITAL THEATER (首都剧场)

22 Wangfujing Dajie, Dongcheng District [Plan F-10] 东城区王府井大街22号
☎ 6524-9847

Métro Dengshikou. Situé dans le prolongement de Wangfujing, en face du Wangfujing Grand Hotel. Les pièces commencent vers 19h30. Billets : variable selon les pièces, mais généralement entre 180 et 500 ¥. Les réservations par téléphone se font au moins un jour à l'avance.

→ La façade de ce massif bâtiment qui est l'équivalent chinois de la Comédie-Française a été entièrement repeinte dehors et son intérieur retapissé il y a quelques années. Le prix des places en a profité pour faire un bond. Mais c'est là que vous aurez une chance de voir des classiques chinois comme *La Maison de thé* (*Chaguan*) ou *Le Bol antique* (*Gu Wan*), jouées par les membres de la prestigieusere Troupe du peuple, rattachée à ce théâtre. L'acteur Pu Cunxin et l'actrice Xu Fan en sont les grandes stars, même si depuis plusieurs années, ils délaissent les planches pour les feuilletons télévisés. La billetterie se trouve à droite quand vous êtes face aux marches de l'entrée. Des vendeurs à la sauvette revendent parfois des tickets sur le trottoir devant le théâtre... et bradent les invendus dès que le spectacle a commencé. Un moyen de limiter les frais si vous souhaitez juste tester une demi-heure de Shakespeare en mandarin. En ce cas, vérifiez tout de même que la bonne date est inscrite sur le ticket !

PEOPLE'S ART THEATER (人艺小剧场)

22 Wangfujing Dajie, Dongcheng District [Plan F-10] 东城区王府井大街22号
☎ 6524-9847

Métro Dengshikou. Il se trouve dans l'enceinte du Capital Theater, au fond de l'allée qui part de la droite du grand théâtre. Les pièces commencent à 19h30. Billets : à partir de 100 ¥. Les réservations par téléphone se font au moins un jour à l'avance.

→ Cette salle qui dépend du Capital Theater (voir plus haut) accueille régulièrement les pièces les plus intéressantes de la nouvelle garde théâtrale. Des débutants inspirés jusqu'aux plus confirmés, comme Meng Jinghui, l'homme qui a dépoussiéré les planches chinoises sur la fin des années 90 avec des créations comme *Rhino in Love* ou *Bootleg Faust*, spectacles qui ont contribué à convaincre depuis certains jeunes Pékinois de troquer la télécommande de leur téléviseur pour les sensations plus authentiques procurées par le théâtre.

SORTIES NOUBA

Attention : les points chauds nocturnes tour-billonnent aussi vite que les modes (très éphémères par ici) et les pelleteuses (qui, elles, ont plus de constance). Pensez à éventuellement vérifier les adresses ci-dessous dans un city guide récent avant de traverser la ville.

KARAOKE

Pour goûter pleinement au charme du divertissement favori des Chinois, l'idéal est bien sûr d'y aller avec des autochtones et de les laisser organiser l'événement. Sinon, vous trouverez facilement un karaoké, ils sont partout. Le principe est le suivant : vous louez un salon avec matériel (appelés KTV) à l'heure. Vous allez ensuite faire votre marché de boissons et snacks dans la supérette de l'établissement s'il y en a une, ou bien vous les commandez auprès des employés. Il ne vous restera plus alors qu'à choisir vos mélodies préférées sur le menu des chansons (il y en a toujours quelques-unes en anglais). Le staff les chargera alors sur la machine... et ce sera à vous d'entrer en piste !

TANGO (糖果俱乐部)

79 Yonghegong Xijie, Dongcheng District [Plan D-10] 东城区和平里西街79号 (北二环雍和宫桥北)
☎ 6428-2288

Métro Yongheyong. Vous n'aurez pas de mal à repérer l'immense façade de hangar métallique qui se trouve à 50 mètres au nordouest du métro Yonghegong et est mitoyenne du restaurant Jingdingxuan. Ouvert 24 h/24.
→ C'est l'un des établissements favoris des jeunes cadres comme d'une clientèle plus bohème : il ne désemplit pas quelle que soit l'heure du jour ou de la nuit. La section karaoké se trouve au sous-sol et comporte plus de 80 salles au look de vaisseau spatial équipées de matériel super high-tech, et d'un ordinateur branché sur Internet. Tarifs : entre 65 et 185 ¥ pour un salon de 2-3 personnes en fonction du jour et de l'heure, plus pour un salon plus grand. Ce tarif comprend les boissons non alcoolisées et l'accès à un buffet cinq fois par jour. **Autre adresse à Gongti :** 8 Gongti Xilu, au milieu de la rangée de boîtes de nuit et au sous-sol du bowling Gongti 100 (☎ 6551-9988).

CAFES & BARS

Sanlitun et les alentours du Workers Stadium sont depuis le milieu des années 90 le centre névralgique de la movida "made in Beijing". Un peu trop au goût d'autorités locales qui estiment que cette débauche de tavernes à néons fait désordre dans un quartier diplo-

Anaïs Martane

matique et d'affaires. Elles ont du coup encouragé, quelques kilomètres plus à l'est, le développement des rues de bars autour du parc Chaoyang et vers Nuren Jie. Le charmant quartier de Houhai, et depuis peu celui de Nanluoguxiang, sont aussi devenus des quartiers de nuit, en version plus feutrée. Ajoutez-y les bars de Wudaokou, dans le quartier des universités et vous aurez à peu près cerné les zones rouges nocturnes de la capitale chinoise. Avec tout de même quelques établissements d'intérêts variés, disséminés dans les autres quartiers.

Central Business District

CENTRO (炫酷)

1/F Kerry Centre Hotel, 1 Guanghua Lu, Chaoyang District
[Plan G-12] 朝阳区光华路1号，
嘉里中心饭店1层
☎ 6561-8833, Ext. 42

Métro Guomao. L'entrée se fait par le lobby de l'hôtel Kerry Center, derrière le China World. Ouvert 24 h /24.

→ Envie de côtoyer les vrais yuppies pékinois ? C'est ici. Le *happy hour* au champagne de ce bar-lounge très sophistiqué y est très prisé (entre 17h et 20h, une boisson offerte pour une boisson achetée). Leurs coktails Martini sont également considérés comme faisant partie des meilleurs de la capitale. Groupe live le soir, à partir de 20h.

SHOUCHUU BAR (地藏)

1/F, Building C, 2 Guanghua Lu, Chaoyang District
[Plan G-13] 朝阳区光华路2号，
阳光100C座1层东侧
☎ 5100-3038

Métro Dawang Lu. Prendre Guanghua Lu vers l'est. Lorsque vous arrivez au coin est de

la résidence Yangguang 100, tourner à droite, le bar sera dans un renfoncement sur votre droite 20 m plus loin. Ouvert de 19h à 1h.

→ Avis à ceux qui avaient rêvé de vacances au Japon mais se retrouvent en Chine : voici l'occasion de vous rattraper. Car ce petit établissement est un authentique bar à saké de quartier. Des patrons à la clientèle (majoritairement masculine) en passant par le bar de bois dans l'entrée, l'immense table commune de la salle, les boissons ou snacks proposés ici, tout ici est résolument et exotiquement nippon.

Jianguomen & Ritan

STONE BAR (都柏林)

Ritan Gongyuan Ximennei, Chaoyang District
[Plan G-12] 朝阳区东三环北路乙8号，
亮马何花卉市场首层
☎ 6501-9986

Métro Jianguomen. Il est situé au cœur du parc Ritan. Le plus simple est d'entrer dans le parc par la porte Ouest, de prendre l'allée qui part sur la droite et de la longer jusqu'à tomber sur le bateau de pierre. Ouvert de 10h à 23h environ (après la fermeture du parc le soir, la porte Ouest reste ouverte).

→ Ce tranquille et confortable café-bar a été aménagé dans un bâtiment en forme de bateau chinois traditionnel (d'où son nom) accosté sur une pièce d'eau couverte de nénuphars en plein cœur du joli parc Ritan. Prendre ici un café ou un jus de fruit sur la terrasse dans la journée est toujours délicieux. Y siroter un verre au clair de lune le soir sur fond de musique jazzy l'est encore bien plus. *happy hour* entre 17h et 19h, servi par un staff attentionné. La maison propose également des sandwichs chauds et, pour ceux qui ne se séparent jamais de leur ordinateur portable, un accès Wi-Fi. Des concerts gratuits et soirées DJ de qualité y sont enfin organisés très régulièrement à la belle saison.

Maizidian & Chaoyang Park

Les abords du parc Chaoyang, qui jouxte le quartier résidentiel haut de gamme de Maizidian, et la rangée de bars qui bordent Liangmaqiao Lu et Nuren Jie (à l'est du Lufthansa Center) sont devenus depuis quelques années l'un des lieux de sortie favoris des expatriés et des Chinois aisés.

DURTY NELLIES (都柏林) 好
Huanong Flower Market,
B8 Dongsanhuan Beilu, Chaoyang District
[Plan E-13] 朝阳区东三环北路乙8号
两码事花卉市场首层
☎ 6593-5050
Accolé au bâtiment du marché aux fleurs de Liangmaqiao, sur la rive Sud du canal. Ouvert de 11h à 1h30 (plus tard le week-end).
→ Le plus ancien et célèbre pub irlandais de Pékin, relocalisé ici après la destruction de la rue des bars du sud de Sanlitun. Guiness et Kilkenny's à la pression, un groupe qui chante U2 le vendredi, et une clientèle essentiellement expatriée et souvent très imbibée !

SUPER BAR STREET (星吧路酒吧街)
Nuren Jie, Liangmaqiao Lu, Chaoyang District
[Plan D-13] 朝阳区亮马桥路女人街
La rue part du milieu de Nuren Jie (Lady's Street en anglais), côté est, juste au coin du restaurant et indiquée par un énorme portail lumineux. Les bars ouvrent pour la plupart dès le milieu de l'après-midi et ferment rarement avant 2h.
→ Après la "Bar Street" de Sanlitun des années 90, le quartier de Liangmaqiao surenchérit avec son propre quartier nocturne. Cette rue des bars comprend plusieurs

dizaines de restaurants, bars et clubs assez éclectiques. Les plus sympathiques pour un verre étant ceux qui donnent sur le lac et ont aménagé d'agréables terrasses au bord de l'eau, tel que le Pili Pili, le seul bar-restaurant africain de la capitale (☎ 8448-4332) ou le Logos, ouvert par une star locale de la chanson (☎ 8448-0880).

SUSIE WONG (苏茜黄俱乐部) 好
A1 Nongzhanguan Lu,
Chaoyang Gongyuan Ximen,
Chaoyang District
[Plan E-13] 朝阳区朝阳公园西门
农展馆路甲1号
☎ 6500-3377
Juste un peu au nord de la porte Ouest du parc Chaoyang et de sa série de restaurants, à côté d'un restaurant japonais. Entrée : libre en semaine, 50 ¥ les vendredis et samedis. Ouvert de 20h30 à l'aube.
→ Un indémodable des nuits pékinoises depuis une bonne demi décennie, sur plusieurs étages, avec une piste de danse au 1er étage, un espace lounge au 2e, divers salons et une immense terrasse sur le toit. Tous sont invariablement pris d'assaut en semaine, et bien plus encore le week-end ou lors des soirées spéciales.

Sanlitun

Depuis 2005, ce quartier tout entier subit un plan de "réaménagement" urbain profond, qui a notamment vu la destruction de la vénérée "rue des bars du Sud". Mais les chantiers ne sont aucunement parvenu à calmer la fièvre qui règne à Sanlitun Lu (plus couramment appelée "rue des bars" et ancêtre de la vie nocturne pékinoise depuis le milieu des années 90), qui est déjà devenue un mélange à caractéristiques chinoises de la rue de la Huchette et de Pigalle. Les ramifications dans les *hutong* adjacents réservent heureusement encore quelques bonnes surprises, sans compter que les lieux rigolos se multiplient à vitesse turbo un peu plus à l'ouest, notamment autour du Workers Stadium (plus couramment dénommé "Gongti", voir paragraphe suivant).

BAR BLU 好

4/F, Tongli Studio, Sanlitun Beijie, Chaoyang District
[Plan E-12] 朝阳区北三里北街, 同里四层
☎ 6417-4124

Le bar est au 4ᵉ étage du complexe Tongli, mitoyen du centre commercial 3.3 (façade Ouest). Depuis la rue des bars de Sanlitun, prendre la 1ʳᵉ ruelle qui part vers l'ouest 150 m au nord du carrefour avec Gongti Beilu, puis la 1ʳᵉ ruelle à droite. Ouvert de 18h à 2h (plus tard le week-end).

→ Les amateurs de dégradés azurés apprécieront le cadre tout de verre et de bleu. Mais le vrai plus de ce bar-restaurant est sa terrasse, aménagée sur le toit de l'immeuble. Avec son sol et ses parois de parquet clair, elle a un étrange petit air de sauna à ciel ouvert. C'est en tout cas l'un des points de vue les plus intéressants pour observer le ballet des grues et la métamorphose des rues alentours. Avec désormais la terrasse du mitoyen (et férocement concurrent) bar à cocktails Kokomo.

THE BOOKWORM

Building 4, Nan Sanlitun Lu, Chaoyang District
[Plan F-12] 朝阳区南三里屯路4号楼
☎ 6586-9507

Depuis Nan Sanlitun Lu, qui est le prolongement de la rue des bars de Sanlitun, prendre la 1ʳᵉ ruelle à gauche. L'entrée sera sur votre droite 20 m plus loin. Ouvert de 8h à 1h. Access Wi-Fi.

→ Cet immense et cosy café-restaurant est également la librairie et bibliothèque anglophone favorite d'une faune expatriée

Bertrand Meunier

assez intellectuelle aux horaires flexibles. Notamment certains journalistes indépendants, scénaristes ou écrivains qui passent des heures avec leur ordinateur portable dans cet environnement aussi studieux que branché. Ce qui leur vaut le surnom envieux de *Bookworm boys and girls* de la part des expats obligés de pointer au bureau. Une agréable terrasse au plancher de bois aménagée sur le toit est accessible à la belle saison.

THE DEN (敦煌)
A4, Gongti Donglu, Chaoyang District
[Plan F-12] 朝阳区工体东路甲4号
☎ 6592-6290
Situé 20 m au nord de la porte d'entrée du City Hotel. Ouvert de 9h à 7h en semaine, 24h/24 le week-end.
→ Il reste indémodable depuis une petite décennie, continuant à attirer les foules de tous pays et tous âges, et ce tous les jours de l'année et à toute heure. Avec une pointe de fréquentation pendant le *happy hour* entre 17h et 22h. Impressionnant.

JAZZ YA (爵士)
18 Sanlitun Lu, Chaoyang District
[Plan E-12] 朝阳区三里屯路18号
☎ 6415-1227
Dans la rue des bars de Sanlitun, prendre la ruelle qui part vers l'est environ 150 m au nord du carrefour avec Gongti Beilu. Ouvert de 11h à 2h.
→ Depuis le milieu des années 90, le Jazz Ya a réussi à rester l'un des lieux-phares de Sanlitun. Cadre minimaliste, mobilier de bois sombre, arbres en vitrine dans des patios vitrés, musique jazzy et bonne cuisine japonaise en cas de petits creux.

KAI CLUB (开)
Sanlitun Beijie, Chaoyang District
[Plan E-12] 朝阳区三里屯北街
(3.3 服饰大厦西门50米)
☎ 6416-6254
Situé dans la rue perpendiculaire à la façade arrière du centre commercial 3.3. Ouvert de

20h à tard dans la nuit.

→ C'est l'un des plus animés de la série des bars bon marché (dont le Poachers Inn voisin fut le pionnier et reste l'un des piliers) qui balisent désormais les quelques rues entourant l'immeuble Tongli et sont devenus un point de rencontre incontournable des grands fêtards, notamment les étrangers, qu'ils soient étudiants, expatriés ou hommes d'affaires de passage. Le week-end à la belle saison, la foule y est tellement compacte qu'elle déborde (bouteille de Tsingtao à 10 ¥ ou cocktail à 20 ¥ en main) dans les rues du voisinage dans une ambiance survoltée qui rappellera peut-être à ceux qui les ont expérimentés les vendredis soirs du quartier nocturne de Lan Kwai Fung à Hong Kong. En version Chine continentale et plus *casual*, étals de brochettes sans permis et amas de papiers gras compris.

THE TREE (树酒吧)

43 Beisanlitun Nan, Chaoyang District
[Plan E-12] 朝阳区北三里屯南43号
☎ 6415-1954

Situé juste à l'entrée du Youyi Youth Hostel (voir page 142). Ouvert de 10h à 2h (4h le week-end).

→ Réincarnation du célèbre Hidden Tree, chassé par les pelleteuses de la rue des bars du sud où il régna en maître sur les nuits pékinoises des années 90, il offre toujours la meilleure sélection de bières belges de la ville (40 sortes différentes) à ceux qui font une overdose de Tsingtao, et reste l'un des bars les plus chaleureux de cette partie de la ville. Ses pizzas maison au feu de bois sont également réputées auprès des noctambules.

Gongti

Situé à quelques pâtés de maison à l'ouest de Sanlitun, le quartier du Workers Stadium est

désormais devenu au moins aussi animé que son voisin le soir.

ALFA (阿尔法) 好

A6 Xingfu Yicun, Gongti Beilu, Chaoyang District
[Plan F-12] 朝阳区工体北路幸福一村甲6号
☎ 6413-0086

Métro Dongsishitiao. Situé dans la ruelle qui part vers le nord, exactement en face de la porte Nord du Workers Stadium. Ouvert de 11h à tard dans la nuit.

→ Un décor minimaliste (à mi-chemin entre les styles scandinave et japonais) décliné dans des teintes brunes, des canapés confortables, un fond musical acid-jazz et un patio avec d'étranges fauteuils de raphia ronds et des grands lits-canapés d'Asie du Sud-Est sur lesquels les expats dans le vent et les Chinois fortunés se font servir l'été des cocktails colorés. Les soirées spéciales à thème (Martini Nights, Baicai parties...) du lieu sont très prisées. Au 2e étage du même bâtiment, le restaurant maison La Mission sert une bonne cuisine "fusion" jusqu'à 2h du matin.

THE PAVILLION

Gongti Xilu, Chaoyang District
[Plan F-12] 朝阳区工体西路
(工人体育场西门对面)
☎ 6507-2617

Métro Dongsishitiao. Il est situé juste en face de la porte Ouest du Workers Stadium, de l'autre côté de la rue. Ouvert de 10h à tard le soir.

→ Un grand pub assez haut de gamme entouré d'un immense jardin (chose rare dans ce quartier) qui plaira aux amis du sport, car il retransmet sur petit ou grand écran les principales manifestation sportives mondiales, notamment les matchs de football et les compétitions de rugby. Téléphoner pour avoir le programme. Et n'essayez pas de

SORTIES

pratiquer votre mandarin avec les serveuses du lieu : elles sont généralement philippines et parlent essentiellement anglais !

Nanluoguxiang

CANDY-FLOSS (棉花塘)
35 Mianhuatang Hutong, Dongcheng District
[Plan E-10] 东棉花胡同35号
(东棉花胡同—北兵马司胡同)
☎ 6405-5775
Métro Beixinqiao. Il est caché dans une très étroite venelle reliant Dongmianhua Hutong et Beibingmasi Hutong, 30 m juste à l'est de la porte d'entrée de la Central Drama Academy. Généralement ouvert à partir du milieu de l'après-midi.

→ Pas facile à trouver, mais l'endroit vaut la peine de se perdre un peu dans les *hutong* alentours. Du moins pour ceux qui veulent prendre un verre au calme et qui sont amateurs de déco, version chou à la crème. Sam, l'enthousiaste patron, et son épouse décoratrice ont laissé libre court à leur imagination débordante pour habiller cette maison, sa verte cour et sa petite terrasse d'une débauche de meubles dépareillés, fontaines, plantes vertes, statues grecques en stuc, fausses cheminées lumineuses et une profusion de bibelots clignotants. La clientèle est à l'image de ce lieu hétéroclite que n'aurait probablement pas renié l'espagnol Gaudi : jeune et plutôt bohème.

PASS BY BAR (过客)   好
108 Nanluoguxiang, Dongcheng District
[Plan E-10] 东城区南锣鼓巷108号
☎ 8403-8004
www.passbybar.com
Métro Zhangzizhong Lu. Sur Ping'an Dajie, au niveau du 2e feu rouge à l'ouest du carrefour Kuanjie, prendre le premier *hutong* qui part vers le nord et le longer sur environ 150 m jusqu'à la grande porte encadrée de lanternes rouges, côté est de la ruelle. Ouvert de 10h à 2h. Accès Wi-Fi.

→ Installé depuis une bonne demi-décennie dans une ravissante cour carrée, c'est l'indéboulonnable quartier général des étrangers installés dans ce quartier de *hutong* comme des étudiants du conservatoire d'art dramatique voisin. Sans aucun doute le fruit du dynamisme et du sens créatif des patrons du lieu, Xiaobiar et Haiyar. Passionné de voyage et de musiques du monde, le couple a su aménager un cadre original et chaleureux fait de bois brut, de plantes vertes et d'un fouillis de livres qui a fait des émules dans le quartier depuis (les contrefaçons du Pass By ont en effet proliféré tout au long de Nanluoguxiang ces dernières années). Leur sélection musicale y est pour le moins éclectique – vous passerez sans transition de la musique indienne aux classiques de Brel – mais toujours dans le ton d'une après-midi de lézardage dans la cour ou d'une soirée en bande dans la grande salle. Les prix ont grimpé au fil des ans mais restent un peu inférieurs à ceux de Sanlitun (notamment le demi à 15 ¥). C'est aussi l'un des seuls endroits du quartier où vous pourrez déguster une savoureuse cuisine italienne… ou plus largement européenne dans le restaurant rouge et plus haut de gamme ouvert 100 m au sud dans la même rue (Pass By Restaurant, 114 Nanluoguxiang ☎ 6400-6868. Ouvert de 11h30 à minuit). Enfin, n'hésitez pas à aller jeter un œil dans la boutique ouverte du côté sud de la cour. Vous y trouverez des guides de voyage et surtout les très originaux T-shirts dessinés par Xiaobiar.

SALUD (老伍)
66 Nanluoguxiang, Dongcheng District
[Plan E-10] 东城区南锣鼓66号
☎ 6402-5086

Métro Beixinqiao. Situé à peu près au milieu de la rue, côté est. Ouvert de 9h à 2h environ. Généralement fermé le mardi.

→ Un jeune bar à tapas aux tons chaudement orangés où vous pourrez parler français (il est géré par l'équipe du Café de la Poste) et siroter un verre de rhum parfumé au gingembre ou aux fruits macérés en écoutant la Mano Negra sur la mezzanine.

XIAO XIN'S CAFE (小新的店)

103 Nanluoguxiang, Dongcheng District
[Plan E-10] 东城区南锣鼓巷103号
☎ 6403-6956

Métro Beixinqiao. Du côté ouest du *hutong*, juste au nord de l'intersection avec Mao'er Hutong. Ouvert de 10h à 2h.

→ Petit mais cozy café-bar encombré d'un bric-à-brac de livres et de bibelots. Nombre d'étudiants du conservatoire d'art dramatique voisin y passent leur journée à pianoter sur leur ordinateur portable pour écrire leur prochaine pièce (l'établissement dispose d'un accès Wi-Fi... comme d'ailleurs la plupart des cafés de la rue). On peut aussi y grignoter quelques plats d'inspiration occidentale : sandwichs, pizza, spaghettis, salades et surtout des desserts. Les cheesecakes de Xiao Xin, le souriant patron, sont particulièrement réputés dans le quartier.

Gulou & Houhai

Ce quartier historique en pleine réhabilitation est devenu la plaque tournante nocturne des "bobos" pékinois. Les restaurants, bars ou boutiques branchés se multiplient (et se ressemblent) le long du lac et dans les *hutong* alentours à une vitesse déconcertante et les voitures de luxe des nouveaux riches chinois ont déjà investi les lieux à grands coups de klaxons, fissurant le charme qui y régnait il y a quelques années à peine. Il n'empêche

que ceux qui sont fans d'ambiances "Lotus Bleu" et de fond musical à la Café *Del Mar* préfèreront sûrement les berges du lac et l'ambiance tamisée des *hutong* alentours aux néons de Sanlitun.

BED TAPAS & BAR 好

17 Zhangwang Hutong, Jiugulou Dajie, Dongcheng District
[Plan E-9] 东城区旧鼓楼大街
张旺胡同17号
☎ 8400-1554

Métro Gulou Dajie. Le *hutong* au milieu duquel il se trouve part vers l'est depuis la grande rue de Jiugulou Dajie, un *hutong* au nord du Café Sambal. Une petite lanterne rouge indique à quel endroit tourner. Ouvert de 15h à 2h (plus tard le week-end).

→ Cette ancienne fabrique – reconvertie en bar à tapas ultra-trendy par le designer singapourien Cho Chong Gee – offre l'un des décors les plus créatifs de la ville. Tendance béton brut adouci par un mobilier chinois ancien. Comme son nom l'indique, vous pourrez vous vautrer sur les lits traditionnels de bois ou les *kang* paysans de brique recouverts de coussins qui occupent plusieurs des nombreuses salles du lieu. Ou préférer une chaise plus traditionnelle dans la petite cour, où trône un magnifique pylône électrique, pour grignoter des tapas.

CHATEAU BLANC (大白房子)

52 Zhonggulou Wan, Dongcheng District
[Plan E-9] 东城区钟鼓楼弯52号
☎ 6404-5189

Métro Gulou Dajie. Situé dans un renfoncement juste au coin sud-est de la tour de la Cloche. Ouvert de 12h à 2h environ. Accès Wi-Fi.

→ Un îlot de sérénité bleu et blanc garni de luxuriantes plantes vertes et de confortables sofas tenu par un jeune couple francophone

SORTIES

particulièrement accueillant. Impeccable pour se remettre de l'ascension de l'une des tours voisines dans la journée, ou pour un verre et une cuisse de poulet au barbecue les soirs d'été sur la petite mais paisible terrasse.

DRUM & BELL 好
41 Zhonglouwan Hutong, Dongcheng District
[Plan E-9] 东城区钟楼湾胡同41号
☎ 8403-3600

Métro Gulou Dajie. Juste au coin nord-ouest de la petite place qui sépare la tour du Tambour de celle de la Cloche. Ouvert de 12h à 2h.

→ Loin de la frénésie des bords du lac, ce café-bar tranquille a été aménagé dans une maison populaire. Son toit-terrasse ombragé offre une vue plongeante sur les toits des *hutong* voisins et sur la tour de la Cloche, parfois joliment éclairée le soir.

HOUHAI ZOO
Building 2, Qianhai Nanyan,
Di'anmenwai Dajie, Xicheng District
[Plan E-9] 西城区地安门外大街,
前海南沿2号小楼一层
☎ 6403-6690

L'entrée est proche du grand bureau de poste situé au coin du pont Houmenqiao, sur l'avenue qui mène à la tour du Tambour et longe la rive Est du lac Houhai. Ouvert de 11h à 2h.

→ Bien connu des étudiants, c'est l'un des rares bars de ce quartier devenu ultra touristique où vous pourrez vider quelques verres en contemplant les lumières du lac Houhai sans faire un sort à votre portefeuille (bières, cocktails et shooters à partir de 10 ¥). Soirées thématiques régulières et généralement animées.

LOTUS LANE (天荷坊)
Shishahai, Qianhai Xiyan,
51 Di'anmen Xidajie, Dongcheng District
[Plan F-9] 地安门西大街51号,
前海西沿, 什刹海

L'allée part de l'avenue Ping'an, au niveau de Shishahai (extrémité sud du lac Houhai). Son entrée est marquée par un portail chinois à l'ancienne.

→ Lotus Lane comprend plusieurs dizaines de cafés, restaurants, bars et boutiques aussi chics qu'interchangeables. Tous sont aménagés dans de superbes maisons de deux étages bâties à l'ancienne, tous sont décorés avec sophistication, force baies vitrées, panneaux de bois sculptés, meubles chinois agrémentés de coussins de satin et tentures de mousseline et baignent dans des éclairages fortement tamisés. Avec une recherche certaine dans les détails, qu'il s'agisse de l'arrangement des bougies sur les marches ou des dessins en pétales de roses sur les tables. Tous les restaurants et bars ont également des tables en terrasse juste au bord du lac. Et certains (comme Lotus Blue ou Buffalo) disposent d'une terrasse supplémentaire sur le toit, avec vue imprenable sur les flots de Houhai. Résultat : une foule compacte investit chaque centimètre carré de ce complexe très tendance à la belle saison. Agoraphobes s'abstenir.

NO NAME BAR (无名酒吧) 好
3 Qianhai Dongyan, Xicheng District
[Plan E-9] 西城区前海东沿3号
☎ 6401-8541

Métro Gulou Dajie. Dans une maisonnette située à 20 m à droite du restaurant Kaorouji, juste en bordure du lac Houhai (pas d'enseigne mais avec une façade reconnaissable à sa glycine). Ouvert de 12h à 2h.

→ Ouvert au tournant du siècle par l'ex-musicien Bai Feng, qui a "lancé" le quartier de Houhai et un style décoratif qu'on retrouve désormais un peu partout autour du lac.

SORTIES

Mais l'original a toujours un avantage sur les clones, et ce bar reste l'un des lieux les plus agréables de la ville. Idéal pour bouquiner l'après-midi en sirotant un chocolat chaud au Bailey's (sauf le week-end, archi-bondé) ou une bouteille de Tsingtao le soir devant le lac. Sur un fond acid-jazz et dans un cadre où se mêlent avec harmonie meubles traditionnels de bois, mezzanine de bambou et innombrables plantes vertes. Ne manquez pas une petite visite dans les toilettes du lieu, longtemps les plus réputées de la capitale ! Peut-être plus pour longtemps, car la maison qui l'abrite est censée disparaître avant les J.O. pour laisser plus de place aux voitures.

Xinjiekou

OBI WAN 好
4 Xihai Xiyan, Xicheng District
[Plan E-8] 西海西沿4号
☎ 6617-3231
Métro Jishuitan. En sortant du métro, prendre la ruelle qui part du coin ouest de la petite colline surmonté d'un pavillon chinois, et la descendre sur 300 m environ jusqu'à la rive Ouest du lac Xihai. La longer ensuite sur encore quelques dizaines de mètres. Ouvert de 13h à 2h (5h le week-end).

→ Abrité par un petit immeuble décoré dans le goût loft new-yorkais géométrique tricolore (blanc, noir et rouge), il est tour à tour café le jour, bar le soir et club la nuit. Le tout coiffé d'une terrasse sur le toit qui offre une belle vue panoramique sur le tranquille lac Xihai. Les boissons y sont peu onéreuses pour le quartier (10 ¥ la Tsingtao, shooters à partir de 15 ¥) et la programmation musicale pointue.

Xizhimen

SEA SAIL BAR (海帆) 好
141 Xizhimenwai Dajie, Haidian District
[Plan E-6] 海淀区西直门外大街143号
☎ 6831-6187
Situé à 300 m à l'ouest du zoo de Pékin, côté sud de l'avenue. Vous manquerez difficilement la façade peinte d'un accordéon géant et les néons multicolores de l'entrée. Ouvert de 17h à 5h.

Anaïs Martane

→ Le Haifan (son nom chinois) est la quintessence du bar chinois, mystérieusement bondé tous les soirs de l'année, et ce depuis une bonne demi-décennie. L'immense salle à mezzanine est décorée de guirlandes de Noël, de panneaux publicitaires, de fleurs artificielles, de filets de pêcheurs et d'un monceau d'autres babioles colorées. Une foule bigarrée de Chinois de tous âges y sirote un verre de vin rouge allongé de Sprite et de glaçons tout en jouant aux dés, et en écoutant distraitement les groupes locaux qui se succèdent au cours de la soirée pour interpréter des morceaux américains. Amateurs de couleur locale et de brouhaha, un passage au Sea Sail s'impose !

Universités

Situé à la croisée de plusieurs grandes universités, le quartier de Wudaokou est depuis quelques années monté en flèche dans l'échelle des "hot nights" pékinoises.

LUSH

Huaqing Jiayuan, Wudaokou, Haidian District
[Plan A-6] 海淀区五道口华青家园1号楼2层
☎ 8286-3566

Métro Wudaokou. Au 2e étage de la librairie qui fait le coin de l'immeuble situé en face de la sortie du métro Wudaokou. Ouvert 24 h/24. Accès Wi-Fi.

→ En dépit de la déprimante vue panoramique sur les tours en construction et la voie express, ce chaleureux lieu ouvert par un jeune Neo-Zélandais est déjà devenu une partie intégrante de la vie de nombreux étudiants étrangers du quartier. Jugez plutôt par la journée type d'un client régulier du Lush : le matin, il viendra y prendre un breakfast équilibré. Après les cours, il retournera y siroter un jus de fruit frais en bouquinant jusqu'au début du *happy hour*

entre 20h et 22h et restera probablement pour une des soirées spéciales (trivia nights, open mics, concerts, DJ...) généralement arrosées et qui ne finissent qu'au petit matin. Dangereux établissement !

MIMA CAFÉ (左右间)
Yuanmingyuan Dongmen Nei, Haidian District
海淀区圆明园东门内
☎ 8268-8003

Hors plan. Une fois que vous aurez trouvé la porte Est de l'immense parc Yuanmingyuan (située environ 2 km au nord de la porte Est de l'université Tsinghua, passer la porte, suivre l'allée qui part vers la droite et traverser le parking. Vous verrez alors sur votre gauche un panneau indiquant l'entrée du café. Ouvert de 10h à 24h.

→ Ne vous lancez à sa recherche que si vous êtes déjà dans le nord-ouest de la ville – ou si vous êtes motorisés –, car ce café-bar est vraiment très excentré. A moins que vous ne soyez un mordu de déco. En ce cas, le cadre très contemporain tout en bois-verre-bambou-graviers-métal a des chances de vous séduire. Comme les très étonnantes toilettes du lieu risquent de vous amuser (nous n'en dirons pas plus pour conserver l'effet de surprise !). Sans compter que le grand jardin terrasse est l'un des plus agréables de la ville, de jour comme de nuit.

SCULPTING IN TIME (雕刻时光)
Building 12, Huaqing Jiayuan, Chengfu Lu
[Plan A-6] 海淀区五道口华青家园东门
☎ 8286-7026

Métro Wudaokou. L'entrée est juste en face de la sortie du métro (coin nord-ouest), au milieu de la série des bars du complexe résidentiel Huaqing Jiayuan. Ouvert de 9h à 0h30. Accès Wi-Fi.

→ C'est LE café-restaurant-bar fétiche des étudiants étrangers de Pékin. Les clés de son succès : un fond musical classique, de délicieuses effluves de café et des tas de douceurs occidentales salées ou sucrées dans un décor cosy : mobilier de bois, rideaux de coton crème, étagères croulant sous les livres. L'ambiance est studieuse dans la journée, avec probablement la plus forte concentration de *laptop* au mètre carré de toute la ville, et un peu plus animée le soir. Une agréable terrasse aménagée sur le toit ouvre à la belle saison du vendredi au dimanche soir. **Autres branches conçues dans le même esprit :** Xiangshan, située dans la rue commerçante menant au parc des Collines parfumées, avec pleine vue sur les montagnes. Idéal pour récupérer d'une ascension desdites collines (50 Xiangshan Maimaijie ☎ 8259-0040. Ouvert de 9h30 à 23h30) – Lido (Boutique A3, Hairun International Condominium, Jiangtai Lu, au sud du Lido Hotel et près du 4e périphérique Est ☎ 5135-8108. Ouvert de 8h à 23h).

SPACE FOR IMAGINATION
(盒子咖啡馆)
Building 5, Xiwangzhuang Xiaoqu, Shuangqing lu, Haidian District
[Plan A-5] 海淀区双清路西王庄5号楼一层
☎ 6279-1280
A 50 m à l'est après la porte Sud de l'université Tsinghua, traversez la rue et croisez les doigts pour tomber sur la petite enseigne qui orne la porte de ce bar bien caché dans la cour d'une résidence de HLM chinois. Ouvert de 10h à 2h.
→ Son nom chinois, qui signifie "Boîte", a été traduit en anglais par "Space for Imagination". A vous d'interpréter. La décoration de bois et verre est en tout cas réussie, l'endroit est calme et offre aux clients bibliophiles des dizaines de livres et magazines en diverses langues rangés sur une immense étagère. Si vous êtes amateurs, des projections de films

d'auteurs et de documentaires indépendants (chinois ou étrangers) y sont organisés les mardis et samedis à 19h30.

Lido

AREA (空间俱乐部)
Fangyuan Xilu, Dongsihuan, Chaoyang District
[Plan C-14] 朝阳区芳园西路,
霄云桥往东500米 (路北)
☎ 6437-6158
Situé 500 m à l'est du croisement entre le 4e périphérique Est et Xiaoyun Lu, du côté nord de la rue. L'entrée est indiquée par un panneau rouge arborant le logo du club. Ouvert de 18h à 2h (plus tard le week-end).
→ Un vaste bar-lounge assez select fréquenté par les bobos locaux et les nombreux artistes qui ont investi les complexes résidentiels de ce nouveau quartier et aiment venir y siroter un verre de bon bordeaux sur les énormes coussins carrés qui font office de banquette et les lits à baldaquins blancs stylisées de l'immense salle... ou sur la minérale terrasse l'été. Les meilleurs DJ locaux viennent souvent y animer les soirées.

Wangjing & Dashanzi

Depuis 2003, une série de cafés et bars sympathiques ont éclos au sein de la commune des artistes de Dashanzi (voir page 117 pour savoir comment arriver jusqu'au complexe). Sélection.

AT CAFE (爱特咖啡)
Dashanzi Art District, 4 Jiuxian Nanlu, Chaoyang District
[Plan B-14] 朝阳区酒仙桥路4号原798厂内
☎ 6438-7264
Sur la façade extérieure du bâtiment qui abrite le 798 Space. Ouvert de 10h à 24h.

Alain Le Bacquer

→ Un décor de briques et de tuyaux joliment conçu et une ambiance toujours détendue. C'est aussi le point de rendez-vous des artistes et expatriés qui hantent le complexe. La carte est occidentale, les plats soignés, le café sans reproche et les tarifs raisonnables.

TIME ZONE 8 CAFE
Dashanzi Art District, 4 Jiuxian Nanlu, Chaoyang District
[Plan B-14] 朝阳区酒仙桥路4号原798厂内
Situé dans l'allée qui mène à l'usine 798, côté gauche, 100 m avant d'arriver au grand corridor couvert. Ouvert de 8h30 à 21h (mais la cuisine ferme à 19h).
→ C'est l'agréable coin café de la librairie d'art qui porte le même nom. Idéal pour bouquiner sur sa terrasse l'été. Ou simplement boire un jus de fruit frais ou goûter aux spécialités occidentales ou asiatiques de la maison.

CLUBS

La "discothèque" la plus touchante de Pékin est probablement à Shishahai. Les soirs de week-end (et parfois de semaine quand la météo le permet), plusieurs dizaines de couples se rassemblent sur la minuscule esplanade qui borde l'extrême pointe sud du lac Houhai. En T-shirt et jupes légères l'été, ou emmitouflés dans un anorak et un cache-nez l'hiver, tous virevoltent avec beaucoup d'entrain sur des rythmes divers diffusés par un radiocassette assorti d'un ampli. Ambiance locale assurée. Les amateurs de guinguette à caractéristiques pékinoises peuvent venir avec leur partenaire... ou en recruter un/une sur place.

Autres options pour les danseurs qui ont une préférence pour les pistes plus classiques.

Jianguomen

CLUB BANANA (吧那那)
Scitech Hotel, 22 Jianguomenwai Dajie, Chaoyang District.
[Plan G-12] 朝阳区建国门外大街22号
赛特饭店
☎ 6526-3939
Métro Jianguomen. Ouvert de 20h30 à environ 2h. Entrée : 20 ¥ en semaine, 30 ¥ le week-end.
→ Gigantesque (3 500 m² de surface) et baroque discothèque dont la puissante sono fait vibrer les nuits pékinoises depuis bientôt une décennie. Elle est organisée en plusieurs zones musicales : pop et techno dans la salle principale (avec spectacle de go-go girls et une piste de danse qui vibre sous vos pieds !), funk et acid-jazz dans la section du fond, et lounge music dans le café psychédélique du haut.

ARENA CLUB

B1, The Place, A9 Guanghua Lu,
Chaoyang District
[Plan G-12] 朝阳区光华路甲9号,
世贸天阶地下一层
☎ 6587-2888

Métro Yonganli. Au sous-sol du complexe qui se trouve du côté est de Dongdaqiao Lu, au nord du croisement avec Guanghua Lu. Ouvert à partir de 21h.

→ Récent, mais déjà solidement installé dans le paysage nocturne local. C'est souvent là que se produisent la crème des DJ locaux, ainsi que les stars étrangères des platines quand elles passent par Pékin.

Sanlitun

ROCK'N'ROLL (滚石)

Gongti Beilu 4 yuan, Sanlitun,
Chaoyang District
[Plan F-12] 3/F, 朝阳区工体北路4号园
☎ 6592-9856

Passer l'arcade du Confort Inn, sur Gongti Beilu, et aller tout droit sur 150 m jusqu'à ce que vous aperceviez le panneau lumineux du club. Il faut ensuite entrer par la façade Ouest du building, puis prendre l'ascenseur jusqu'au 3e étage. Ouvert de 20 h à 5h. Entrée libre pour les filles, 25 ¥ pour les garçons.

→ C'est la discothèque la plus "couleur locale" du quartier, même si les éclairages roses et les rideaux de perles semblent directement inspirés (en plus cheap) des établissements les plus huppés du quartier. La faune y est très jeune, la salle invariablement enfumée, la musique plus pop que techno et l'ambiance détonnante toute la nuit, toutes les nuits.

Gongti

BABY FACE

6 Gongti Xilu, Chaoyang District
[Plan F-12] 朝阳区工体西路6号
☎ 6551-9081

Métro Dongsishitiao. Viser l'enseigne lumineuse rouge, juste au nord du bowling Gongti 100, dans la rue qui passe entre le Workers Stadium et le Workers Gymnasium. Ouvert de 20h30 à 2h30 (5h le week-end). Entrée libre en semaine, 50 ¥ le week-end et 100 ¥ lors des soirées spéciales.

→ Invariablement ultra-bruyant et ultra-bondé, ce lounge-club reste incontournable depuis plusieurs années. Une déco très géométrique, des éclairages à dominante rouge, une grande piste pour ceux qui ne réagissent qu'aux rythmes technos, une salle plus petite pour ceux qui préfèrent le R&B, des salles semi privées délimitées par des rideaux de perles de verre (consommations minimum de 1 000 ¥), d'autres fermées qui disposent de matériel karaoké (consommations minimum de 1 500 ¥). Bref toutes les composantes qui avaient déjà fait le succès du tout premier Baby Face de Canton, avant d'être décliné dans la majorité des grandes villes de Chine… et largement copiées par les clubs qui balisent désormais le pourtour du pâté de maison de Gongti. Avec une mention spéciale pour le Coco Banana, l'un des plus fréquentés en 2007.

MIX 好

North Gate, Workers Stadium,
Gongti Beilu, Chaoyang District
[Plan F-12] 朝阳区工体北门院内
☎ 6530-2889

Métro Dongsishitiao. A l'intérieur de l'enceinte du Workers Stadium, à droite de la porte Nord. Ouvert de 20h à 5h. Entrée : 50 ¥ le week-end et 30 ¥ pour tous le mercredi, 30¥ pour les hommes les autres jours de la semaine.

→ Trois salles, un décor de verre et d'acier irradié de néons aux teintes chaudes et une

SORTIES

foule invariablement compacte et joyeuse : bienvenu au Mix ! Au programme de ce gigantesque club high-tech qui depuis une demi-décennie fait swinguer la jeunesse dorée locale : hip-hop et R&B. Son concurrent direct, le club Vics, qui se trouve juste en face, a eu beau doubler sa surface et se refaire une coûteuse beauté noire et blanche plus dans l'air du temps en 2007, le Mix reste indétrônable.

Dongsishitiao

LATINOS
A12 Nanxincang, 22 Dongsishitiao, Dongcheng District
[Plan F-11] 东城区东十条22号, 南新仓特色街A12
☎ 6409-6997
Métro Dongsishitiao. Tout au fond à droite du complexe historique de Nanxincang. Ouvert de 20h30 à 2h environ (4h le week-end). Entrée : 50 ¥ le week-end (une boisson comprise).

→ Jadis proche du parc Chaoyang, le pionnier des clubs latino s'est replié plus au centre de la ville mais continue à secouer les nuits pékinoises. Ambiance salsa particulièrement chaude en fin de semaine.

Weigongcun

ROLLERWORLD   好
(新潮流滚轴溜冰大世界)
5 Zhongguancun Nan Dajie, Haidian District
[Plan E-6] 海淀区中关村南大街5号
☎ 6218-4225
200 m au nord du stade Shouti.
Environ 200 m au nord du stade Shouti, à peu près en face de la Bibliothèque nationale, tourner à droite dans une impasse et poursuivre sur 50 m. L'entrée sera sur votre droite. Ouvert de 10h à 2h. Tarifs : 5 ¥ à 7 ¥ pour les filles et 6 à 12 ¥ pour les garçons en fonction du jour et de l'heure.

→ Une discothèque-patinoire populaire et l'un des seuls endroits où les jeunes travailleurs migrants et les étudiants de la

Bertrand Meunier

SORTIES

ville ont les moyens de venir décompresser et draguer sur des roulettes et un fond musical techno-pop dans une ambiance plus que rafraîchissante. Les lumières barriolées, les posters géants de Spiderman, la moquette tachée, les couleurs, les odeurs... tout comme la chaleur des sourires adressés aux rares long-nez arrivés jusqu'aux tabourets de plastique qui entourent la piste, tout ici évoque irrésistiblement l'ambiance des boîtes de nuit des petites villes de Chine profonde. A voir sans faute avant qu'elle ne disparaisse pour laisser place à un club plus aseptisé ou une tour de bureaux.

Universités

PROPAGANDA

East Gate, Huaqing Jiayuan, Wudaokou, Haidian District
[Plan B-6] 海淀区五道口华青家园东门
☎ 8286-3991

Métro Wudaokou. Situé 100 m au nord de la porte Est de la résidence Huaqing Jiayuan, à proximité de la station du métro. Ouvert de 21h à 3h environ (5h le week-end). Entrée libre en semaine, environ 30 ¥ le week-end ou lors des soirées spéciales.

→ Le hub nocturne des étudiants étrangers du quartier, peut-être fascinés par les fresques murales inspirées de la grande époque de la propagande communiste, la Révolution culturelle (d'où le nom du lieu). A moins que ce ne soit l'attrait de la piste de danse du sous-sol, qui se vide rarement avant le milieu de la nuit.

GAY PEKIN

Un monde encore assez souterrain, à moins d'être vraiment intégré dans le milieu. Et sur le Web, les sites les plus utiles sont en mandarin... quand ils ne sont pas bloqués par la peu tolérante censure chinoise. Quelques adresses virtuelles et nocturnes, tout de même, où vous pourrez sûrement faire des rencontres vous permettant de remonter la gay piste de Pékin.

Sites Web

GAY CHINA

http://english.gaychina.com
→ A consulter en dehors de Chine.

UTOPIA

www.utopia-asia.com/chinbeij.htm
→ Toutes les adresses à jour et commentées, en anglais.

Les cinéphiles pourront aussi chercher chez les marchands de DVD les plus alternatifs de la ville quelques films de Cui Zi'en (崔子恩), créatif cinéaste, actif "camarade" (comme on dit de ce côté de la Grande Muraille) et infatigable co-organisateur du Festival international du film gay et lesbien de Pékin.

Bars & Clubs

DESTINATION

(目的地)
7 Gongti Xilu, Chaoyang District
[Plan F-12] 朝阳区工体西路7号
☎ 6551-5138

Métro Dongsishitiao. Situé près de la porte Ouest du Workers Gymnasium, près de Sanlitun, et juste en face du restaurant Bellagio. Ouvert de 20h à 2h (4h le week-end).

→ Le bar-club de référence, pour les garçons. Une déco design presque exclusivement métallique, plusieurs salles pour faire des rencontres et une piste de danse lumineuse sur laquelle la vapeur monte vite tous les soirs.

WEST WING (西厢房)
Deshengmen Jianlou, Bei Erhuan Lu,
Xicheng District
[Plan E-8] 西城区北二环德胜门箭楼的西边
☎ 8208-2836
Métro Jishuitan. Situé à l'intérieur de la tour de Deshengmen Jianlou L'entrée se fait par la porte Ouest de la tour. Ouvert de 14h à 2h
→ Maison de thé dans la journée qui se transforme en bar le soir, c'était le point de rendez-vous favori de la communauté lesbienne en 2007.

SORTIES LOISIRS

BILLARD

BALL HOUSE (波楼)
Zhonglou Dongbeice, Dongcheng District
☎ 6407-4051
[Plan E-9] 东城区钟楼东北侧的小胡同里
Métro Gulou Dajie. Il est très bien caché au fond d'une impasse qui se trouve environ 15 m au nord de la tour de la Cloche, au coin du Château Blanc. Ouvert de 18h30 à tard le soir (ne pas hésiter à sonner si la haute porte est fermée).
→ Ce joli bar-lounge très haut de plafond et aménagé avec goût et simplicité comporte trois tables de billard. Pour des parties tranquilles au cœur du vieux Pékin... ou pour les observer du haut des diverses mezzanines. Tarif : 40 ¥ l'heure.

DONGXING TAIQIU JULEBU
(东星台球俱乐部)
4/F, Qingfeng Dasha, Jiugulou Dajie,
Dongcheng District
[Plan E-9] 东城区旧鼓楼大劫, 庆丰大厦4层
☎ 8401-6638

Pause Shampoing

Une séance chez un coiffeur chinois de quartier est un must pour parfaire votre séjour à Pékin. Les salons de coiffure de quartier sont à peu près aussi omniprésents à Pékin que les épiceries de rue (on en trouve en moyenne un tous les 200 m) et ferment généralement très tard le soir. L'ambiance y est souvent plus colorée encore qu'au cinéma, et vous ressortirez détendu. Alors choisissez-en un au feeling, et allez-y. Les plus téméraires tenteront peut-être une coupe. Les autres opteront pour un shampoing et massage du cuir chevelu et du visage réalisé par des mains super expertes, tout en regardant des vidéo-clips taiwanais. Une expérience qui coûte généralemet environ 20 ¥. Le personnel vient le plus souvent de province et parle très rarement anglais, mais vous vous en tirerez sûrement très bien par gestes.

Pour ceux ou celles qui ont plus besoin de rafraîchir leur coupe que de se faire masser le crâne, voir page 266.

Métro Gulou Dajie (sortie B). Il est au 4e étage d'un immeuble situé dans un *hutong* qui part vers l'ouest environ 200 m au sud de la station de métro. Ouvert 24 h/24.

→ Une immense salle de billards de quartier tout de rouge décorée, et généralement animée. Avec un confortable coin télé pour ceux qui font une pause ou attendent qu'une table se libère et un cybercafé à l'entrée.

BOWLING

GONGTI 100 (工体100)
8 Gongti Xilu, Chaoyang District
[Plan F-12] 朝阳区工体西路8号
☎ 6552-1446

Métro Dongsishitiao. Situé juste au sud de la porte Ouest du Workers Gymnasium, à Sanlitun. Le bowling est au 2e étage. Ouvert de 9h à 2h.

→ Comme son nom l'indique, ce gigantissime bowling compte 100 pistes alignées sur un seul étage qui ressemble à un hangar sans fin, et est d'ailleurs considéré comme l'un des plus grands bowlings de la planète. Fréquenté par une clientèle assez huppée de cols blancs, il est très central et bien plus bruyant encore. Tarifs : 30 ¥ la partie, par personne. La location d'une piste à l'heure est plus économique : 180 ¥ entre 17h et 23h, 130 ¥ le reste du temps (pour huit joueurs maximum). Rajouter 5 ¥ pour la location des chaussures.

JEUX D'ARCADE

GONGTI 100 (工体100)
Voir paragraphe précédent.
→ Plusieurs dizaines de consoles de jeux essentiellement japonais sont installées au 2e étage, le long des allées du bowling. Tarifs : à partir de 2 ¥ la partie (les jetons sont à acheter à la caisse du bowling).

SEGA WORLD (世佳)
Room 409, Sun Dong An Plaza,
138 Wangfujing Dajie, Dongcheng District
[Plan G-10] 东城区王府井大街138号,
新东安市场4楼409室
☎ 5817-6864

Métro Wangfujing. Au 4e étage de l'aile nord du centre commercial Sun Dong An. Ouvert de 10h à 21h.

→ Une bonne centaine de machines de jeux (dont les instructions sont souvent en anglais) crépitent et clignotent de toutes leurs sirènes. Une occasion de frayer avec les ados locaux. Tarifs : entre 1 et 4 ¥ la partie (avec des jetons à acheter à la caisse).

MASSAGES & SPA CHINOIS

Comment se remettre d'une journée de cavale dans les temples ou sur les marchés...

Massages

Les Chinois redécouvrent depuis quelques années les vertus thérapeutiques, énergisantes ou simplement relaxantes du massage traditionnel chinois, qui joue sur la pression des points d'énergie reliés au système nerveux. Les officines de massages (certaines tenues par des aveugles) ont ainsi fleuri ces dernières années dans toute la ville. Ainsi que les chaînes de *foot massage*, qui sont généralement ouverts très tard le soir, et où le rituel est le suivant : on vous installe dans un profond fauteuil, avant de vous plonger les pieds dans un baquet rempli d'eau très chaude assaisonnée de toutes sortes d'herbes chinoises. Vous y macérez un bon quart d'heure, avant une séance de pédicure (optionnelle), puis le massage proprement dit (pieds, jambes, mains, bras, épaules). Petite sélection d'enseignes situées dans les quartiers résidentiels expatriés, où le

Ian Teh

SORTIES

personnel parle très rarement anglais mais est habitué à recevoir une clientèle étrangère, avec ou sans rendez-vous.

AIXIN CENTER MASSAGE
(爱心自强盲人推拿保健中心)
Room 202, Building 1, Fulihuayuan,
40 Maizidian Jie, Chaoyang District
[Plan E-13] 朝阳区麦子店待40号
富丽华园1号楼2层202室
☎ 6504-6490

Prendre la rue qui part vers l'est au sud du Sheraton Hotel. Au niveau du Yong'An Hotel, remonter 200 m vers le nord. Le centre est dans l'une des tours rouge brique de la résidence Fuli Garden, du côté ouest de la rue. Des pancartes en anglais vous indiqueront alors le chemin. Ouvert de 11h à 23h.

→ Le vétéran des massages thérapeutiques professionnels réalisés par des aveugles aux mains aussi expertes qu'énergiques. La plupart des long-nez de la capitale sont déjà passés sur l'un des lits de massages dressés dans la salle commune. Liste des services proposés en anglais. Tarifs : 80 ¥ l'heure pour un massage du corps, 90 ¥ l'heure pour un massage de pieds, le double (plus les frais de taxi) pour un service à domicile.

BODHI (菩提)   好
17 Gongti Beilu, Chaoyang District
[Plan F-12] 朝阳区工体北路17号
☎ 6417-9595

Situé dans une ruelle qui part vers le nord, juste en face de la porte Nord du Workers Stadium. Ouvert de 11h30 à 0h30.

→ Ce spa est l'un des lieux les plus centraux et les plus agréables pour venir récupérer du stress pékinois. Le cadre, d'inspiration Sud-Est asiatique, est sobre et ravissant. Les masseurs sont experts et plein d'attentions (les serviettes brûlantes appliquées sur la plante des pieds en fin de massage ou

les oreillers d'herbes médicinales chaudes font toute la différence !). Ils proposent de plus des massages traditionnels thaï et des soins aromathérapiques. Compter 138 ¥ un massage des pieds de 80 minutes (en fonction de l'heure), et le même prix pour un massage du corps d'une heure, snacks et boissons comprises. Avec de fortes réductions généralement consenties pendant la journée. Les expatriés de la ville se sont vite passés le mot : ils représentent la majeure partie de la clientèle de cette oasis de bien-être.

HUAXIA LIANGZI
(华夏良子. 传统保健)
A7, Tianhe Dasha, Gongti Xilu,
Chaoyang District
[Plan F-12] 朝阳区工体西路甲7号天河大厦
☎ 6552-4977

Métro Dongsishitiao. Situé dans une petite rue qui part vers l'ouest au niveau du Centre culturel français, près de la porte Ouest du Workers Stadium. L'enseigne est rouge avec un logo rond jaune orné d'un dragon noir stylisé. Ouvert de 10h à 1h.

→ Avec des salles propres et confortables, animée par un personnel aussi jeune que serviable, cette chaîne est spécialisée dans les massages de pieds. Tarifs : environ 90 ¥ pour une séance de 90 minutes. Bonus : vous retrouverez vos chaussures cirées à la fin du massage et repartirez avec une paire de chaussettes souvenir !

ORIENTAL TAIPAN (东方大班)
1 Xindong Lu, Chaoyang District
[Plan E-12] 朝阳区新东路1号
☎ 8532-2177

Proche de l'entrée Est du compound résidentiel Taiyuan, qui est situé à quelques centaines de mètres au nord de l'ambassade du Canada. Ouvert de 11h à 0h30.

→ L'une des meilleures chaînes de spa et établissements de massage. Les locaux sont très beaux et paisibles, l'ambiance très sud-est asiatique. On vous y proposera toute une palette de massages et de soins du corps, à partir de 138 ¥ les 90 minutes. Les tarifs comprennent nourriture et boissons saines à volonté.

PHOENIX TREE (梧桐树)
113-1 Nanluoguxiang, Dongcheng District
☎ 8404-3123
[Plan E-10] 东城区南锣鼓巷113-1号
Métro Beixinqiao. Guetter la petite porte vitrée au niveau du conservatoire d'art dramatique, côté ouest de la ruelle. Ouvert de 11h à 24h. Réservation conseillée le soir.

→ Situé au cœur de Nanluoguxiang, ce tout petit salon de massage de quartier est aussi confortable que bon marché (à partir de 38 ¥ pour un massage des pieds de 60 minutes, 88 ¥ un massage du corps de 80 minutes). Vous risquez d'y croiser quelques unes des ravissantes apprenties actrices du conservatoire voisin en train de se faire faire une manucure en passant en revue les derniers ragots du milieu sur un fond de musique *cantopop* idéalement détressant.

Spa Chinois

C'est un monde de volupté en serviettes éponge. Les Pékinois ont découvert depuis quelques années le plaisir de prendre soin de soi dans les *xiyu zhongxin* (洗浴中心), ces complexes souvent ouverts jour et nuit et qui offrent généralement pour un prix d'entrée forfaitaire l'accès à des salles d'eau (sauna, hammam, bassins divers d'eau chaude ou froide... ces salles étant souvent plus sophistiquées du côté hommes que du côté femmes). Ainsi que des salles de repos mixtes, où vous pourrez relancer vos cellules

grises devant une partie d'échecs chinois, ou décompresser en pyjama devant des films de kung-fu sur des téléviseurs géants en vous faisant masser les pieds. Le tout dans un cadre généralement gréco-kitsch qui représente le summum du luxe dans l'esprit des autochtones. Micro-sélection.

THE AGEAN SEA   好
Building 16, Sanyuanli, Chaoyang District
☎ 6464-8718
[Plan C-12] Situé dans l'impasse qui part vers le nord de la rue Sanyuanli, juste à l'est de la poste. Ouvert 24h/24.

→ Comme son nom l'indique, vous pouvez vous attendre à évoluer ici dans un décor fait de marbre, de colonnes et de statues. Cet établissement propose tous les classiques du genre : salles de thermes, salles de repos et de massage communes ou privées. Avec en bonus un spectacle entre 21h et 23h, que l'on peut admirer bien calé à l'horizontale sur une moelleuse banquette. Le prix d'entrée de 68 ¥ vous permet de rester 24 heures, et comprend les buffets du petit-déjeuner, dîner et souper de nuit. Suppléments pour les massages et soins.

BAOSHAN SAUNA (宝山酒店桑拿部)
1/F, Baoshan Hotel, 1 Xijing Lu, Xuanwu District
[Plan I-9] 宣武区西经路1号
(友谊医院西门对面)
☎ 6315-3388, Ext. 607
Il se trouve au sous-sol du Baoshan Hotel, lui-même situé au nord du temple du Ciel, dans une rue parallèle à Hufang Lu (en allant vers l'est) et en face de la porte Ouest du Youyi Hospital. Ouvert 24 h/24.

→ Un sympathique établissement décoré dans un goût jungle et rochers artificiels. Le billet d'entrée est à un tarif imbattable : 28 ¥ et vous donnera droit à l'accès au sauna, au hammam et à diverses salles de repos. Massages, boissons et snacks en supplément. Si vous venez dans la journée, vous avez en outre des chances de transpirer tranquille... la foule chinoise n'arrive généralement que vers 18h.

LONGTAO YUDU (龙涛浴都)

89 Di'anmen Dongdajie, Dongcheng District [Plan F-10] 东城区地安门东大街89号
☎ 6403-5578

Chercher la flambante façade de pierre beige située en bordure de Ping'an Dajie, côté Nord, 20 m à l'ouest du croisement avec Nanluoguxiang. Ouvert 24 h/24.

→ Cet établissement, décoré avec force dorures et guirlandes de fleurs artificielles, est de taille relativement modeste, mais il est strategiquement situé à proximité de Nanluoguxiang et est impeccablement propre. Il est également bon marché : 48 ¥ l'entrée, avec un buffet à l'heure des repas.

SORTIES SPORTIVES

GOLF

Avis aux voyageurs en mal de green : pour répondre à la fièvre du golf qui semble avoir saisi les hommes d'affaires chinois depuis quelques années, les terrains de golf se sont multipliés à la périphérie de la capitale, entraînant une éclosion de magasins de matériel spécialisés à travers tout Pékin. Voici quelques clubs considérés comme sérieux.

BEIJING INTERNATIONAL GOLF CLUB

(北京国际高尔夫俱乐部)
Shisanling Shuiku, Changping District
昌平区十三陵水库北球场
☎ 6076-2288

Hors plan. Situé au nord-ouest de Pékin, près du lac de retenue des tombeaux Ming, dans la direction de Badaling. Ouvert de 7h à 15h.

→ C'est le premier club de golf ayant ouvert à Pékin en 1986. Son parcours de 18 trous est considéré comme le plus "chinois" de la région car il a été aménagé au creux des montagnes qui entourent le nord de la capitale, et en bordure du réservoir des tombeaux Ming. Forfaits pour les non membres : 800 ¥ le parcours en semaine et 1 400 ¥ le week-end. Prévoir un supplément de 120 ¥ minimum si vous y louez des clubs. Réservations conseillées, à faire au moins un jour à l'avance.

HUATANG INTERNATIONAL GOLF CLUB

(华堂国际高尔夫俱乐部)
Sanhe Yanjiao Development Zone,
Lanfang, Hebei Province
河北省三河市燕郊经济技术开发区
☎ 6159-3930

Hors-plan. Il est situé à une petite trentaine de kilomètres à l'est du China World (sur la route de Tianjin). Ouvert de l'aube à la tombée de la nuit.

→ Un parcours de 18 trous relativement récent et techniquement estimé. Les non membres ne peuvent normalement jouer qu'en semaine, en réservant un ou deux jours à l'avance. Compter 780 ¥ le parcours, avec un supplément d'environ 180 ¥ si vous louez leur matériel.

NATATION

Pour une séance de brasse relaxante ou de crawl dynamisant, tous les grands hôtels de la ville abritent des piscines couvertes, et une poignée proposent un bassin extérieur. Mais leur accès est hors de prix pour ceux qui ne sont pas clients. Autres Options.

SORTIES

Alain Le Bacquer

PISCINE DE L'HOTEL 21ST CENTURY
(中日友好青年中心游泳馆)
21st Century Center, 40 Liangmaqiao Lu,
Chaoyang District
[Plan D-13] 朝阳区中日二十一世纪中心,
亮马桥路
☎ 6468-3311, Ext. 3185
La piscine est juste derrière le 21st Century
Theater, environ 2 km à l'est du Lufthansa
Center. Ouvert de 12h à 21h30. Entrée : 50 ¥.
→ Piscine olympique couverte, propre,
fonctionnelle, rarement bondée et entièrement
refaite à neuf au cours de l'été 2007.

PISCINE DONGDAN (东单游泳馆)
Dongdan Sports Center, A2 Dahua Lu,
Dongcheng District
[Plan G-10] 东城区大华路甲2号
东单体育中心
☎ 6523-1241
Métro Dongdan. L'entrée se trouve sur
la façade Ouest du complexe sportif de
Dongdan, du côté sud-ouest du carrefour du
même nom. Ouvert de 10h à 22h (fermeture
des guichets à 21h). Entrée : 30 ¥.
→ Piscine couverte très centrale.

PISCINE GONGTI (工体游泳池)
South Gate, Workers Stadium, Sanlitun,
Chaoyang District
[Plan F-12] 朝阳区工人体育场
南门往东100米 (院内)
☎ 6501-6655 (puis demander la piscine)
L'entrée se fait dans un renfoncement,
à une centaine de mètres de la porte Sud
du Workers Stadium. Ouvert de 12h à 21h.
Entrée : 15 ¥.
→ Un bassin en extérieur, ouvert du 1er juin
au 31 août, qui a été rénové au printemps
2005. Fort pratique pour piquer une tête par
grosse chaleur si vous logez dans le quartier.
Examen médical (rapide) obligatoire la
première fois que vous vous y rendez.

PISCINE DU FRIENDSHIP HOTEL
(友谊宾馆康乐中心)
Frienship Hotel, 3 Baishiqiao Lu,
Haidian District
[Plan D-5] 海淀区白石桥路3号
☎ 6849-9696
Elle est au milieu de l'enceinte du Friendship
Hotel, juste au sud de l'intersection de
Baishiqiao Lu avec le 3e périphérique Nord.

SORTIES

Ouvert de 7h à 23h. Entrée : 100 ¥.

→ Une piscine couverte de luxe bordée d'une terrasse pour ceux qui sont en mal de brasses et logent à l'ouest de la ville.

TUANJIEHU PARK AQUATIC CENTER
(团结湖游乐中心)
Voir page 125.

PATIN A GLACE

La meilleure saison pour patiner à Pékin est clairement l'hiver : les lacs des parcs de la ville, notamment ceux du lac Houhai ou du palais d'Eté, vous offriront alors des patinoires aussi magnifiques qu'originales (les patins se louent généralement dans les petites baraques situées sur les rives pour 10 à 20 ¥ la séance). Autres solutions, plus conventionnelles.

LE COOL (国贸溜冰场)
NB 211, China World Shopping Arcade, 1 Jianguomenwai Dajie, Chaoyang District.
[Plan G-13] 建国门外大街1号
国贸中心地下一层
☎ 6505-5776.

Métro Guomao. Au 1er sous-sol du centre commercial du China World. Ouvert de 10h à 22h. Entrée : de 30 à 50 ¥ la session de 90 minutes en fonction du jour et de l'heure.

→ La patinoire couverte la plus trendy de la ville. Le week-end, nuées de "petits empereurs" pékinois virevoltant sous l'œil attendri de leurs parents.

PATINOIRE ZILONGXIANG
(紫龙祥滑冰馆)
B1, Hepingli Zhongjie, Dongcheng District
[Plan D-10] 东城区和平里中街
(地坛北门的东侧)
Métro Andingmen ou Yonghegong. Située environ 20 m à l'est de la porte Nord du parc

Ditan. Ouvert 13h30-21h. Tarifs : 26 ¥ l'heure, patins compris.

→ Ambiance couleur locale dans cette étonnante et populaire patinoire aménagée en sous-sol et décorée de guirlandes de plantes en plastique et de drapeaux. Ne pas oublier son anorak.

TENNIS

Pour les voyageurs qui ne peuvent pas envisager de partir en vacances sans glisser leur raquette dans la valise... et ne souhaitent pas payer les tarifs prohibitifs des courts de tennis des grands hôtels.

TENNIS DE CHAOYANG PARK
(朝阳公园网球俱乐部)
Nanmen, Chaoyang Gongyuan,
Chaooyang District
[Plan E-14] 朝阳区朝阳公园南门往东200
米
☎ 6591-8383

L'entrée du club se fait à l'est de la porte Sud du parc, quelques centaines de mètres avant le 4e périphérique Est. Ouvert de 7h à 23h.

→ Des courts en extérieur, facturés 60 ¥ de l'heure en semaine avant 16h, et 90 ¥ de l'heure le reste du temps. Location possible de raquettes et de balles (10 ¥ l'heure avec une caution de 300 ¥).

TENNIS DE TAIMIAO
(劳动文化宫网球场)
Laodong Renmin Wenhuagong Dongmen,
Tiananmen Guangchang Dongce,
Dong Chang'an Jie, Dongcheng District
[Plan G-10] 东城区天安门东侧,
劳动文化宫东门内对面
☎ 6512-2856

Métro Tiananmen Dong. Le club est situé à l'intérieur du parc de la Culture du peuple. Entrer par la porte Est du parc, qui donne sur

SORTIES

la rue Nanchizi. Ouvert de 6h à 24h. Tarifs : 40 ¥ l'heure de 6h à 17h et 60 ¥ l'heure entre 17h et 23h en semaine, (supplément de 20 ¥ les week-ends et jours fériés). Réservations possibles par téléphone, mais le personnel ne parle que mandarin.

→ Un petit club méconnu de trois courts (en ciment) situés le long du mur extérieur du temple Taimiao. L'occasion pour les mordus de la petite balle de se faire leur propre remake de la célèbre partie de tennis de Pu Yi dans le film *Le Dernier Empereur*. Les parties nocturnes, avec les murs du temple éclairé en toile de fond, sont assez magiques.

YOGA

Besoin de retrouver votre équilibre intérieur l'espace de quelques heures pour résister au brouhaha pékinois ? Respirez, et faites un crochet par les lieux suivants :

YOGA YARD (瑜珈苑)
6/F, 17 Gongti Beilu, Chaoyang District
[Plan F-12] 朝阳区工体北路17号
☎ 6413-0774
www.yogayard.com
Situé dans le même immeuble que le spa Bodhi. Entrer par l'ascenseur en verre et monter au 6e étage.
→ Les pionniers de la vogue yoga qui s'est abattue sur la capitale chinoise depuis quelques années, version hatha yoga avec des cours donnés en anglais. Tarifs : à partir de 70 ¥ la séance de 90 minutes, en anglais. Appeler ou consulter leur site Internet pour connaître les horaires, niveaux des classes et tarifs précis.

YOGI YOGA CENTER (悠季瑜珈)
Bell Tower, Ritan Park, Ritan Beilu, Chaoyang District
[Plan G-12] 朝阳区日坛北路日坛公园钟楼

☎ 8561-5507
www.yogiyogacenter.com
Métro Jianguomen. Entrer par la porte Nord du parc Ritan, prendre la première allée sur la gauche et parcourir environ 100 m jusqu'à tomber sur une tour carrée rouge percée d'une porte ronde. Tarifs : 100 ¥ la première fois, puis 100 ¥ par session de 90 minutes.
→ Plusieurs maîtres de yoga et de méditation venus tout droit de Rishikesh en Inde, et quatre centres pékinois. Dont celui-ci, aménagé dans la tour de la Cloche du joli parc Ritan.

Alain Le Bacquer

AGENDA

Outre les principales fêtes du calendrier lunaire, d'autres manifestations moins traditionnelles ont commencé depuis quelques années à rythmer l'agenda culturel pékinois, et devraient continuer à être organisées à un rythme annuel. Consulter les city magazines locaux pour en savoir plus sur les dates et lieux.

NOUVEL AN CHINOIS (春节)

C'est le point fort de l'année en Chine, la principale fête familiale, l'époque où la moitié de la Chine est sur les routes pour aller faire bombance une semaine durant avec l'autre moitié (les familles étant souvent éparpillées à travers le pays). Au programme : le traditionnel souper de *jiaozi* confectionnés par toute la famille, des gerbes sans fin de pétards qui font fuir les dragons et les mauvais esprits et des foires colorées qui enflamment les parcs et certains temples de la ville. Le nouvel an chinois a lieu en fonction des années entre la dernière semaine de janvier et la première moitié de février. Si vous êtes en ville à cette époque-là, le meilleur moyen de participer aux festivités est de faire un tour à la foire du parc Ditan, ou à celle du temple des Nuages blancs.

FETE DES LANTERNES (元宵节)

Le 15e jour du 1er mois lunaire, qui tombe généralement pendant la deuxième quinzaine du mois de février, est le jour qui marque la fin des festivités du nouvel an chinois. Nombre d'entre eux mangent ce jour-là des boules de riz glutineux fourrées à la pâte de cacahouètes ou de haricot rouge, et certains accrochent encore des lanternes multicolores devant chez eux pour saluer la première lune.

FETE DES MORTS (清明节)

Dédiée au culte des ancêtres, cette autre fête familiale tombe généralement au tout début avril. On se retrouve en famille sur les tombes des parents et autres proches décédés pour brûler du papier-monnaie fictif, et déposer toutes sortes de victuailles afin que l'être cher ne manque de rien dans l'au-delà.

MIDI FESTIVAL

L'école privée de musique Midi (www.midifestival.com) organise normale-ment autour du 1er mai un festival qui fut longtemps le plus décapant festival de musique alternative local (et en fait le seul), avant de bifurquer vers une programmation plus *mainstream*.

MEET IN BEIJING

Un festival culturel qui fleurit peu après les magnolias dans la capitale. Avec un florilège de spectacles de danse, de concerts et d'expositions variées conçus par des artistes chinois. Mais aussi une programmation de spectacles étrangers, à forte connotation asiatique, dont la qualité semble aller croissant chaque année.

GREAT WALL MARATHON

Pour les vrais sportifs, car, en plus des 42 km réglementaires, les coureurs doivent monter ou descendre 3 700 marches ! Il se déroule généralement autour du 20 mai, sur une portion de la muraille proche de Tianjin. Plus d'infos sur www.great-wall-marathon.com

FETE DES BATEAUX-DRAGONS (端午节)

Le 5e jour du 5e mois lunaire. Elle commémore le suicide du patriote Qu Yuan (Dynastie Chu), qui se serait jeté dans un lac en signe de protestation contre la corruption du régime d'alors. La population, émue par ses convictions, jeta des boulettes de riz dans le lac pour empêcher les poissons de dévorer le corps de Qu Yuan. La tradition aujourd'hui encore est de manger des gâteaux de riz glutineux enveloppés d'une feuille de bambou. C'est aussi l'occasion d'assister à l'une des courses de bateaux en forme de dragon qui sont de plus en plus souvent organisées sur les lacs de la capitale ou de sa banlieue.

FETE DE LA MUSIQUE

Elle a lieu régulièrement dans l'enceinte de l'école française. Si vous êtes à Pékin le 21 juin (ou le week-end qui précède ou suit cette date, en fonction des années), renseignez-vous sur le programme auprès du service culturel de l'ambassade. Ce sera peut-être une occasion de découvrir la musique contemporaine locale, au travers de l'un des groupes chinois qui animent parfois la soirée.

SEPTEMBRE ------

FESTIVAL DE LA MI-AUTOMNE (中秋节)

C'est la fête de la Lune, symbole de l'unité. Elle tombe entre mi-septembre et début octobre, et marque le début de l'automne. Feux d'artifices et gâteaux de lune sont au rendez-vous pour contempler - en famille ou entre amis - une pleine lune qui a l'habitude d'être particulièrement somptueuse cette nuit-là.

OCTOBRE / NOVEMBRE ------

DIAF

Depuis 2004, les organisateurs de ce festival d'art international font vibrer pendant un mois les murs des ateliers et salles de spectacles des commune d'artistes de la capitale (voir page 117), avec des manifestations très éclectiques dont la qualité va crescendo. Pour plus d'infos sur les dates et le programme des festivités : www.diaf.org

------

MARATHON INTERNATIONAL DE PEKIN

Organisé par l'Association d'athlétisme de Chine depuis 1981. Il attire désormais plusieurs dizaines de milliers de coureurs chaque année, habituellement en octobre. Pour en savoir plus : www.beijing-marathon.com

------

FESTIVAL INTERNATIONAL DE MUSIQUE CLASSIQUE

Organisé depuis 1997, le Beijing Music Festival est le grand rendez-vous annuel des amateurs de musique classique à Pékin, avec des concerts de qualité organisés dans les principales salles de spectacle de la ville (notamment au Beijing Concert Hall et au Poly Plaza) entre la mi-octobre et le début novembre.

FESTIVAL D'ART ASIATIQUE

Depuis 1998, les services culturels de diverses ambassades asiatiques (Japon, Corée, Pakistan, Mongolie...) organisent à Pékin au milieu de l'automne plusieurs dizaines de concerts, spectacles de danse ou pièces de théâtre. Des spectacles qui attirent un public chinois de plus en plus nombreux, même s'il est certainement aussi dépassé par la langue que peuvent l'être les spectateurs occidentaux. Pour une fois que vous serez à égalité, n'hésitez pas à en savoir plus sur le théâtre japonais contemporain ou les derniers boys bands coréens dans le vent.

SHOPPING

Dépenses · Consommation · Acquérir · Rabais · Rose

Pékin offre une époustouflante variété de produits de qualité, souvent meilleur marché que leurs équivalents européens. Entre les galeries commerciales, les grands magasins ou les bazars divers, vous risquez d'être chaque jour férocement tenté de charger un peu plus la valise du retour. Mieux vaut donc en prévoir une grande ! Sur les marchés, dans les bazars ou auprès des petits étals de rue, n'hésitez jamais à marchander âprement (mais sans jamais perdre votre sourire) l'objet de vos convoitises.

Attention : nous avons choisi d'indiquer dans ce guide les horaires d'été (mai à novembre), mais sachez qu'un certain nombre de grands magasins, centres commerciaux et boutiques de Pékin ferment une demi-heure à une heure plus tôt l'hiver.

GRANDS MAGASINS

Les grands magasins ont poussé comme des champignons tout autour de la ville au cours de la dernière décennie. On y trouve de tout, notamment un bon rayon d'alimentation (souvent situé au sous-sol). Ils acceptent généralement les cartes de crédits internationales. Sélection.

Xuanwumen

SOGO (崇光百货)
8 Xuanwumen Dajie, Xuanwu District
[Plan H-8] 宣武区宣武门大街8号
☎ 6310-3388
Métro Xuanwumen. A 200 m au sud de la station de métro, côté est de la rue. Ouvert de 9h30 à 22h.
→ Magasin moyen-haut de gamme sur six étages, avec un immense *food-court* à l'américaine au sous-sol.

Wangfujing

BEIJING DEPARTMENT STORE 好
(北京市百货大楼)
255 Wangfujing Dajie, Dongcheng District
[Plan G-10] 东城区王府井大街255号
☎ 8526-0222
Métro Wangfujing. En plein cœur de la zone piétonne, côté ouest. Ouvert de 9h à 22h (22h30 les vendredis et samedis).
→ Le plus ancien grand magasin de Pékin, baptisé sous l'ère communiste "Grand Magasin Numéro Un". Il a été entièrement retapé il y a quelques années et y a un peu perdu son âme de grand magasin populaire. Vous y trouverez tout de même encore quelques marques locales de prêt-à-porter ou de maroquinerie dans les étages, et un rayon de chaussures traditionnelles chinoises au 3e étage.

Jianguomen

FRIENDSHIP STORE (友谊商店)
17 Jianguomenwai Dajie, Chaoyang District
[Plan G-12] 朝阳区建国门外大街17号
☎ 6500-3311
Métro Jianguomen. A 300 m à l'est du métro, côté nord de Chang'an Jie. Ouvert de 9h30 à 20h30.
→ Ce "Magasin de l'Amitié" est très certainement le plus célèbre, et en tout cas le plus utile des établissements pour touristes pressés. Vous y trouverez sur 4e étages tout ce que vous pouvez avoir envie de rapporter de Chine, un peu plus cher qu'ailleurs, mais souvent aussi de meilleure qualité.

SCITECH (赛特购物中心)
22 Jianguomenwai Dajie, Chaoyang District
[Plan G-12] 朝阳区建国门外大街22号
☎ 6512-4488
Métro Jianguomen. Il est juste en face du

Friendship Store. Ouvert de 9h30 à 22h.
→ Magasin très haut gamme essentiellement fréquenté par de très riches Chinois.

Chaoyangmen

LANDAO (蓝岛大厦) 好
8 Chaoyangmenwai Dajie, Chaoyang District
[Plan F-12] 朝阳区朝阳门外大街8号
☎ 8563-4422

Métro Chaoyangmen. Situé environ 800 m à l'est de la sortie du métro, et à égale distance au sud du City Hotel. Ouvert de 9h à 21h.
→ Un grand magasin populaire et toujours bondé.

Maizidian & Liangmaqiao

LUFTHANSA CENTER (燕莎友谊商城)
52 Liangmaqiao Lu, Chaoyang District
[Plan E-13] 朝阳区亮马桥路52号
☎ 6465-1188

Imposant bâtiment rose pâle situé juste en face de l'hôtel Kunlun, de l'autre côté du 3e périphérique Nord-Est. Ouvert de 9h à 22h.
→ Considéré comme cher, mais avec des articles de bonne qualité, notamment de beaux tissus.

Sanlitun

PACIFIC CENTURY PLACE
(太平洋百货)
A2 Gongti Beilu, Chaoyang District
[Plan F-13] 朝阳区工体北路甲2号
盈科中心
☎ 6539-3888

En plein Sanlitun, sur le même trottoir et juste à l'ouest du Zhaolong Hotel. Ouvert de 10h à 22h.
→ Six étages de belles choses (chères), stratégiquement situé au cœur de Sanlitun.

Xidan

PARKSON (百盛购物中心)
101 Fuxingmennei Dajie, Xicheng District
[Plan G-7] 西城区复兴门内大街101号
☎ 6653-6688

Métro Fuxingmen. Juste au coin sud-est du carrefour entre Chang'an et le 2e périphérique Ouest, devant la sortie du métro. Ouvert de 9h à 22h.
→ Magasin moyen et haut de gamme.

XIDAN DEPARTMENT STORE
(西单百货商场)
120 Xidan Beidajie, Xicheng District
[Plan G-8] 西城区西单北大街120号
☎ 6603-912

Métro Xidan. Situé à 400 m au nord du métro, côté est de la rue. Ouvert de 9h à 21h.
→ Grand magasin populaire, et généralement animé.

Zhongguancun

MODERN PLAZA (当代商城)
130 Haidian Lu, Haidian District
[Plan C-5] 海淀区海淀路130号
☎ 6257-6688

Un gros bâtiment de verre et métal, situé juste en face de la porte principale de l'université du Peuple (Renda). Ouvert de 9h30 à 22h.
→ Grand magasin moyen de gamme, l'un des rares du quartier de Zhongguancun.

CENTRES COMMERCIAUX

Les *mall* à l'américaine se sont eux aussi multipliés dans la ville au cours des années 90, mais tous sont assez interchangeables. Vous y trouverez quasiment le même type de boutiques, de fast-food ou de restaurants. Sélection des principaux à travers la ville.

Chongwenmen & Beijingzhan

BEIJING NEW WORLD CENTER
(新世纪广场)
Chongwenmenwai Dajie, Chongwen District
[Plan H-10] 崇文区崇文门外大街
☎ 6708-1605
Métro Chongwenmen. A environ 200 m au sud du métro, côté ouest de l'avenue. Ouvert de 9h30 à 21h30 (et de 9h à 22h le samedi).
→ Un complexe en marbre rose et vert, au sud de Dongdan, qui abrite sur plusieurs ailes des bureaux et appartements, un hôtel et un grand centre commercial populaire bien achalandé.

Wangfujing

ORIENTAL PLAZA (东方广场)
1 Dong Chang'an Jie, Dongcheng District
[Plan G-10] 东城区东长街1号
☎ 8518-6969
Métro Wangfujing ou Dongdan. Sur Chang'an Jie, entre Wangfujing et Dongdan. La plupart des boutiques sont ouvertes entre 9h30 à 22h environ.
→ C'est l'un des plus énormes complexes commerciaux de la capitale. Sa construction a duré plusieurs années car elle a été interrompue par diverses péripéties, allant de la découverte de reliques archéologiques à un vaste scandale de corruption. Enfin achevé en 2001, ce bâtiment tentaculaire comprend aujourd'hui huit tours de bureaux, quatre d'appartements, le Grand Hyatt Beijing et un gigantesque centre commercial calqué sur les galeries commerçantes les plus huppées de Hong Kong.

SUN DONG AN PLAZA (新东安广场) 好
138 Wangfujing Dajie, Dongcheng District
[Plan G-10] 东城区王府井大街138号
Métro Wangfujing. Au coin nord de la zone

piétonne. Ouvert de 9h à 22h.
→ Vous pourrez difficilement ne pas remarquer cet énorme bâtiment recouvert de carrelage rose sur sept étages. L'un des plus grands et populaires centres commerciaux de la ville. Il était en cours de réaménagement en 2007 pour pouvoir mieux reluire au moment des Jeux Olympiques.

Chaoyangmen

FULL LINK PLAZA (丰联广场)
18 Chaoyangmenwai Dajie, Chaoyang District
[Plan F-11] 朝阳区朝阳门外大街18号
☎ 6588-1997
Métro Chaoyangmen. Situé à environ 150 m à l'est du métro, du côté sud de l'avenue. Ouvert de 10h30 à 21h30.
→ Centre commercial plutôt haut de gamme au sein d'une tour de bureaux.

CBD

SHIN KONG PLACE (新光天地)
87 Jianguo Lu, Chaoyang District
[Plan G-14] 朝阳区建国路87号 (华贸中心)
☎ 6530-5888
Métro Dawang Lu. Ouvert de 10 à 22h.
→ C'est le plus récent et le plus huppé de la capitale : c'est ici que Fauchon a choisi d'ouvrir son premier magasin pékinois.

Jianguomen

CHINA WORLD SHOPPING MALL
(国贸商场)
Guomao Shangcheng,
1 Jianguomenwai Dajie, Chaoyang District
[Plan G-13] 朝阳区建国门外大街1号
☎ 6505-2288
Métro Guomao. La plupart des boutiques sont ouvertes entre 9h30 et 21h environ.
→ Un labyrinthe de galeries marchandes

ultra-luxueuses du quartier des affaires. Au sous-sol, les marques locales les plus chic et plusieurs belles boutiques de déco traditionnelle et de stylistes locaux.

Autres

GOLDEN RESOURCES (金源新燕莎)
1 Yuanda Lu, Haidian District
[Plan C-2] 海淀区远大路1号
☎ 8887-4601
Pour y arriver, suivre la grande rue qui part vers l'ouest du pont Suzhouqiao (sur le 3e périphérique Nord-Ouest) sur un bon kilomètre. Ouvert de 10h à 21h du lundi au jeudi, de 10h à 22h les autres jours.
→ Ouvert en 2005 à l'extrême ouest de la capitale, ce *mall* titanesque qui s'enorgueillit d'être le plus grand d'Asie est avant tout celui de la démesure : 550 000 m², 7 étages, 500 boutiques, 10 000 places de parking... A voir une fois, ne serait-ce que par curiosité sociologique.

BAZARS

Vous trouverez dans ces galeries marchandes généralement très animées une multitude de produits "made in China" très bon marché.

Tiantan

HONGQIAO MARKET (红桥市场) 好
36 Hongqiao Lu, Chongwen District
[Plan I-11] 崇文区红桥路36号
☎ 6713-3354
Métro Tiantan Dongmen. Un gros bâtiment carrelé de blanc et coiffé d'un toit chinois vert, situé en face de la porte Ouest du parc du temple du Ciel. Ouvert de 8h30 à 18h.
→ L'ancien et charmant marché du temple du Ciel, longeant le mur du parc (et où l'on trouvait plantes, animaux et chinoiseries en tout genre) a été en partie transféré dans cet immense centre commercial aux stands d'aluminium et aux désolants néons. Mais si le charme a été rompu, vous trouverez tout de même sûrement dans le grouillant bazar de Hongqiao de quoi remplir plusieurs valises de babioles et cadeaux divers. Notamment des monceaux de gadgets électroniques au 1er étage, des articles de prêt-à-porter et des accessoires au 2e étage, et une profusion de souvenirs et de perles au 3e et 4e étage.

Chaoyangmen

ALIEN'S STREET MARKET
(老番街服装市场)
Chaoyangmenwai Dajie, Chaoyang District
[Plan F-12] 朝外大街怡景园公寓
☎ 8561-8053

Alain Le Bacquer

Métro Chaoyangmen. En sortant du métro, marcher jusqu'au 1er carrefour à l'est du Full Link Plaza, tourner à droite (vers le sud) et descendre la rue sur 200 m. Le bazar est du côté est de la rue. Ouvert de 9h30 à 18h.

→ Le "marché russe" (ses principaux clients étant des marchands slaves venus faire provision de chinoiseries en plastique) était au début une enfilade de petits stands disséminés autour du parc Ritan. Certaines de ces boutiques (notamment des fourreurs) y subsistent toujours. Mais la majorité des magasins a été transférée dans ce centre commercial au nom pour le moins surprenant. Vous n'y trouverez pas de petits hommes verts, mais des stands de vêtements, accessoires, jouets, bagages, appareils électriques divers, décorations de Noël et autres... de qualité très moyenne mais à des prix vraiment compétitifs. Marchander férocement.

Jianguomen

SILK STREET MARKET (秀水街大厦)
Xiushui Dongdajie, 8 Jianguomenwai Dajie, Chaoyang District
[Plan G-12] 朝阳区建国门外大街8号, 秀水东街
☎ 5169-9003

Métro Yonganli. Dans un cossu bâtiment situé entre le Friendship Store et le Guiyou Department Store. Ouvert de 9h à 21h.

→ Les Français connaissent mieux l'endroit sous le nom de "marché de la soie", spécialisé dans le prêt-à-porter et les accessoires (en grande partie des contrefaçons). Ce mythique et coloré marché en plein air a été rasé fin 2004 pour laisser la place à un rutilant centre commercial de cinq étages comme il en existe des milliers en Chine. Pour les autorités locales, la mise en boîte du jadis grouillant marché représente un indéniable pas en avant vers la "modernisation" (et une impressionnante démultiplication des revenus fiscaux du district). Mais quel dommage pour les acheteurs. Certes, les quelque 1 000 petits stands tous identiques de ce titanesque complexe propose toutes les chinoiseries dont les touristes peuvent rêver, et permet aux shoppeurs pressés de boucler tous leurs achats du séjour en quelques heures à peine. Mais la froideur de ce bâtiment de verre et de néons, et les cris perçants de ses vendeurs harponnant les passants pour faire face à la concurrence en font une expérience autrement plus stressante que ce qu'offrait les déambulations dans les étroites contreallées du marché de la soie de l'ère préolympique.

Liangmaqiao

NUREN JIE (女人街)
Nuren Jie, Maizidian Xilu, Chaoyang District
[Plan D-13] 朝阳区麦子店西路
☎ 8448-4336

Environ 500 m à l'est du Lufthansa Center, dans la rue qui relie Liangmaqiao Lu et Xiaoyun Lu. Ouvert de 9h à 18h.

→ En plein cœur du nouveau quartier des affaires et des ambassades de Liangmaqiao, cette *Lady's Street* en anglais comprend un gigantesque bazar (Dongfang Qicai Dashijie) qui propose sur plusieurs niveaux des vêtements et des accessoires divers, un marché aux fleurs (Laitai Shichang) composé d'une rangée de boutiques de décoration intérieure ainsi que d'une rue de restaurants et de bars (Super Bar Street).

Gulou

TIANYI MARKET (天意市场) 好
158 Di'anmen Waidajie, Dongcheng District
[Plan E-9] 东城区地安门外大街158号

Environ 200 m au nord du carrefour de Di'anmen, du côté est de l'avenue. Ouvert de 9h à 18h.

→ Une multitude de stands proposant sur quatre étages à la foule de très jeunes Chinois qui y déambulent régulièrement toutes sortes de babioles, cosmétiques, vêtements, jouets et appareils électroniques assez bas de gamme. Ambiance colorée en plein vieux Pékin, prix dérisoires.

MARCHES

Allez-y vite, avant que l'obsession qu'ont les autorités municipales de faire entrer tout ce qui a un peu de vie entre quatre murs de béton ne fasse disparaître tous les marchés de plein air...

MARCHE AUX OISEAUX 好
& AUX POISSONS HUASHENG TIANQIAO
(十里河花声天桥文化园)

Shilihe Huasheng Tianqiao Wenhuayuan, Nansanhuan, Chaoyang District
[Plan J-13] 十里河桥的东南角

Sur le 3e périphérique Sud-Est, à environ 1 km au sud du marché aux puces de Panjiayuan, au coin sud-est de l'échangeur de Shilihe. Guetter le grand portail traditionnel et le pont de pierre blanche à l'ancienne. Ouvert de 8h à 18h environ. Vente speciale de poissons du vendredi 8h au samedi 12h, nonstop.

→ C'est le seul rescapé des nombreux marchés du genre qui existaient jadis à travers tout Pékin, plus exactement la réincarnation d'un marché voisin chassé par un chantier. Triste réincarnation à première vue car le marché actuel a été aménagé en 2006 à la va-vite avec probablement les matériaux les moins chers du marché : à peine un an après son ouverture, la peinture des colonnes creuses et des bâtiments en béton "à l'ancienne" s'écaillait déjà sous les

Jean-Lionel Dias

photos en noir et blanc du mythique marché impérial de Tianqiao et de ses spectacles de saltimbanques. Des photos qui ont le mérite de vous donner une idée de tout ce que vous avez raté ! En tous cas une partie. Car il suffit de faire abstraction de l'aspect Disneyland cheap du lieu, de l'autoroute aérienne voisine ou de l'insoutenable odeur s'échappant des toilettes publiques et de pousser jusqu'au bout de l'allée principale pour être récompensés. Car là, tout bascule : un dédale d'allées étroites et courbes démarre alors, jonchées de papiers d'esquimau et de balais-serpillères mis à sécher dans l'embrasure des portes des échoppes. Là, bien calés dans leur chaise de toile pliante, plusieurs marchands piquent un roupillon au soleil, la bouche ouverte, parfaitement insensibles aux éclats de rire de leurs voisins en train de taper le carton sous un parasol. La Chine, la vraie, n'aura pas mis longtemps à reprendre possession de ce nouveau territoire marchand où vous trouverez, rangés par catégories, des poissons et ce qui tourne autour (aquarium et matériel de pêche), des oiseaux et les accessoires qui permettent de les élever dans les règles de l'art pékinois (notamment des jolies cages en bambou), des plantes et leurs pots de porcelaine, des outils variés et toutes les chinoiseries habituelles des complexes touristiques.

MARCHE DE DESHENGMENNEI
(得胜门内菜市场)
Deshengmennei Dajie, Xicheng District
[Plan E-8] 西城区得胜门内大街(路西)
L'entrée du marché se fait par une ruelle qui est perpendiculaire à Deshengmennei Dajie et qui part vers l'ouest environ 100 m au sud du petit pont de pierre séparant les lacs Houhai et Xihai. Ouvert tous les jours de 6h à 20h.
→ Un extraordinaire marché semi-couvert, fréquenté par une foule très populaire, et ce

en plein vieux Pékin. Les allées de la grande halle sont suffisamment larges pour laisser passer les vélos des gens du quartier qui viennent ici faire leurs achats de fruits, légumes, produits frais, plantes, babioles pour la maison ou vêtements. Le genre de marché asiatique où tous vos sens sont à l'éveil pour mieux voir, mieux écouter ou mieux humer.

ALIMENTATION

Marchés d'alimentation

SANYUANLI VEGETABLE MARKET
Zuojiazhuang, Chaoyang District
[Plan C-12] 朝阳区左家庄三源里菜市场
Chercher la façade beige avec une enseigne en anglais, du côté sud de la rue, en face de la poste. Ouvert de 5h à 21h.
→ Un marché de produits frais qui fait le bonheur des nombreux résidents étrangers installés à l'est de la capitale, car on y trouve quasiment tous les légumes, épices, sauces et condiments nécessaires pour cuisiner des plats d'Europe ou d'Asie du Sud-Est. Vous n'aurez donc plus d'excuse pour cuisiner quelques plats de chez vous à vos nouveaux amis Chinois !

Supermarchés

Vous trouverez des supermarchés de quartier Tiankelong, Huapu, Cosco ou une autre enseigne chinoise un peu partout. Ils sont généralement bien achalandés. Mais en cas de fringale de produits plus spécifiquement occidentaux, tentez les établissements suivants, ou référez-vous au paragraphe Epiceries & Traiteurs, page suivante.

CARREFOUR (家乐福)
B6, Beisanhuan Donglu, Chaoyang District

[Plan D-11] 朝阳区北三环东路乙16号
☎ 8460-1030

Situé juste à gauche de l'entrée principale du Beijing International Exhibition Centre. Ouvert de 8h30 à 22h30.

→ Les mêmes superficies (énormes) et le même concept (vaste choix de produits bon marché) qu'en Europe. La majorité des produits vendus dans les sept magasins Carrefour de Pékin sont chinois, mais vous y trouverez une bonne boulangerie, ainsi qu'un rayon de produits importés (des olives aux cornichons) à des prix très supportables, et un choix de vins locaux ou importés assez impressionnant. **Autres adresses :** Shuangjin Store (environ 1 km au sud-est du China World Trade Center, en plein CBD ☎ 5196-9508) – Fangyuan Store (A56 Baishiqiao Lu, Haidian District. Juste à l'ouest de l'entrée du Zoo ☎ 8836-2729) – Zhongguancun Store (situé juste au sud du centre commercial informatique Hailong ☎ 6172-1598).

Superettes 24 h/24

7-ELEVEN

→ Et oui, ils sont arrivés jusqu'à Pékin ! Les voyageurs familiers des Etats-Unis ou de l'Asie du Sud-Est reconnaîtront sans peine les devantures du géant mondial des supérettes ouvertes en continu, qui propose à peu près tout ce dont un voyageur occidental peut avoir besoin d'urgence quand les autres magasins sont fermés (alimentation, boissons, vin, articles de toilette, cartes de téléphone, cigarettes...). A Pékin, ils offrent en outre une succulente sélection de plats frais (froids ou chaud) et de desserts à des prix plus que raisonnables. **Parmi les magasins stratégiques :** Dongzhimen (au milieu de la rue des restaurants Guijie, côté nord) – Meishuguan (à 200 m au sud du carrefour

de Kuanjie, côté est de la rue) – Jianguomen (100 m au nord de la tour CITIC) – Wudaokou (en face de la sortie du métro).

QUIK (快客)

→ L'une des chaînes locales de *convenient stores*, visiblement très inspirée du concept de l'américain 7-Eleven (voir ci-dessus), mais avec une sélection de produits plus locaux. Ses magasins ont fleuri tout autour de la ville et leurs enseignes roses ornées d'un soleil jaune sont facilement reconnaissables. La plupart sont ouverts tard le soir. Pratique en cas de petit creux ou de panne nocturne de produit d'usage quotidien.

Epiciers & Traiteurs

BOUCHERIE-TRAITEUR MICHEL
(米喝尔肉店)
Jiezuo 1, Xingfucun Zhonglu,
Chaoyang District
[Plan E-12] 朝阳区幸福村中路杰座大厦1段
☎ 6417-0489

Au milieu et du côté sud de la rue. Ouvert de 9h à 21h.

→ L'un des seuls établissements de Pékin où vous trouverez du jambon cuit, des rillettes, des terrines et quelques autres produits du terroir à des tarifs corrects.

LA CAVE
58 Yonghegong Dajie, Dongcheng District
[Plan E-10] 城区雍和宫大街58号
☎ 6402-7047

Métro Yonghegong. Située environ 250 m au nord du carrefour Beixinqiao, côté est de la rue. Ouvert de 8h à 24h.

→ On trouve dans cette épicerie fine française gérée par le Café de la Poste mitoyen, et pour le moment la seule du vieux Pékin, un assortiments de vins, pains, viennoiseries et quelques produits alimentaires importés introuvables dans les supermarchés chinois, et parfois même dans les supérettes pour étrangers des quartiers expats. En cas de fringale urgente toutefois, car les prix sont… élevés.

GERMAN FOOD CENTER
(申嘉德国食品中心)
Binduyuan Building, 15 Zaoying Beili, Maizidian, Chaoyang District
[Plan E-13] 朝阳区麦子店枣营北里15号宾都苑公寓一层
☎ 6591-9370
Situé dans Maizidian Jie, côté nord de la rue. Ouvert de 9h30 à 19h.
→ L'ex-boucherie allemande (longtemps la meilleure de la ville) a diversifié son offre avec des produits d'épicerie, un rayon crémerie, une bonne boulangerie… et de bons sandwichs grecs (15 ¥).

JENNY LOU (婕妮璐) 好
5 Sanlitun Xiwujie, Chaoyang District
[Plan E-12] 朝阳区日坛北路
☎ 6461-6928
Situé derrière l'ambassade d'Allemagne, 100 m plus au nord, sur le même trottoir que le restaurant Gold Barn. Ouvert de 8h à 22h.
→ Jenny, la finaude patronne du lieu, a lancé il y a quelques années le concept - largement repris ensuite - des épiceries permettant aux expatriés installés à Pékin de trouver tout ce qu'ils ne trouvent pas dans les supermarchés chinois, pour des prix très raisonnables. Et ses magasins restent parmi ceux qui proposent l'un des plus larges choix de tous les produits qui peuvent manquer aussi aux Européens de passage (du pain frais aux fromages et bons vins). **Autres adresses utiles :** East Lake Villas (à gauche de l'entrée du complexe, dans le sous-sol de l'immeuble ☎ 64678018, Ouvert de 8h à 21h30) – Ritan (juste au coin nord-est du parc Ritan, côté

Anaïs Martane

sud de la rue ☎ 8563-0626. Ouvert de 8h à 24h) – Chaoyang Park (juste au sud de la porte Ouest du parc ☎ 6501-6249. Ouvert de 8h à 24h).

Voir également la rubrique Boulangeries-Pâtisseries du chapitre Restaurants, page 158.

Thé

LAOSHE TEAHOUSE
(老舍茶馆)
Voir page 210.
☎ 6303-6506
→ La splendide boutique aménagée au 2e étage de cette usine à touristes (à côté des nouvelles salles super-fancy, avec vraie pelouse intérieure) est particulièrement bien fournie. Pratique donc si vous êtes dans le quartier de Qianmen et avez peu de temps devant vous. Ouvert de 10h30 à 1h.

RUE DU THE DE MALIANDAO
(马连道茶叶城)

Maliandao Chayecheng, Xuanwu District
[Plan H-18] 广安门外马连道茶城

Métro Changchun Jie. A partir de l'avenue Guang'anmenwai, aller vers l'ouest, passer les deux étranges piliers surmontés chacun d'un avion, puis tourner à gauche au premier feu rouge. Un portail de pierre grise annonce le début de la rue. Les stands du centre commercial opèrent généralement de 8h30 à 18h, les boutiques de la rue avoisinante jusqu'à environ 20h.

→ Cette "rue du thé" située un peu au sud de la gare de l'Ouest a de quoi faire perdre la tête aux inconditionnels de la *cha wenhua* (culture du thé). Une multitude de boutiques dans la rue qui débouche sur un immense centre commercial gris carrelé de 4 étages, dans lequel plusieurs centaines de stands ne proposent que du thé. Toutes les variétés et qualités imaginables, en vrac, en pots, en boîtes, en boules, ou en plaques. Le 3e étage est réservé aux services à thé et accessoires divers. Très vaste choix, à tous les prix.

QIAOYING TEAHOUSE 好
(桥影茶坊)

Voir page 209.

→ Une boutique aussi minuscule que ravissante, aménagée avec goût et originalité (un mélange étonnant de tradition et de futurisme) par une jeune femme passionnée de culture du thé, et originaire de la province du Fujian, où sont cultivées les meilleures variétés. Vous y trouverez l'un des meilleurs choix de thé de qualité vert ou au jasmin, présentés dans des emballages originaux. La boutique propose également un assortiment de tasses ou théières spécialement créées pour Qiao Ying par des artistes locaux. Une mine de cadeaux originaux...

TEN FU'S TEA (天福铭茶)

Danyao Dasha, Wangfujing Dajie, Dongcheng District
[Plan G-10] 东城区王府井大街丹耀大厦首层
☎ 6524-0958

Métro Wangfujing. Guetter l'enseigne verte et le logo rouge (en forme de théière) dans la zone piétonne de Wangfujing, du côté est de la rue. Ouvert de 9h à 23h.

→ La plus grande chaîne (taiwanaise) de magasins de thé de la capitale, avec une cinquantaine de magasins à Pékin, éparpillés dans la plupart des quartiers commerçants par lesquels vous risquez de passer. Les magasins sont tous décorés dans le même style neotraditionnel. Tous offrent un très vaste choix de thé sous toutes ses formes (feuilles, pastilles...), de toutes les variétés, toutes les qualités et à tous les prix : de 12 ¥ le paquet de thé au jasmin ordinaire jusqu'à 3 000 ¥ la livre pour du très bon *longjing* (thé vert) ou du *tieguanying* (thé oolong). La chaîne vend également des paquets de fruits secs et autres sucreries locales à base de thé, à grignoter en sirotant une tasse du précieux breuvage.

ZHANGYIYUAN (张一元茶叶店)

22 Dazhalan Jie, Qianmen, Xuanwu District
[Plan H-9] 宣武区前门大栅栏22号
☎ 6303-4001

Métro Qianmen. Environ 20 m à l'est de la pharmacie Tongrentang, dans la rue piétonne de Dazhalan. Ouvert de 8h à 20h.

→ L'un des plus anciens et vénérables magasins de thé de la ville. La foule compacte de Chinois de tous âges qui y fait régulièrement la queue est une indication engageante sur la qualité du thé, vendu ici en vrac, dégageant de divines effluves avant d'être emballé avec une adresse redoutable dans de fines feuilles de papier rose et blanc. La maison propose aussi du thé déjà en boîte, ou vendu dans des jolis pots de porcelaine ou de métal disposés dans des coffrets-cadeau.

ANTIQUITES

Marchés & quartiers d'antiquaires

Attention : aucune antiquité chinoise antérieure à la fin du XVIIIe siècle (1796, règne de l'empereur Qianlong), n'est censée quitter le pays. Les autres doivent être dûment munies d'un cachet de cire apposé par le bureau des Reliques culturelles chinois et vendues avec un certificat d'importation.

BEIJING ANTIQUE CITY
(北京古玩城)
Huaweiqiao, Dongsanhuan Nanlu,
Chaoyang District
[Plan J-13] 朝阳区东三环南路华威桥
☎ 6774-7711
Au bord du 3e périphérique Sud-Est (côté sud), au niveau du pont Huaweiqiao. Ouvert de 9h30 à 18h30.
→ Plus de 200 boutiques sont réparties dans ce complexe carrelé de quatre étages qui propose toute une gamme de vraies et fausses antiquités chinoises, aussi bien du mobilier que des bibelots. L'ambiance est moins "farfouille" qu'au marché aux puces de Panjiayuan, situé juste à côté. Son principal atout est d'être ouvert tous les jours. Son inconvénient majeur: il est dans les programmes des tours operators de tous les pays, donc souvent plus cher qu'ailleurs. Mais ici aussi, le marchandage est possible et même recommandé.

LIANGMA ANTIQUE MARKET
(亮马旧货市场)
27 Liangmaqiao Lu, Chaoyang District
[Plan D-14] 朝阳区亮马桥路27号
☎ 6467-9664

Situé un bon km à l'est du Lufthansa Center (peu après la série de bars de Liangmaqiao), du côté nord de la rue. Ouvert de 9h30 à 18h.
→ Ce marché couvert d'antiquaires est une bonne alternative pour ceux qui ont envie de chiner de ce côté de la ville.

LIULICHANG (琉璃厂)
Liulichang Jie, Xuanwu District
[Plan H-9] 宣武区琉璃厂街
Métro Hepingmen. La plupart des magasins de la rue ouvrent vers 10h et ferment vers 17h30.
→ Souvent surnommé "rue des antiquaires", le quartier de Liulichang est composé d'une série de boutiques colorées qui se succèdent le long d'une rue refaite à l'ancienne (et dont les rues adjacentes devraient bientôt être aménagées dans le même style Qing Dynasty). Pour le moment, la partie Est de la rue principale est plutôt réservée aux bibelots divers, porcelaines, tabatières et boîtes laquées (anciens ou neufs). La partie Ouest est quant à elle le paradis des amateurs de calligraphie, livres d'art ou de peintures traditionnelles. Enfin, à l'extrémité Ouest, une série de stands d'antiquités ou de babioles traditionnelles se sont installés en plein air des deux côtés de la rue et contribuent à créer une sympathique ambiance de puces, qui dure les soirs d'été jusqu'à environ 21h.

PUCES DE PANJIAYUAN 好
(潘家园旧货市场)
Panjiayuan Jiuhuo Shichang, Panjiayuanqiao Xinance, Nansanhuan, Chaoyang District
[Plan J-13] 朝阳区南三环潘家园桥西南侧
Juste à l'intérieur du 3e périphérique Sud-Est, au niveau du pont Panjiayuanqiao, côté sud-ouest. La plupart des marchands de la halle centrale ne viennent que les samedis et dimanches (entre 4h30 et 18h environ), mais les boutiques qui bordent le marché lui-même

sont ouvertes tous les jours de 8h30 à 18h.

→ Amateurs d'antiquités et de chinoiseries en tous genres, si vous êtes à Pékin un week-end, le marché aux puces de Panjiayuan est l'excursion à ne pas manquer. Désormais ouvert jusqu'en fin d'après-midi (plus besoin de choisir entre grasse matinée et shopping), ce mythique et tentaculaire marché aux puces a été sérieusement *upgraded* il y a quelques années de cela, avec la construction de plusieurs halles semi couvertes sous lesquelles les produits sont proposés par catégories (porcelaine, jade, paniers, calligraphies), tandis que des bâtiments à l'ancienne abritant des boutiques d'antiquités plus chic ont été érigées tout autour, et une halle construite en dur pour abriter des marchands de meubles. Mais les vendeurs à la sauvette – qui ont toujours fait le charme du lieu – parviennent encore à étaler sur chaque centimètre carré de terrain occupable autour des bâtiments leurs stocks de babioles bariolées, qui vont du bol de jade Ming (plus souvent bien imité qu'authentique) aux souvenirs kitch

estampillés "Révolution culturelle", en passant par les porte-monnaie brodés main du Yunnan. Dans tous les cas, un marchandage sans pitié est de rigueur. Vous devez arriver à faire baisser au moins du tiers les premiers prix annoncés (souvent sur une calculatrice, pas de problème de traduction !).

Boutiques

ART ASIA (藏汉斋)
A6 Gongti Donglu, Chaoyang District
[Plan F-12] 朝阳区工体东路甲6号
☎ 6501-8258
La boutique se trouve à environ 150 m au sud de la porte d'entrée du City Hotel, à côté du magasin de porcelaine. Ouvert de 10h à 18h.
→ Une petite sélection d'antiquités et de tapis chinois et tibétains en plein Sanlitun et à des prix raisonnables.

YISHANG HONGZHI SECOND-HAND STORE
(北新桥信托商行)
30 Dongsi Beidajie, Dongcheng District

Anaïs Martane

[Plan E-10] 东城区东四北大街30号
☎ 6401-8553

Métro Beixinqiao. Le magasin est situé environ 50 m au sud du carrefour Beixinqiao, du côté est de la rue. Ouvert de 9h à 18h.

→ Antiquités relatives, mais curiosités certaines, car cet équivalent local du mont-de-piété ne vend que des objets d'occasion qui vont des pendules des années 60 aux appareils photos de l'ère pré-numérique en passant par les appareils électroménagers, la hi-fi et toutes sortes de babioles consciencieusement alignées sur des étagères et dans des vitrines. De l'autre côté de la rue, un magasin concurrent vend le même type d'articles ainsi que des vélos d'occasion.

Meubles anciens

GAOBEIDIAN (高碑店)
Gudian Jiaju Yijiao Jie, Gaobeidian,
Chaoyang District
[Plan E-16] 朝阳区高碑店古家具村
Métro Gaobeidian. Au niveau du métro, prendre la rue qui part sur la droite et la suivre sur deux bons kilomètres. Les principaux entrepôts et magasins seront alors sur votre gauche.

→ Le village de Gaobeidian, situé entre les 4e et 5e périphériques Est, s'est depuis quelques années spécialisé dans les meubles chinois anciens. L'endroit est plutôt destiné aux expatriés et aux Chinois aisés qu'aux touristes. Mais si le coût du transport ne vous fait pas peur, vous y trouverez une profusion d'entrepôts où vous pourrez choisir un meuble à retaper, ou des magasins proposant des meubles déjà restaurés ou des reproductions d'anciens.

FENZHONGSI CURIO CITY
(古玩城古典家具市场)
Fenzhongsi, Nansanhuan, Fengtai District

[Plan K-12] 丰台区南三环分钟寺
Proche du 3e périphérique Sud-Est. Environ 300 m au sud de la sortie Fenzhongsiqiao, suivre la petite rue qui part vers l'est sur 500 m. Des panneaux vous mèneront jusqu'à un immeuble gris surmonté d'une enseigne rouge (en mandarin uniquement). Ouvert de 9h30 à 18h30.

→ Méconnu des touristes, ce centre commercial abrite de nombreuses boutiques proposant des jolis meubles, anciens ou copies d'anciens. Le premier situé juste devant l'entrée gauche de l'immeuble (Room 409, reconnaissable à ses grandes baies vitrées) est également le représentant du transitaire Bellepack et peut se charger d'envois vers l'Europe. Sur le parking en face de l'immeuble, des marchands proposent diverses babioles étalées sur des couvertures.

ARTISANAT & CHINOISERIES

C'est souvent au hasard de vos pérégrinations dans la ville - dans une petite boutique de temple, une quincaillerie de quartier ou un grand magasin populaire - que vous aurez le plus de chances de tomber sur la chinoiserie de vos rêves. Gardez donc toujours les yeux grands ouverts. Quelques adresses permettent toutefois d'aller un peu plus vite.

Voir également les rubriques Bazars (page 253), Antiquités (page 260) et Mobilier & Décoration (page 281).

Fourre-tout

FRIENDSHIP STORE (友谊商店)
Voir page 250.
→ Longtemps considéré comme l'archétype du magasin d'Etat communiste, avec des vendeuses qui fusillaient du regard le client qui avait l'outrecuidance de poser une

Anaïs Martane

qui ne sont pas des accros du farfouillage dans les marchés. Du moins si les travaux qui doivent transformer ce solide bâtiment en tour de verre n'ont pas encore commencé lors de votre passage en ville.

WHITE PEACOCK ART WORLD

(西城区对得胜门外东滨河路3号)
3 Dongbinhe Lu, Deshengmenwai, Xicheng District
[Plan D-9] 白孔雀艺术世界
☎ 6201-1199
Métro Jishuitan. Un grand bâtiment sur la rive nord du canal. Ouvert de 9h30 à 19h.
→ Une institution touristique où vous trouverez sur trois étages tous les cadeaux chinois dont vous avez besoin. Ce magasin peut s'avérer utile pour ceux qui logent dans les vieux quartiers et n'ont pas le temps de se déplacer dans les quartiers plus commerçants de Jianguomen ou du temple du Ciel.

Bouddhas & encens

KITSCH BOUDDHISTE

(雍和宫大街佛教法器工艺品店)
Yonghegong Dajie, Dongcheng District
[Plan E-10] 东城区雍和宫大街
Métro Yonghegong. Descendre la rue de Yonghegong vers le sud à partir de la sortie du métro sur environ 200 m. Les magasins sont ouverts de 8h à environ 18h30.
→ Une enfilade de boutiques part en face de l'entrée du temple des Lamas et se poursuit jusqu'à la rue perpendiculaire menant au temple de Confucius. En plus du vaste choix de bougies, des piles de bâtons d'encens, des amulettes en tous genres ou des CD de musique bouddhiste, toutes proposent un bric-à-brac qui ne manquera pas de faire la joie des amateurs de kitsch asiatique. Notamment des statuettes de bouddhas en porcelaine technicolor, ravivée de force

question alors qu'elles étaient en pleine pause thé avec les collègues. Mais ce grand magasin à l'architecture typiquement stalinienne, situé en plein cœur du quartier d'affaires et d'ambassades de Jianguomen, a été retapé en version marbre et lustres de cristal, et la plupart de ses vendeuses ont appris à sourire. Il reste un peu plus cher qu'ailleurs pour certains articles (et le marchandage n'y est pas de rigueur). Mais il a le mérite de concentrer sur quelques étages à peu près tout ce que vous pouvez avoir envie de rapporter de Chine, du cendrier en cloisonné à la veste molletonnée de satin et au drapeau chinois, en passant par le cerf-volant traditionnel en papier de soie. Pratique donc pour les voyageurs pressés, ou ceux couches dorées, ou encore des lampes de plastique en forme de lotus (les rose fluo étant celles qui font le plus d'effet dans un salon occidental !).

Calligraphie & papeterie

Plusieurs magasins ou stands spécialisés dans la papeterie traditionnelle (papiers, encres, pinceaux...) se trouvent dans la partie Ouest de la rue Liulichang. Pour les fournitures d'art modernes, les magasins situés en face du National Art Museum sont plutôt moins chers.

BAIHUA (百花美术用品商店)
12 Wusi Dajie, Dongcheng District
[Plan F-10] 东城区五四大街12号
☎ 6522-2511
Métro Dongsi. Situé juste en face de l'entrée du National Art Museum. Ouvert de 9h à 18h30.
→ Ce magasin est situé au milieu d'une série de magasins qui proposent (essentiellement aux peintres et étudiants des Beaux-Arts locaux) un vaste choix de papeterie, matériel de dessin, calligraphie, peinture et encadrement. N'hésitez pas à passer de l'un à l'autre pour comparer.

LIBRAIRIE DONGFANG (东方书店)
Shishahai Jindingqiao, Di'anmenwai Dajie, Xicheng District
[Plan E-9] 地安门外大街什刹海金锭桥侧
☎ 6401-6640
La librairie occupe en fait l'étage inférieur du bureau de poste situé au coin sud-ouest du pont Houmenqiao (qui donne sur le lac Houhai), sur l'avenue menant à la tour du Tambour. Ouvert de 8h à 19h.
→ Son emplacement, dans les locaux de la poste, manque clairement de charme, mais cette librairie d'art traditionnel chinois est

prisée des connaisseurs depuis longtemps. Outre les recueils d'art, elle propose tout le matériel nécessaire aux calligraphes en herbe.

RONGBAOZHAI (荣宝斋)
19 Liulichang Xijie, Xuanwu District
[Plan H-9] 宣武区琉璃厂西街19号
☎ 6303-6090
Métro Hepingmen. Au milieu de la partie ouest de la rue Liulichang, côté nord. Ouvert de 9h à 17h30.
→ L'une des institutions de la ville pour l'achat de pinceaux, de pierres à encre, cahiers de calligraphie etc.

Cerfs-volants

SANSHIZHAI KITE (三石斋风筝)
29 Di'anmen Xidajie, Xicheng District
[Plan F-9] 西城区地安门西大街29号
☎ 8404-4505
A environ 50 m à l'ouest du carrefour Di'anmen, du côté nord de Ping'an Dajie. Ouvert de 10h à 21h.
→ Une toute petite boutique lancée par un vieux monsieur passionné qui a transmis toutes les ficelles de la confection des cerfs-volants artisanaux à son petit-fils, l'actuel propriétaire. Tous les cerfs-volants vendus ici ont été faits à la main, d'où leur prix plus élevé que ceux que vous trouverez dans les grands magasins (de 100 à plusieurs milliers de yuans en fonction de la taille et de la forme). Mais les amateurs craqueront certainement pour l'un des cerfs-volants en forme de tortue dodue ou les dragon bariolés qui recouvrent les murs.

Vous trouverez également un vaste choix de cerfs-volants industriels au Friendship Store, au Hongqiao Market ou dans Liulichang.

Instruments de musique traditionnels

La portion de la rue Nanxinhua Jie, rue qui va de la rue des antiquaires de Liulichang au croisement avec Zhushikou Xidajie (宣武区南新华街 ; Métro Hepingmen) ainsi que le tronçon entre le No 74 de la rue commerçante Xinjiekou Nandajie et Huguosi Hutong (西城区新街口北大街 ; Métro Jishuitan) abritent plusieurs dizaines de magasins d'instruments de musique chinois ou occidentaux.

Pharmacopée traditionnelle

TONGRENTANG (同仁堂)
Voir page 56.

→ La plus ancienne, célèbre et immense pharmacie de la capitale. Outre des médicaments occidentaux, c'est ici que vous trouverez la plus grande variété de remèdes traditionnels. De la gelée royale au ginseng décliné sous toutes ses formes (en tisane ou en pilules). Jusqu'aux préparations aphrodisiaques préparées avec des cornes ou oreilles séchées d'animaux divers assortis de quelques autres ingrédients forcément secrets.

Autres

JINGTU ARTS & CRAFTS (净土艺坊)
28 Guozijian Jie, Dongcheng District
[Plan E-10] 西城区国子监街28号
☎ 6401-1746
Métro Andingmen ou Yonghegong. Ouvert de 10h à 18h.

→ Petit magasin tenu depuis des années par un affable vieux monsieur et spécialisé dans les babioles campagnardes en tissus : mobiles d'animaux, oreillers-tigres, chaussons d'enfants, trousses et autres pendeloques tressées. Les prix y sont généralement raisonnables.

LIU REN PAPERCUT HOUSE (刘韧剪纸)
16 Shoushuihe Hutong, Xinwenhua Jie, Xicheng District
[Plan H-8] 西城区新文化街受水河胡同
☎ 6601-1946
Partir du carrefour Xidan, aller vers le sud sur environ 150 m et prendre la rue Xinwenhua Jie, qui part vers l'ouest. Là, tourner tout de suite à gauche dans une étroite venelle qui débouchera dans le Shoushuihe Hutong. Du côté sud de ce *hutong*, guetter une pancarte en anglais. Ouvert les samedis et dimanches de 9h à 17h30 (Entrée : 10 ¥), le reste du temps sur rendez-vous.

→ Les passionnés de papiers découpés trouveront sûrement leur bonheur dans cette maison transformée par la spécialiste Liu Ren en musée-boutique entièrement dédié à cet art traditionnel. Toutes tailles, toutes couleurs, tous tarifs. Vous pourrez même apprendre à manier les ciseaux vous-même (80 ¥ la leçon d'une heure, à réserver au moins un jour avant). C'est aussi l'occasion de flâner dans les ruelles de ce quartier populaire méconnu.

LONGTI SIWANG (笼屉丝网)
15 Meishuguan Dongjie, Dongcheng District
[Plan F-10] 东城区美术馆东街15号
Métro Dongsi. Du côté ouest de la rue, en face de la grande librairie Sanlian. Ouvert de 9h à 19h.

→ Une micro-boutique spécialisée dans les corbeilles, paniers, coussins et objets d'osier et de bambou, généralement très bon marché.

MU CRAFT (穆手工)
2 Yandai Xiejie, Shishahai, Dongcheng District
[Plan E-9] 东城区什刹海烟袋斜街2号
☎ 8402-1831
Métro Gulou Dajie. Au milieu de la ruelle, côté

sud. Ouvert de 11h à 24h.

→ Boutique de carnets et cahiers en papier recyclé de toutes formes et tailles aux originales couvertures, qui peuvent faire d'utiles petits cadeaux. **Autre adresse :** Nanluoguxiang, à côté du Here Cafe.

WANYI (玩艺)

58 Zhonglouwan Hutong, Xicheng District
[Plan E-9] 西城区钟楼湾胡同43号
(钟鼓楼广场西边)
☎ 6402-6188

Métro Gulou Dajie. Situé sur la place qui relie la tour du Tambour à celle de la Cloche, côté est. Ouvert de 10h à au moins 21h.

→ Une intelligente sélection de vêtements, tissus, chaussures brodées et objets décoratifs colorés venus des campagnes du Sha'anxi et du Dongbei, ou des villages minoritaires du grand sud.

YIGUFANG (逸古坊) 好

19 Zhangwang Hutong, Jiugulou Dajie, Dongcheng District
[PlanE-9] 东城区旧鼓楼大街张旺胡同19号
☎ 6406-8414

Métro Gulou Dajie. Le *hutong* au milieu duquel il se trouve part vers l'est depuis la grande rue de Jiugulou Dajie, et la boutique est juste avant le Bed Tapas & Bar. Généralement ouvert de 12h à 24h.

→ Devant la vitre de cette minuscule échoppe prolongée par une toute aussi minuscule chambre, les doigts de la ravissante Guo Bingyan s'activent sans répit pour tresser d'espiègles petits dragons avec des mètres de solides rubans irisés, une technique librement adaptée de l'art séculaire de tresser les herbes sauvages comme pratiquée dans son village natal du Hunan. Pour en savoir plus sur l'édifiante histoire de cette marchande de dragons, rendez-vous à la page 84 de la revue *Mad in China*, publié en 2007 par le collectif

de photographes Tendance Floue (www.tendancefloue.net).

YUNHONG CHOPSTICKS (韵泓筷子店)

277 Wangfujing Dajie, Dongcheng District
[Plan G-10] 王府井大街277号
☎ 8511-1731

Métro Wangfujing. Juste au coin du portail d'entrée de la Wangfujing Snack Street, au milieu de la rue piétonne, côté ouest. Ouvert de 9h à 23h.

→ Le saviez-vous ? Les baguettes sont en Chine un symbole du bonheur à deux, puisqu'elles vont par paires. Un cadeau qui devrait donc rendre *kuaikuai lele* (happy-happy) les jeunes mariés... mais aussi tous les amateurs de cuisine asiatique. D'autant que vous trouverez dans cette originale boutique spécialisée des baguettes de toutes les couleurs de l'arc-en-ciel, confectionnées dans tous les matériaux inimaginables (ébène, argent, bambou ou plastique), en version Snoopy ou coffret familial impérial... et pour toutes les bourses.

ZAKKA

78 Nanluoguxiang, Dongcheng District
[Plan E-10] 东城区南锣鼓巷78号
☎ 6403-8207

Métro Beixinqiao. Situé juste en face du Here Cafe. Ouvert de 11h à 23h.

→ Une boutique acidulée qui propose un fouillis de gadgets-cadeaux *made in China* des temps modernes.

BEAUTE

Coiffure & Soins esthétiques

SHEILA'S NAIL (喜兰阁美甲)

2/F, 17 Gongti Beilu, Chaoyang District
[Plan F-12] 朝阳区工体北路 17号
☎ 6416-0786

Situé au 2e étage du spa Bodhi, dans une ruelle qui part vers le nord, juste en face de la porte Nord du Workers Stadium. Ouvert de 11h à 23h.

→ Un institut de manucure et pédicure qui offre certains autres soins esthétiques. Pratique pour épilation de dépannage, d'autant que le lieu est très propre, les employées charmantes et les tarifs raisonnables pour la qualité des prestations.

ERIC HAIR & BEAUTY SALON
43 Sanlitun Beijie Nanlu, Chaoyang District
[Plan E-12] 朝阳区三里屯北街南路43号
☎ 6417-1371
Situé au coin du complexe de boutiques Tongli, qui se trouve au milieu de la ruelle qui part vers l'ouest de la rue des bars de Sanlitun (environ 150 m au nord du carrefour avec Gongti Beilu). Ouvert de 10h à 20h.

→ Cet institut de beauté et salon de coiffure a été lancé en partenariat avec Dessange par un coiffeur-styliste venu tout droit de Marseille et qui est devenu la coqueluche des *beautiful people* et des expats de Pékin. Les tarifs sont assez proches de ceux pratiqués en France et une partie du personnel parle anglais.

JIALI SHISHANG (佳丽美甲时尚中心)
Nali Market, Sanlitun Lu, Chaoyang District
[Plan E-12] 朝阳区三里屯路,
秀色服装市场
☎ 6417-8565.
Situé à l'entrée du petit Nali Market, dans la ruelle qui part vers l'est de la rue des bars de Sanlitun, environ 150 m au nord du carrefour avec Gongti Beilu. Ouvert de 10h à 22h.

→ On vous proposera ici divers soins de manucure, pédicure ainsi que ces peintures sur ongles dont les jeunes Chinoises sont récemment devenues folles. Vous n'avez qu'à vous asseoir dans l'un des moelleux fauteuils

jaunes qui sont en vitrine dans cette miniboutique, puis tendre vos mains, vos pieds, ou les deux, aux souriantes jeunes employées du lieu avant de vous laisser aller à une douce béatitude. Pour 25 ¥ la demi-heure, ce serait dommage de vous en priver...

TONY STUDIO (东田造型)
3/F, Villa 9, Jianwai SOHO,
39 Dongsanhuan Zhonglu, Chaoyang District
[Plan H-12] 朝阳区东三环中路39号,
建外SOHO9号别墅
☎ 5869-4697
Métro Guomao. L'entrée se fait par la facade Est de la villa 9, l'un des building bas qui se trouvent au milieu de la partie du complexe la plus proche du 3e périphérique. Ouvert de 10h à 22h.

→ Peu d'Occidentaux sont familiers avec son nom. Ce n'est pas le cas des Chinois un tant soit peu au fait des tendances, car la plupart des stars locales de la mode, du cinéma ou du sport sont passées entre les mains de ce jeune et talentueux coiffeur-styliste. Quand il ne les "crée" pas, comme ce fut le cas du top model Lü Yan dont il a largement contribué à lancer la carrière. Les tarifs sont pourtant très raisonnables pour la qualité des coupes (180 ou 280 ¥ en fonction de l'expérience du coiffeur). Sans compter que vous avez une chance de croiser ici une superstar chinoise, actuelle ou future.

Tatoos

JIPIN TIHUI (吉品体绘)
466 Dongsi Beidajie, Dongcheng District
[Plan F-10] 东城区东四北大街466号
(8404-4558 – Mobile : 1352148001
Environ 100 m au nord du carrefour Dongsi, côté est de la rue. Ouvert de 9h à 22h.
→ Boutique clean, hygiène impeccable. Vaste choix de motifs. Pour ceux qui ont

littéralement la Chine dans la peau, c'est l'occasion de repartir avec un petit dragon sur l'épaule ou quelques idéogrammes au creux du dos (compter 300 ¥ par idéogramme, autour de 500 ¥ pour un petit tatouage). Il est conseillé de prendre rendez-vous.

BIJOUX & ACCESSOIRES

Accessoires divers

BEIJING JUZHUANG FACTORY   好
(北京剧装厂)
1 Banbi Jie, Zhushikou, Chongwen District
[Plan I-10] 崇文区珠市口半壁街1号
☎ 6702-2853

Métro Qianmen. La boutique est située au coin de la façade du Guantong Modern Hotel, dans le *hutong* qui part vers le sud au sud-est du carrefour de Zhushikou. Ouvert de 8h30 à 17h (9h à 16h le week-end).

→ C'est en fait une fabrique d'Etat spécialisée dans la confection des costumes et accessoires d'opéra de Pékin : tuniques pailletées, chaussons brodés, rubans, fards divers, épées d'aluminium ou tambours rouges. N'hésitez pas à allez comparer les prix dans la brochette de boutiques concurrentes situées un peu plus loin dans ce minuscule *hutong* qui a, jusqu'à présent, miraculeusement échappé à l'avancée des pelleteuses.

HERBAL HEAVEN (食草堂)
367 Dongsi Beidajie, Dongcheng District
[Plan F-10] 东城区东四北大街367号
☎ 6402-9069

Métro Dongsi. Situé 200 m au nord du carrefour de Dongsi, côté est de la rue. Ouvert de 9h à 22h30.

→ Grande boutique "ethnique" et très populaire auprès de la jeunesse locale. Un grand choix d'accessoires fabriqués dans des matières naturelles brutes qui peuvent faire

de bonnes idées cadeaux : sandales ou sacs de cuir, chapeaux, portefeuilles de tissu ou cadres de bois. **Autres adresses, avec un peu moins de choix :** Wangfujing (en face du Wangfujing Grand Hotel ☎ 6525-2482. Ouvert de 9h30 à 22h) - Wudaokou (en face de la sortie du métro ☎ 8286-3779. Ouvert de 9h30 à 23h).

ZIZHEN SCARF SHOP (紫真)
Room 1005, Ritan Arcade, A15 Guanghua Lu, Chaoyang District
[Plan G-12] 朝阳区光华路甲15号
日坛商务楼1005室
☎ 8561-5622

Métro Yonganli. Au 1er étage d'un petit immeuble de trois étages gris et rouge, situé au coin sud-est du parc Ritan. Ouvert de 10h à 20h.

Alain Le Bacquer

→ Une multitude d'écharpes, de carrés de soie, de *pashmina*, de châles de lin ou de coton brodé, d'étoffes bordées de perles, de plumes, de fourrure... bref, une mine de cadeaux légers à rapporter, ou d'idées pour s'enrubanner dans toutes les couleurs.

TANMUJIANG (谭木匠)
381 Dongsi Beidajie, Dongcheng District
[Plan F-10] 东城区东四北大街381号
☎ 8402-1657
Métro Dongsi. Juste à côté du magasin Herbal Heaven, 100 m au nord du carrefour Dongsi. Ouvert de 9h à 21h30.
→ Ce roi du peigne artisanal possède une vingtaine de magasins dans les quartiers commerçants. Toutes les formes possibles de peignes sculptés dans des bois divers (poirier, santal...) et présentés dans de jolis coffrets. Vous y trouverez également une petite sélection de boîtes, porte-cartes et divers objets de bois, qui font des cadeaux chinois originaux, à tous les prix. **Autres adresses utiles :** Wangfujing (88 Wangfujing Dajie, un peu au nord de la rue piétonne) – Xinjiekou (84 Xinjiekou Beidajie) – Wudaokou

Bijoux

HONGQIAO MARKET (红桥市场)
Voir page 253.
→ Le paradis de la perle d'eau se trouve au 3e étage du centre commercial. Des dizaines de stands proposent des perles de toutes tailles, couleurs et qualité. Pour des prix défiant toute concurrence européenne. Les vendeuses peuvent également monter devant vous des compositions de colliers ou bracelets sur mesure. N'oubliez pas de négocier, ni de demander une petite pochette de soie brodée pour glisser vos rangs de perles (normalement offerte). Les boutiques du dernier étage (notamment le magasin

Wenli Jewellery, juste à droite de l'escalator) proposent des bijoux de meilleure qualité... et une vue panoramique sur le temple du Ciel.

PIRATE (海盗船)
2/F, Sun Dong'An Plaza, Wangfujing, Dongcheng District
[Plan G-10] 东城区王府井大街138号, 新东安广场二楼
☎ 6528-0217
Métro Wangfujing. Situé au 2e étage, côté nord du centre commercial. Ouvert de 9h à 22h.
→ Un interminable choix de bijoux d'argent "à l'ancienne" conçus par de jeunes stylistes et qui mêlent influences chinoises, tibétaines et occidentales. La marque compte une vingtaine de boutiques à Pékin, toutes situées dans les grands centres commerciaux.

Chapeaux

SHENGXIFU (盛锡福帽店)
196 Wangfujing Dajie, Dongcheng District
[Plan G-10] 东城区王府井大街196号
☎ 6525-4752
Métro Wangfujing. Situé au milieu de la rue piétonne, côté est. Ouvert de 8h30 à 21h.
→ Sur deux étages, un choix extraordinaire et bariolé de capelines de paille, bérets de tweed, casquettes chinoises de coton et autres chapkas de fourrure.

Chaussures

SULONGGE (素龙阁)
25 Sanlitun Nan
[Plan F-12] 朝阳区三里屯南25号 (亚秀西侧)
La boutique est en fait située du côté nord de l'avenue Gongti Beilu, environ 50 m à l'ouest du Yashow Market. Ouvert de 9h30 à 21h.
→ Cette toute petite boutique propose des

ballerines et chaussures à bride en soie joliment brodée et de bonne qualité. A partir de 130 ¥.

NEILIANSHENG (内联升鞋店)
34 Dazhalan, Xuanwu District
[Plan H-9] 宣武区大栅栏34号
☎ 6301-3037

Métro Qianmen. Au milieu de la rue piétonne de Dazhalan, côté sud. Ouvert de 9h à 21h.
→ Magasin centenaire, qui propose un vaste choix de chaussures de cuir à l'occidentale. Mais aussi un certain nombre de modèles traditionnels en toile, en velours ou en satin brodé, un peu chers (100 ¥ les chaussons-tigre d'enfants ou 150 ¥ les ballerines de soie) mais de bonne qualité. La boutique concurrente Buyinzhai, qui se trouve au 2ᵉ étage du magasin de *sportswear* situé au numéro 8 de la rue, propose à peu près les mêmes articles (ouvert de 9h à 21h30).

CARTES POSTALES

LIBRAIRIE DONGFANG (东方书店)
Voir page 264.
→ Vous y trouverez un vaste choix de cartes postales d'art, vendues par paquet ou reliées en carnets (jolis petits cadeaux en perspective).

LIBRAIRIE DES LANGUES ETRANGERES
(王府井外文书店)
235 Wangfujing Dajie, Dongcheng District
[Plan G-10] 东城区王府井大街北口235号
☎ 6512-6903

Métro Wangfujing. Presque à l'extrémité nord de la rue piétonne de Wangfujing, côté ouest. Ouvert de 9h à 21h.
→ Probablement le plus grand choix de cartes postales de la capitale, mais toujours vendues par paquets de 10 ou 20, et non à l'unité.

CD & DVD

BEIJING BOOK BUILDING (北京图书大厦)
Voir page 280.
→ Le rayon audio-visuel est au 3ᵉ étage et offre une vaste sélection de musiques et de films, aussi bien chinois qu'occidentaux, sur support cassettes, CD, VCD ou DVD.

CD.VCD.DVD SUPERMARKET
(经典音像)
26 Meishuguan Dongjie, Dongcheng District
[Plan F-10] 东城区美术馆东街26号
☎ 8404-2430

Métro Dongsi. Du côté est de la rue, environ 50 m au nord du carrefour Meishuguan. Ouvert de 10h à 22h.
→ Ce vaste magasin proche du National Art Museum propose un interminable choix de films, dont certains classiques étrangers difficiles à trouver ailleurs. Bonne sélection musicale également.

COOL MUSIC HOUSE (酷乐)
82 Dongdan Beidajie, Dongcheng District
[Plan G-11] 东城区东单北大街82号
☎ 6559-4954

Métro Dongdan. Au fond du lobby du cinéma Dahua, situé juste en face de l'hôpital Xiehe. Ouvert de 11h à 21h.

A savoir : un grand nombre de disques (audio comme video) vendus en Chine sont des versions pirates, y compris dans les magasins spécialisés. Si vous avez l'intention d'en remplir vos valises, munissez-vous au moins des reçus des magasins concernés. Et sachez que le passage de la douane de votre pays d'origine sera à vos risques et périls.

→ L'une des meilleures adresses pour ceux qui veulent en savoir un peu plus sur les musiques actuelles chinoises, depuis les sirupeuses stars *cantopop* de Hong-Kong et Taiwan jusqu'aux teigneux rockers et punks pékinois. Beaucoup de choix, des vendeurs connaisseurs, et un petit coin aménagé pour écouter avant d'acheter.

HONGYUN MUSIC
(北影宏运图书音像服务中心)
62 Xinjiekou Beidajie, Xicheng District
[Plan E-8] 西城区新街口北大街62号
☎ 6618-8060

Métro Jishuitan. Environ à 300 m au sud du métro, côté est de la rue Xinjiekou. L'enseigne est mauve et jaune. Ouvert de 10h à 22h.

→ L'un des bons disquaires parmi la série de boutiques de la rue qui proposent musiques et films divers, notamment dans sa partie nord. Vous trouverez ici, en plus des habituelles stars taiwanaises ou américaines, un important choix de CD de musique classique occidentale de très bonne qualité, pour une fraction du prix que vous auriez à payer chez les disquaires en Europe (entre 15 et 30 ¥ pièce).

SEVEN COLORS WORLD
(七彩大世界旧货)
Stand C2-336, Super Bar Street, Nuren Jie, Liangmaqiao Lu, Chaoyang District
[Plan D-13] 朝阳区亮马桥路女人街,
星吧路酒吧街,七彩大世界二楼C2-336
La rue part du milieu de Nuren Jie (Lady's Street en anglais), côté est, juste au coin du restaurant et indiquée par un énorme portail lumineux. Encore 100 m pour arriver à la galerie marchande Qicai Dashijie, et un escalier pour atteindre le 2e étage.

→ C'est l'un des bons stands de disques de l'étage destinés aux apprentis DJ, en tous cas aux amateurs de house, techno, trance, big beat, chill out et quelques autres styles musicaux que les vrais fans sauront différencier. En version vinyl, CD original ou gravé sur place (compter 15 ¥ pour cette dernière formule).

WANGFUJING BOOKSTORE
(王府井书店)
Voir page 281.

→ Vous trouverez au sous-sol un vaste choix de cassettes, DVD, CD-Rom et tout autre support audio-visuel existant sur la planète. Avec un accent sur les musiques et films chinois, les programmes éducatifs et la musique classique.

ENFANTS & ADOLESCENTS

Ados

DRAGON CREATURE (龙裔元创)
67 Guozijian Jie, Dongcheng District
[Plan E-10] 东城区国子监街67号
☎ 8402-7166

Métro Andingmen. Situé à l'extrémité ouest de la rue Guozijian, côté nord. Ouvert de 9h30 à 18h30 environ.

→ Pour les fans de mangas nipons. Les vrais de vrais, car les textes des albums vendus ici sont essentiellement en japonais. Mais ce petit magasin niché dans la bucolique rue Guozijian vend également tous les gadgets qui vont avec (figurines, porte-clefs, papier à lettre...), ainsi que des CD de jeux électroniques, parfois en anglais. Un endroit, donc, où les parents pourront laisser fureter les plus jeunes pendant qu'ils vont explorer le temple de Confucius voisin...

FLY
302 Dongsi Beidajie, Dongcheng District
[Plan F-10] 东城区
☎ 6402-2151

Métro Zhangzizhong Lu. Du côté est de la rue. Ouvert de 11h30 à 21h30.

→ Le principal fabricant et marchand de skate en Chine. Modèles importés mais aussi une sélection de planches dessinées par les stylistes maison. Les garçons pourront y parfaire leur garde-robe de streetwear, car Fly distribue aussi des marques spécialisées comme Nike SB ou Triumvir.

LETONG DIANWAN (乐通电玩)

56 Di'anmen waidajie, Dongcheng District
[Plan E-9] 东城区地安门外大街13号
☎ 135-5251-5072

Métro Gulou Dajie. A 50 m au sud de la tour du Tambour, côté est de la rue, juste en face du Di'anmen Department Store. Pas d'enseigne en anglais mais l'entrée du magasin est surmontée d'un auvent traditionnel chinois. Ouvert de 10h à 21h.

→ C'est l'un des plus grands et des mieux présentés de la série de magasins de la rue spécialisée dans les consoles et jeux électroniques de toutes sortes.

MINGZHU MARKET (明珠商场) 好

B1, Mingzhu Shangchang,
Xidan Dongbeice, Xicheng District
[Plan G-8] 西城区西单东北侧

Métro Xidan. Environ 200 m au nord du carrefour de Xidan (côté nord-est). Ouvert de 9h30 à 21h.

→ Une profusion incroyablement colorée de boutiques de mode tendance Corée et Japon (le must pour les jeunes Chinois depuis quelques années), de bijoux, de gadgets électroniques et de fast-food. Une foule compacte de jeunes gens surlookés, un fond musical puissant. Une virée dans ce centre commercial, son voisin (77th Street) ou dans les rues alentours est probablement la meilleure occasion pour les ados d'Europe de voir à quoi leurs homologues pékinois

occupent leur temps libre... et comment les "petits empereurs" chinois dépensent les économies de leurs parents.

Bébés

XIAO FU XING (小福星)

43 Zhonglouwan Hutong, Xicheng District
[Plan E-9] 西城区钟楼湾胡同43号
(钟鼓楼广场西边)
☎ 8403-4740

Métro Gulou Dajie Dajie. Situé sur la petite place qui relie la tour du Tambour à celle de la Cloche, côté ouest de la place. Ouvert de 13 heures à 19 heures en semaine et de 10 heures à 19 heures le week-end.

→ Cette liliputienne boutique propose les créations vestimentaires qu'Amélie, jeune styliste française installée à Pékin, réalise pour les tout-petits dans de fins tissus aux imprimés joliment colorés. Compter 200 ¥ pour un petit ensemble à la chinoise, un peu plus pour un moelleux pyjama-sac de couchage, un peu moins pour une mini-chemise.

5148 FOLK ARTS (5148 民间工艺)

No 5148, Tianle Toys Market,
Tiantan Dongmen, Chongwen District
[Plan I-11] 崇文区天坛东门红桥
天乐玩具市场5148号
☎ 6719-4014

Métro Tiantan Dongmen. Situé dans une impasse qui fait le coin (à droite de l'entrée principale) du Hongqiao Market. Ouvert de 8h30 à 18h30.

→ Un magasin qui n'est pas spécialisé dans l'artisanat mais dans les déguisements pour enfants. Avec des classiques comme Spiderman mais aussi une rigolote série animalière de pyjamas à capuche (panda, girafe, lion etc), une multitude de chapeaux de peluches avec oreilles de lapins ou d'autres bestioles, et un grand choix de masques. Le tout à des tarifs très raisonnables.

Vous trouverez également dans les ruelles commerçantes proches de Dazhalan moult petits ensembles molletonnés ou satinés pour bébé très bon marché.

Jouets

TIANLE TOYS MARKET
(红桥天乐玩具市场)
Tiantan Dongmen, Chongwen District
[Plan I-11] 崇文区天坛东门(红桥市场南侧)
Métro Tiantan Dongmen. Situé dans une impasse qui fait le coin (à droite de l'entrée principale) du bazar Hongqiao. Ouvert de 8h30 à 19h.
→ Au 1er étage, une multitude de jouets en plastique ou en bois made in China, de gadgets électroniques ou de paires de rollers. Au 2e des chinoiseries variées en porcelaine ou laque. Le 3e est consacré à la papeterie et le 4e aligne les boutiques de jeux de société, voitures téléguidées et déguisements. C'est le genre de centre commercial où il vaut mieux venir faire des emplettes sans les enfants… sous peine d'avoir beaucoup de mal à en repartir.

NEW CHINA CHILDREN STORE
(新中国儿童用品商品)
168 Wangfujing, Dongcheng District
[Plan G-10] 东城区王府井大街168号
☎ 6528-1774
Métro Wangfujing. Situé au milieu de la rue piétonne, juste en face du Wangfujing Department Store. Ouvert de 9h à 21h30 (22h le week-end).
→ Le royaume absolu des "petits empereurs" de la génération des enfants uniques. Cinq étages de vêtements, cartables et jouets divers. Ainsi que plusieurs aires de jeux

(payants) et un atelier poterie au 2e sous-sol. L'endroit idéal pour faire provision de cadeaux chinois pour les plus jeunes : chaussons-tigres, cerfs-volants, légendes chinoises sur bandes dessinées ou DVD. Ou encore une *Yuxi Wawa*, célèbre version locale de la poupée barbie, avec des yeux bridés et une chevelure d'ébène.

SHENTANGXUAN (盛唐轩) 好
38 Guozijian Jie, Dongcheng District
[Plan E-10] 东城区国子监街38号
☎ 8404-7179
Métro Andingmen. Situé au milieu de la rue Guozijian, côté sud. Guetter le gros lapin blanc en papier mâché qui trône devant la façade. Ouvert de 9h à 19h.
→ Ce discret et très sympathique magasin familial propose des jouets traditionnels artisanaux (petites figurines de poterie peinte de personnages issus des contes classiques chinois, animaux de papier mâché, cerfs-volants, diabolos…). Les adultes se laisseront sûrement aussi séduire par les aquarelles de scènes de vie quotidienne du vieux Pékin, et quelques autres babioles rigolotes, comme ces minuscules singes musiciens ou coiffeurs enfermés dans une boîte de verre et confectionnés d'une carapace d'insecte et d'un bouton de magnolia.

Livres pour Enfants

KIDS REPUBLIC
Building 13, Jianwai SOHO, 39 Dongsanhuan Zhonglu, Chaoyang District
[Plan G-12] 朝阳区东三环中路39号,
建外SOHO 13号楼
☎ 5869-0673
Métro Yonganli. L'entrée se fait par la façade Est de la villa 9, l'un des building bas qui se trouvent au milieu de la partie est du complexe, proche du Guiyou Department

Store. Ouvert de 10h à 19h.

→ Sans conteste la meilleure librairie pékinoise dédiée aux plus jeunes. Le lieu a été aménagé de manière ludique et colorée, avec plusieurs espaces de lecture et de jeux. Le catalogue des titres est particulièrement large, et multilingue : mandarin, anglais et japonais.

HABILLEMENT

Galeries marchandes

Le plus simple pour se refaire une garde-robe à Pékin est d'arpenter les galeries marchandes spécialisées dans l'habillement et les accessoires.

LONGFUSI MARKET

(隆福寺步行街)
Longfusi Jie, Dongcheng District
[Plan F-10] 东城区隆福寺街
Métro Dongsi. Dans la première rue parallèle au nord de Chaoyangmennei Dajie, entre les carrefours de Meishuguan et de Dongsi. Ouvert de 10h à environ 21h.

→ Une rangée de boutiques et de stands colorés dans une rue piétonne populaire. Impeccable pour les T-shirts et vêtements de coton.

RITAN SHOPPING ARCADE 好

(日坛商务楼)
Ritan Office Building, A15 Guanghua Lu, Chaoyang District
[Plan G-12] 光华路甲15号
☎ 8561-9556
Métro Yonganli. Un petit immeuble de trois étages (chinois) gris et rouge, situé au coin sud-est du parc Ritan. Ouvert de 10h à 20h.

→ Cette galerie marchande aménagée dans un ancien immeuble de bureaux regorge de petites boutiques vendant des vêtements et accessoires de marques locales et souvent inspirées. Certainement l'une des meilleures adresses à Pékin pour trouver originalité et qualité à des prix (négociables) très raisonnables... sans se faire autant écraser les pieds qu'au marché de la soie voisin.

SILK STREET MARKET

(秀水街大厦)
Voir page 254.

→ Même compartimenté en petits stands intérieurs sans âme, le "marché de la soie" reste l'un des plus fourmillants marchés de prêt-à-porter de la capitale. Enorme choix de tout, de toutes les qualités et à tous les prix (qu'il vous faudra marchander avec férocité). Ceux qui n'en font pas une affaire d'éthique trouveront également une large palette de contrefaçons de vêtements et accessoires de marque, aux finitions très inégales. C'est également un excellent point d'approvisionnement en équipement de sports d'hiver (anoraks, gants, combinaisons...).

YASHOW MARKET

(三里屯雅秀服装市场)
58 Gongti Beilu, Chaoyang District
[Plan F-12] 朝阳区工体北路58号
☎ 6415-1726
Situé sur Gongti Beilu, côté nord de l'avenue, presque en face (100 m à l'est) du City Hotel. Ouvert de 9h30 à 21h.

→ Plus besoin de quitter Sanlitun pour remplir ses valises. Vous trouverez ici sur cinq étages des centaines de stands vendant prêt-à-porter et accessoires variés. Pour les *fashonista*, quelques centaines de mètres au nord-ouest, dans la rue Sanlitun Lu, le centre commercial 3.3 abrite des dizaines de boutiques de mode locales nettement plus créatives.

Voir également la rubrique Bazars de ce chapitre, page 253.

Cachemire

BABEL 好

En attendant l'ouverture d'une nouvelle boutique, appeler ou écrire pour en savoir plus sur les lieux de distributions ou les ventes spéciales.

☎ 8561-6233

E-mail : babelcommunication@free.fr

→ Quand on dit cachemire, on pense moelleux, mais rarement sexy. Cette jeune marque française spécialisée dans la maille haut de gamme (version cachemire et poil de chameau pour les lignes d'hiver, soie-coton-bambou pour celles d'été) et que vous ne trouverez pour le moment qu'à Pékin, prouve que les deux ne sont pas incompatibles. Les pulls décolletés dans le dos, des cache-cœur et autres débardeurs siglés Babel sont d'une séduisante sobriété, les matières raffinées et les teintes toujours originales.

DEHONGXINGYE (德鸿兴业)

Room 1009, Ritan Office Building, A15 Guanghua Lu, Chaoyang District

[Plan G-12] 朝阳区光华路甲15号
日坛商务楼1009室

☎ 8563-7556

Métro Yonganli. Au 1er étage de la galerie commerciale située au coin sud-est du parc Ritan. Ouvert de 10 à 19h.

→ L'une des meilleures adresses pékinoises en la matière. Les modèles et les couleurs sont modernes, les prix raisonnables (et négociables) pour la qualité. Jolis pulls ou vestes de soie sauvage disponibles l'été.

ERDOS (鄂尔多斯)

2 Zhangzizhong Lu, District

[Plan F-10] 东城区平安大街张自忠路2号

☎ 8403-5989

Métro Zhangzizhong Lu. Sur Ping'an Dajie, côté sud de l'avenue, entre les carrefours Dongsi et Kuanjie. Ouvert de 9h à 20h.

→ L'une des marques chinoises les plus célèbres (disposant d'une trentaine de magasins dans la capitale). Cachemires de Mongolie aux coupes parfois un peu vieillottes, mais à la qualité irréprochable.

YUANLONG SILK STORE (元隆丝绸店)

55 Tiantan Lu, Chongwen District

[Plan I-10] 崇文区天坛路55号

☎ 6705-2451

Métro Tiantan Dongmen. Abrité par le bâtiment rose pâle de cinq étages qui se trouve 50 m à l'ouest du coin nord-est du parc du temple du Ciel. Ouvert de 9h à 19h.

→ Vous trouverez une petite sélection de

ATTENTION CONTREFACONS !

En dépit de campagnes récurrentes de saisie de "faux", les produits contrefaits sont encore présents un peu partout en Chine, y compris dans la capitale. Les grandes marques étrangères de prêt-à-porter, accessoires, montres ou cosmétiques sont bien entendu les plus touchées par les contrefacteurs (sur ce, lorsque vous achetez un article de grande marque à très bas prix, vous êtes censés savoir à quoi vous en tenir). Mais même les produits d'usage aussi courant que les pellicules photos, les piles ou les bouteilles de shampoing peuvent être contrefaits. Pour limiter les risques de se faire refourguer des produits de qualité défectueuse, lorsque vous avez un doute, préférez les supermarchés ou les grands magasins aux petites échoppes.

Anaïs Martane

pulls et écharpes de cachemire de qualité au 3e étage de ce grand magasin très touristique (forcément un peu plus cher que d'autres).

Chinese Style

Vous trouverez un comptoir de tailleur dans quasiment tous les grands magasins ou les magasins de soie. Autre solution, les innombrables boutiques des jeunes stylistes chinois qui ont commencé depuis quelques années à remettre au goût du jour les formes et les matières traditionnelles chinoises. Sélection.

A-YOU   好

3 Jinyu Hutong, Dongcheng District
[Plan G-10]
☎ 6527-3357
Métro Dengshikou ou Dongdan. En face du Peninsula Palace Hotel. Ouvert de 9h à 22h.
→ A-You, talentueuse styliste chinoise, dessine des vêtements abordables aux coupes modernes, confortables dans lesquels

se rencontrent l'Est et l'Ouest (le second étant nettement prononcé). Sa marque compte une vingtaine de boutiques à Pékin, une centaine à travers la Chine.

LADY XIANG

(女人香)
Room 335, Full Link Plaza, 18 Chaowai Dajie, Chaoyang District
[Plan F-11] 朝阳区朝外大街18号
丰联广场335室
☎ 6588-2062
Métro Chaoyangmen. Au 3e étage du centre commercial Full Link Plaza, situé au coin sud-est de l'échangeur. Ouvert de 10h30 à 21h30.
→ Des modèles sophistiqués de blouses, pantalons ou robes traditionnelles chinoises conçus par la styliste Fang Xiang, taillés dans de belles soies et, pour beaucoup, ornés de lotus ou de papillons finement brodés (à partir de 800 yuans). Tous les modèles peuvent être réalisés sur mesure. Une bonne adresse pour parfaire sa garde-robe chinoise du soir.

RED PHOENIX (红凤凰)

Sanlitun Lu, Chaoyang District

[Plan E-12] 朝阳区三里屯路北31楼1层

☎ 6416-4423

La boutique est dans la rue des bars de Sanlitun, juste au sud du carrefour avec Dongzhimenwai Dajie. Ouvert du lundi au samedi, de 9h à 11h et de 13h à 18h30.

→ L'une des stylistes les plus réputées de la mouvance "neochinoise". Des modèles créatifs dans de belles matières (la plupart du temps sur mesure). Mais pour les occasions spéciales ou les portefeuilles bien garnis, car les prix y sont élevés.

STYLISTES DE YONGHEGONG

(东城区雍和宫大街)

Yonghegong Dajie, Dongcheng District

[Plan E-10] 雍和宫大街中式服装店

Métro Yonghegong. A 20 m au nord de l'entrée du temple des Lamas. Magasins généralement ouverts entre 9h30 et 19h.

→ Dans cette rue sont alignées plusieurs boutiques ouvertes par de jeunes stylistes chinois, qui ont décidé de surfer sur le retour en grâce depuis quelques années du style traditionnel. Mais revu et corrigé en version XXIe siècle : ils utilisent des matières modernes pour tailler des coupes très traditionnelles, et intègrent des cols ou poches de style occidental sur des vestes chinoises (ou le contraire). Ou bien mélangent broderies des minorités et tissus utilisés dans le Nord. Le résultat est inégal, mais vous pouvez tomber sur des modèles extrêmement créatifs. Et pour la plupart originaux, puisqu'ils sont souvent fabriqués en un seul exemplaire. Si celui qui vous plaît vous va, vous pouvez partir avec, et sinon en faire faire un sur mesure (compter une petite semaine). Toutes ces boutiques sont tout de même assez interchangeables et les modèles qu'elles "inventent" ont tous

une indéniable ressemblance et des tarifs quasiment équivalents qu'il ne faut pas hésiter à discuter. Compter environ 120 ¥ pour un corsage, 250 ¥ pour un pantalon et 300 ¥ pour une veste matelassée en satin ou en velours.

XINDELU (鑫德路)

198 Gulou Dongdajie, Dongcheng District

[Plan E-10] 东城区鼓楼东大街198号

☎ 6402-6769

Métro Andingmen ou Beixinqiao. Environ 200 m à l'est de la tour du Tambour, côté nord de la rue. Ouvert de 9h30 à 12h et de 13h à 21h30.

→ Le patron et maître tailleur de cette petit boutique confectionne des *qipao*, ces longs fourreaux de soie fendus jusqu'au milieu des cuisses que vous avez certainement vus dans de nombreux films chinois. Au choix, des modèles longs assez classiques (les jeunes Pékinoises en raffolent pour les mariages et toutes les occasions un peu officielles). Et d'autres aux lignes ou tissus plus originaux et qui s'adaptent souvent mieux à la corpulence des Occidentales. En prêt-à-porter ou sur mesure, tous sont faits à la main et de bonne qualité. Compter autour de 480 ¥ pour une *qipao* courte en coton et 680 ¥ pour une robe longue en soie. Attention : compter une bonne semaine pour les modèles sur mesure, avec deux essayages.

Western Style

EXPORT SHOPS (外贸服装店)

Kuanjie, Ping'an Dajie, Dongcheng District

[Plan F-10] 东城区平安大街边上

(东四和宽街中间)

Métro Zhangzizhong Lu. Entre les carrefours de Kuanjie et de Dongsi. La plupart des boutiques sont ouvertes entre 10h et 19h.

→ Sur cette portion de Ping'an Dajie sont

concentrées plusieurs dizaines d'échoppes qui vendent des articles textiles normalement destinés à l'export, mais qui pour des raisons diverses (qu'il s'agisse d'échantillons, de surplus ou de petit défauts de fabrication) sont restés sur le sol chinois. Pour celles qui ont un peu de temps et aiment fouiner dans des tas de fringues disposés en vrac, c'est là l'occasion de faire les bonnes affaires du voyage car les prix défient toute concurrence (à partir de 5 ou 10 ¥ la pièce !).

MUSHI (模西)

L107, 1/F, Twin Towers,
B-12 Jianguomenwai Dajie, Chaoyang District
[Plan G-12] 朝阳区建国门外大街乙12号,
双子座大厦地上一层107号
☎ 8529-9420

Métro Guomao ou Yonganli. Au fond à droite du lobby. Ouvert de 10h30 à 20h.

→ Cette griffe a été lancée par la jeune styliste française Caroline Deleens. L'élégance de l'Ouest y côtoie des éléments plus orientaux (soies, bijoux, motifs...) dans des lignes de vêtements souvent destinés au soir, chic et sexy. Une adresse qui ravira les *fashionista*... qui ont quelques moyens.

PLASTERED T-SHIRT (创可贴T-恤)

61 Nanluoguxiang, Dongcheng District
[Plan E-10] 东城区南锣鼓巷78号
☎ 139-1020-5721

Métro Beixinqiao. Environ 100 m au sud du croisement avec Ju'Er hutong, du côté ouest de la rue. Ouvert de 10h à 22h

→ Un magasin de T-shirt humoristiques qui détournent avec une insolente ironie la signalétique, les symboles ou les produits typiquement pékinois. Il faut toutefois être fin connaisseur de la ville, et sensible à l'humour britannique (nationalité du patron) pour les apprécier tous. Mais ceux qui ne peuvent se résoudre à rentrer sans un T-shirt

souvenir de leur séjour trouveront ici des modèles qui changent un peu du sempiternel T-shirt "I climbed the Great Wall". Nouvelles collections et couleurs deux fois par an, ainsi des modèles pour enfants. Tarif : 90 ¥ pour les adultes, 80 ¥ pour les enfants.

Tailleurs

FEIFEI TAILOR 好

1-103, Building 35, Xinyuan Jie,
Chaoyang District
[Plan D-12] 朝阳区新源里35号楼1门103
(朝阳区新源里35号楼1门103)
☎ 8455-1939

A l'embranchement en fourche de Sanyuanli, prendre la rue qui va vers le nord-ouest et poursuivre 100 m après l'établissement de massage Joyce Club, et à peu près en face du supermarché Jinkelong. Feifei Tailor est de l'autre côté de la rue. Ouvert de 8h30 à 22h.

→ Une talentueuse et invariablement souriante couturière qui a, au cours de la dernière décennie, renouvelé la garde-robe de centaines d'expatriés (reconnaissants) pour des sommes généralement modiques. Dans la toute petite boutique qui a remplacé son introuvable atelier des *hutong*, Feifei propose en outre une sélection de tissus.

RUIFUXIANG

Voir au paragraphe tissu ci-dessous.

Tissus

DAXIN TEXTILE (大新纺织)

358 Chaoyangmennei Dajie,
Chaoyang District
[Plan F-11] 朝阳区朝阳门内大街358号
☎ 6559-7584

Métro Dongsi. Situé environ 50 m à l'est du carrefour de Dongsi, du côté nord de l'avenue. Ouvert 9h30 à 20h.

→ Une bonne adresse pour trouver des tissus bon marché. Deux étages de coupons de coton, soie et tissus d'ameublement. Ainsi qu'un service de tailleur et un rayon de boutons en tous genres. **Autre adresse :** Xinjiekou (22 Xinjiekou Nandajie, Xicheng District ☎ 6618-7843).

RUIFUXIANG (瑞蚨祥)

5 Dazhalan Jie, Xuanwu District
[Plan H-9] 宣武区大栅栏5号
☎ 6303-5313

Métro Qianmen. Situé dans la rue piétonne de Dazhalan, côté nord. Ouvert de 9h à 20h.

→ L'une des institutions de la ville puisque ce magasin de tissus fut fondé à la fin du XIXᵉ siècle, pendant le règne de l'empereur Guangxu. Vaste choix de soie, satin, batik et autres tissus. Vous pouvez également y faire faire des vêtements par le tailleur de la maison (compter une semaine en moyenne). **Autres adresses :** Wangfujing (au milieu de la zone piétonne ☎ 6525-0764. Ouvert de 9h à 22h) - Silk Street Market (au 3ᵉ étage ☎ 5169-8418. Ouvert de 9h à 21h) – Sanlitun (au 5ᵉ étage du centre commercial 3.3, à Sanlitun ☎ 5136-5519. Ouvert de 11h à 21h).

YUANLONG SILK STORE
(元隆丝绸店)
Voir page 275.

→ Un magasin ouvert en 1932, et relocalisé depuis quelques années dans cet immeuble ultra-moderne. Tout y est assez cher, mais ce magasin a l'avantage pour les gens pressés d'offrir de nombreuses variétés de soies, satins et mousselines vendues au mètre ainsi qu'un large assortiment de vêtements traditionnels déjà coupés (pour adultes et pour enfants). Leurs couettes et housses de couette de soie sont également très prisées. Pour les curieux, des panneaux de photos et quelques machines ont été installés au 2ᵉ étage afin d'expliquer le processus de fabrication de la soie.

INFORMATIQUE

Vous trouverez dans les bazars informatiques de la capitale, notamment dans le quartier high-tech de Zhongguancun, aussi bien des articles de hardware (PC, imprimantes, MP3-Players, PDA, appareils numériques...) que du software (logiciels, CD-Rom...) de qualités diverses mais à des prix souvent plus intéressants qu'en Europe. Quelques conseils de bon sens tout de même : méfiez-vous du matériel de grande marque excessivement bradé. Faites toujours ouvrir les boîtes pour tester le matériel avant de payer (souvent cash car peu de vendeurs acceptent les cartes de crédit étrangères). Exigez une facture (pour retrouver le vendeur plus facilement en cas de problème) et souvenez-vous que les garanties pour le hardware fonctionnent encore rarement hors de Chine, notamment pour les marques locales.

BUYNOW (百脑汇)

10 Chaoyangwai Dajie, Chaoyang District
[Plan F-12] 朝阳区朝阳门外大街10号
☎ 6599-5912

Métro Chaoyangmen. Situé 100 m à l'ouest du Landao Department Store, sur le même trottoir. Ouvert de 9h à 20h.

→ Plus besoin de courir jusqu'à Zhong-guancun lorsqu'on se trouve à l'est de la ville. Le choix est à peine un peu moindre et on y trouve quasiment les mêmes boutiques colorées et la même ambiance d'électro-bazar qu'à Haidian, pour les mêmes tarifs.

HAILONG (海龙市场)

1 Zhongguancun Dajie, Haidian District
[Plan B-5] 海淀区中关村大街1号
☎ 8266-3883

Repérer le long bâtiment massif rose pâle rayé de vitres vertes qui se trouve au coin de Zhongguancun Dajie et du 4e périphérique Nord, à proximité de l'université Beida. Ouvert de 9h à 20h.

→ Nombreux stands étalés sur les cinq étages de cette tour de bureaux. Avec un très bon choix de produits de marques étrangères ou chinoises, de nombreux logiciels et CD de jeux et accessoires informatiques divers. Prix (négociables) généralement très intéressants. Si vous n'avez toujours pas trouvé votre bonheur, vous pouvez tenter les stands du jeune et immense Dinghao Building, situé juste derrière. Ou ceux du Taipingyang Computer Market, aménagé dans les trois premiers étages de la tour rose située 100 mètres plus au nord.

Pour ceux qui s'y connaissent, qui aiment farfouiller et ont un budget limité, les stands de la galerie marchande Seven Colors World dans la rue des bars de Nuren Jie (voir page 254), proposent des gadgets informatiques et du matériel audiovisuel d'occasion, à des prix imbattables.

Enfin, avis aux inconditionnels d'Apple : en cas de panne ou besoin urgent d'une souris ou d'un nouveau casque, un revendeur agréé se trouve dans Nuren Jie.

APPLE (苹果专卖店)
38 Laitaihua Jie, Chaoyang District
[Plan D-13] 朝阳区三来来太花街38号
☎ 6467-5088
Situé à 10 m à gauche de l'entrée de la rue des bars. Ouvert de 10h à 21h.

LIVRES

ALL SAGES BOOKS (万圣书园)
10 Fangcaodi Xijie, Chaoyang District

[Plan G-12] 朝阳区芳草地西街1号楼
☎ 8561-4331
Pour dénicher cette librairie, prendre la rue qui est juste à l'arrière du Landao Department Store, puis la première venelle partant vers le sud. La façade est tout blanche. Ouvert de 10h à 22h.

→ Une jolie librairie pour lettrés chinois, avec un rayon de livres importés, notamment des titres en français, et un coin café avec des tables qui permettent de bouquiner au calme en sirotant un expresso.

L'ARBRE DU VOYAGEUR
(旅人蕉图书中心)
CCF, 18 Gongti Xilu,
Chaoyang District, Beijing
[Plan F-12] 朝阳区工体西路18号
(法国文化中心内)
☎ 6553-5482
Métro Dongsishitiao. Elle est à gauche de l'entrée du Centre culturel français. Ouvert de 10h30 à 18h30.

→ Cette spacieuse librairie fait le bonheur des Français installés à Pékin. Les voyageurs en panne de lectures francophones y trouveront sûrement aussi le leur, d'autant que les tarifs y sont similaires à ceux pratiqués en France. On peut aussi y trouver un large choix de magazines introuvables ailleurs à Pékin, tels que *Le Monde diplomatique* ou *Le Canard Enchaîné*.

BEIJING BOOK BUILDING
(北京图书大厦)
17 Xi Chang'an Jie, Xicheng District
[Plan G-8] 西城区西长安街17号
☎ 6602-1766
Métro Xidan. Un énorme immeuble carrelé à l'est du carrefour de Xidan, juste à côté de l'Aviation Building. Ouvert de 8h30 à 21h.

→ Cette immense librairie qui s'étend sur plusieurs étages est considérée comme l'une des mieux achalandées en œuvres chinoises et étrangères à Pékin.

THE BOOKWORM
Voir page 225.

LIBRAIRIE CATHAY (中国书店)
18 Liulichang Xijie, Xuanwu District
[Plan H-9] 宣武区琉璃厂街18号
☎ 6301-7678

Métro Hepingmen. A l'angle de la partie ouest de la rue Liulichang, côté sud (avec plusieurs annexes un peu plus à l'ouest dans la même rue). Ouvert de 9h à 18h30.

→ Grande librairie spécialisée dans les œuvres sur l'art chinois traditionnel et qui propose également des livres anciens, mais presque tous sont en mandarin.

LIBRAIRIE DES LANGUES ETRANGERES
(王府井外文书店)
Voir page 270.

→ En dépit d'un coup de peinture, l'ambiance de cette librairie, qui fut la première de la capitale chinoise à proposer des ouvrages en langue barbare, est toujours celle d'un magasin d'Etat, avec ses néons et bocaux de thé sur le comptoir des vendeuses. Mais c'est ici que vous trouverez l'un des plus importants choix de livres en français et anglais, qu'il s'agisse de manuels linguistiques, de livres de cuisine, de traités politiques, de classiques littéraires ou de romans policiers. Publiés localement ou importés, et dans ce dernier cas coûteux (environ 60 ¥ le polar de dépannage pour finir le séjour). La librairie propose également des magazines féminins occidentaux, des cartes et atlas touristiques, et un choix nettement plus large qu'ailleurs de cartes postales.

LIBRAIRIE SANLIAN (三联图书店) 好
22 Meishuguan Dongjie, Dongcheng District
[Plan F-10] 东城区美术馆东街22号
☎ 6400-1122

Chercher le bâtiment blanc de deux étages situé à environ 50 m au nord du carrefour Meishuguan, à proximité du National Museum of Art. Ouvert de 9h à 21h.

→ C'est la librairie favorite des intellos locaux. Et le point de ralliement de nombreux étudiants désargentés, qui y passent leurs week-ends à lire, assis sur les escaliers ou blottis dans un recoin du sous-sol, sous l'œil compréhensif des vendeurs. Peu de livres en anglais, et encore moins en français. Mais l'un des meilleurs choix de livres sur l'art au premier étage, qui comporte également un très agréable café dont les effluves ne manqueront pas de vous inciter à faire une petite pause.

WANGFUJING BOOKSTORE
(王府井书店)
218 Wangfujing Dajie, Dongcheng District
[Plan G-10] 东城区王府井大街218号
☎ 6513-2842

Métro Wangfujing. C'est un massif bâtiment situé à l'extrémité sud de la rue piétonne, côté est. Ouvert de 9h à 21h.

→ Une immense librairie de 5 étages au cœur de Wangfujing.

Pour les livres d'enfants, voir Kid's Republic (page 273). Enfin, les amateurs de livres d'art trouveront surement leur bonheur chez Timezone 8 (voir page 118).

MOBILIER & DECORATION

Déco & Cadeaux

COTTAGE (东口草舍) 好
4 Ritan Beilu, Chaoyang District
[Plan G-12] 朝阳区日坛北路4号
☎ 8561-1517

Métro Yonganli. Juste en face du coin nord-est du parc Ritan, environ 300 m au nord du marché de la soie. Ouvert de 9h à 20h.

→ Ce joli magasin assez chic propose un vaste choix de meubles, lampes, costumes brodés, services à thé, sachets de soie, savons artisanaux et bibelots divers, vieux ou neufs.

MARCHE AUX FLEURS DE LIANGMAHE

(朝阳区亮马何花卉市场)
Xiaoliangmahe, A8 Dongsanhuan Beilu, Chaoyang District
[Plan E-13] 朝阳区东三环北路
小亮马河8号
☎ 6468-4858

Au bord du canal, au bout d'une ruelle qui part vers l'est 100 m au sud du Lufthansa Center, sur le 3e périphérique Nord-Est. Ouvert de 9h à 18h30.

→ Au second étage de ce grand marché couvert, grand choix de vaisselle, bibelots, bougies, décorations de Noël et autres bibelots d'inspiration plutôt occidentale, à des prix très doux.

SHANGHAI TANG (上海滩)

Shop 03, UG Level, Grand Hyatt,
1 Dong Chang'an Jie, Dongcheng District
[Plan G-10] 东城区东长安街1号，
东方君悦大酒店UG层03铺
☎ 8518-0898

Métro Wangfujing ou Dongdan. Au 1er sous-sol du Grand Hyatt. Ouvert de 10h à 22h.

→ Ouvert par le célèbre entrepreneur et jet setter hongkongais David Tang, propriétaire du plus exclusif des clubs privés de la ville, le China Club. Vous y trouverez des cadeaux et vêtements chinois très haut de gamme.

TIANLONGCHANG HANDICRAFT MARKET

(天隆昌工艺品市场)

好

55 Tiantan Lu, Chongwen District
[Plan I-10] 崇文区天坛路55号
Métro Tiantan Dongmen. L'entrée se fait par la façade Est du bâtiment rose pâle de cinq étages situé 50 m à l'ouest du coin nord-est du parc du temple du Ciel. Ouvert de 8h30 à 18h.

→ Trois étages de boutiques, le plus souvent spécialisées dans une catégorie d'objets : les lanternes, les corbeilles, la vaisselle, les sacs en satin ou les fleurs artificielles (les 3e et 4e étages sont consacrés à ce dernier produit). Il s'agit théoriquement d'un marché de vente en gros, mais les clients individuels sont également bienvenus. Bonnes idées cadeaux, prix négociables et très raisonnables.

RAINBOW RAIN CANDLES (彩虹雨烛艺屋)

7 Laitai Huanongjie, Maizidian Xilu,
Chaoyang District
[Plan D-13] 麦子店西街莱太花卉街7号
☎ 8451-8929

Au bout de la rangée de boutiques de déco du Laitai Market de Nuren Jie. Ouvert de 10h à 20h30.

→ Un interminable choix de bougies et bougeoirs de toutes tailles, formes, couleurs et tarifs

ROUGE BAISER

5 Sanlitun Xiwujie, Chaoyang District
[Plan E-12] 朝阳区三里屯西五街5号
☎ 6464-3530

Dans la partie ouest de la rue des restaurants qui passe derrière l'ambassade d'Allemagne. Ouvert du lundi au samedi de 10h à 19h, le dimanche de 11h à 17h.

→ Linge de table et de maison haut de gamme confectionné dans de beaux tissus sobrement brodés, ainsi qu'une ligne de vêtements de lin et coton pour les adultes, et les enfants.

Meubles

Si vous avez vraiment un coup de cœur, la plupart des magasins de meubles qui ont l'habitude de traiter avec les touristes peuvent s'occuper des formalités de douanes et de l'expédition de meubles jusqu'à l'Europe. En sachant que le transport par bateau (qui prend généralement 2 à 3 mois) risque de doubler ou tripler le prix d'achat du meuble. Ces magasins acceptent généralement sans problème les cartes de crédits étrangères.

YOUYI JIAJUDIAN (友谊家俱店)
Dongdaqiao Lu, Chaoyang District
[Plan G-12] 朝阳区东大桥路
☎ 6506-0029
Métro Yonganli. A environ 100 m au nord du Guiyou Department Store, sur le même trottoir. Ouvert de 9h à 19h.
→ Ce magasin d'Etat propose depuis des années un large choix de copies ou d'originaux de meubles chinois tradition-nels à des prix raisonnables. Ainsi qu'un assortiment de lampes tulipes (environ 450 ¥), paniers, bibelots, coussins ou bougies géantes.

Pour les meubles anciens, voir la rubrique Antiquités, page 260.

Tapis

ART ASIA (藏汉斋)
Voir page 261.
→ Cette petite boutique d'antiquités située en plein Sanlitun propose une sélection de tapis anciens venus pour la plupart du Xinjiang et du Tibet (à partir de 3 000 ¥). Si vous souhaitez avoir plus de choix et qu'il est dans la boutique en même temps que vous, demandez à l'avenant patron de vous indiquer le chemin pour arriver à son showroom, situé au nord-ouest du pont Sanyuanqiao (qui fait la jonction avec la route de l'aéroport). Sinon, appelez-le : Zhang Yongzhi ☎ 139-0100-5150.

MUNI (汉毡居)
Building 7, Sanlitun Beili, Chaoyang District
[Plan E-12] 朝阳区三里屯北里7号
地下一层
☎ 6415-0729
Dans la ruelle qui longe la façade nord du centre commercial 3.3. Ouvert de 10h à 19h. Fermé le mardi.
→ Les amateurs fortunés trouveront ici de magnifiques tapis traditionnels du Gansu, artistiquement disposés dans cette boutique-galerie. Les premiers prix tournent autour de 10 000 ¥.

Un petit rayon de tapis neufs de diverses qualités, couleurs et prix est situé à l'entrée du 3e étage du Yuanlong Silk Store (voir page 275) et au 1er étage du White Peacock Art World (voir page 263).

Vaisselle & Porcelaine

CHINAWARE SHOP (瓷器店)
A6 Gongti Donglu, Chaoyang District
[Plan F-12] 朝阳区工体东路甲6号
☎ 6591-5946
Une façade discrète 150 m au sud du City Hotel et en face de la porte Est du Workers Stadium. Ouvert de 10h30 à 18h, fermé le mardi.
→ La caverne d'Ali Baba locale de la porce-laine, avec un incroyable bric-à-brac de tasses, assiettes, théières, bocaux et autres vases de style purement occidental ou plus chinois. C'est la que la plupart des étrangers installés à Pékin viennent s'équiper depuis des années. Peut-être à cause de l'extrême gentillesse du patron, ou simplement des prix imbattables. La boutique propose également

dans une petite salle contiguë un assortiment de linge de maison et tout un choix de nappes et décorations de Noël.

PORCELAINE JINGDEZHEN
(景德镇瓷器市场)
Dongdan Gongyuan, 106 Chongwennei Dajie, Chongwen District
[Plan H-10] 崇文门内大街106号
东单公园东门
Métro Dongdan ou Chongwenmen. Au coin sud-est du parc Dongdan, qui est à environ 300 m au sud du carrefour de Dongdan, côté ouest de l'avenue. Fonctionne de 8h à 18h.
→ La dizaine de stands et boutiques de ce mini marché de porcelaine méconnu proposent des produits fabriqués dans la ville de Jingdezhen, située dans le Jiangxi et capitale historique de la porcelaine chinoise depuis les Ming. Avec un mélange de tasses, pots ou services à thé souvent jolis et de vases ou bibelots nettement plus kistch.

Anaïs Martane

HUAXIN KITCHENWARE
(华星宇丰不锈钢厨房设备)
13 Di'anmenwai Dajie, Xicheng District
[Plan E-9] 西城区地安门外大街13号
☎ 6404-1557
Métro Gulou Dajie Dajie. A 50 m au sud de la tour du Tambour, côté ouest de la rue. Viser une grande enseigne verte aux idéogrammes dorés. Ouvert de 8h30 à 17h30.
→ Un magasin d'Etat pur jus qui vend des équipements et du matériel pour les collectivités, mais aussi au détail. Notamment des nécessaires à *huoguo* et petits paniers de bambous pour dim-sums, des moules à gâteaux de lune ou des sets de baguettes.

SPIN (旋陶瓷工房)   好
6 Fangyuan Xilu, Chaoyang District
[Plan C-14] 朝阳区芳园西路6号
☎ 6437-8649
Situé dans la rue qui relie Xiaoyun Lu et l'entrée Sud du Lido Hotel. Guetter la longue façade couleur brique du côté ouest de la rue. Ouvert de 11h à 21h30.
→ Lancé par un designer sino-américain, c'est probablement le plus beau magasin-atelier de vaisselle en céramique contemporaine de la ville, pour ceux qui aiment les formes sobres et fluides aux contours résolument originaux. Tous les modèles et services estampilles Spin sont réalisés d'après les procédés traditionnels chinois, et en séries limitées. De quoi relooker votre table… ou faire de beaux cadeaux.

Voir aussi le paragraphe Déco & Cadeaux, page 281.

Voir aussi le paragraphe Déco & Cadeaux, page 281.

OPTIQUE

DAMING OPTICAL (大明眼镜店)
297 Wangfujing Dajie, Dongcheng District
[Plan G-10] 东城区王府井大街297号

☎ 6513-3079

Métro Wangfujing. Situé au milieu de la rue piétonne, du côté ouest. Ouvert de 9h à 21h30.

→ C'est le magasin principal de la plus célèbre chaîne d'opticiens de la ville, avec près de 50 branches disséminées tout autour de la capitale. Le matériel comme le service après-vente sont impeccables. Aucune raison, donc, de stresser en cas de lunettes cassées ou de lentilles perdues pendant la durée de votre séjour pékinois !

PHOTO

Matériel photo

Avis aux photographes qui préfèrent encore l'argentique au numérique : il est inutile d'emporter des stocks de pellicules photo avec vous (sauf si vous utilisez des modèles très particuliers ou des diapositives), car vous trouverez un large choix de pellicules sur place, pour des prix beaucoup plus intéressants qu'en Europe. A condition de les acheter dans les magasins de photo ou les grands magasins, et d'éviter les mini-boutiques et les stands des sites touristiques, où vos chances sont plus grandes d'acheter des produits contrefaits.

Développement photos

Faire développer les clichés de vos vacances chinoises directement à Pékin vous reviendra beaucoup moins cher qu'en Europe, pour des tirages de qualité tout aussi correcte. Les magasins de photo sont partout dans la ville, et la plupart offrent un service de développement express, à partir de pellicules ou de fichiers numériques. Enfin, faire graver un CD de photos prend généralement moins de 10 minutes et coûte entre 10 et 20 ¥ par CD. Micro-sélection d'adresses sérieuses.

BEITOUXING

(北斗星冲洗店)

6 Jiaodaokou Dongdajie, Dongcheng District [Plan E-10] 东城区交道口东大街6/7号

☎ 400-650-0096

Métro Beixinqiao. Situé à 100 m à l'est du carrefour Jiaodaokou, du côté sud de la rue. Ouvert de 8h à 20h.

→ Cette chaîne disposant de six magasins dans Pékin assure un développement photo de qualité. Ils proposent différents délais de développement, toutes les tailles de photos (y compris en format numérique), et un choix plus vaste qu'ailleurs de pellicules, le tout à des prix très honorables. **Autre adresse utile :** gare de Pékin (sur Jianguomennei Dajie, en face du Chang'an Theater ☎ 6528-4731).

PHOTOCHANCE

(祥升行)

22 Meishuguan Dongjie, Dongcheng District [Plan F-10] 美术馆东街22号

☎ 8403-4138

Métro Dongsi. Dans l'impasse qui part vers l'est depuis le coin de la librairie Sanlian. Ouvert de 8h30 à 20h.

→ C'est ici que la plupart des photographes professionnels de la ville se fournissent en pellicules et matériel. Les développements photo y sont de très bonne qualité (environ 33 ¥ la pellicule, format standard, en 24 heures). Wande, le magasin mitoyen, à droite, est spécialisé dans les tirages noir et blanc (☎ 8401-1883).

CHINA TUPIANSHE

(中国图片社)

A1 Xuanwumenwai Dajie, Xuanwu District [Plan H-8] 宣武区宣武门外大街甲1号

☎ 6307-2341

Métro Xuanwumen. Juste à la sortie du métro, côté sud-ouest du carrefour. Ouvert de 8h à 20h.

→ L'un des plus anciens magasins de photo et toujours l'un des plus pointus de la capitale, version papier ou numérique. C'est aussi l'un des rares endroits où vous pourrez déposer en toute confiance vos pellicules noir et blanc et vos diapositives.

Studios photo

PEKING OPERA PHOTO STUDIO
(粉墨浓妆, 专统文化摄影城)
Building B, Kent Center, 29 Liangmaqiao Lu, Chaoyang District
[Plan D-3] 亮马桥路29号肯特中心B座
☎ 6436-9709
www.fmnz.com
Au 3e feu rouge à l'est du Lufthansa Center, prendre la rue partant vers le nord entre la série des bars de Liangmaqiao et le Liangma Antique Market, puis continuer sur 100 m jusqu'au petit complexe appelé Kent Center, sur votre droite. Le studio est situé à l'intérieur du grand entrepôt sur la gauche. Ouvert de 9h à 18h.

→ Pour les fans ou simplement les curieux, on vous propose ici de vous transformer l'espace de quelques heures en vedettes d'opéra de Pékin : vous vous ferez maquiller, coiffer et vêtir comme les héros du *Serpent blanc* ou d'*Adieu ma concubine*. Avant de vous faire immortaliser sur pellicule dans des décors d'opéra. Succès assuré sur la cheminée du salon au retour ! Attention : cette adresse n'est valable que pour ceux qui passent un certain temps dans la ville, car il faut prendre rendez-vous au moins une semaine avant la séance, et compter une semaine ensuite pour choisir vos cliché et retirer vos tirages. Les tarifs dépendent du nombre de costumes portés et démarrent à 280 ¥ pour une photo d'environ 40 cm de hauteur (prévoir un supplément si le studio vous les envoie par la poste).

SPORT

FLY
Voir page 271.

TIANYUAN LISHENG
(天元利生体育用品商店)
201 Wangfujing Dajie, Dongcheng District
[Plan G-10] 东城区王府井大街201号
☎ 6525-0870
Métro Dengshikou. Un centre commercial spécialisé de plusieurs étages situé 20 m au sud en face de l'église de Wangfujing. Pour être sûr de ne pas rater l'entrée, levez la tête : un énorme joueur de basket en carton-pâte est incrusté tout en haut du coin sud de l'immeuble. Ouvert de 9h à 21h (mais 22h le week-end).

→ Vous trouverez ici les stands de dizaines de marques de vêtements, chaussures et accessoires de sport. Des marques étrangères comme Nike ou Reebok. Mais aussi des marques chinoises qui aujourd'hui fabriquent des produits de qualité très correcte pour nettement moins cher. Au sous-sol du magasin : raquettes, rollers, patinettes, haltères et autres équipements de musculation. Ainsi que des accessoires de billard et bowling, du matériel de pêche et de camping.

VELOS

GIANT (捷安特)
4-18 Jiaodaokou Dongdajie, Dongcheng District
[Plan E-10] 东城区交道口东大街4-18号
☎ 6403-4537
Métro Beixinqiao. Situé du côté sud de la rue. Ouvert de 9h à 20h.
→ C'est la marque-vedette du vélo chinois du XXIe siècle, celle qui a détrôné les mythiques modèles Flying Pigeon et Forever

Alain Le Bacquer

de l'ère communiste, avant que ses produits commencent à être exportés un peu partout autour de la planète. Cet immense magasin (qui est également le siège pékinois de la société) vend des vélos de ville (à partir de 400 ¥ environ), des VTT (compter le double), des vélos électriques (à partir de 2 200 ¥), des vélos pliables (à partir de 1 300 ¥). Ainsi que tous les accessoires qui vont avec.

VELOS D'OCCASION DE BEIXINQIAO
(金典新桥信托商行)
Beixinqiao Xinance, Dongcheng District
[Plan E-10] 东城区北新桥西南侧
☎ 6404-5176

Métro Beixinqiao. Le magasin se trouve environ 50 m au sud du carrefour Beixinqiao, du côté est de la rue. L'enseigne est en mandarin, avec un fond beige et des idéo-grammes rouges. Ouvert de 9h à 17h30.
→ Un magasin d'Etat qui fleure bon l'unité de travail d'autrefois. On y trouve des vélos d'occasion qui auront peu de chance d'attirer l'attention des voleurs (à partir de 150 ¥).

Sans compter que vous pourrez toujours leur revendre à la fin de votre séjour ! Remarque : n'oubliez pas d'acheter un antivol pour votre nouvelle monture si elle n'en a pas déjà...

DIVERS

MARCHE AUX FLEURS DE LIANGMAHE
(朝阳区亮马何花卉市场)
Voir page 282.
→ Après n'avoir proposé pendant des années que des fleurs en plastique ou tissu, les petits marchands de fleurs fraîches sont désormais omniprésents dans la ville. Mais c'est ici que vous trouverez l'un des plus vaste choix de fleurs et plantes de qualité du centre-ville, si vous avez un dîner ou une occasion spéciale à fêter.

KINKO'S
A11 Xiangjun Beili, Dongsanhuan Lu,
Chaoyang District
[Plan F-13] 朝阳区东三环路
向军北里甲11号

☎ 6595-8050

Sur le bord du 3ᵉ périphérique, côté Ouest.
Ouvert 24h/ 24.

→ Pour des photocopies ou impressions de
dépannage, car les tarifs sont nettement plus
élevés que dans les petites boutiques de rue
qui proposent les mêmes services.

LAO BAOZHI

☎ 6653-1108

→ Un service qui fonctionne en mandarin
du lundi au vendredi entre 9h et 17h et
permet d'acheter un exemplaire d'archive de
quatre quotidiens chinois : *People's Daily*,
Liberation Daily, *Guangming Daily* et *Wenhui
Newspaper*. Les stocks disponibles de ces
journaux vont de 1940 à l'année 2004. Pour
toute commande, il suffit d'appeler et de
donner une date précise pour un journal
donné, qui vous sera livré un ou deux jours
plus tard (s'il n'est pas épuisé). Chaque
exemplaire coûte entre 88 et 688 ¥ en
fonction de la décennie choisie. Une idée de
cadeau originale pour un anniversaire ou
toute autre date très spéciale.

MAGASIN DE TIMBRES DE BAOGUOSI

(报国寺中国邮票馆)

1 Baoguosi, Guannei Dajie, Xuanwu District
[Plan I-7] 宣武区广内大街报国寺1号
(西边, 4号院)

☎ 8315-8486

Sur Guanganmeinei Dajie, environ 200 m
à l'ouest du croisement avec Niujie, passer
sous le portique de béton et remonter 50 m
vers le nord jusqu'à l'entrée de l'ancien
temple Baoguosi. Le magasin est dans la cour
numéro 4, du côté ouest du temple. Il est
normalement ouvert du mardi au dimanche,
de 10h à 16h.

→ Une bonne adresse pour les philatélistes, qui
y trouveront une incroyable variété de timbres
chinois. Très clairement présentés et classés
par période, ils permettent de suivre d'une
manière originale l'histoire mouvementée de
la Chine du XXᵉ siècle, de la fin de la dynastie
Qing à la Révolution culturelle.

OU TROUVER ?

Quelques questions pièges posées au fil des ans par les amis de passage... et des indices permettant d'y répondre.

- Des accessoires pour ordinateur Apple ?
  → chez un revendeur spécialisé,
  voir page 280.

- Une cage à oiseaux en bambou ?
  → au marché Huasheng Tianqiao,
  voir page 255.

- Des déguisements pour enfants ?
  → dans les boutiques du marché aux jouets de Hongqiao, page 272.

- Un drapeau chinois ?
  → au Friendship Store par exemple,
  voir page 250.

- Un jeu de go ?
  → dans certains supermarchés, mais dans les boutiques de souvenirs si on en veut un joli. Voir page 262.

- Des jeux pour Play Station
  → dans les boutiques de jeux vidéo (neufs ou d'occasion) de Di'anmenwai Dajie,
  voir page 272.

- Des partitions de musique ?
  → dans les magasins d'instruments de Liulichang, voir page 265.

- Un restaurant sans glutamate de sodium ?
  → Alexander Creek Park, voir page 284.

- Un rétroprojecteur à louer pour la soirée ?
  → dans le centre commercial informatique Buynow (tentez le stand 3120).
  Voir page 279.

- Un bar qui diffuse les finales de rugby en direct ?
  → The Pavillion, voir page 227.

- Un side-car vintage pour la journée ?
  → chez Beijing Sidecar, voir page 74.

- Du thé blanc ?
  → par exemple dans les magasins Ten Fu's Tea, mais au printemps seulement. Voir page 259.

- Du tissu fleuri du Dongbei ?
  → au magasin de textile Daxin,
  voir page 278.

- Un vélo pliable ?
  → dans la plupart des gros magasins de vélos, par exemple chez Giant,
  voirpage 286.

Vous avez, vous aussi, un bon tuyau susceptible de faciliter le séjour pékinois de futurs voyageurs ?
N'hésitez pas à l'envoyer
à pékinenpoche@yahoo.fr

Anaïs Martane

Pascal Aimar > Faure > *Mad in China*, Tendance Floue

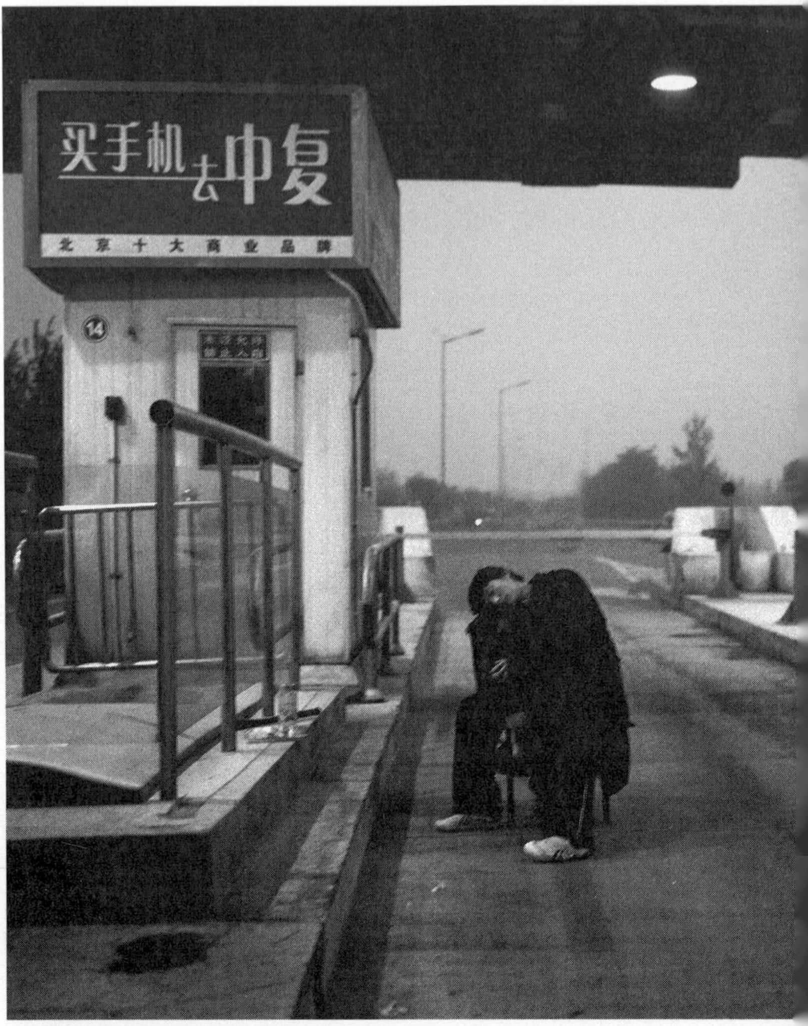
买手机去中复
北京十大商业品牌

Gilles Coulon > Attente > *Mad in China*, Tendance Floue

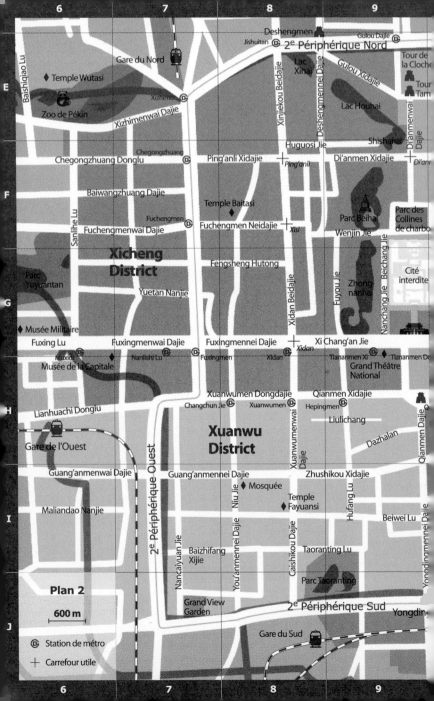

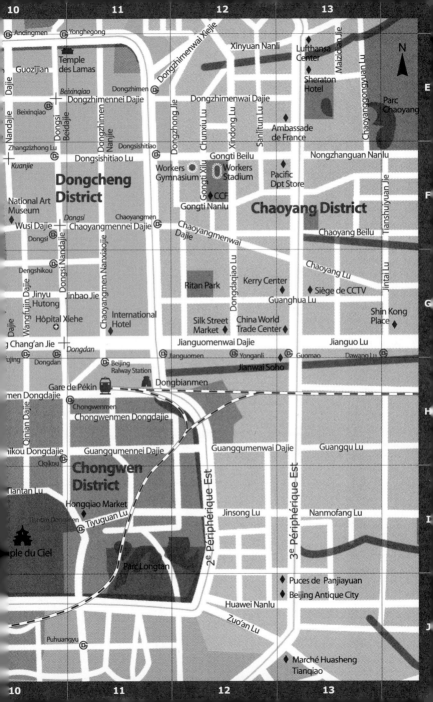

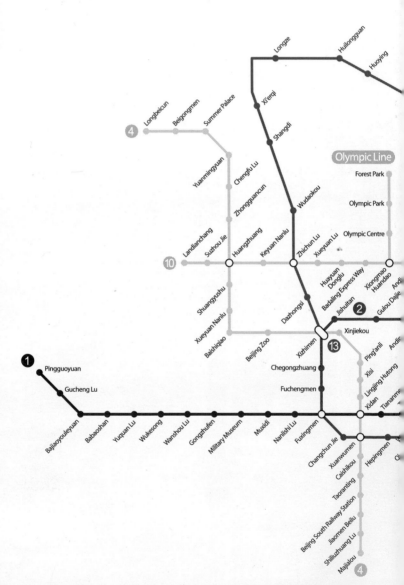

En service en 2007
- ▬▬▬▬ Line 1
- ▬▬▬▬ Line 2
- ▬▬▬▬ Line 5
- ▬▬▬▬ Line 13
- ▬▬▬▬ Batong Line
- ⬭ Correspondance

Mise en service prévue en 2008
- ▬▬▬▬ Line 4
- ▬▬▬▬ Line 10
- ▬▬▬▬ Olympic Line
- ▬▬▬▬ Airport Line

✈ Airport Line
Capital Airport

Tiantongyuan Bei
Taipingzhuang
Tiantongyuan Bei
Tiantongyuan
Tiantongyuan Nan
Lishuiqiao
Beiyuan
Beiyuanlu Bei
Datunlu Dong
Huixinxijie Beikou
Huixinxijie Nankou
Wangjing Xi
Shaoyaolu
Taiyanggong
Siyuanqiao
Heping Xiqiao
Guangximen
Sanyuanqiao
Hepingli Beijie
Liufang
Liangmahe
Dongzhimen
Nongzhanguan
Beixinqiao
13
Dongsishitiao
Gongti Beilu
Zhangzizhong Lu
Dongsi
Chaoyangmen
Hujialou
Dengshikou
Guanghua Lu
Jianguomen
Yonganli
Dawang Lu
Sihui
Sihui Dong
Guangbo Xueyuan
Shuangqiao
Guanzhuang
Baliqiao
Tongzhoubeiyuan
Guoyuan
Jiukeshu
Beijing Ralway Station
Guomao
Gaobeidian
1
Liyuan
Tiantan Dongmen
Shuangjing
Linheli
Puhuangyu
Jinsong
Tuqiao
Liujiayao
10
Batong Line
Songjiazhuang
5

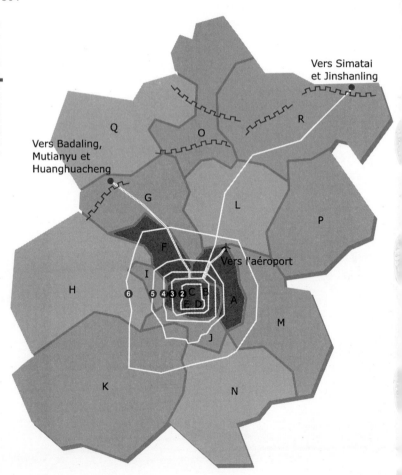

Vers Simatai
et Jinshanling

Vers Badaling,
Mutianyu et
Huanghuacheng

Vers l'aéroport

A Chaoyang District (urbain)
B Dongcheng District (urbain)
C Xicheng District (urbain)
D Chongwen District (urbain)
E Xuanwu District (urbain)
F Haidian District (urbain)
G Changping District
H Mentougou District
I Shijingshan District

G Fengtai District
K Fangshan District
L Shunyi District
M Tongzhou District
N Daxing District
O Huairou District
P Pinggu District
Q Yanqing County
R Miyun County

❷ 2ᵉ Périphérique
❸ 3ᵉ Périphérique
❹ 4ᵉ Périphérique
❺ 5ᵉ Périphérique
❻ 6ᵉ Périphérique

NOTES